弘骥智库·企业持续成功系列丛书

新常态下的人力资源管理
——战略、体系和实践

刘琴琴　戴　剑　著

上海财经大学出版社

图书在版编目(CIP)数据

新常态下的人力资源管理:战略、体系和实践/刘琴琴,戴剑著. —上海:上海财经大学出版社,2017.9
ISBN 978-7-5642-2811-8/F•2811

Ⅰ.①新… Ⅱ.①刘…②戴… Ⅲ.①人力资源管理 Ⅳ.①F243

中国版本图书馆 CIP 数据核字(2017)第 197273 号

□ 责任编辑　李成军
□ 封面设计　张克瑶

XINCHANGTAI XIA DE RENLI ZIYUAN GUANLI
新 常 态 下 的 人 力 资 源 管 理
——战略、体系和实践

刘琴琴　戴　剑　著

上海财经大学出版社出版发行
(上海市中山北一路 369 号　邮编 200083)
网　　址:http://www.sufep.com
电子邮箱:webmaster @ sufep.com
全国新华书店经销
上海天地海设计印刷有限公司印刷装订
2017 年 9 月第 1 版　2017 年 9 月第 1 次印刷

710mm×1000mm　1/16　28.75 印张　500 千字
印数:0 001—3 000　定价:68.00 元

前 言

"人既尽其才,则百事俱举;百事举矣,则富强不足谋也。"

综观古今,人是最重要的资源,是第一资源,更是战略资源,"三顾茅庐"至今为人津津乐道。如今,随着经济全球化、信息网络化的发展以及知识经济时代的到来,人力资源备受各国重视。

对企业而言,人力资源的重要性更是毋庸讳言,企业的"企"字,上"人"下"止",人走业止,企业经营必须坚持"以人为本",激发员工的能力,实现团队合力,进而构筑核心竞争力,这不仅关系到企业成败,更是关系到民族盛衰。

人力资源在企业管理中发挥着关键性作用,传统上把人看作成本,而现代更多是把人看成资本,对企业发展具有"乘数"作用。现在企业培训热情日益高涨的原因,就在于把"自然人"培养成具有个性企业文化的"职业人",进而形成具有竞争力的团队。

现代管理学之父彼得·德鲁克说"管理就是实践",那么,人力资源管理更是一种实践,其管理的对象是具有主观能动性的人,因此,人力资源管理既具有科学性,又具有艺术性。

随着经济和市场的日益全球化,人力资源成为企业战略资源,通过激励机制,提高员工工作的积极性,来实现组织发展的目标,其重要性日益凸显。"得十良马,不如得一伯乐。"对企业来讲,人力资源经理或总监无疑充当着"伯乐"的角色,"然伯乐不常有",既有先进理念,又有实践经验的人力资源经理实在是凤毛麟角。如何才能培养出更多的"伯乐",换句话说,人力资源专业人士如何成为现代"伯乐"呢?一方面离不开理论学习,与同行沟通交流,另一方面也离不开实践。

本书综合了我们20余年的企业管理和咨询经验,融合了多位业内知名人力资源专家和高管的实践,依照人力资源管理咨询的要求,精简理论性阐述,强化实践性操作,以问题为导向,为企业高管和人力资源经理答疑解惑,力求促进同行的人力资源管理水平,为企业发展构筑竞争优势。

目 录

前言 1

第1章 新常态背景下的人力资源管理概述 1
中国经济步入新常态 2
中国企业面临新的战略转型 11
人力资源管理面临的新要求 17

第2章 人力资源战略管理能力 26
人力资源管理是一项战略性职能 26
高管团队是第一战略性人力资源 34
人力资源是企业可持续发展的原动力 39
人力资源管理者的角色 50
人力资源专业人员角色与责任 52

第3章 战略性人力资源管理 59
制定人力资源战略规划 60
构建战略性人力资源管理体系 71
人力资源战略实施与反馈 82

第4章 战略性人力资源运行系统 87
员工与企业的三对基本矛盾 87
矛盾主体的新变化 92
基于战略的人力资源运行系统 95

第5章 人力资源预算及数据分析 104
人力资源预算 105
深刻认识人力资源预算的重要性 106

如何用人力资源数据说话 ………………………………………… 112
全面衡量人力资源管理 …………………………………………… 121
大数据时代人力资源管理 ………………………………………… 128

第 6 章　人力资源招聘 …………………………………………… 135
招聘是首"选"环节 ……………………………………………… 135
能力素质决定员工绩效 …………………………………………… 143
面试是招聘的必要环节 …………………………………………… 152
提升企业招聘工作的有效性 ……………………………………… 161

第 7 章　战略性薪酬管理体系 …………………………………… 168
战略性薪酬提升企业竞争力 ……………………………………… 169
构建战略性薪酬体系 ……………………………………………… 180
高效实施战略性薪酬管理 ………………………………………… 204

第 8 章　成功的绩效管理 ………………………………………… 215
绩效管理是企业发展的动力源 …………………………………… 216
平衡计分卡 ………………………………………………………… 231
关键业绩指标 ……………………………………………………… 242
建立匹配的绩效激励机制 ………………………………………… 253
绩效管理技巧 ……………………………………………………… 264

第 9 章　组织能力与员工培养 …………………………………… 283
组织能力是基业长青的基础 ……………………………………… 284
员工发展是绩效管理的核心 ……………………………………… 290
基于绩效目标的企业培训体系 …………………………………… 303

第 10 章　人力资源管理关键思考 ………………………………… 319
任职资格管理推进员工职业化 …………………………………… 319
创建现代化企业大学 ……………………………………………… 325
人力资源服务外包 ………………………………………………… 333

第 11 章　HR 管理实例问答 ……………………………………… 342
如何权衡外部人才薪酬与内部薪酬体系不匹配的问题? ……… 342

如何让直线经理在管理中发挥HR管理的职能？…………… 344
　　如何设计尚未盈利子公司的员工激励方案？……………… 345
　　如何在发展空间、机会较少的情况下,激励与培养技术人才？……… 347

第12章　人力资源实战案例 ………………………… 350
　　企业绩效体系管理设计 …………………………………… 351
　　组织结构设计及绩效、薪酬 ……………………………… 380
　　标准化宽带薪酬 …………………………………………… 405
　　人力资源战略方案设计 …………………………………… 427
　　高管股权激励方案设计 …………………………………… 435

第1章
新常态背景下的人力资源管理概述

"竞争实际上不是在国家之间,而是在企业之间展开。"
——竞争战略之父迈克尔·波特

1978年,中国启动改革开放进程,之后近40年间,经济保持了高速增长,成为拉动世界经济增长的强大引擎,引起世人瞩目。同时,这段时间也是中国经济总体上"加产能"的周期,基本特征就是:国外市场日益扩宽,国内市场不断扩大,旺盛的内外市场需求为企业发展提供了难得的历史性机遇,催生了华为、联想、海尔、格力、美的等诸多知名企业,在此背景下,无论是专注于做深做强的专业化战略,还是多点开花的多元化战略,都涌现出很多成功的范例。

俗话说"人无千日好,花无百日红"。2007年3月,美国新世纪金融公司(The New Century Financial Corporation)被纽约证券交易所停牌,由此引发了美国次贷危机;2008年9月,美国雷曼兄弟公司(Lehman Brothers Holdings Inc)①宣布破产,次贷危机演变成一场全球性金融风暴。在此过程中,中国经济不可避免地受到了冲击,高增长势头受到了遏制,走进了"新常态"。

在新常态背景下,人力资源管理要关注如下三个重要问题:

(1)人力资源管理如何适应企业战略转型与组织变革的要求?

(2)人力资源管理如何成为变革的推动者?

---

① 2008年,美国第4大投资银行雷曼兄弟由于投资失利,在谈判收购失败后宣布申请破产保护,引发了全球性金融危机。

(3) 如何在战略转型与组织变革中制定人力资源系统解决方案？

中国经济步入新常态

全球化时代，中国作为积极融入全球经济的一员，也不可避免地受到了金融危机的冲击，经济高增长势头受到了遏制：2007年，中国经济的增速曾上涨到14.2%的历史高位，然而，2008年增长速度急剧回落到9.6%，相对于2007年增速下跌了4.6个百分点。

中国经济在2009～2010年经济短暂反弹至10.6%后，2011年起，宏观经济再次步入下降通道，2011年经济增长率为9.5%，2012年经济增长率为7.7%，2013年经济增长率为7.7%，2014年经济增长率为7.3%，2015年进一步下跌到了6.9%（参见图1-1）。就目前来看，经济增长率仍处于下降通道之中，在此背景下，中国政府把2016年的经济增长目标定为6.5%～7%。

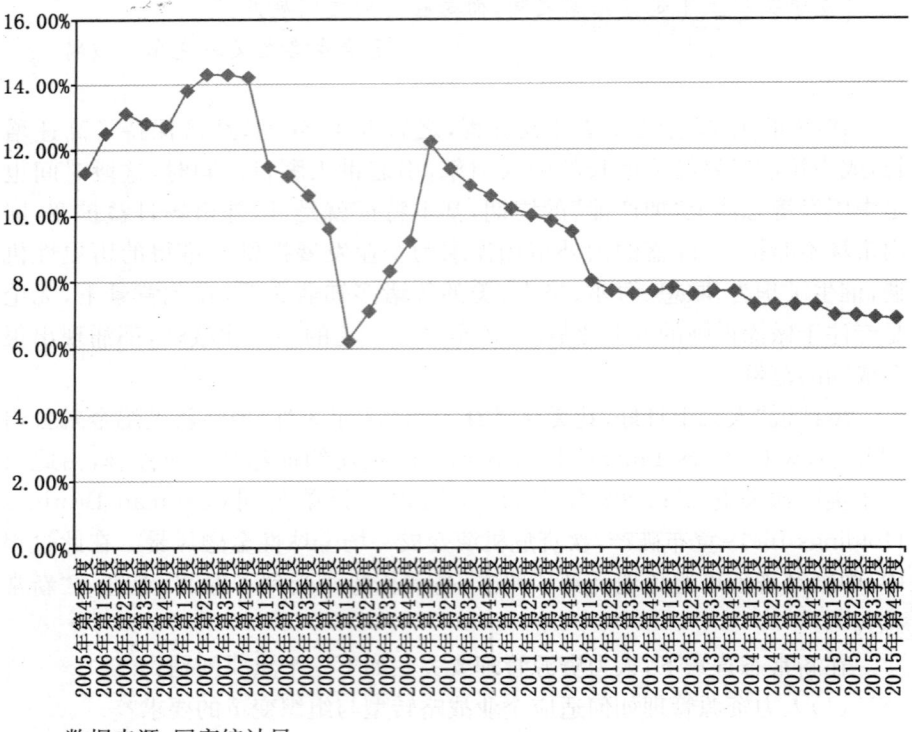

数据来源：国家统计局。

图1-1 2005年第4季度～2015年第4季度GDP季度增长率走势

第1章
新常态背景下的人力资源管理概述

为应对经济增速下挫对社会稳定的不利影响,中国政府推出"4万亿元"[①]的强刺激政策,通过房地产和基础设施建设投资来拉动经济增长。从客观效果上来看,短期内,政府成功地"保"住了经济增长速度;但是,从中长期角度来看,无法给经济带来持久的增长动力。

资料链接1—1:中国政府4万亿元投资计划

2008年11月5日,国务院总理温家宝主持召开国务院常务会议,研究部署进一步扩大内需促进经济平稳较快增长的措施。会议认为,近两个月来,世界经济金融危机日趋严峻,为抵御国际经济环境对我国的不利影响,必须采取灵活审慎的宏观经济政策,以应对复杂多变的形势。当前要实行积极的财政政策和适度宽松的货币政策,出台更加有力地扩大国内需求措施,加快民生工程、基础设施、生态环境建设和灾后重建,提高城乡居民特别是低收入群体的收入水平,促进经济平稳较快增长。

会议确定了当前进一步扩大内需、促进经济增长的十项措施……初步匡算,实施上述工程建设,到2010年底约需投资4万亿元。为加快建设进度,会议决定,今年四季度先增加安排中央投资1 000亿元,明年灾后重建基金提前安排200亿元,带动地方和社会投资,总规模达到4 000亿元。

……会议强调,尽管我们面临不少困难,但我国内部需求的潜力巨大,金融体系总体稳健,企业应对市场变化的意识和能力较强,世界经济调整为我国加快结构升级、引进国外先进技术和人才等带来新的机遇。只要我们及时果断采取正确的政策措施,把握机遇,应对挑战,就一定能够保持经济平稳较快发展。

资料来源:国务院办公厅.温家宝主持召开国务院常务会议 研究部署进一步扩大内需促进经济平稳较快增长的措施[OL].2008—11—9. http://news.xinhuanet.com/newscenter/2008—11/09/content_10331258_1.htm.

尽管学界和商界对于"4万亿元"投资存在着诸多的争论,但是,这已经属于过去时,我们要认清的一点事实就是:过去30多年中国经济以年均

[①] 2009年,为有效地促进经济复苏和经济增长,党中央、国务院出台4万亿元投资计划,旨在扩大内需,拉动经济增长,以便让经济尽快地走出困境。

10%速度增长态势已不复存在。

很多宏观经济指标都能够反映这种事实,例如进出口贸易、三次产业增加值、消费和投资以及发电量等指标都在不同程度上呈现出了下降态势;另外,从货币供应量、新增贷款、社会融资总额这些金融指标来看,其增长速度也在下降;同时,另一个反映经济情况的总量指标——克强指数①,也呈现出快速下降趋势,从2010年的最高值19.1%,快速下降到2014年的5.83%。

目前,中国经济出现了新情况,面临着新的问题,理论界、政界和商界提出了一种为各界所接受的判断:中国经济走进了"新常态"。 新常态下的中国经济,很多行业②正在经历严重的产能过剩③,并开始步入痛苦的去产能过程。通常情况下,健康的、能够产生利润的产业,产能利用率应当大于85%,但是,依据IMF的测算,中国全部产业产能利用率不超过65%。

当前以及今后相当长一段时间内,分析和研判中国宏观经济形势,必须全面、深入理解和认识新常态。新常态下,国内经济发展速度由高速切换到中速(注,并不会是低速,预计在相当长一段时间内,国内生产总值增速会保持在6.5%以上),同时增长动力源、产业结构都会出现较大调整(参见图1—2)。

图1—2　新常态下中国经济发展的动力与趋势

---

① 用于评估中国GDP增长量的指标,它是耗电量、铁路运货量和银行贷款发放量三种经济指标的结合。该指数是由英国著名的《经济学人》创造的,该杂志认为克强指数比官方GDP数字更能反映中国经济的现实状况。

② 产能过剩集中于地产产业链,主要以重工业为主,当外需从涨潮到退潮时,房地产新开工长周期下降和债务扩张的空间受限,重工业产能过剩矛盾开始凸显。

③ 欧美等国家一般用产能利用率或设备利用率作为产能是否过剩的评价指标。设备利用率的正常值在79%~83%,超过90%则认为产能不够,有超设备能力发挥现象。若设备开工低于79%,则说明可能存在产能过剩的现象。

中国经济新常态的提出

2014年5月,习近平总书记在河南考察时指出:"我国发展仍处于重要战略机遇期,我们要增强信心,从当前中国经济发展的阶段性特征出发,适应新常态,保持战略上的平常心态。"

2014年11月,习近平总书记又在亚太经合组织(APEC)工商领导人峰会上首次系统阐述了中国经济"新常态"。他认为:"中国经济呈现出新常态,有几个主要特点。一是从高速增长转为中高速增长。二是经济结构不断优化升级,第三产业、消费需求逐步成为主体,城乡区域差距逐步缩小,居民收入占比上升,发展成果惠及更广大民众。三是从要素驱动、投资驱动转向创新驱动。"

新常态是对经济极其重要的表述,它涵盖了承上启下两重意思:一方面,这种表述不是凭空而来的,它是之前几年,尤其是2008年以来,中国经济实际运行情况的概括与总结,中国经济增长放缓是一种客观事实;另一方面,表明未来中国经济不可能重新回归到10%以上的高增长状态,中高速增长更加适合中国经济的实际情况,去产能、调结构、稳增长相辅相成。

新常态经济下的机遇

2013年,习近平总书记在中央经济工作会议上指出:"我国发展仍处于重要战略机遇期的基本判断没有变,但面对日趋严峻的国际经济形势和国内改革发展稳定的繁重任务。重要战略机遇期的内涵和条件发生很大变化,但发展仍然具备难得的机遇和有利条件。"

"新常态"下,中国经济的新机遇包括可观的经济绝对增量、多元化的增长动力、日益优化的经济结构、以"简政放权"为核心的制度环境改善等。

新常态背景下,企业面临的重要机遇可以归纳如下:

(1)中国经济总量仍会持续增长。2010年,中国经济总量已超越日本,成为仅次于美国的世界第二大经济体。2015年,国内生产总值67.67万亿元(10.42万亿美元),同比增长6.9%。尽管6.9%的增速相比之前有了较大的回落,但是实际增长量并不小,2015年GDP总量比2014年增加了超过4万亿元人民币,对世界经济增长贡献仍在25%以上,巨大的经济增量为拉动全球经济增长做出了巨大的贡献。2016年,GDP突破70万亿元,达到74.4万亿元,增长速度为6.7%,尽管增长速度进一步降低了,但是也达到政府工作报告设定的6.5%~7%的增长目标。

(2)经济增长动力来源更趋于多元化。中国传统经济增长的动力主要来源于高投资率、出口的快速增长以及丰富的人口红利。"新常态"经济下,尽管传统的经济增长动力都有所弱化,但是增长动力来源更加多元化,包括新型工业化、城镇化、消费升级、科技创新等。

例如,就消费升级而言,中国目前的社会消费正从生存型消费向享受型消费、发展型消费方向转变(参见图1—3),信息消费、休闲旅游、文化娱乐、医疗保健的消费比重将大幅上升,国内消费需求的增长将为中国经济发展提供更大的动力。

传统制造业:钢铁、水泥、石化、工程机械、耐用消费品

经济增长引擎:银行、房地产、基建

新消费相关:传媒、食品饮料、新农业、医疗/养老

新兴产业:新能源/新材料、TMT、生物科技、高端装备

注:随着中国产业结构的优化升级,消费成为新的增长点,消费升级成为新方向。

图1—3 消费升级成为未来发展方向

(3)中国经济结构不断得到优化和升级。近年来,第三产业持续快速发展,规模不断扩大,对吸纳就业、促进发展起到了重要的作用。2013年,第三产业增加值增长8.3%,占国内生产总值比重达到46.1%,首次超过第二产业,标志着产业结构发生了历史性变化,这主要得益于强劲的服务业和消费业的发展。另外,从产业来看,节能环保、新一代信息技术、新能源、高端装备制造、新材料等战略性新兴产业发展加快,"科技进步和创新"已成为我国加快转变经济发展方式的重要支撑。

2015年,随着"十三五"规划出台,"互联网+"、"一带一路"、深化金融体制改革、产业转型升级等国家战略相继实施,国民经济实现了平稳增长,并购市场也呈现出持续火爆态势,全年完成交易案例数量为4 156起,同比上升33.16%,完成交易规模3 160.8亿美元,同比增长56.37%,交易活跃度与规模量双创新高。[1]

2016年,随着"全面深化改革""中国制造2025""互联网+"等战略的推进,在我国产业周期性转换的大环境下,产业协同和传统产业转型升级成为并购市场的主导方向(参见图1—4)。这些情况表明,中国经济结构正在发生深刻变化,质量更好、结构更优。

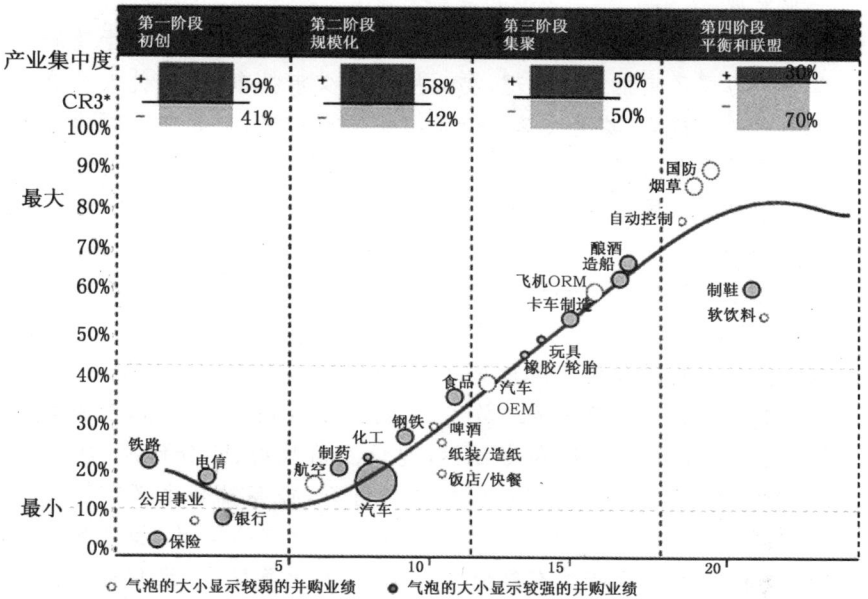

注:根据AT科尔尼对16年间1 345起并购案例的研究发现:大多数行业可以按照一种可预测的方式周期性发展。随着中国经济市场化程度提高,很多行业进入并购高发周期。

图1—4 行业周期性发展

(4)中国政府大力推进简政放权,进一步激发市场活力。2013年11月,中国共产党十八届三中全会首次明确提出要让市场在资源配置中起决定性作用。李克强总理上任之初即承诺,本届政府要将国务院各部门的1 700多项行政审批事项砍掉1/3,该目标于2014年年底提前完成。

之后,李总理在2015年的政府工作报告中承诺:全部取消非行政许可审批。在2015年,国务院发布有关简政放权的文件55个,不仅全面清理了453项非行政许可审批事项,而且首批取消62项中央指定地方实施的行政审批事项。

资料链接1—2:简政放权是一场效能革命

2014年国庆节前夕,国务院常务会议修订政府核准投资项目目录,缩小核准范围,把投资决定权更多留给企业。至此,新一届中央政府已在半年多内取消、下放行政审批事项221项。与此同时,各地纷纷推出以简政放权为标志的改革新举措,激发市场和社会活力的成效正在进一步显现。

改革,从一定意义上说就是一场革命。简政放权,无异于政府自我革命。习惯了审批式的管理,要大幅度减少审批事项,相关人员有的难免会感觉不适应,甚至失落。但是,"中国要前进,就要全面深化改革开放。"习近平总书记近日在亚太经合组织工商领导人峰会上的论断代表了全党全国人民对深化改革必要性的共识和决心。

······

北京市政府有关部门征集梳理的群众反映强烈的10个突出问题中,首当其冲便是行政审批、行政许可过多,程序烦琐。可见,以简政放权为突破口推进政府职能转变符合发展实际,顺应人民意愿。

简政放权不是简单的一放了之,而是要以法律为依据,以服务经济社会发展、服务人民群众为目标,建设法治政府、责任政府、服务型政府,把该放的权力放掉,把该管的事务管好,提高社会主义市场经济条件下的行政效率和能力。这就要求政府在放权的同时,加强管理和监督,确保市场、社会依法有序地运行,保障和改善民生,维护社会公平正义。

······

资料来源:新华时评:简政放权是一场效能革命[OL]. 新华网,2014—3—5. http://news.xinhuanet.com/politics/2013—10/09/c_117636641.htm.

新常态经济下的挑战

中国经济进入"新常态"之后,尽管会面临着新机遇,同时,也不可避免地遭遇到诸多的新挑战。

(1)"新常态"下经济增长明显放缓。当前的国际、国内经济环境决定了经济增速放缓,这也符合经济发展的内在规律。但是,这会给中国经济带来极大的挑战,因为过去高速增长时期积累的各种矛盾和问题,会在经济增速放缓后暴露出来。比如说,经济增速放缓使得财政收入增幅减少,进而给住宅、教育、医疗、养老等重大民生问题的财政支出带来巨大的压力,能否妥善应对这些矛盾和问题会直接影响我国的社会稳定。

（2）随着人口红利①的消失，经济增长面临着更大挑战。传统经济增长以低廉劳动力、高投资、高出口为特征，在新常态下面临着更大的挑战。原有增长动力快速弱化，新生增长动力尚未成熟，在新旧转换过程中，必然会面临巨大的"阵痛"和压力。

（3）中国经济内外部环境更加严峻。处于结构调整阵痛期和增长速度换挡期，支撑产业发展的要素条件发生变化，不稳定、不确定因素增多，经济运行面临的内外部环境更加复杂严峻。曾经做出了"突出"贡献的传统产业面临着"去产能"②调整，新旧动力的接续转换不可能一蹴而就，七大新兴产业③尽管快速崛起，但其增量尚难以抵消传统行业的衰减，这种产业结构调整也给中国经济带来了巨大的挑战。

同时，新常态下，企业生存压力增大，面临着更多的巨大挑战，进而导致企业利润率、业务增长和市场价值出现下降或放缓（参见图1-5）。

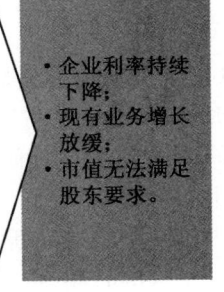

图1-5 新常态下企业面临的关键挑战

全面深入理解经济"新常态"

研究宏观经济，尤其是中国宏观经济，需要从总体上去把握，不能拘泥于具体的经济数字。[2]很多人单纯从"经济"角度来研究宏观经济，结果不甚理想，对于中国经济来讲，也要研究其"政治"性，也就是说，要多从"政治"角度来研究经济，当前经济"新常态"就包括了"经济性"和"政治性"。对于中

---

① 人口红利是指一个国家的劳动年龄人口占总人口比重较大，抚养率比较低，为经济发展创造了有利的人口条件，整个国家的经济呈高储蓄、高投资和高增长的局面。
② 去产能，即化解产能过剩，是指为了解决产品供过于求而引起产品恶性竞争的不利局面，寻求对生产设备及产品进行转型和升级的方法。
③ 七大新兴产业，指国家战略性新兴产业规划及中央和地方的配套支持政策确定的7个领域（23个重点方向），"新七领域"为"节能环保、新兴信息产业、生物产业、新能源、新能源汽车、高端装备制造业和新材料"。

国经济"新常态"来讲,笔者认为应该至少从三个维度来理解和把握(参见图1—6)。

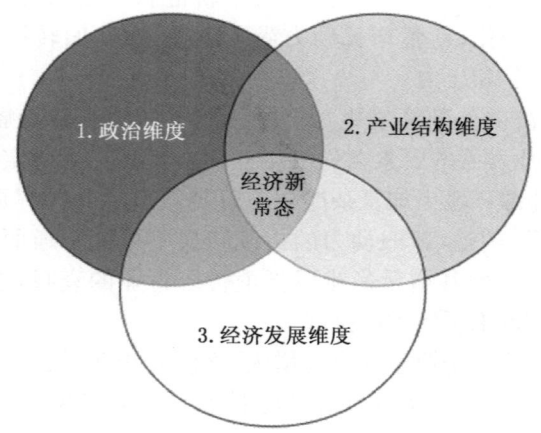

图1—6 理解经济新常态的三个维度

(1)新常态是中国最高领导人对中国经济发展所做出的准确判断。后危机时代,国内面临着"三期叠加"①,在这种经济运行环境下,习近平总书记在调研时强调:"从当前我国经济发展的阶段性特征出发,适应新常态,保持战略上的平常心态。"

中国经济进入到新常态,由快速发展向质量和效益的增长转变,当改革处于深水区的时候,更加需要战略眼光和战略定力,用改革的红利继续释放支撑中国经济可持续增长的动力,现阶段需要为改革创造一个良好的空间和环境。

企业的任务就是适应新常态,进而引领新常态。新常态会伴随着新矛盾新问题,一些潜在风险渐渐浮出水面。

(2)经济"新常态"最重要的就是要调整结构,实现经济再平衡。1978年至2012年,中国最终消费占比从62%下降至49.5%,资本形成从38.2%上升至47.8%。由于投资的增速仍然要显著高于消费的增速,这种不平衡显然仍在延续。

未来中国经济再平衡的逻辑是:一方面,最终消费②比重将提升。从日、

---

① 三期叠加:增长速度换挡期,是由经济发展的客观规律所决定的;结构调整阵痛期,是加快经济发展方式转变的主动选择;前期刺激政策消化期,是化解多年来积累的深层次矛盾的必经阶段。
② 最终消费指一个国家(或地区)在一定时期内对于货物和服务的全部最终消费支出,分为居民消费和政府消费。

韩两国的经验来看,最终消费的提升是缓慢的,大约每年提升0.4%,按照该数据计算,经过10年时间,中国最终消费比重大约会提升到53%的水平。从消费结构来看,居民消费将从非耐用品消费向耐用品和服务消费升级,从贸易品向非贸易品和服务升级。

另一方面,投资比重将下降。基建、制造业和房地产是过去30多年推动中国投资抬升的主要因素。不过由于基建资本存量已经较高、房地产库存规模巨大、制造业产能过剩严重,三方面因素都不支持投资继续攀升。

(3)"新常态"下宏观经济调控将用更多元的指标来引导中国经济的稳健发展。"新常态"对宏观经济调控提出了新的要求,从主要依赖政府干预转变为依靠市场主体,从依赖释放流动性变为依靠转变经济增长方式和优化经济结构。同时,注重宏观经济政策目标的多元化和长短期的结合,经济发展[①]既包括GDP增长,也包括经济结构的优化、经济质量和效益的提升、经济的创新能力、生态环境的保护等多方面内容。

"新常态"下,宏观经济调控在实施总需求管理的同时,引入并强调供给管理,注重需求管理与供给管理的统一。这一基本原则对具体的宏观调控政策进行了有效引导,例如,2015年的宏观调控政策就设定为"继续实施积极的财政政策和稳健的货币政策。积极的财政政策要有力度,货币政策要更加注重松紧适度"。这意味着中国的财政货币政策组合基调未发生改变,但货币和财政政策的内涵会有所调整。

中国企业面临新的战略转型

2010年以来,"转型"成为最炙手可热的流行词之一。经济增长模式、政府职能、区域经济、国有企业、民营企业……纷纷转型。没有一个企业在其经营领域的竞争优势是永远存在的,企业必须时刻准备调整经营战略,创造新的竞争优势。

新常态下,企业寻求可持续发展道路,需要重视审视自己的战略定位,反思自己的战略,抓住时机,积极推进战略转型。[②] 如以联想、神州数码为代表的计算机行业,以海尔、海信、长虹、康佳为代表的家电业,以中国电信、中国移动、中国联通为代表的电信业,以宝钢、武钢、首钢为代表的钢铁产业等,都面临着战略转型。

---

① 经济发展不仅意味着国民经济规模的扩大,更意味着经济和社会生活品质的提高。所以,经济发展涉及的内容超过了单纯的经济增长,比经济增长更为广泛。

② 战略转型是指企业长期经营方向、运营模式及其相应的组织方式、资源配置方式的整体性转变,是企业重新塑造竞争优势、提升社会价值,达到新的企业形态的过程。

后危机时代，企业内外环境出现更加剧烈的变化，迫使每个企业必须深刻思考一个生死攸关的问题——战略转型。

战略转型、企业变革与管理提升的比较见表1—1。

表1—1　　　　战略转型、企业变革与管理提升的比较

	依据	表现形式	变革程度
战略转型	—技术进步 —市场变化 —产品生命周期等	—转入其他行业 —主营业务取舍 —战略方向转变等	剧烈
企业变革	—内部环境变化 —外部环境变化	—组织架构调整 —管理流程重构 —职能部门调整	深度
管理提升	—提升管理能力	—引入新的管理方法 —改进管理手段 —实施精细化管理等	中等

转型或退出

如今，企业高管倍感压力，战略、运营、物流、财务、人力资源……这些围绕在高管身边的事情让其忙得不可开交，然而，最大的压力还是来自企业外部的环境变化，竞争对手出人意料地闯入行业，给行业带来"颠覆性创新"（disruptive innovation）①，无情地抢占市场，最终将现有的企业横扫出局，这种曾经相对罕见的现象如今已成为常态。[3]

联邦快递创始人弗雷德·史密斯（Fred Smith）②说，"变革意味着机遇，你能在行业发生转变之前，最早迈出哪怕一小步，先发制人，就会有很大的机会，但如果你认为没有必要改变，你将会自取灭亡"。

新常态经济背景下的高管们，眼光不能仅仅盯在企业或行业内部，而是要以全球化的视角，审视整个外部环境，这既是压力的来源，也是开辟蓝海的机会。当企业外部环境尤其是所从事行业的业态发生较大变化时，或当企业步入新的成长阶段需要对生产经营与管理模式进行战略调整时，或以上二者兼有时，企业必须对内外条件的变化进行战略平衡，选择新的生存与成长模式，即推动企业发展模式的战略转型。

通过成功转型，企业可以保持持续发展能力，不断地从成功走向卓越。

---

① 颠覆性创新理论，是由Innosight公司的创始人、哈佛大学商学院的商业管理教授、著名创新大师克莱顿·克里斯坦森（Clayton Christensen）基于其在哈佛大学所做的研究工作，总结提出的理论。
② "联邦快递"之父，美国历史上最伟大的企业家之一，被誉为"创造了一个新行业的人"。

第 1 章
新常态背景下的人力资源管理概述

IBM作为世界著名的全球500强企业之一,其发展道路也并非一帆风顺,在其发展过程中,适时的战略转型是其成功的关键(参见图1—7)。[4] 其中,20世纪90年代,IBM内外部环境发生巨大变化,曾经一度面临解体的危机,但是通过10余年的努力,IBM实现了成功转型。

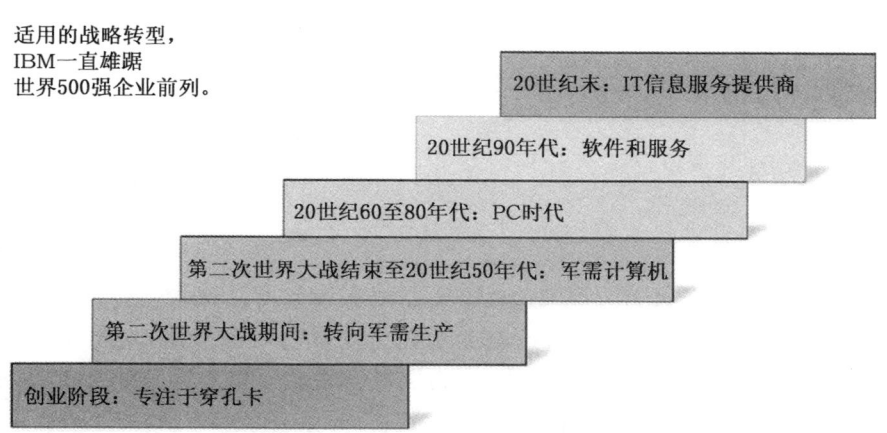

适用的战略转型,IBM一直雄踞世界500强企业前列。

注:IBM战略转型成功之道:对内外部环境的准确把握、向相关业务领域进行转型、充足的财务支撑。IBM在1998年宣布进入IT服务领域之前,已经在PC以及IT领域具有极高的知名度和美誉度,这为IBM顺利进入IT服务业打下了坚实的基础。

图1—7 IBM的转型历程

突破转型的关键在"人",经由人,公司的理念、价值观、行为模式和员工能力发生了变化,转型才有可能成功。

美国企业家拉里·博西迪(Larry Bossidy)曾说"到了彻底改变企业思维的时候了,要么转型,要么破产"。这句话放到当下新常态背景下,对很多企业都有很大的启迪。

举个简单的例子来讲,一些知名的传统电子、汽车、钢铁和化工企业,当其市场份额和规模达到了一定程度时,人们会发现其利润回报和市值表现并不令人满意,在这种情况下,就需要主动进行战略转型,要么转向创新性的、差异化的产品,要么转向某些新兴行业。

企业战略转型是不以人的意志为转移的,当内外部环境变化达到一定程度时,企业管理者都要具有转型意识,积极筹划战略转型,因为错过了战略转型关键点,企业将会面临着巨大的衰退风险(参见图1—8)。

有专家表示:"现在很多传统企业向互联网转型,遇到最大的问题是传统企业将对员工在技能、效率等方面的考核作为最关键指标,简单说就是认

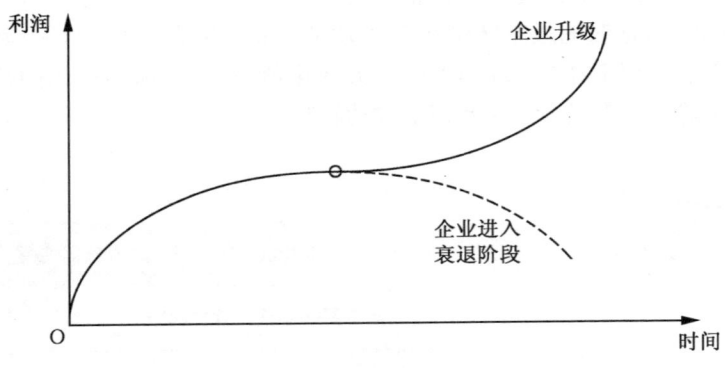

图1—8 战略转型关键点(示意)

真不犯错;事实上,转型过程中这些企业需要积极创新、二次创业,要求员工积极发挥主动性以及创造力,这就需要让员工具有更多技能,对员工的观念、培训和再教育需要花很大精力,人力资源管理在这里面起到非常重要的作用。"

成功战略转型的六个关键点

2013年5月,马云在CEO卸任演讲中说,"这是一个变化的年代,当很多人还没有搞懂PC互联网的时候,移动互联网来了,当很多人还没弄懂移动互联网的时候,大数据来了"。

新常态背景下,企业的内外部环境出现了革命性变化,战略转型的核心问题在于提出企业价值新主张,创新商业模式和运营模式(参见图1—9),重新塑造竞争优势、提升社会价值。

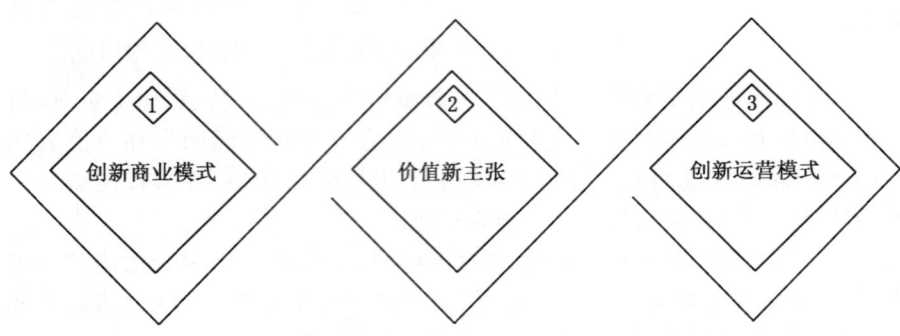

图1—9 战略转型的关键环节

具体来讲,成功的战略转型,需要从以下六个方面着手:

(1)从机会导向转到战略导向。企业走向成功的过程是一个优胜劣汰的艰难过程,其间,很多企业抓住机遇,不断地成长和壮大,但更多的企业无法完成从机会导向到战略导向的转变,逐渐消失在人们的视野之中。以华为和娃哈哈这种时代标签式的企业为例,它们最初在起步的时候,也基本上沿袭着机会导向,但在完成积累后,与咨询公司一起,完成了战略导向的转变,其中更加强调战略性人力资源与核心人才队伍建设。

(2)企业高层的全力支持与大力推动。无论是国企,还是民企,战略转型总是由高层发起的,他或他们把清晰的转型目标作为企业首要任务,与内外部团队展开深入决策讨论,坚定地贯彻转型意图。

(3)全面深入的管理沟通。战略转型不仅仅是企业高层的事情,也是中层管理者和基层员工的事情,因此,需要企业各个层次的员工支持,只有战略转型观念深入人心,转型才可能成功。

从某种意义上讲,战略转型是对企业业务的重新界定,只有在员工的操作、思维和行为方式上发生了根本性的变化,转型才能够成功,因此,在企业战略转型过程中,必须强调有效的管理沟通,通过频繁的全方位的信息反馈和传达,上下一心,同心协力。

(4)强调团队成功。如果员工片面关注自己的利益,缺乏团队精神,无法融入团队中,最终就无法实现自己的价值。现代企业中,更加强调团队的能力,通过团队建设,激发团队成员的潜力,通过分工和协调,可以创造出更大的价值。

团队管理强调企业整体效应,追求创新、高效、综合实力和抗风险能力。从企业发展角度来看,团队的精神和力量是企业可持续发展的内在动力,是现代企业生存和发展必不可少的要素。[5]

资料链接1—3:团队建设对企业发展的作用

知识经济时代,是一个"服务至上"的时代,更是一个"团队合作"的时代。现代企业发展不仅需要优秀的工作人员,更需要将企业团队精神在人力资源管理中作用最大化。现代企业之间的竞争,追根溯源是企业团队之间的竞争。

企业的竞争是人才的竞争,智力资源已成为经济发展中的第一战略资源。企业只有快速构筑自身的人力资源竞争力,才能在竞争中获得长久的成功。管理团队的建设,已成为企业十分重要的任务和目标,建立以管理团队为核心的人力资源管理模式,必将全面推动企业创新。

团队建设一方面能够精简企业组织架构,形成一种相互合作、信任的良好关系,这样,企业决策层会有更多的精力与时间寻找蓝海市场,制定发展战略;另一方面有利于提高企业的经营管理水平,凝聚更强大的力量,充分利用资源,尽可能挖掘自身的潜力,创造一个良好的工作环境。

现代企业的竞争离不开高效的企业团队,团队建设在现在企业发展中有着不可替代的作用。

资料来源:陈水生,李焕荣.基于知识经济的现代企业管理团队建设研究[J].企业经济,2007(2):9—11。

(5)严格保证战略转型的首要地位。企业需要将转型管理与日常管理区分开来,突出重点和方向,把核心的转型目标置于首要地位。执行者要合理地解决转型需要与日常管理需要的冲突,使资源的分配达到最佳状态。

(6)制订周密的战略转型计划。克劳塞维茨在其经典著作《战争论》中写道:"你永远无法真正预见的无数小事件结合起来,降低了整体表现水平,结果人们总是远远达不到预期的目标。"因此,要想成功实现战略转型,必须制订出一个周密的转型计划。

人力资源是战略转型的原动力

在企业积极推进战略转型的过程中,企业决策者最关心问题是:

人力资源如何支撑转型期的各种变革,成为有效力量?

人力资源管理工作如何有效支撑转型战略的落实、承接新体系、推动转型执行力的提升?

但是,现实中让企业决策者们头痛的问题是,多数企业在转型期中,人力资源工作的转变不仅滞后于战略转型和组织变革,而且,人力资源管理与企业战略和业务模式的变化要求相脱节,根本谈不上推动和促进企业战略转型。

企业战略转型是一项复杂且庞大的任务,如何实现战略转型,人力资源发挥着重要作用。

高效的人力资源管理,有助于充分发挥人力资源优势,促进企业战略转型[6],可以为战略转型提供强大的支撑,促进企业经营和发展战略的顺利实施(参见图1—10)。

员工的知识和能力是企业最宝贵的财富和最稀缺的资源。加里·斯坦

第1章
新常态背景下的人力资源管理概述

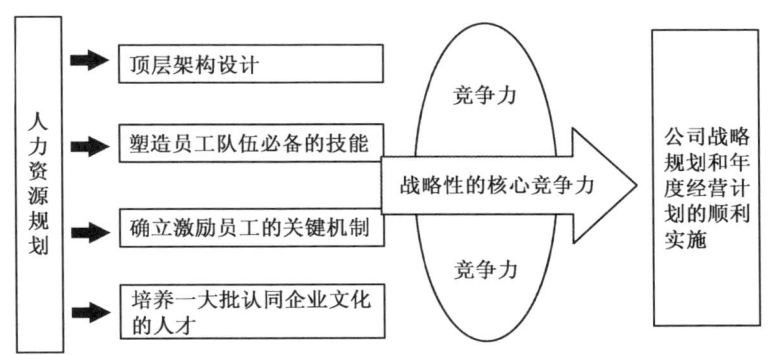

注：人力资源管理部门对企业发展提供战略性支持，主要体现在人力资源战略方面。

图1-10 人力资源管理可以为战略转型提供强大的支撑

利·贝克尔（Gary Stanley Becker）[①]指出，发达国家资本的75%以上不再是物质资本，而是人力资本。任何企业的发展都离不开优秀的人力资源和人力资源的有效配置。

态度决定一切，观念影响行为。如果失去与行动相匹配的理念，再科学的发展战略也没有意义。[7]转型是战略层面的一种选择，基层企业和员工对此并不十分理解，经过宣传贯彻和组织大讨论，短期内员工对于转型的重要性与必要性可能会有初步的认识，但真正树立与企业战略转型相适应的全新理念，尚需要一个过程。

> 从实践中来看，老企业或者大中型企业，员工人数多，人力资源情况复杂，企业战略转型面临着员工观念和思维等方面的严峻挑战。

科学严谨的人力资源管理，能够促进企业战略目标的实现，有助于保障公司在市场竞争以及发展过程中对人力资源的诉求，促进公司员工的创造性以及工作积极性，合理降低人力资源成本。

人力资源管理面临的新要求

新常态背景下，无论是传统的制造业，还是战略性新兴产业，要想在竞争中获胜，必须适应内外部环境变化，具备新的能力，即对无形资产的开发和运用能力，需要重点关注：(1)发展与客户的关系，维持现有的客户的忠诚

---

① 加里·斯坦利·贝克尔，芝加哥大学教授，诺贝尔经济学奖得主，其著作《人力资本》是西方人力资本理论的经典，是席卷20世纪60年代经济学界的"经济思想上的人力投资革命"的起点。

17

度,同时,为新客户和新市场提借更大的价值;(2)坚持产品和服务创新,坚持市场导向,更深层次地满足特定客户群体的需要;(3)坚持柔性化生产,以低成本和高质量提供优质产品,坚持特色化和差异化经营;(4)调动员工的主动性和积极性,以不断提高工艺质量和水平,缩短反应时间;(5)运用现代信息技术,利用大数据技术,有针对性地开展研发工作。

企业开发无形资产,所依赖的关键资源就是人力资源。世界上的资源可以分为自然资源、资本资源、信息资源和人力资源四大类,其中人力资源是最为活跃、涉及面最广、影响最为深远的资源,在一切资源中最为重要。[8]

任何事情都需要人去做,只有用人得当,充分调动人的积极性和发挥人的聪明才智,才能取得良好的效果,实现预期目标。好的企业离不开好的员工,高效人力资源管理,可以帮助企业组织和员工个人实现"双赢",企业在助力员工发展的过程中,实现自身成长、发展和壮大(参见图1—11)。

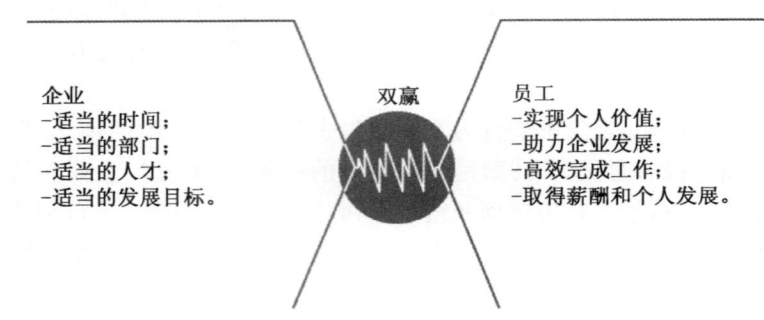

图1—11　员工个人与企业组织的"双赢"格局

中国进入了战略人力资源开发与管理阶段

目前,中国处在产业结构转型升级的关键期,客观上要求人力资源从数量优势向质量优势转变。党的"十七大""十八大"做出了"建设学习型社会"的战略部署,《国家中长期人才规划发展纲要(2010—2020)》(中发〔2010〕6号)也进一步明确了"到2020年,基本形成学习型社会和进入人力资源强国行列"的战略目标,同时也对职业教育、继续教育、终身教育和全民教育体系进行了全面部署,中国进入了战略人力资源开发和建设的新阶段,这对人力资源提出了新的要求。

培养人力资源战略管理能力

人力资源战略不仅受企业战略的不确定性和多样性的影响,而且人力资源的异质性、多样性和互动性,也会使人力资源战略的实施效果难以衡量和评估,这必然要求引入科学的绩效管理方法,使人力资源战略更富操作性、可控性和预见性,这样人力资源战略才能切实转化为企业整体绩效。

综观企业竞争过程,从自然资源竞争到资本资源竞争,再到技术资源竞争,如今,更加注重人力资源的竞争(参见图1—12)。对企业来说,企业战略只有与人力资源进行有效互动和配合,才能够不断促进二者之间的转换和升级,从而推动企业的持续发展。

注:中国企业过去的成功主要依赖于自然资源和资本,而未来的成功将更多地取决于企业拥有的技术和人力资源。

图1—12　人力资源成为企业竞争的关键成功要素(KSF)(示意)

实际上,人力资源战略与企业战略是一种相辅相成的关系,更是一种动态适应和调整的关系,这种动态调整持续进行,从不间断。正是这种动态中的适应、调整、再适应、再调整循环过程,保证了企业战略和人力资源战略的生命力。

优化与创新人力资源管理机制

通过完善的人力资源管理机制,有助于提高企业人力资源管理的系统整合与创新能力,确立企业管理的整体竞争优势。只有建立和健全人力资源管理机制,才能有效激发人才的潜力,提升企业核心竞争力,适应市场经济的发展。[9]

以企业变革为例,无论是自上而下的变革,还是自下而上的变革,都必须坚持"以人为本",充分取得企业员工的广泛认同,如果得不到企业大多数员工的支持,变革不可能取得成功,因此,要使变革得到广泛的认同,必须在变革实施之前了解企业员工在变革过程中的情绪变化(参见图1—13),据此进行有效的沟通。

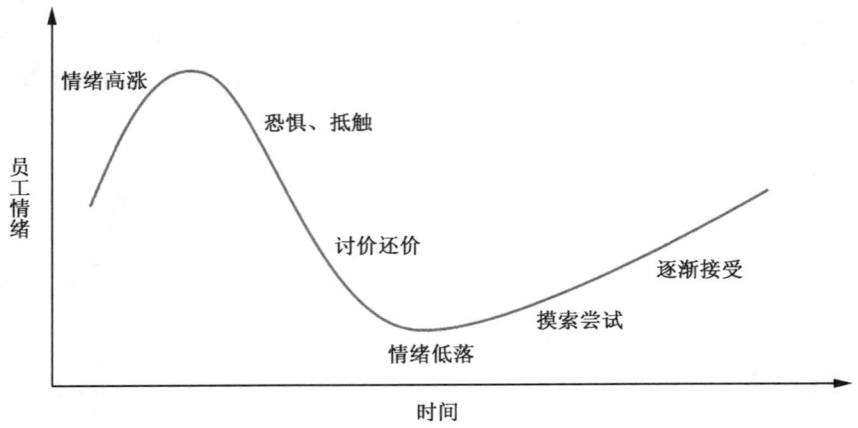

图1—13　企业变革中的员工情绪曲线

资料链接1—4:中小企业人力资源管理如何创新

　　互联网技术和经济发展方式调整的双重驱动,对人力资源管理提出了新的要求。为适应新的机遇与挑战,中小企业必须创新人力资源管理机制,充分激发企业人力资源的创造力。

　　首先,树立适应新常态下的人力资源管理理念。中小企业必须从行业、市场和社会发展不同层面分析形势,对企业发展进行全局性把握,发挥人力资源管理在企业经营发展中的组织保障作用。同时,要确立以人为本的人力资源管理理念,把员工的发展作为人力资源管理的出发点和落脚点,尊重每个员工的个性与价值,让员工能在发展空间广阔、能力提升有望的背景下安心工作,真正做到用感情和事业发展育人、留人。

　　其次,探索互联网时代的人力资源管理机制创新。笔者认为,当务之急是建立灵活的人才供给机制,吸引人才。根据企业实际人才的需求分析,招募及培养与企业价值观相符的复合人才,做到人才招聘和配置与企业的发展相匹配。人力资源管理还要以员工的全面自由发展和企业的持续健康经营作为基本的价值诉求,构建激励相容的收益分配机制。中小企业还应以岗位评价为基础,认真做好岗位设计、综合考评等工作,促进员工释放自身最大的潜能。

再次,以互联网技术,推动新常态下中小企业人力资源管理实践创新。应用互联网思维,通过互联网平台,对企业人力资源进行管理,提升人力资源管理效率和质量。例如,通过信息技术,实现人力资源管理日常事务处理的自动化;构建人力资源信息平台,使人力资源各项工作达到信息共享,有效进行各类资源配置;利用互联网大数据,对人员需求及人员选拔、培训、绩效分析等人力资源管理精准决策;利用创新管理技术,引进移动学习平台,为员工提供多渠道的学习方式等,实现人力资源管理的自动化、信息化和专业化。在新常态下,中小企业人力资源管理部门应该对各个岗位的价值及所需人才的特征进行科学评估,做到人力资源素质与岗位价值相匹配。此外,企业还应通过培训,向员工灌输新常态下企业经营管理理念,训练新技能,使员工能适应一专多能的岗位要求,提升跨工种、跨部门的协作能力。

最后,加强人力资源管理服务基础建设。中小企业人力资源管理部门要以新的互联网技术和计算机技术为平台和技术支持,对人力资源管理数据进行及时、全面、准确的汇总和分析。

资料来源:赵应文. 中小企业人力资源管理如何创新[N]. 中国劳动保障报,2016—10—21. 第6版。

引进和培养知识型员工

20世纪20年代,知识资源对经济增长贡献率不到20%,20世纪70年代以来,经济增长的60%~80%都靠知识资源,未来工业新增长的70%~90%,都将依靠科技进步来实现。[10]

知识型员工①由于其拥有知识资本,因而在组织中有很强的独立性和自主性。这就必然带来新的管理问题,从而要求企业在对知识型员工授权赋能的同时强化人才的风险管理,要使企业的内在要求与员工的成就意愿和专业兴趣相协调。

知识型员工具有较高的流动意愿,不希望终身在一个组织中工作,由追求终身就业饭碗[11],转向追求终身就业能力,从而为企业的保留人才带来了新的挑战。

---

① "知识型员工"是美国学者彼得·德鲁克提出的,指的是"那些掌握和运用符号和概念,利用知识或信息工作的人"。今天,知识型员工已经扩大到包括大多数白领。

知识型员工与学习型组织的关系见表1—2。

表1—2　　　　　　　知识型员工与学习型组织

知识型员工	学习型组织①
具有一定程度专业知识的人才	重视和支持员工终身学习的组织
—相对短缺 —流动性较强 —替代成本高	—致力于持续学习 —关注系统思考 —注重团队学习

关注和培育企业人力资本

在很多企业中，实物资产和金融资产得到了较好的管理和有效的评估，人力资本②却没有得到同等的待遇。

但是，随着人力资本理论越来越受到企业的重视，企业管理者将目光更多地投入到了人力资本的合理利用方面。[12]一方面，加大对员工的投资，从而更好地为企业创造出具有竞争优势的产品和服务；另一方面，坚持以人为本，把人力资本与企业的资源更好地融合，强化人力资本的外部招聘和内部挖掘。

在互联网时代，人才真正变成组织的核心，成为组织价值创造的真正核心要素，尤其是知识创新者和企业家人才成为企业价值创造的主导要素。

为了更有效地发挥企业人力资源作用，有针对性地采取措施，促进人力资源高效运作，美国康奈尔大学斯科特·A. 斯奈尔(Scott A. Snell)教授提出了人力资源斯奈尔模型，通过稀缺性和战略价值两个因素，把企业人力资源分成四类：稀缺人才、核心人才、通用人才和辅助人才（参见图1—14）。

构建斯奈尔模型的目的是，便于企业对不同类型的人力资源采取不同的工作方式和雇用模式，合理调配并充分发挥企业人力资源潜能，提升企业核心竞争力。其中，最为关键的两类人才是核心人才和稀缺人才，因此，要制定有针对性的对策。

---

① 学习型组织是一个能熟练地创造、获取和传递知识的组织，同时也要善于修正自身的行为，以适应新的知识和见解。美国麻省理工学院(MIT)斯隆管理学院资深教授彼得·圣吉在其著作《第五项修炼》中，提出了学习型组织的五项修炼。

② 西奥多·W.舒尔茨(Theodore W. Schultz)，美国著名经济学家，1979年诺贝尔经济学奖获得者，自20世纪50年代起，就提出并倡导了人力资本论，被西方经济学界称为"人力资本概念之父"。他认为，由教育、保健、人口流动等投资所形成的人的能力提高和生命周期的延长，也是资本的一种形式。舒尔茨得出人力资源是经济和社会发展的重要原因的结论。

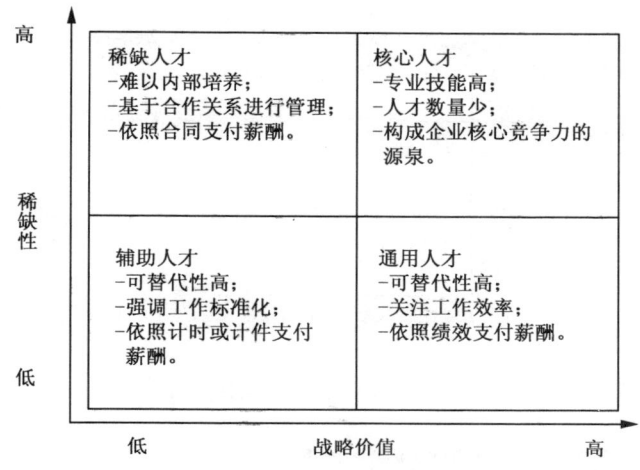

图1-14 企业人力资源斯奈尔模型

（1）核心人才与公司的核心竞争力直接相关，是企业应该重点培训的人才，也是实现企业核心价值的关键人才。

公司管理层尤其是人力资源管理部门应该清楚核心人才具有稀缺性，难以通过一次或者两次的短时间培训培养就能获取，因此，作为核心人才（如企业管理者、资深员工等），企业应该为他们搭建好软硬件平台，制定个性化的发展规划，例如出台针对管理人才培养近、中、远期规划，使他们在工作中不断提升价值认同感和职业归属感，更好地为企业的长远发展提供不竭的智力支持。

（2）稀缺人才是企业发展过程中离不开的人才，但又与企业的核心能力没有直接关联，这一类的人才价值往往低于企业的核心人才。

实践中，他们是具有一定特殊知识和技术的人才。对于这类人才，企业应该采取密切合作方式获得。对于他们的管理，要注意引导他们朝着企业的核心利益认同感上来，应重"知识"而不是重视"人"的付薪酬原则。

世界优秀企业始终如一地打造优秀员工队伍，积极进行人才管理（参见图1-15），才出现优秀员工比例占多数的局面。对国内企业来讲，也要重视人才管理，现在一个企业产业生态中需要各种人才的融合，要建立跨界的人才思维，还要建立粉丝人力资源思维，建立人才社会化与社区化思维。现在，很多人才都是社会化的资源，他不一定归你所有，但要为你所用，要到社区里找人才。[13]

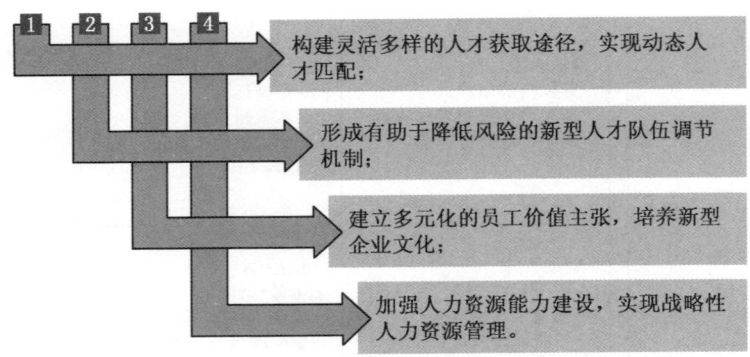

图1—15　人才管理路径

资料链接1—5：神州数码的战略转型

2000年，为顺应互联网时代信息产业的发展，原联想集团一分为二，神州数码由此诞生。2001年，神州数码在中国香港联合交易所主板上市（股票代码00861.HK）。

神州数码自成立以来，以"数字化中国"为使命，通过持续创新，构建起完整的IT服务价值链，服务涉及IT规划咨询、IT基础设施系统集成、解决方案设计与实施、应用软件设计及开发、IT系统运维外包、物流维保等领域。

2015年，神州数码将占总收入80%的传统核心业务（IT分销）全部卖掉，在公告中披露，其目前及未来，将以"互联网+"为核心的全面业务布局，重点是"以云计算和大数据为技术支撑，与传统行业应用深度融合，通过IT服务和运营等方式，大力发展互联网城市服务（智慧城市）、互联网农业、互联网制造、互联网供应链以及互联网金融等高附加值和高增长业务"。

其中，以"智慧扬州"的成功案例为先导，神州数码"智慧城市"战略已经在全国范围内展开布局。根据神州数码的第三个五年计划，公司未来5年的营业收入将达到1 000亿元，未来10年市值也将达到1 000亿元，这期间的"智慧城市"将成为公司新的业务重心。

研讨：为什么企业的战略转型与系统变革本质上是人的思维方式与行为方式的变革，企业与企业人才的竞争是人力资源的机制与制度的竞争，是人力资源管理系统能力的竞争。

资料来源：神州数码为转型"瘦身"[OL]．东方网，2015—8—14. http://news.eastday.com/eastday/13news/auto/news/china/

u7ai4465018_K4.html。

注释：

[1]满杉．投中统计：2015中国并购规模创新高 退出回报5.92倍[R]．北京：投中研究院，2015：1.

[2]姚景源．"三个层面"把握中国经济新常态——《中国制造2025》解读之中国宏观经济形势[J]．电器工业，2015(10)：26－28.

[3]石丹．数字入侵者来了如何预防"被颠覆"[J]．商学院，2016(1)：72－73.

[4]刘翼然．IBM的战略转型与薪酬管理[J]．中外企业家，2013(7)：90.

[5]王强．关于企业团队建设与管理的思考[J]．经济技术协作信息，2012(12)：43.

[6]佟娜．企业战略转型的人力资源管理研究[J]．现代国企研究，2015(6)：15.

[7]胡丽梅．关于做好企业转型期间思想引领工作的思考[J]．兵团工运，2012(9)：18.

[8]董瑞敏．企业如何加强人力资源开发和管理[J]．经营与管理，2011(1)：62－63.

[9]高娃．我国国有企业人力资源管理中的激励机制与创新[J]．中国电子商务，2012(7)：125－126.

[10]任海云，李丽．对利益相关者共同治理必然性的分析[J]．中国管理信息化，2007(4)：57－58.

[11]钱梅汝．新世纪人力资源管理的思考[J]．内蒙古石油化工，2004，30(5)：79－80.

[12]金军．企业资产管理视角下的人力资源管理分析[J]．商业经济，2015(2)：83－84.

[13]彭剑锋．供给侧改革下，如何打造高品质的人才管理？[J]中外管理，2016(8)：23－24.

第 2 章
人力资源战略管理能力

"国际竞争的关键,是人力的竞争,即劳动者技能、智能、科学知识、管理水平和信息量的竞争。"

——人力资本专家西奥多·舒尔茨

世界各国的经验表明,人力资源投资是一切投资中收益最高、获利最大的投资。和君咨询董事长王明夫认为:"企业管理的一切,说到底就是管理人,都可以归结为人力资源管理。真正杰出的企业家,未必是业务能手,但一定是人力资源管理的高手。"

然而,现实的情况是,很多企业在经受着基于"战略"的郁闷:
- 人力资源理念与战略难以落地,人力资源政策缺乏执行力;
- 管理者和员工将人力资源管理看成一种负担;
- 人力资源无法为企业的战略与核心竞争力提供足够的支持。

人力资源管理是一项战略性职能

把人力资源管理提升到战略层次来看待,主要是基于人力资源必须围绕企业的战略目标,通过合理配置企业人力资源,利用一系列的人力资源工具(如招聘、培训、激励等),调动员工积极性,发挥员工潜能,最终确保企业战略目标的实现。

人力资源管理不仅参与企业战略的制订过程,还通过制订和调整人力资源计划来帮助企业贯彻和执行战略工作。实践证明,人力资源是所有资源中增值潜力最大、最具有投资价值的资源,人力资源投资也是所有投资中风险最小、收益最大的战略性投资。[1]

第 2 章
人力资源战略管理能力

成功的企业,非常关注人员管理、组织管理和文化管理,其中,人力资源管理帮助企业做大;组织管理帮助企业做强;文化管理则帮助企业做长(参见图 2—1)。三者共同作用,帮助企业取得良好的绩效,实现发展战略目标。

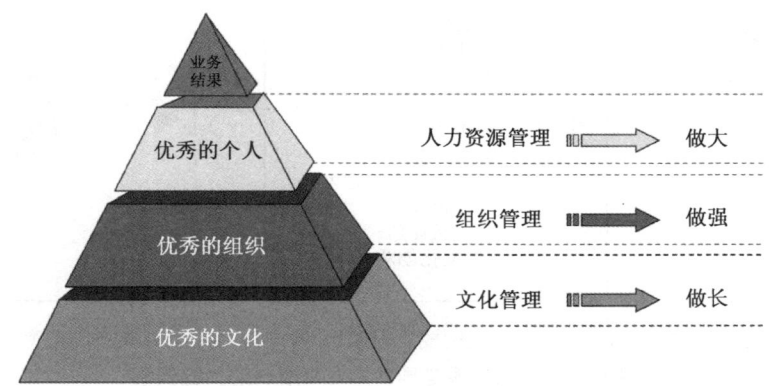

注:人力资源管理、组织管理和文化管理是企业做大、做强、做长的基础。

图 2—1　企业成功的三大基石

人力资源管理是"一把手"工程

提到人力资源管理工作,很多企业都下意识地认为,这是人力资源部门的事,其实,人力资源管理是个系统工程,它是整个企业的事情,而不仅仅是人力资源部的事情。

人力资源管理首先是一把手工程,企业的一把手必须懂人力资源管理,必须重视开发人力资源。华夏基石管理咨询集团董事长彭剑锋认为:"企业人力资源战略管理能力的提升,首先取决于企业家与企业经营团队的人力资源战略思维的确定与领导力的培育。"

杰克·韦尔奇(Jack Welch)[①]说:领导人是我们最重要的产品。他花费至少一半的个人时间用于培养领导人。韦尔奇任首席执行官后,每月都要到通用电气(GE)的领导力发展中心两次,与 GE 最优秀人才面对面地交流,给他们上课。韦尔奇之所以关注人力资源管理,主要是他深刻地意识到了人力资源在企业成长中的关键性作用,有研究表明,在推动企业高成长的关键要素中,人力资源起到了至关重要的作用。在企业成功的前 10 项要素中,

---

① 杰克·韦尔奇,通用电气历史上最年轻的董事长和 CEO,在其领导下,通用电气的市值由他上任时的 130 亿美元上升到了 4 800 亿美元,也从全美上市公司盈利能力排名第十位发展成位列全球第一的世界级大公司。

与人力资源相关的就占据了5个(参见图2—2)。

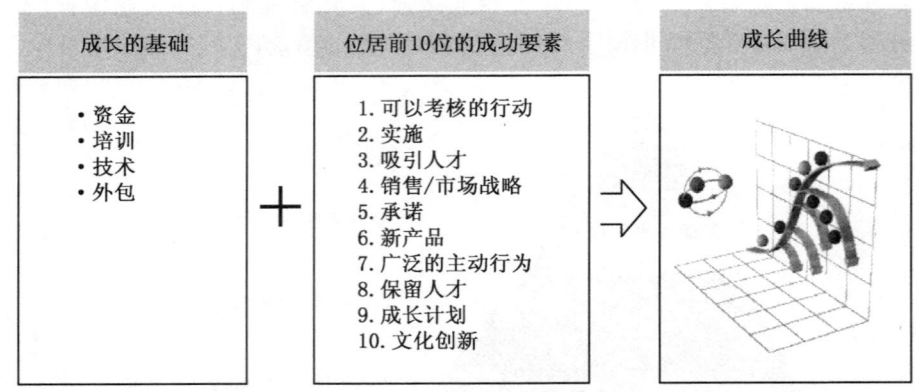

注：在促进企业成长的10项关键成功因素中，有5项与人力资源密切相关。

图2—2 人力资源是推动企业高成长的关键要素

因此，人力资源管理必须得到企业高层足够的重视，有了足够的重视，再掌握其深层规律，才有可能成功。[2]实践中，国内很多企业出现问题后，都会归咎于人力资源部门，然而，人力资源管理工作不仅仅是人力资源部的工作，没有非人力资源部门的支持，人力资源部不可能独立完成任何工作。通常情况下，企业人力资源部与其他部门是平行的，人力资源部门与其他部门之间是一种协作关系。

资料链接2—1：人力资源管理的一道选择题

在美国密歇根大学的MBA课堂上，戴维·尤里奇(David Ulrich)[①]最喜欢抛给学生下面这道选择题：

谁应该为公司里的人力资源活动负责？

A. 各部门管理者

B. 人力资源人士

C. 各部门管理者和人力资源合作人士

D. 咨询专家

E. 没有人，自生自灭

大部分学生会选C。尤里奇会告诉他们，C是错误的，正确的答案是A。

---

① 戴维·尤里奇，密歇根大学罗斯商学院的教授，RBL集团的创始人，被誉为人力资源管理的开创者，在评估策略与人力资源实践方面做出了突出贡献。

他告诉学生:"从根本上讲,各部门管理者对公司的产出和流程负有最大的责任。他们负责为股东提供经济利益,为客户提供产品和服务,为员工提供工作的价值。为了达成这些产出,各部门管理者必须承担起人员管理的责任。"

即使是鼎鼎大名的专家,也并非都对这个常识性的问题有着正确的认识。鼓吹要建立最强大的人力资源部来驱动组织运行的,大有人在。

尤里奇则一直旗帜鲜明,不改初衷。在最近出版的《人力资源转型》(*HR Transformation*)一书中,尤里奇仍然不忘强调:"真正的人力资源转型,将会进一步强化直线经理在打造组织能力和人才队伍方面的责任。"

资料来源:尤里奇与 HRBP 的故事[OL].职立方,2015—8—26. http://www.yuecang.com/wxjob-market/3272026.html。

人力资源在企业中的战略位置

许多人力资源政策只有在各部门支持配合的情况下才能实施,没有非人力资源管理部门及管理者的存在,人力资源管理工作就无从谈起。

对于人力资源高管来讲,他既是老板的"智囊"、战略伙伴、得力助手,又是业务部门的伙伴。[3]优秀的人力资源管理者能够帮助企业创造价值,使业务部门、员工增值,从而提升人力资源在企业中的地位(参见图 2—3)。

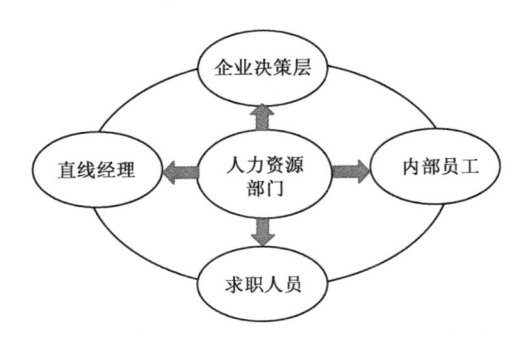

注:以战略和客户为导向的人力资源管理,应当把人力资源管理职能当成一个战略性业务单位,根据自己的客户基础、客户需要以及满足客户需要的技术等来重新界定自己的业务。

图 2—3 人力资源部门的关键位置

新常态下的人力资源管理
Human Resource Management in the New Norm

对人力资源部门来讲,首先要理解业务,并能够将业务融于人力资源工作之中。业务部门经常说人力资源的内容不够具体,因此,人力资源部门要学会用数据说话,战略人力资源规划可以给人力资源部门提供一种量化的工具和结构化的操作。

> **战略性人力资源可以有效地将人力资源战略和业务战略联系起来,并形成行动计划,这是一种具有全局影响性的能力。**

在从事企业管理咨询顾问过程中,甚至在本书写作过程中,不断地有企业向笔者寻求人才,其中,最为急迫的一类人才就是人力资源总监。越是好企业发展越快,员工队伍也会越来越大,企业要找人、要培养人和管理人,一名得力的人力资源总监就变得非常重要。

其实,在之前为企业提供咨询的过程中,无论是战略咨询,还是人力资源咨询,我们在强调方案适用性的同时,还特别强调方案的落地性,在这个过程中,最为关键的就是客户方的人才匹配情况,尤其是人力资源总监,一名好的、合适的人力资源总监,可以撑起半边天,在企业起飞阶段,人才是最为关键的资源。

人力资源工作演变的四个阶段

随着内外部环境变化,企业处于动态变化过程中,与此同时,人力资源工作也随着企业的动态发展,不断地演进,持续为企业成功提供强大的动力支援。

回顾人力资源发展历程,依据人力资源管理大师戴维·尤里奇的观点,人力资源工作大体上经历了四个发展阶段,同时,在每一阶段都有着相似的、随时间变化的曲线:开始、学习、成长,然后进入稳定态(参见图2—4)。

阶段1:行政事务性人力资源。该阶段强调人力资源的行政事务性工作,人力资源部门关注的是:劳动协议的条款与条件、提供人力资源服务以及保证法规遵从性。核心职责是薪酬结算、养老金管理、出勤监控、员工招聘等。

阶段2:职能性人力资源。该阶段强调人力资源在人才搜寻、报酬与奖励、学习、沟通等方面进行的创新实践设计。例如,通用电气公司的高管们意识到,公司能否快速地、高质量地在各个管理层级上培养出能够支撑国际业务成长的领导者,对公司长远的业绩表现会有深远影响,这就直接促成了克罗顿维尔学院(即现在的"杰克·韦尔奇领导力发展中心")的建立。

阶段3:战略性人力资源。该阶段的关注点是通过战略性人力资源管

图中文字：
人力资源工作演进

1 行政事务性人力资源
2 职能性人力资源
3 战略性人力资源
4 由外而内的人力资源

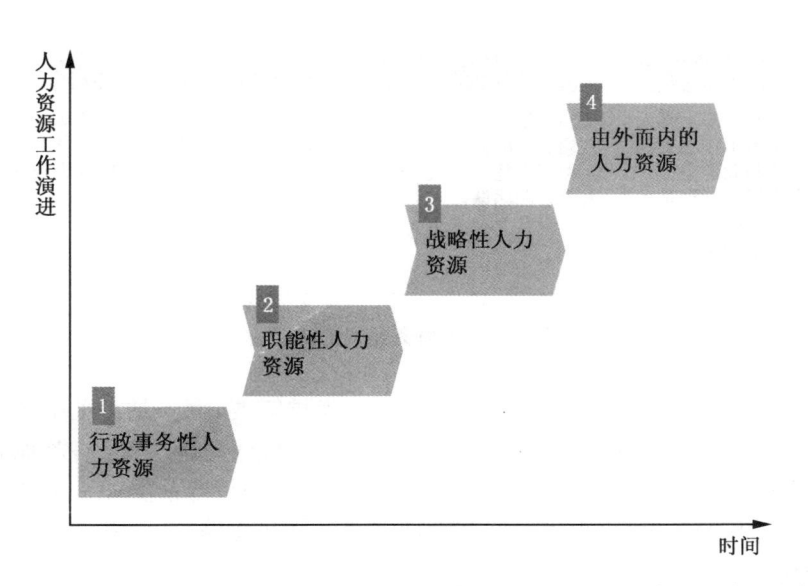

时间

注：从人力资源工作的角度来看，呈现为四个层次的演变，而最高的层次是由外而内的人力资源阶段。

图 2—4　人力资源工作演变

理，使员工个体与已整合过的人力资源实践体系能够促进企业经营成功。人力资源部门致力于将人力资源工作同企业的战略或业务目标关联起来，人力资源工作的关注点除了最基础的"人才"方面，还包括"对企业文化与领导力的贡献"。

阶段4：由外而内的人力资源。该阶段要利用人力资源政策流程等实践活动来促成某些外部经营条件的变化，以及对外部变化及时做出回应。"由外而内"的人力资源会根据企业的商业环境、利益相关者需求而调整自身的工作。着眼未来的人力资源工作者并未停留在前三个阶段，而是将眼光投向组织之外的客户、投资者和社区，以他们的视角来定义成功的人力资源工作是什么样的。

如今，企业面临着产业结构调整、产业升级、竞争加剧等一系列内外部环境的压力。在此背景下，企业人力资源管理既要敢于承担和付出，又要善于学习和创新，积极借鉴先进的人力资源管理方法，构建适应企业发展的人力资源管理体制和机制。通常情况下，企业人力资源转型需要经过四个步骤（参见图2—5）。

步骤1	步骤2	步骤3	步骤4
企业从思想上把人力资源工作融合到战略和业务中去，人力资源管理是各级领导的事，尤其是老板的事。	找到或培养具备动态领导力的人力资源领军人物，打造人力资源团队。	培养或引进具备动态领导力的直线经理。	提供人力资源工具与方法，协助直线经理实施人力资源管理。

图 2—5　人力资源转型四步法

人力资源之所以转型，是为了适应企业发展需要，而不是为了引进一种新模式而转型。要让转型真正见到实效，真正为企业的业务战略落地起到促进和支持作用，就必须从根本问题上进行思考，分析当前企业人力资源管理存在的核心问题，提出人力资源管理的战略优化思路，在此基础上提出转型路径。

人力资源总监的视野

企业要想基业长青，除了要有好的战略外，关键还在于拥有人才、用好人才，发挥人才创造价值的作用。而人才又需要有较好的人力资源战略、科学的规划和相应的激励与约束机制来支撑。[4]完成这项任务的关键在于人力资源总监。

传统的人力资源总监应该根据公司战略发展方向，执行人力资源部年度工作计划，建立并完善人力资源管理体系，研究、设计人力资源管理模式（包含招聘、绩效、培训、薪酬及员工发展等体系的全面建设），制定和完善人力资源管理制度。

对于现代企业而言，人力资源总监的角色定位出现了巨大变化，他应该成为企业的战略伙伴和变革先锋，培育和领导人力资源团队，基于企业发展战略和业务，制定人力资源规划，构建员工能力素质模型和职业发展通道，设计有成效的薪酬绩效体系和激励机制，推动变革并引导员工适应变革。

要想完成上述人力资源任务，对人力资源总监的能力提出了更高的要求（参见图 2—6）。

第 2 章
人力资源战略管理能力

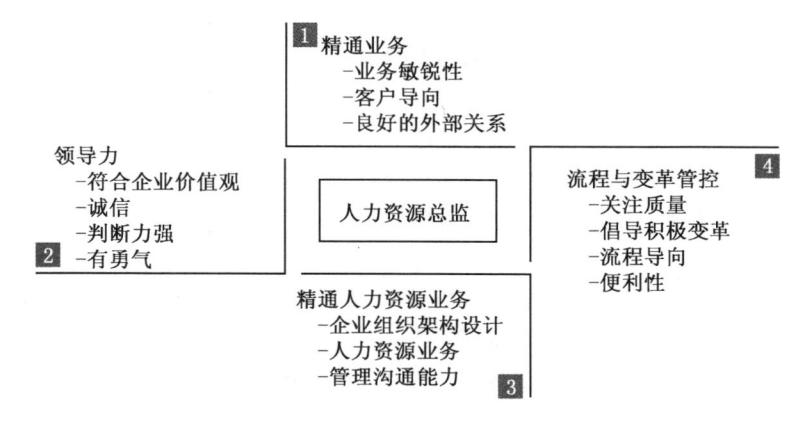

图 2—6 人力资源总监的能力要求（示例）

1. 精通业务
   - 业务敏锐性
   - 客户导向
   - 良好的外部关系
2. 领导力
   - 符合企业价值观
   - 诚信
   - 判断力强
   - 有勇气
3. 精通人力资源业务
   - 企业组织架构设计
   - 人力资源业务
   - 管理沟通能力
4. 流程与变革管控
   - 关注质量
   - 倡导积极变革
   - 流程导向
   - 便利性

对人力资源工作的理解，在不同时代，对于不同的人来讲，都会有所差别，直到现在，仍然有很多企业高管不了解人力资源工作的重要性和关键性，对人力资源的理解还停留在初期阶段。从资深人力资源人士的角度来看：人力资源工作的核心使命只有一个，就是通过不断地提升组织执行力和提高员工个人职业修养与增强企业凝聚力等方式来提高"全员劳动生产率"。这句话，深刻地体现了人力资源的重要性，也体现了人力资源工作的重要性。

随着企业越来越重视人力资源管理工作，管理者往往将具体的业务问题和客户需求放在一边，将全部精力都放在描绘人力资源体系的宏伟蓝图上，这也是一种危险的倾向。

人力资源高管需要从外部的角度来看待内部的人力资源工作，比如说，戴维·尤里奇认为，人力资源转型的最高层次是"由外而内重建人力资源"，高层管理者应该根据企业的外部环境调整自身工作，把眼光投向企业外的客户、投资者和利益相关方，从他们的视角来定义企业的成功。对人力资源高管来讲，应该聚焦于："人力资源部门不应该关注做了什么，而应该关注产出和成果是什么。"[5]

人力资源组织架构调整示例见图 2—7。

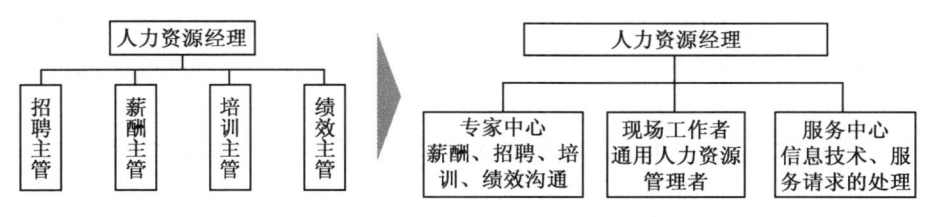

图 2—7 人力资源组织架构调整（示例）

左侧：人力资源经理 → 招聘主管、薪酬主管、培训主管、绩效主管

右侧：人力资源经理 → 专家中心（薪酬、招聘、培训、绩效沟通）、现场工作者（通用人力资源管理者）、服务中心（信息技术、服务请求的处理）

33

高管团队是第一战略性人力资源

彼得·德鲁克说:"管理是使命,管理是一种科学,但是管理者亦是人,管理的成功就是管理人的成功,每种失败是管理人的失败,是'人'在管理,而非'势'在管理,一位管理人的思想、献身、正直及风格决定了管理的好坏。"

因此,人力资源部门是企业老板最应该关心的重要部门之一,它涵盖了企业具有能动性的力量,包括高管团队,甚至老板在内。

对于老板来讲,需要牢记的是:高管团队是企业第一战略性人力资源,要用很大的心思和精力,构建和管理自己的高管团队,因为高管团队不仅代表了企业的头脑,还代表了企业的四肢和五官。人力资源是企业构建竞争优势的关键所在(参见图2-8)。

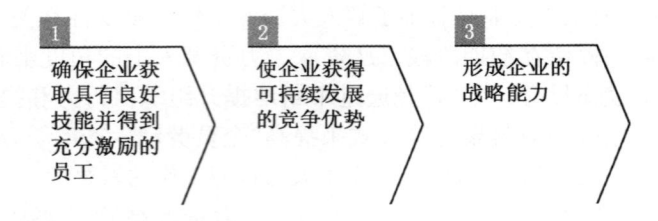

1	2	3
确保企业获取具有良好技能并得到充分激励的员工	使企业获得可持续发展的竞争优势	形成企业的战略能力

注:依靠人力资源来实现战略目标、依靠核心人力资源确定竞争优势。

图2-8　人力资源与竞争优势(示意)

决策者是企业首脑

杰克·韦尔奇认为,企业决策者的职责只有两项:一是制定企业发展战略,二是决定关键职位以及协调人际关系,其中,第二点指的就是人力资源管理。其实,如果首席执行官只能选择一项工作的话,那必然是人力资源管理。

因此,对任何一家企业来讲,高管团队都是支柱型人才,战略性人才是企业核心竞争力的关键所在。这个团队中,企业家是带头人,其他成员都是左膀右臂,是在企业发展过程中,经过实践磨炼出来的精英,这些应该是企业首要重视的战略性资源。

很多现代管理学书籍都在有意无意地强调管理层的职业化,更多的是培训企业中高层的管理能力,强调把企业老板"解放"出来是想当然,既然管理工作有管理团队来处理,那么自己就可以完全"解放"了,可以自由自在地享受人生。其实,这是一种误解,老板作为企业决策人,是企业的头脑,更为重要的是思考战略性问题。

对本书来讲,我们希望老板培养自己的"企业家精神",成为中国制造业崛起的希望。约瑟夫·熊彼特(Joseph Schumpeter)[①]认为,企业家与只想赚钱的普通商人或投机者不同,个人致富充其量仅是他部分目的,而最突出的动机来自于"个人实现"的心理,即"企业家精神"。

对于追求企业家精神的老板或董事长来讲,在当前企业生态环境中,最大的问题在于思维或观念的僵化,片面强调自己的经验。就拿人力资源来讲,笔者接触过很多老总,其中不少人资产规模超过10亿元人民币,每个人都觉得自己人生经历足够,"看人"甚至"看相"很准,但实际上,他所组建的高管团队中,大多是想法和思路类似的人,这种情况下,高管团队的合力不再是问题了,但更大的问题产生了,整个团队中,只有老板一个人在深入思考,其他人只是在执行,"大众创业,万众创新",外部环境正在产生着巨大的变化,仅仅靠一个人思考,巨大的风险就蕴含其间。

作为企业首脑的老板和董事长,更多的追求是个人价值的实现,只有通过培养"企业家精神",追求自我超越与领导力提升,才能完成"人生修炼"。

对于企业决策者来讲,"走上了企业主之路,注定无法安逸与享乐"。尽管说每个人都有自己的人生目标,某些企业主会说,我的目标就是享受,"人生得意须尽欢,莫使金樽空对月",这也无可厚非。但从实际效果来看,仅仅盲从某些"管理大师"的建议,将企业委托给职业经理人,这种做法理论上说得通,实践中很难达到最初的预期。如何才能相对"解脱"呢?通常情况,这需要一个较长的过程,不断地践行如下建议:

- 转变领导方式,进行科学化决策,坚持从机会导向变为战略导向;
- 构建适合企业的核心价值观;
- 树立人力资源战略意识、思维与责任承担;
- 坚持"法人优先"原则。

资料链接2—2:联邦快递之父弗雷德·史密斯的管理真谛

联邦快递之父弗雷德·史密斯认为,大多数时候,一个企业家要面对的最大风险是内在的。他们必须决定,这件事是他们想花毕生时间

[①] 约瑟夫·熊彼特被誉为"创新理论"的鼻祖。1912年,出版了《经济发展理论》一书,提出了"创新"及其在经济发展中的作用,该书创立了新的经济发展理论,即经济发展是创新的结果。

和精力去做的,而不是其他的事情,因为许多新观点的确会遇到很大的阻力。有时阻力来自市场,有时来自资金,有时来自劲敌。但这需要狂热的工作才能将深思熟虑的观点一步步变为成功的现实。有许多人最初成功了,但却不能保持下去。因此,我觉得,如果有人想成为一个企业家,他必须首先过这个难关,这个企业家必须向灵魂自省:"我是不是日复一日、月复一月,坚持不懈地来使得这个观点变为成功?"这不是所有人都能做到的。

弗雷德·史密斯总结其管理真谛如下:

1. 永远不要做已经有人做过的事情;
2. CEO首先应该是战略家;
3. 必须对自己的创意无限执着和狂热;
4. 拥有清醒的可持续发展的相对保守的企业操作计划;
5. 争取尽可能多的人的合作;
6. 不断吸取新知识。

资料来源:鹤携."联邦快递之父"弗雷德·史密斯[J]. 名人传记(财富人物),2011(5):17—18。

外聘职业经理人是催化剂

企业发展到一定规模,寻求进一步的发展壮大,而内部的人力资源无法满足发展需求,这时,就会向外部寻找高级人才。以中国民营企业为例,近年来,由于市场环境日益复杂,身在其中的民营企业家越来越发现由于知识储备的匮乏以及能力的不足使得自己在领导企业应对各种局面时越来越吃力。因此,越来越多的民营企业家开始关注并且考虑关于引进职业经理人的事宜,尽管这引进过程中或多或少会存在一些不信任的成分。[6]

如果你经常阅读管理类的书籍或案例的话,常常会看到一名懂技术善管理的职业经理人甚至会把一个面临倒闭的企业重新焕发生机。比如李·艾柯卡(Lee Iacocca)①、韦尔奇、稻盛和夫②等,难免令人心潮澎湃。当然,这些都是时代性人物,就普通的职业经理人来讲,一般都具有丰富的企业管理

---

① 李·艾柯卡曾先担任福特汽车公司的总裁,后又担任克莱斯勒汽车公司的总裁,把这家濒临倒闭的公司从危机中拯救出来,奇迹般地东山再起,使之成为全美第三大汽车公司。
② 稻盛和夫,日本世界著名实业家,创办京都陶瓷株式会社和第二电信(KDDI)两家世界500强企业,两大事业皆以惊人的力道成长。2009年开始,重建日本航空公司,第二年就实现了扭亏为盈。

经验和专业经验,比如说人力资源、财务、技术研发、市场营销和企业运营等,他们凭借自己的能力,会使企业的人财物配置更加合理,工艺流程有效改良,制定出适合企业的薪酬制度、激励制度和晋升通道等。

在对待职业经理人时,企业务必要客观,不能仅仅靠理想和情怀来拉拢,说句不客气的话,这些职业经理人在职场上摸爬滚打多年,对企业理解,对人的理解,更加客观和务实,强调的是投入与产出原则。

换句话说,靠理想和情怀就可以拉拢的经理人本身就是不职业的。另外还要记住,职业经理人更擅长于守业,也就是企业的制度化、规范化,要想靠这些职业经理人冲锋到第一线,给企业直接带来真金白银,这是一种不大切合实际的幻想。

至于如何发挥职业经理人的优势和作用,关键在于:(1)建立信任与承诺关系;(2)与职业经理人共同设定期望和目标;(3)明确双方权利,树立理性权威;(4)制订绩效承诺与激励计划。

内部培养的高管团队是核心力量

企业要对高管团队进行高效管理。在和企业领导者沟通过程中,笔者发现,很多企业缺乏对高管的有效管理。

在一些知名的民营企业,以及很多中小企业中,企业老板会认为,高管成员大多是当年一起打江山的兄弟,同甘苦共患难,片面强调"兄弟情",而无法建立起适应现代企业发展所需要的优秀高管团队;还有的人认为,外来的和尚会念经,企业规模上去了,面子不能丢,找猎头公司,请来一尊尊高大上的活菩萨,结果水土不服。尽管俗话说"外来的和尚会念经",但直接支持念经业务的必定是自己庙里的和尚,眼睛只盯着外来的和尚的方丈,一定不是好方丈。

对于企业来讲,高管团队成员还得靠自己培养,经过严格的选拔、评价、激励与约束,让他们真正发挥自己的能量,担负起企业发展的重责。

关于这一点,我们可以从阿里巴巴管理发展中得到一些启示:当年马云说自己的核心团队成员(见图2-9)只能当连长和营长,无法当将军和元帅,因此,在企业发展过程中,不断地引入大牌职业经理人,经过若干年实践,纷纷被淘汰下来,反而是当年的核心团队成员大多能独当一面。

实际上,阿里巴巴的经历存在很多共性,企业一定要注意高管团队的内部培养,核心原因在于,内部人熟悉企业,熟悉业务,缺乏的只是现代化的管理经验和素养,这通过自我学习和外部知识输入是可以解决的。

在内部高管培养过程中,企业需要关注:(1)思路决定出路,用先进理念

新常态下的人力资源管理
Human Resource Management in the New Norm

图 2—9 马云和他的管理团队

武装高层经营团队；(2)提升高管专业技能，走向职业化和规范化发展之路；(3)建立约束机制，规范高管团队行为；(4)建立具有竞争力的薪酬激励计划（年薪、经营者持股、股票期权、利润分享计划）。

资料链接 2—3：华为公司干部选拔的标准

华为是目前国内的标杆式企业，在国内和国际市场表现优秀，具有很强的团队战斗力，其中，华为干部选拔和培养方法起到了决定性的作用。在华为的不同业务部门，不同的管理层级，干部选拔用的是同一套标准，以保证各层级的干部能够具备决断力、理解力、执行力和人际连接力。

1. 核心价值观是基础。华为在挑选干部的时候，着力选拔那些在价值观方面跟华为真正高度契合的人，也就是华为所说的同心人。华为的核心价值观主要是三个内容：以客户为中心，以奋斗者为本；长期坚持；艰苦奋斗。

2. 品德与作风是底线。在选拔干部的时候，要看品德，不能唯才是举。不符合品德要求的干部是要一票否决的，在这方面的考核也是通过关键事件来进行考核。譬如说在评价一个干部是否具有艰苦奋斗的工作作风方面，会从这些方面来进行评价：是不是用人五湖四海，不拉帮结派？是不是实事求是敢讲真话，不捂盖子？是不是能够耐得住寂寞，受得了委屈？

3. 绩效是必要条件和分水岭。华为要求，只有绩效前25%的人可以被选拔为干部,这也是华为的"绩效是必要条件和分水岭"这个条件的意思。什么是华为认可的绩效?有3条标准。第一条是最终对客户产生贡献才是真正的绩效。第二条是关键行为过程要以结果为导向。第三条是素质能力不等于绩效。不承认茶壶里的饺子,只有真正表现出绩效的结果才是公司所认可的绩效。在华为,绩效是评价一个员工非常重要的标准,绩效的结果会影响到员工很多方面,包括薪酬、奖金、股票、晋升的机会等。

4. 能力是关键成功因素。华为与外部专业管理咨询公司合作,开发了华为领导力模型,包括3个方面的内容,有3大核心模块。第一块是建立客户能力;第二块是建立华为公司的能力;第三块是建立个人能力。其中包括了9个关键素质,这9个关键素质后来被衍生为华为在干部选拔的时候会进行的干部评价,叫作"干部9条"。

对于领导力素质的评价,不像一般写评语,用一些非常通用的、非常含糊、放之四海而皆准的评价,而是要求必须基于具体的事例。华为的"干部9条"经过实践之后,后来慢慢地演化成了"干部4力",也就是:决断力、理解力、执行力和人际连接力。高级干部要求具有比较强的决断力和人际连接力;中层干部要有理解力;基层干部要有执行力。

资料来源:王玲. 华为干部选拔标准[OL],正和岛商学院(ID:zhenghedao),2015—12. http://www.360doc.com/content/15/1223/13/5481640_522517149.shtml.

人力资源是企业可持续发展的原动力

市场竞争归根到底是人才的竞争。一个企业的科技创新能力、产品制造能力、市场营销能力、反应能力、组织管理能力以及服务能力的大小,都取决于企业人力资源的状况。

从根本上讲,企业核心竞争力的培育过程实质上就是企业员工各种能力的匹配、整合过程,而只有保持并且提高核心竞争力,才有可能实现企业的可持续发展(参见图2—10)。

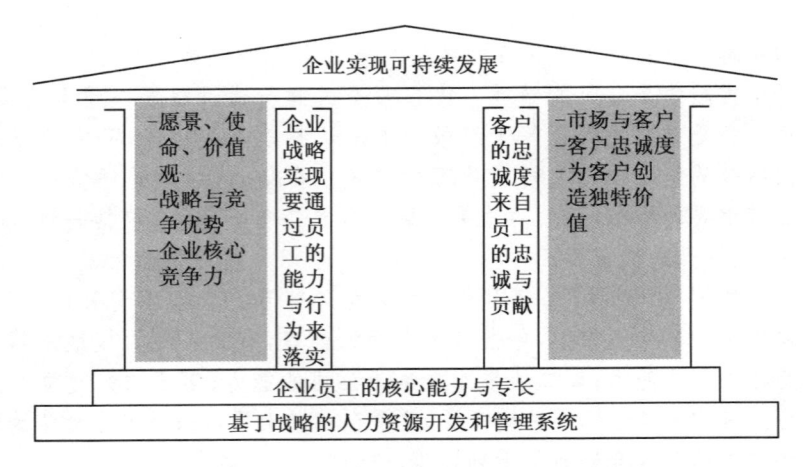

```
                ┌─────────────────────────────┐
                │    企业实现可持续发展         │
        ┌───────┴─────────────────────────────┴───────┐
        │ -愿景、使│企业│     │客户│-市场与客户      │
        │ 命、价值 │战略│     │的忠│-客户忠诚度      │
        │ 观      │实现│     │诚度│-为客户创造       │
        │ -战略与竞│要通│     │来自│独特价值         │
        │ 争优势  │过员│     │员工│                │
        │ -企业核心│工的│     │的忠│                │
        │ 竞争力  │能力│     │诚与│                │
        │         │与行│     │贡献│                │
        │         │为来│     │    │                │
        │         │落实│     │    │                │
        ├─────────┴────┴─────┴────┴───────────────┤
        │        企业员工的核心能力与专长              │
        ├─────────────────────────────────────────┤
        │     基于战略的人力资源开发和管理系统           │
        └─────────────────────────────────────────┘
```

图 2—10　人力资源与企业可持续发展

构建企业核心竞争力

创新是企业核心竞争力形成与保持的关键因素,核心竞争力是企业实现其战略经营目标的法宝。

1990 年,C. K. 普拉哈拉德和 G. 哈默在《哈佛商业评论》上发表了管理学界里程碑式的经典之作《公司的核心竞争力》(*The Core Competence of Corporation*),自此开始,企业核心竞争力理论在欧美管理学和企业界迅速成为战略管理的主流。

1994 年,普拉哈拉德和哈默提出:核心竞争力是能够提供给消费者特殊价值的一系列技能和技术的组合。例如索尼(Sony)公司的核心竞争力是微型设计,因此索尼率先为消费者创造出便携式的电子产品。联邦快递公司的核心竞争力是物流管理,其为消费者带来的好处是准时送货。

资料链接 2—4:"核心竞争力"理论演变

自从企业核心竞争力的概念提出以后,它就成为企业战略管理的热点问题,国内外有多位学者从不同角度研究了企业核心竞争力的来源和构成,比较具有代表性的是基于协调整合观、知识观、资源观以及系统观的核心竞争力理论。

1. 基于协调整合观的核心竞争力理论。该理论的代表是普拉哈拉德与哈默,两人将企业核心竞争力定义为一种组织内的集团学习能力,是一种如何有效地协调企业的各自生产技能并且把多种生产技术整合在一起的能力,即协调技能和整合技术的能力,这种能力能够应用于企业多项业务并为其带来和提供价值,且不会因为使用的增多而减少。

2. 基于知识观的核心竞争力理论。该理论的代表人物是美国的战略管理学家 D.L.巴顿(D. L. Barton),他认为企业的核心竞争力是使企业独具特色并为企业带来竞争优势的知识体系。它包括四个维度:技巧和知识系统、技术系统、管理系统和价值观系统,这四个维度之间存在较强的相互作用。

3. 基于资源观的核心竞争力理论。该理论的产生标志是沃纳菲尔特 1984 年发表的《企业的资源基础论》一文,沃纳菲尔特认为企业内部的组织能力、资源和知识的积累是解释企业获得超额收益、保持竞争优势的关键。

4. 基于系统观的核心竞争力理论。该理论认为,企业核心能力由元件能力和构架能力构成,元件能力是局部能力与知识,是日常解决问题的基础,而构架能力是运用这些元件能力,以新的灵活方式把它们整合起来,发展新的构架和整合能力。

5. 企业动态能力理论。战略管理专家蒂斯、匹萨诺和苏安三人于1994 年在《战略管理杂志》上发表了《动态能力与战略管理》一文,正式提出了企业动态能力理论。蒂斯等认为动态能力是一种"整合、构建和重置公司内外部能力,以适应快速的环境变化的能力"。动态能力也就是一种在复杂动态环境下,企业实现其核心能力更新的能力。

资料来源:张道玉. 企业核心竞争力理论的动态演进研究[J]. 经济研究导刊,2013(3):20—23。

企业发展过程中,培育核心竞争力是首要任务,某种意义上,有"一招鲜,吃遍天"的意思。之所以如此,关键在于企业只有通过核心竞争力,才能更好地满足现在和未来的客户需求,通过提供更大的价值,获取更好的竞争位置。

因此,企业管理者在制定发展战略时,一定要基于核心竞争力,只有这样,才能够实现持续健康发展,最大限度地发挥自己的优势(参见图 2—11)。

实际上,企业核心竞争力并不是单一要素,比如人力资源、营销、销售、制造或者物流等,它应该是多种能力相互匹配支撑而形成的系统化能力。这也就决定了核心竞争力的难以模仿性,或者说是企业的独特性。实践中,企业的竞争战略可以被竞争对手模仿,技术优势在目前信息化高速发展的

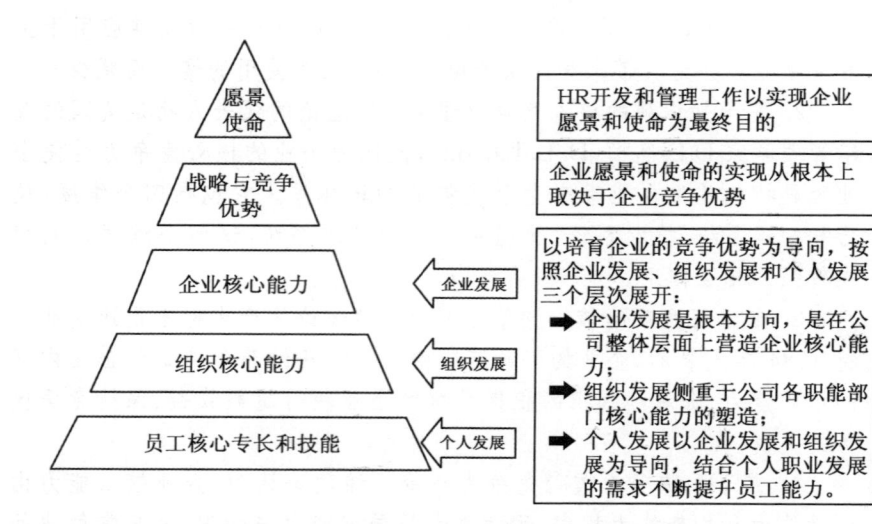

图 2—11　基于企业核心竞争力的发展体系

状态中也可以被竞争对手赶上,而企业真正不能被模仿的竞争优势是员工创造出来的核心竞争力。

企业要实现可持续发展,从根本上取决于核心能力与竞争优势。只有具备核心能力与竞争优势,才能在激烈的市场竞争中占据先机。

核心竞争力从哪里来?可以来源于技术,可以来源于资源,可以来源于无形资产……但归根结底,是来源于企业人力资源的优化和整合。也正是因为这个原因,人力资源团队的一项重要任务就是,关注员工的未来潜力,为企业挑选符合战略需要的高绩效人才。

这里,要注意三个要点:(1)选人比培养人更重要,要找到合适的,具有潜力的人才;(2)全面了解员工的能力素质和企业岗位要求,努力实现员工和岗位的最佳匹配;(3)构建企业文化,形成目标一致,各具核心专长与技能的组织化人才队伍。

总之,企业员工也是一种资本,具有潜在的能力和活力,通过自身或外在因素的影响,员工的潜力可以全部发挥出来并为企业的发展所服务。[7]因此,高效的员工管理,能够为企业构建竞争优势并最终取得成功提供强大助力(参见表 2—1)。

表 2—1　　　　　与企业竞争优势和成功关键密切相关的员工因素

关键要素	百分比	重要性
学习与开发	47%	1
高组织承诺的工作环境	34%	2
吸引/甄选/维系人才	29%	3
管理继承人的储备	21%	4
绩效管理/薪酬设计	20%	5

实现企业可持续发展

在全球化竞争时代,企业竞争的广度和深度明显扩大,只有具备竞争优势的企业才能在市场中占据先机,在为客户创造独特价值的过程中找到自身存在和发展的空间,也才有可能实现可持续发展。

要想实现企业可持续发展[①],并不是说的那么简单,从根本上来讲,还是取决于企业竞争优势。如何才能获得竞争优势呢,又回到了事情的本源:人力资源。从发展角度来看,人力资源的投入与开发与企业成长之间是一种相辅相成的关系,员工是企业发展的首要因素,当企业获得健康、快速、持久发展时,也有助于员工价值提升、职业生涯更好的开发,同时,增强员工的责任心和凝聚力。

从通俗意义上来讲,企业可持续性发展包括两层基本含义:一是企业能够"活下去,活得长",就是很多企业所提倡的"打造百年企业"的意思;另一层意思是企业能够"活得好,活得强",就是企业追求"做强做大"目标,企业不仅服务于内部员工和外部客户,还要服务于社会发展,一个国家只有企业强大了,才会提升国力,构建出强大的国家竞争优势。

从总体上来讲,实现企业可持续发展的原动力主要来源于企业战略和人才战略(参见图 2—12)。

其中,一个企业能做多大取决于这个企业(尤其是企业家)的境界与追求,一个没有理念追求的、没有文化的企业是不可能持续发展的。这种境界和追求往往会体现在企业的愿景、使命和价值观的表述中,同时,这些也是构建企业文化的灵魂。

- 使命:企业存在的理由和价值,即回答企业是什么。

---

① 企业可持续发展是指企业在追求自我生存和永续发展的过程中,既考虑当前发展需要,又考虑未来发展的需要,不能以牺牲后期的利益为代价来换取发展,保证企业在相当长的时间内长盛不衰。

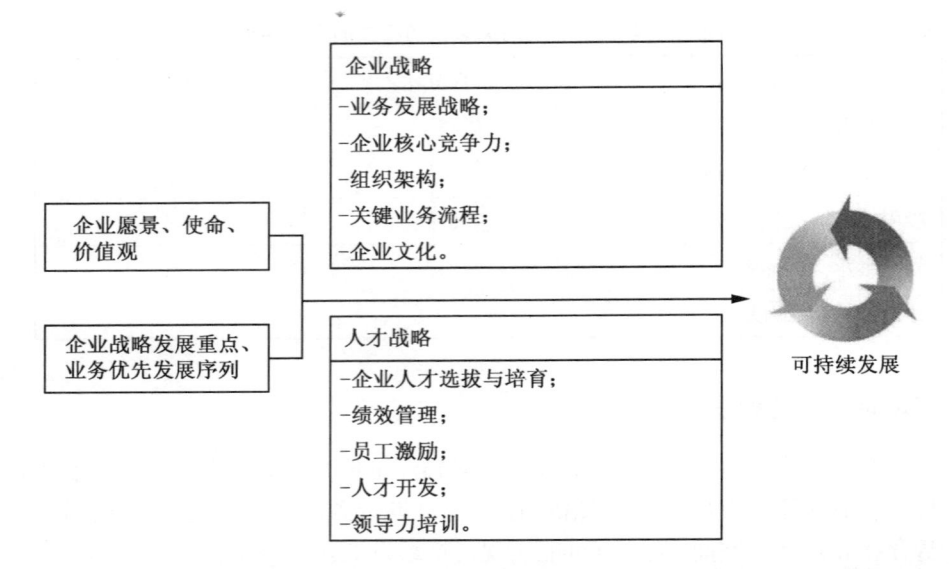

```
                    ┌─────────────────────┐
                    │ 企业战略            │
                    │ -业务发展战略;      │
                    │ -企业核心竞争力;    │
┌─────────────┐     │ -组织架构;          │
│企业愿景、使命、│────│ -关键业务流程;      │
│价值观       │     │ -企业文化。         │
└─────────────┘     └─────────────────────┘         ⟶  可持续发展
┌─────────────┐     ┌─────────────────────┐
│企业战略发展重点、│──│ 人才战略            │
│业务优先发展序列 │  │ -企业人才选拔与培育;│
└─────────────┘     │ -绩效管理;          │
                    │ -员工激励;          │
                    │ -人才开发;          │
                    │ -领导力培训。       │
                    └─────────────────────┘
```

注:人力资源是企业可持续发展最关键的条件,而人力资源的开发成为保持企业核心竞争力、保证企业可持续发展的重要根基。

图 2—12 企业可持续发展的原动力

- 愿景:企业渴求的未来状态,即回答企业将成为什么样的企业。
- 核心价值观:企业确定下来的处理与股东、客户、社会、员工关系的基本准则与是非标准。

资料链接 2—5:企业愿景、使命、价值观

企业愿景是指企业未来发展的蓝图,阐述的是企业存在的最终目的,是指企业长期的发展方向、目标、目的、自我设定的社会责任和义务,明确界定企业在未来社会范围中是什么样子。

企业使命是指企业在未来完成任务的过程,代表企业存在的理由,使命阐述的是,在企业愿景的指导下,企业将以何种形态或身份实现我们的目标。使命是企业对自身生存发展的"目的"的详细定位,是区别于其他企业而存在的原因或目的。

价值观是指企业基于愿景和使命,对所预期的未来状况所持的标准观念。价值观则是对企业愿景和使命的具体展开,它将企业生存和发展的理由浓缩成组织独特的文化要素或理念要素。核心价值观是一个企业最基本和持久的信仰,是组织内成员的共识。

联想集团愿景、使命、价值观:

愿景：未来的联想应该是高科技的联想、服务的联想、国际化的联想。

使命：为客户利益而努力创新。

价值观：成就客户、创业创新、精准求实、诚信正直。

迪士尼公司愿景、使命、价值观：

愿景：成为全球的超级娱乐公司。

使命：使人们过得快活。

价值观：极为注重一致性和细节刻画；通过创造性、梦幻和大胆的想象不断取得进步；严格控制、努力保持迪士尼"魔力"的形象。

资料来源：李娟. 企业文化之愿景·使命·核心价值观浅探[J]. 管理观察，2010(27)：79—79。

企业战略和企业文化

企业文化与企业战略紧密相连，曾一度是极其热门的词汇，很多管理专家学者和管理者，言必称文化和战略，觉得是很高大上的东西，众多管理顾问也纷纷表示，文化和战略是企业可持续发展的根基。

然而，在经历过很多失败的企业文化项目之后，很多人对文化和战略表现出截然相反的观点，认为这两个东西"虚头巴脑"，是学院派炮制出来的东西，看着好看，效果不佳。

张瑞敏在谈及海尔发展过程时，经常会说"如履薄冰"四个字，"柯达、摩托罗拉、诺基亚都在很短的时间内就从世界霸主的位置上下来了。在互联网时代，冠军往往最有可能成为泰坦尼克号"。张瑞敏反复提及，"一旦跟不上时代的节拍，企业随时可能万劫不复，像大楼一样轰然倒塌"。[8]

实际上，企业在不同的发展阶段，面临着不同的危机，企业的发展，在某种程度上来讲，就是不断处理危机，抓住机遇发展的过程。新华信咨询公司总结国内企业的发展过程，提出了企业危机周期理论（参见图2—13），认为企业最终面临的危机就是"企业文化"危机。

我们观察或研究成功的企业范例，发现绝大部分绩效优秀的企业都离不开战略和文化。实际上，无论是文化，还是战略，都是促进企业深入思考的一种工具，更加强调整体性和前瞻性。其功效的发挥也是一种过程，需要在不断积累中发挥出最大的能量。世界四大文明古国都是经历了数千年才产生了深厚的文化积淀。

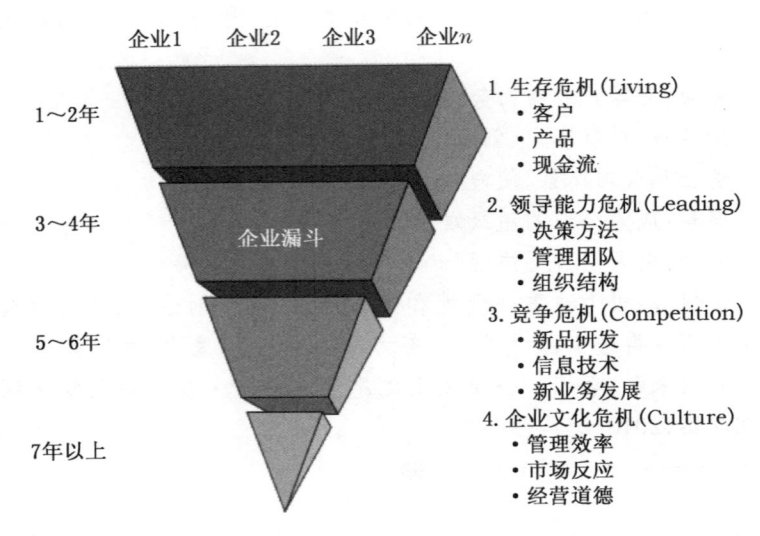

```
                企业1  企业2  企业3  企业n
                                        1. 生存危机(Living)
                                          • 客户
    1~2年                                  • 产品
                                          • 现金流

                                        2. 领导能力危机(Leading)
    3~4年            企业漏斗               • 决策方法
                                          • 管理团队
                                          • 组织结构

                                        3. 竞争危机(Competition)
    5~6年                                  • 新品研发
                                          • 信息技术
                                          • 新业务发展

                                        4. 企业文化危机(Culture)
    7年以上                                 • 管理效率
                                          • 市场反应
                                          • 经营道德
```

注：新华信咨询公司通过分析中国企业发展周期，制定了"中国企业危机周期"图。

图2—13　企业危机周期

当前宏观环境下，很多企业，尤其是中小企业，面临着巨大的生存压力，最为急迫的事情可能并不在于文化，而在财务上的现金流管理，你不能指望着企业文化和企业战略能够解决生存问题，只有在生存无忧，考虑企业进一步发展的时候，企业战略和文化才会提上日程，发挥关键作用。

另外，企业文化强调根植性，一定要结合企业发展历史和现状，需要详细的调研、分析和引导，在恰当的时机推出，这个绝不是请几位专家或教授开几个研讨会就可以解决的事情。通常情况下，企业文化体系的构建需要3~5年才能完成，需要专业人士专门进行系统的建设。

良好的企业文化能够有效指导员工行为，进而对企业经营管理产生良性效应，其中，主要的作用途径有两种：一是通过影响企业高层管理者的决策行为，影响企业的战略发展方向和战略决策，在这个过程中，强调企业高层团队和领导力建设，注意提升高管的价值观和战略意识；二是通过影响企业员工的行为习惯，进而影响企业执行力，在这个过程中，主要是培训员工认同企业文化，培育员工的核心专长与技能。

企业如何经营人才？

企业没有优秀的人才，就无法为客户带来更卓越的价值，进而无法突破企业经营的"瓶颈"，这也是很多企业存在发展天花板的原因。

人才已经成为知识经济的核心资源，谁拥有并且利用最优秀的人才，谁就能在市场竞争中立于不败之地,企业必须充分认识到人力资源在企业核心竞争力培育中的地位和作用。[9]

事实上,企业在创建核心竞争力的过程中,首先就要学会经营人才,比如说:企业需要招聘什么样的人？解聘什么样的人？晋升什么样的人？如何培养人才？如何吸引人才？等等。因此,在现代企业中,人力资源管理成为价值创造的关键环节(参见图2—14)。

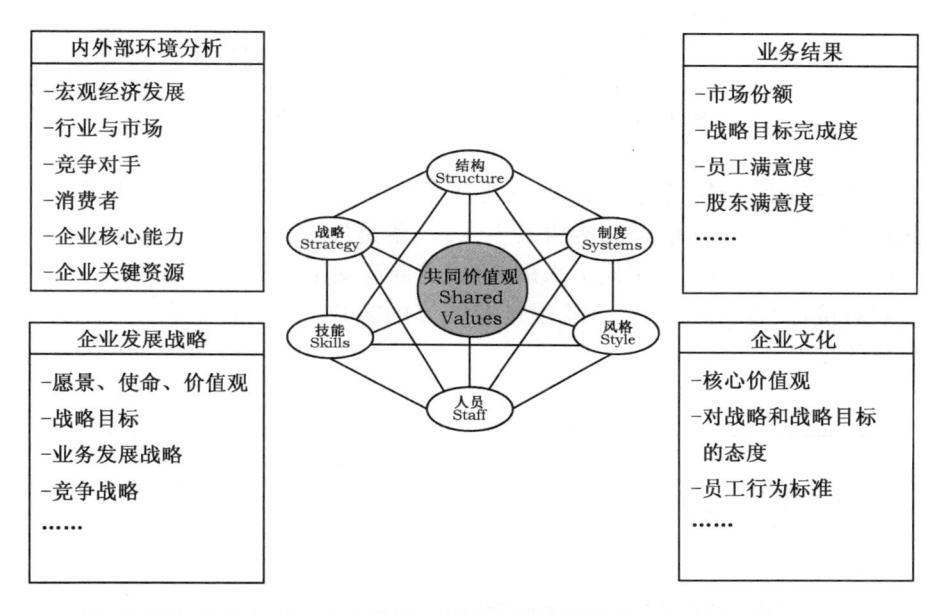

内外部环境分析
-宏观经济发展 -行业与市场 -竞争对手 -消费者 -企业核心能力 -企业关键资源

业务结果
-市场份额 -战略目标完成度 -员工满意度 -股东满意度 ……

企业发展战略
-愿景、使命、价值观 -战略目标 -业务发展战略 -竞争战略 ……

企业文化
-核心价值观 -对战略和战略目标的态度 -员工行为标准 ……

中心图:结构Structure、制度Systems、风格Style、人员Staff、技能Skills、战略Strategy，核心为共同价值观 Shared Values

注:人员管理、组织管理和文化管理是企业创造价值的三个关键环节。

图2—14 人力资源管理是企业创造价值的关键环节

帕累托二八定律①认为,企业80%的价值是由企业中20%的员工创造的。因此,人力资源管理需要依据斯奈尔模型进行员工分类管理,其中,核心员工是人力资源管理的重点,也是企业盈利的保证,同时也是企业最看重的、最难以寻找的、不可缺少的、最难以替代的、保证公司经营策略成功的关键人物。[10]

作为企业核心竞争力的重要载体,与普通员工相比,核心员工具有一些比较鲜明的特征(参见图2—15)。

---

① 帕累托从大量具体的事实中发现:社会上20%的人占有80%的社会财富,即财富在人口中的分配是不平衡的。同时,人们还发现生活中存在许多不平衡的现象,因此,二八定律成了不平等关系的简称。

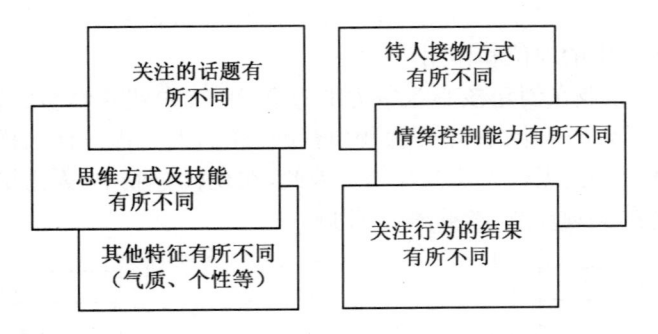

图 2—15 核心员工与普通员工的差异(示例)

从本质上来讲,企业应该重点关注两类人:外部客户和内部人才。因此,企业经营价值链相应包括两条主线:一条是经营客户,另一条是经营人才(参见图 2—16)。从本质上来讲,价值的创造就是内部资源与外部资源的高效对接,没有一流的人才,就很难有一流的客户,因为企业无法全面满足客户的需要。

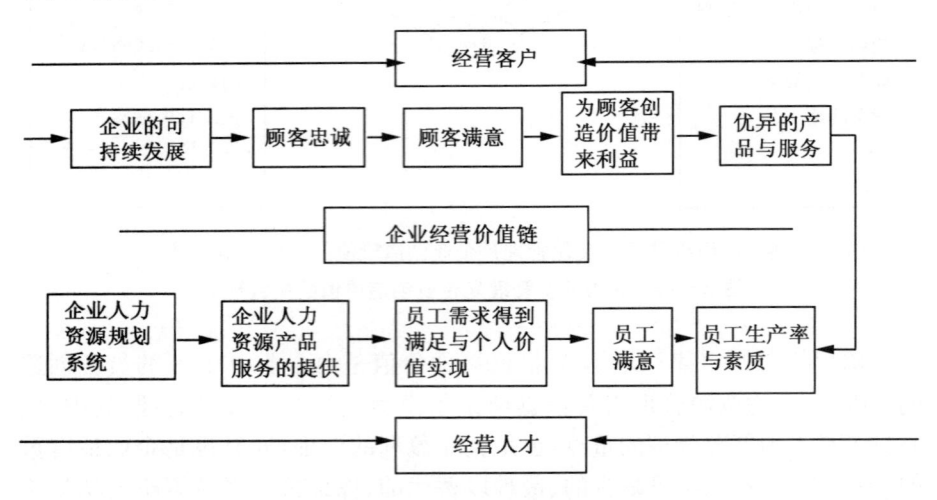

图 2—16 企业经营价值链

通常情况下,企业人才管理可以从以下四个方面来着手:

(1)根据斯奈尔模型进行企业人力资源分类管理。企业要对人才进行分层、分类管理,通过创新的人力资源产品与服务,满足不同层次不同员工的需求,提高人力资源管理产品与服务的组合和创新能力,通过人力资源机制与制度的持续创新,实现人力资源产品与服务的精细化组合管理。

(2)从"行政—权力"驱动转向"客户—价值"驱动。比如说,企业管理以人为本,尊重人性,承认人的价值。另外客户价值驱动对人力资源管理活动的需求,人力资源管理活动的起点和终点源于客户和市场,人力资源管理要为员工创造价值,为企业创造绩效。

心理学家认为,人在无激励状态下只能发挥自身能力的10%~30%,在物质激励的状态下能发挥自身能力的50%~80%,而在得到适当精神激励的状态下,能将自己的能力发挥至80%~100%,甚至超过100%。

(3)重视和重用优秀年轻人才。按照人才学[①]的理论,人才成熟大致可分为三个时期:基本成熟期、巅峰状态期和后续发展期。因此,一定要在其精力最充沛、思维最敏捷、才华最横溢、创新能力最强的年龄段内培养好、使用好。

(4)加强企业人才流动性管理,在竞争中选择人才。企业不能把人才流动与人才流失混为一谈,其实,对优秀的企业来讲,人才流动是保持活力的一种机制,并不一定是人才的流失。以通用电气公司为例,它为众多跨国企业输送了大量人才,被称作"制造CEO的工厂",但是,通用电气依然保持基业长青。而且,选才、用才必有竞争,竞争必然带来人才流动。"流水不腐,户枢不蠹",企业合理的人才流动,有利于开发人才的最大潜能,形成人才资源的合理配置,促进人才素质的创新发展。[11]

资料链接2—6:麦当劳"不用天才"

麦当劳认为"天才"是留不住的,要想在麦当劳里取得成功,就务必脚踏实地地从零做起,每个进入麦当劳的员工都要经过炸薯条、做汉堡包等阶段。对于那些一心只想大展宏图,但又看不上小事情的年轻人来说,这是很难理解的。

麦当劳在选取员工时也不注重学历的高低,他们认为学历高的人往往容易眼高手低,只在乎自我能得到什么样的职位,却不愿意从基层和小事做起,可是麦当劳却非常看重员工的潜力,尤其是实际的动手潜力和操作潜力。

只有那些具有热情的工作态度、全面的工作潜力,能够与团队成员较好地协作和沟通的人,才能够有机会进入麦当劳。

虽然麦当劳不注重学历的高低,可是从来不排斥有才能的人,对于刚走出校门的年轻人来说更是敞开大门,努力将这些热情、单纯的可塑

[①] 人才学是以人和人才问题为研究对象,综合自然科学和社会科学而形成的一门新兴学科,主要研究人才开发、培训、管理、使用和人才成长的规律及其在人才发展实践中的应用。

之材培养成真正的"麦当劳人",因此麦当劳就拥有了一支庞大的人才后备军。这些后备军大多是在那里做兼职的大学生,虽然只是钟点工,可是他们受到了麦当劳的重视和培养,也会有50%的机会成为公司未来的高层管理人员。

资料来源:李端俊. 麦当劳:不用天才的用人机制[J]. 人才资源开发,2006(9):60—61。

人力资源管理者的角色

1954年,彼得·德鲁克提出人力资源概念,自此开始,人力资源管理进入了人们的视野,相关研究得到了迅速发展。企业界也在思考一个重要问题,那就是人力资源的真正价值到底是什么。进而引出了一个更为关键的问题,那就是人力资源管理者应当扮演什么样的角色。对于这个问题的回答是五花八门,有的源自人力资源管理的实践,有的源于企业对人力资源管理的期许。那么,理想的人力资源职能和角度应该是什么?有研究通过问卷调查,对前5项的职能和角色进行了重要性排序(参见表2—2)。

表2—2　　　　　　　　理想的人力资源职能和角色

职能和角色	百分比	重要程度
业务合作伙伴	30%	1
与战略密切相关的人力资源实践	29%	2
与战略紧密联系的培训与开发	24%	3
提供与"人"相关的咨询服务	22%	4
甄选最优秀的人才	13%	5

人力资源管理的新角色

就国内人力资源管理的发展来看,20世纪90年代中后期,人力资源理念开始传入国内,迄今将近30年,但是国内人力资源专业人士并没有满足需求,并且曾一度被视为普通行政人员。然而,依据发达国家企业人力资源管理的实践来看,企业要实现转型,必须要有与之匹配的现代人力资源管理能力。

传统的人力资源管理由招聘、培训、薪酬、绩效评估以及劳动关系等内容构成。现代人力资源管理要真正从战略上为企业做贡献[12],资深的人力资源管理者直接向首席执行官或总经理汇报工作,建立以人力资源专家为中心的高效体系,提供专业化服务,提升人力资源管理的有效性。

人力资源管理不再是事后才考虑的因素,企业为了保持竞争力,必须在发展战略中详尽考虑人力资源。 具体来讲,人力资源管理可从四个方面提高企业的组织能力。一是人力资源部应该成为高层经理和直线经理在战略执行过程中的合作伙伴,协助他们根据市场情况制订计划;二是人力资源部应该成为任务组织和任务实施方面的专家,通过提供高效的行政支持,在保证质量的前提下尽可能降低成本;三是人力资源部应该成为员工的坚强后盾,积极向高管层反映员工的顾虑和担忧,同时,提高员工对公司的投入度和创造价值的能力;四是人力资源部应该成为持续变革的推动者,通过流程重组和文化再造来增强公司的变革能力。

现在的人力资源管理受到了多方面的挑战,必须进行角色的创新,转变战略角色,从传统意义上的行政管理者转变为企业管理者的合作者,为组织保持旺盛的生命力和强劲的竞争力提供人力支持。现代企业中,人力资源至少要承担四种关键角色:战略伙伴、变革推动者、人力资源管理专家、员工支持者(参见图2—17)。其中,每种角色所关注的重点是不同的。

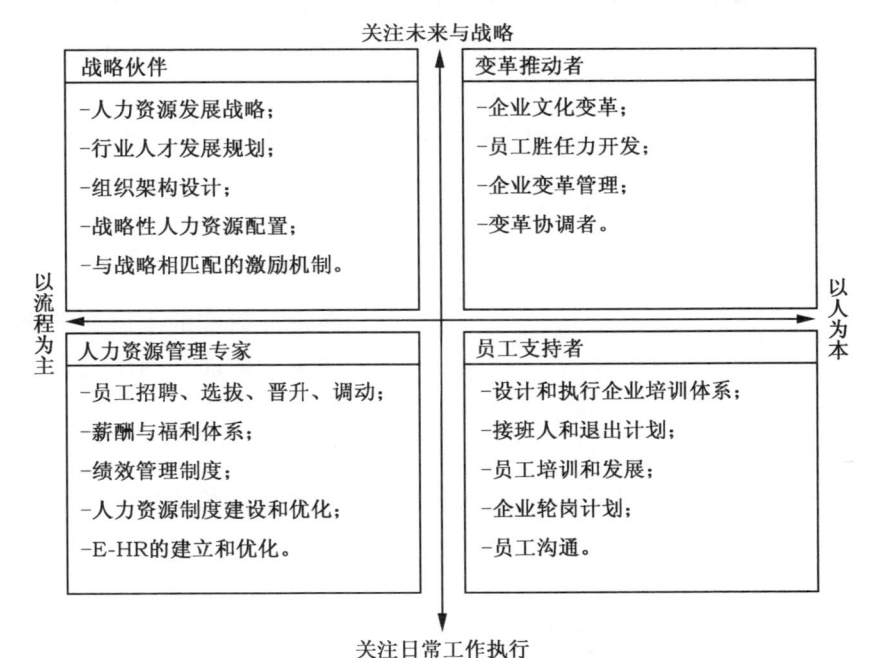

关注未来与战略	
战略伙伴 -人力资源发展战略; -行业人才发展规划; -组织架构设计; -战略性人力资源配置; -与战略相匹配的激励机制。	**变革推动者** -企业文化变革; -员工胜任力开发; -企业变革管理; -变革协调者。
人力资源管理专家 -员工招聘、选拔、晋升、调动; -薪酬与福利体系; -绩效管理制度; -人力资源制度建设和优化; -E-HR的建立和优化。	**员工支持者** -设计和执行企业培训体系; -接班人和退出计划; -员工培训和发展; -企业轮岗计划; -员工沟通。

以流程为主 ← → 以人为本

关注日常工作执行

图2—17 人力资源管理四角色模型下的重点工作

角色1：战略伙伴。时代的发展对企业人力资源管理角色提出了新的要求,人力资源部门需要从以往的后台支持部门走到台前,与业务部门紧密合作,为提升企业价值共同做出贡献。[13]以参与企业发展战略制定为例,作为业务合作伙伴,人力资源部就要有能力提供基于战略的人力资源规划及系统解决方案,引导各部门讨论企业需要采取什么样的组织形式来执行战略。根据美国的一项调查：66%的高级人力资源经理已成为企业决策层成员,50%以上的高级人力资源经理参加董事局会议。

角色2：人力资源管理专家。运用专业知识和技能研究开发企业人力资源产品与服务,为企业人力资源问题的解决提供咨询,进而提高企业人力资源开发与管理的有效性。面对企业管理的同一个现象,人力资源管理专家要有自己的视角和思维方式,要能够从自己的角度提出办法和措施。

比如,企业研发的新产品销量不好,产品经理觉得是营销策略不行,销售经理觉得是产品质量不好,那么,人力资源管理专家要仔细研究情况,做出自己的判断："营销策略没问题,产品也不错,销量不好的真正原因是奖励政策不打动人,新产品的销售模式应该换一种奖励政策。"[14]

角色3：变革推动者。变革并不是仅仅指人力资源领域的变革,组织中的任何一项变革,最终都是落实到人身上去完成的,人力资源部需要积极推动和宣传企业文化,提高员工对组织变革的适应能力,妥善处理组织变革过程中的各种人力资源问题,推动组织变革进程。

角色4：员工支持者。人力资源部有责任确保员工对公司的积极投入,同时向员工提供个人与职业发展机会,并提供各种资源以帮助员工达到公司对他们的要求。人力资源部要成为员工与企业高层的沟通桥梁,积极与员工沟通,及时了解员工的需求,提高员工满意度,增强员工忠诚感。

比如说企业制定五年发展战略目标,销售收入增加100%,根据这一目标,制造部要增加生产线,研发部要研发更多新产品,销售部要增加销售渠道,但是人力资源部要思考的

> **角色发展研究的本质在于揭示人力资源管理职能在组织关系中的地位及其变动问题。**

是："企业组织架构是否要调整,如何进行岗位和员工的恰当匹配",而不仅仅是招聘更多的员工。

人力资源专业人员角色与责任

人力资源部门内部,也不是平行结构,同样存在着角色的差异,既有人

力资源高层管理者(人力资源总裁或总监),也有人力资源中层管理者(人力资源经理或主管),更多的是人力资源普通员工,具体负责各项人力资源工作,保证企业人力资源工作的正常运行。

新常态下,企业面临的内外部环境压力更大,企业除了需要有稳定、扎实的基础能力,更加要注重的是速度、灵活性、整合和创新,这些对人力资源专业人员提出了更高的要求,其角色也出现了创新和变化(参见图2—18)。

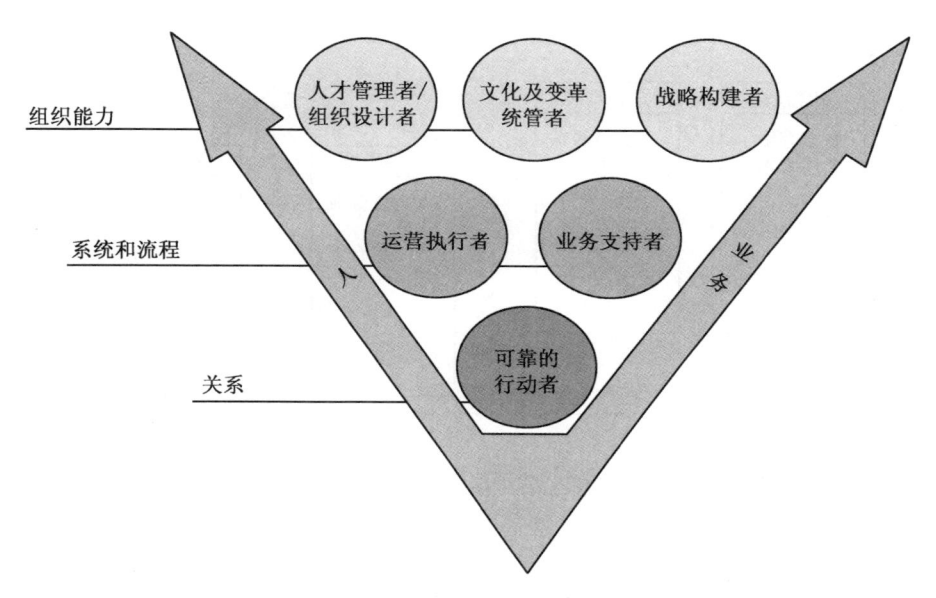

图2—18 人力资源专业人员的角色与胜任素质

人力资源高层管理者从大局着眼把握未来人力资源管理发展方向,倡导企业各级管理者都关心人力资源问题,承担人力资源管理责任。在此过程中,其角色定位是:人力资源战略的倡导者、人力资源政策的制定者、领导团队的建设者、人力资源政策导向的把握者、自我管理者。

人力资源中层管理者是人力资源管理和企业文化最直接的体现者,应承担起相应的职责。其角色定位是:人力资源政策和制度的执行者、人力资源具体措施的制定者、人力资源管理氛围的营造者。

企业不同阶段的人力资源管理

在实践中,我们发现很多企业人力资源部地位不高,处于一种协调和配合的位置,其管理者与企业老板互动不够,无法准确地把握企业发展战略,进而无法制定适当的人力资源战略,彻底淹没在招聘、培训、考核等具体的人力资源事务中。

实际上,企业发展战略的很多内容需要靠人力资源管理来承接和实现,没有哪家企业能在人力资源管理一团糟的情况下,实现企业的迅速、持续发展。人力资源部成为业务的驱动力,首先要把"人力资本"当成一项业务来经营。[15]同时,在企业发展的创立、成长、成熟及衰退的不同阶段,需要根据各阶段企业发展的要求,制定不同的人力资源战略(参见图2—19)。

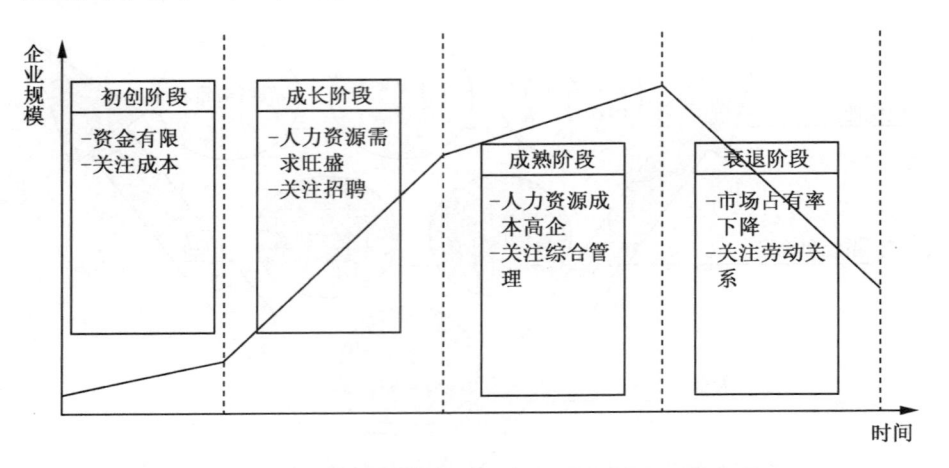

图2—19 企业不同发展阶段对人力资源管理的需求(示意)

1. 企业在初创阶段(营业额在1亿元之内,员工人数50~100人),主要的特点是企业还没有得到社会承认,实力较弱,但极富灵活性和成长性;企业内部的各种正式组织、规章制度和经营方针尚未健全,企业文化也未形成,管理上人治色彩浓厚;企业的领导者和管理者基本上是创业者,他们的个人作用突出,各项业务的开展以企业领导者为核心。

在这个阶段,企业人力资源管理主要包括:(1)吸引和获取企业所需的关键人才,满足企业发展需要;(2)制定鼓励关键人才创业的激励措施和办法,充分发挥关键人才的作用,加速企业发展;(3)发现和培养核心人才,为企业的未来发展奠定人才基础;(4)人力资源部门人员配置2~5人。

2. 企业在成长阶段(营业额在15亿元之内,员工人数500~2 000人),主要特点是企业发展迅速,主营业务不断扩展并快速增长;企业规章制度不断建立和健全,企业文化逐渐形成;企业创业者更多地担当起领导者和管理者的角色,职业经理人开始进入企业并发挥关键作用。

在这个阶段,企业人力资源管理主要包括:(1)确保企业快速发展对人力资源数量和质量的需要;(2)完善培训、考评和薪酬机制,充分调动全体员工的工作激情,加速企业发展;(3)建立规范的人力资源管理体系,使企业人力资源管理工作逐步走上法制化的轨道;(4)人力资源部门人员配置6~20人。

3. 企业在成熟阶段主要特点是企业的发展规模、销量及利润等都达到了发展中的最高水平;企业的制度和组织结构完善并能充分发挥作用;企业的灵活性和控制性达到平衡,资金充盈,决策能得到有效实施,是企业真正的黄金阶段。

在这个阶段,企业人力资源管理主要包括:(1)激发创新意识,推动组织变革,保持企业活力;(2)激励手段多样化,吸引和留住创新人才,充分发挥企业创新人才的作用;(3)树立公司雇主品牌形象;(4)人力资源部门人员配置20人以上。

4. 企业在衰退阶段主要特点是企业增长乏力,整体竞争能力和获利能力全面下降,资金紧张;企业可能官僚风气浓厚,制度缺乏有效执行,互相推诿责任的情况经常发生;员工自我保护意识不断增强,做事越来越拘泥于传统、注重于形式,只想维持现状,求得稳定,体现企业活力的行为会减少甚至消失。

在这个阶段,企业人力资源管理主要包括:(1)进行人工成本预算和分析,妥善裁减冗余人员,严格控制人工成本,提高组织运行效率;(2)调整企业人力资源政策,吸引并留住关键人才,为企业重整、延长企业寿命、寻求企业重生创造条件。

资料链接2—7:TCL国际化人力资源管理实践

TCL从1999年正式开始以投资进入模式展开国际化战略,这对其人力资源管理提出了很大的挑战,在应对多变的经营背景和差异化的管理环境过程中,TCL在招聘、培训、团队建设等方面走出了很多独具特色的实践之路。

1. 人力资源规划与战略规划的匹配。为了不断强化TCL市场领先地位,有效避开国内市场的惨烈竞争和海外市场的反倾销压制,从TCL国际化战略深化开始就制定了两个战略计划来促进其国际化目标的实现,一是"阿波罗计划",又被称为资本运作的登月计划;二是龙虎计划。两大计划的实现都需要大量的专业人才,依据阿波罗计划和龙虎计划为战略指导,TCL以加速与国际市场接轨为目标,大力培育一批适应国际化经营与竞争的各类人才,在培训开发上也着重关注TCL未来发展的需要。TCL的人力资源观念随着其自身的国际化战略也不断发生转变，更加清晰地认识到人力资源管理实践活动的战略性，在对人才的培养上也与国际化战略的要求相适应与协调。

2. 对 TCL 人力资源从业人员观念的转变。为了适应国际化战略的实施，TCL 首先对人力资源从业人员进行观念转变，要他们摆脱以往事后补救的行为习惯，培养事先预防的思维方式，特别是在国际化进程中，并购等行为时常发生，以往更多关注生产、营销和研发，对人的考虑主要是有多少可用之人，但是忽略了对平台的搭建和文化氛围的创造，所以在国际化进程中要对有形资产进行了解，更要对人力资源进行调查。

3. 考核及培训更加关注国际化和未来。TCL 集团化、多元化的发展，特别是在国际化发展中确立了集团最基本的价值观和标准，但是每个企业特别是海外企业都有较为独特的亚文化，行业不同、发展阶段不同，对总的价值观的判断标准也会有所不同，所以不能用统一的标准去衡量，需要特别对待，这就涉及考核问题。之前 TCL 的考核更多关注的是业绩，基于现在高速的发展，更重要的是关注员工未来的发展，TCL 文化中最基本的理念就是"为员工创造机会"，而这种机会是与员工的素质和能力相关的，因此在绩效设计时，既有业务评价，也包含综合素质评价，特别是对核心能力的评价。

4. 招聘的改革。TCL 为适应国际化带来的人才短缺进行招聘方案的改革，集团人力资源部门只是负责组织策划与搭建平台，具体的招聘工作，面试、录用等由各企业来进行，HR 平台只负责基本素质和个性测评等，这样就保证招聘过程的高效进行，并且在一定程度上提升了招聘人才的适用性。

5. 人才国际化。为了提升管理人员素质，适应人才国际化的需求，TCL 采用内部提升与外部引进并重的人才战略方案。从内部上看，对已有的管理人员进行国际化企业经营能力与跨文化管理的专业培训，并适时派遣部分管理人员前往海外事业部门进行任职管理；从外部上看，用全球化的视野，从国际上寻找具有国际化经营和管理能力的人才，补充到关键岗位上去；此外，在国内也搜寻有一定潜质和经验的专才，进行国际化人才的储备建设，自此形成人才的梯队化建设。

6. 对文化差异的管理。随着国际化进程的深入，TCL 时刻保持对当地文化的高度敏感性，并努力在文化框架内开展工作而不是与之抗衡。一方面通过招聘当地员工实现文化的交流与融合，另一方面通过企业文化的培训尽可能降低文化差异所带来的不良后果。TCL 一直主张"尊重学识、注重才能；鼓励创新、允许失败；敬业诚信、团队协作；包容文化、兼收并蓄"的人才成长环境,有力地推动了不同文化背景下人才的融合。

7. 构建具有全球化视野的研发团队。TCL创建研究院,并积极从海内外招揽众多研发人才加盟TCL集团工业研究院,推动集团各产业的技术创新和长远发展,为TCL国际化战略的推进提供了源源不断的智力支持和人力资本。

8. 雇员管理。TCL强调人力资源管理体系的搭建要因人、因时、因地,当三者都能协调一致时,这个体系就是高效的。目前TCL在对海外公司员工选用上,为增加各地分支机构的主动性和灵活性,采取"因地制宜"的办法,人才选用在集团总部同一人力资源管理方案的指导下,各子公司细化并实施,主要任用当地员工,减少文化差异带来的影响,保证较高的工作效率。

9. 对高管人员的选拔更加关注多元文化背景的人才,更加倾向于全球中心的国际人力资源管理模式。2015年TCL提拔了四位高管,包括华星光电总裁的王国、TCL通讯国际业务的ZIBELL、TCL集团副总裁黄伟及华星光电代理CEO金旴植,其中三位是外籍人士,选拔多位外籍高管人才是对其管理能力、跨文化协调能力、工作经验的肯定,也是TCL进一步国际化的体现。

资料来源:宋殿辉. 人力资源管理与国际化战略的匹配——以TCL为例[J]. 中国人力资源开发,2015(24):31—37。

注释:

[1]于一泽. 人力资源开发与管理的现状与对策[J]. 今日科苑,2009(15):111.

[2]熊坎. 非人力资源管理者的人力资源管理[J]. 中国高校科技,2007(7):67—70.

[3]潘平. 上承战略 下接人才——人力资源管理高端视野[J]. 人力资源管理,2015(4):15—16.

[4]潘平. 上承战略 下接人才:人力资源管理高端视野[J]. 人力资源管理,2015(4):15—16.

[5]张乃敬. 人力资源产出价值,有金矿可挖[J]. 人力资源,2016(4):47—49.

[6]孙冰. 民营企业引入职业经理人的必要性[J]. 江苏商论,2014(11):150.

[7]蒋凤云. 论人力资源规划与企业可持续发展[J]. 劳动保障世界,2008(7):101—102.

[8]赵琬微,苏万明.海尔张瑞敏:自以为非,如履薄冰[OL].新华网,2013—12—10.http://news.xinhuanet.com/politics/2013—12/10/c_118502081.htm.

[9]张春堂.民营企业吸引、保留优秀人才的几个激励措施[J].中原文化研究,2008,16(9):43.

[10]王睦才.如何正确激发企业核心员工的自信心[J].决策探索月刊,2008(3):47.

[11]潘葭莩.企业人才资源的合理开发[J].成才与就业,1999(8):31—32.

[12]张文.现代企业人力资源管理的战略取向[J].南昌大学学报(人文社会科学版),2004,35(6):45—49.

[13]杨磊,陈静.人力资源业务合作伙伴(HRBP)——HR新角色[J].经济研究导刊,2011(19):105—107.

[14]纪超.人力资源工作者未来将扮演四种角色[J].人才资源开发,2015(21):76—767.

[15]智囊编辑部.人力资源部门需要重新定位[OL].中国人力资源网,2012—2—24.http://blog.hr.com.cn/html/57/n—94857.html.

第 3 章
战略性人力资源管理

"你们可以搬走我的厂房和机器设备,但只要把人员给我留下,五年后我仍然是钢铁大王。"

——美国卡耐基钢铁公司安德鲁·卡耐基

后危机时代[①],企业面临着更加不确定的经营环境,外部环境(如经济、政治、文化或技术环境等)出现变化,企业有必要对企业战略、组织结构及人力资源管理进行适度调整,通过相互间协调整合,提升对环境的适应力。

企业人力资源管理必须应对不确定性环境的挑战,精心设计战略规划,提升人力资源管理的绩效,助力企业战略目标的实现(参见图3—1)。当前,制定企业人力资源发展战略的瓶颈在于人力资源专业能力不足,这也是影响企业可持续发展最关键和最核心的问题。

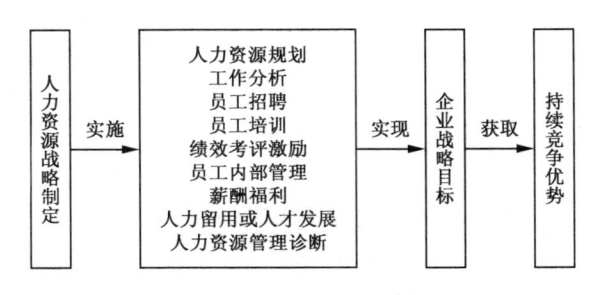

人力资源战略制定 →实施→ 人力资源规划/工作分析/员工招聘/员工培训/绩效考评激励/员工内部管理/薪酬福利/人力留用或人才发展/人力资源管理诊断 →实现→ 企业战略目标 →获取→ 持续竞争优势

图3—1 人力资源战略与竞争优势

---

① 后危机时代就是指随着2008年金融危机的缓和,世界经济进入相对平稳期,但是固有的危机没有并且不可能完全解决,因此,世界经济仍存在着很多的不确定性和不稳定性。

现代人力资源管理者的价值体现在两个方面：一是具体的人力资源专业工作；二是人力资源战略的思考和制定，也就是我们常说的战略性人力资源管理能力，并且第二个方面更为重要。战略性人力资源管理思考的问题主要是：(1)实现企业发展战略，需要培育哪些组织能力？(2)如何基于企业战略制定人力资源战略？(3)企业的人力资源供给与需求如何匹配？(4)企业文化如何融入？

> 人力资源管理对于企业的成败至关重要，而传统的现代人力资源管理已无法适应企业发展和管理的需要，人力资源管理开始进入战略性人力资源管理时代。

制定人力资源战略规划

战略是系统性解决企业人力资源问题的根本出路，可以把复杂问题简单化，简单问题数量化，数量问题程序化，程序问题体系化。如今，人力资源战略规划在企业发展中的地位越来越突出，企业的健康发展离不开科学的人力资源战略规划(参见图3—2)，因此，能否将企业的人力资源进行合理的规划，实现人员配置的最优化成为每个现代企业都值得关注的问题。

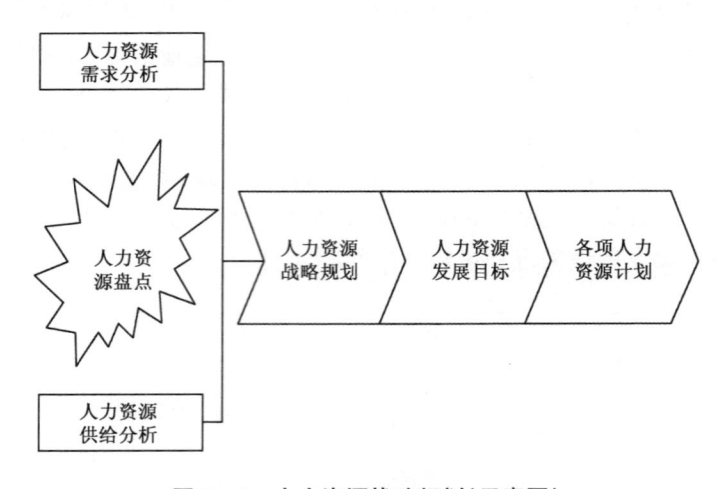

图3—2 人力资源战略规划(示意图)

人力资源的价值必须通过战略的、系统的人力资源管理活动转化为企业的经济绩效，因此，很多企业相当重视对人力资源的整体规划，希望通过有效的人力规划，使企业拥有足够数量和质量的人力资源应对企业持续发展，保证企业中长期发展战略的实现。

什么是战略性人力资源？

随着公司规模的扩大、管理层次的增加、外部环境的变化，公司已无法凭借直觉获得持续的成功，战略性人力资源管理是企业在复杂多变的经营环境中获得持续竞争优势的根本途径。

清晰地理解战略性人力资源，必须从人力资源战略规划的定义上来把握。综合国内外人力资源专家的观点，我们认为，人力资源战略规划是一个不断调整变化的动态系统，是指根据企业的发展战略，分析和评估未来的人力资源需求和供给，构建科学有效的"招人、育人、用人和留人"管理机制，高效完成人力资源配置、人力资源开发、人力资源评价和人力资源激励职能，确保企业获得各种必需的人力资源。

战略性人力资源管理强调一种"适应性"，即人力资源管理实践与企业战略性之间的适应性和匹配性，其最大的特点就是将人力资源管理与企业战略目标和进程有机结合起来。

战略性人力资源实际就是基于企业人力资源战略规划而开展的现代人力资源管理，其核心任务就是要基于公司的战略目标来配置所需的人力资源，根据定员标准来对人力资源进行动态调整，引进满足战略要求的人力资源，对现有人员进行职位调整和职位优化，建立有效的人员退出机制以输出不满足公司需要的人员，最终有效构建企业核心竞争力（参见图3—3）。

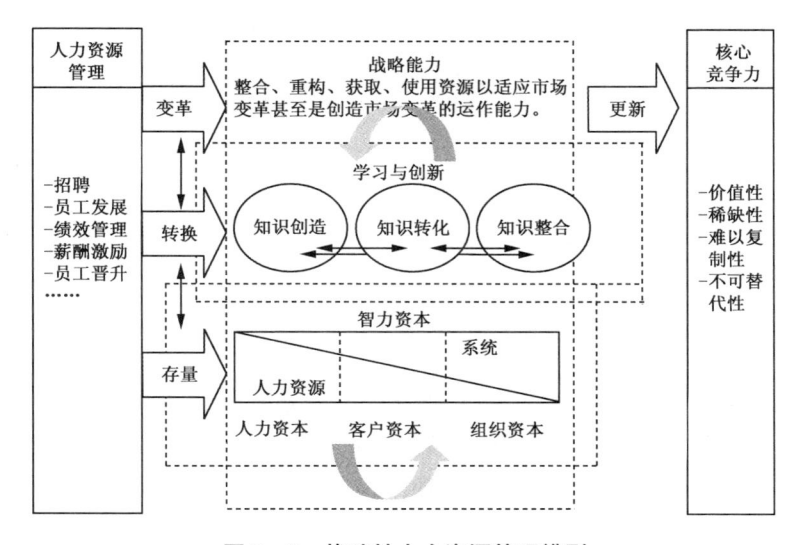

图3—3 战略性人力资源管理模型

缺乏合理的人力资源战略规划，企业的人员补充、晋升、培训等都将出现很大的随意性和盲目性，最终会导致人员短缺，进而影响企业经营的开展，或者是人员过剩。

资料链接 3—1：人力资源战略规划的价值

当前，人力资源战略规划受到企业家的普遍关注，成为企业发展的热点和焦点问题。原因是，首先世界经济的全球化以及变幻莫测的外部环境给企业带来了巨大的挑战和压力，迫使企业不得不以全新的视角来审视和思考未来。其次，企业在今后的发展中如何把握事关全局的关键性工作，需要明确地指出战略的重点是什么。企业的决策者必须懂得全局的规律性东西，学会指导和把握全局，才能有效地指导各个阶段的局部性工作。最后，现代企业除了受到外部环境的压力，还面临自身的各种资源如何有效开发与利用的问题。特别是当涉及企业发展的重大战略问题时，企业不可能超越现有物资、资料的占有情况，也不可能超越现有的财务实力和人力资源现状，盲目地做出某种超现实的设想。

因此，从上述实行人力资源战略规划的原因可以看出，人力资源战略规划具有势在必行的重要意义：

1. 有利于企业明确在未来相当长的一段时期内人力资源管理的重点，即明确哪一项工作是真正值得投入，需要密切关注的。

2. 有利于界定人力资源的生存环境和活动空间。

3. 有利于发挥企业人力资源管理的职能以及相关政策的合理定位。

4. 有利于保持企业人力资源长期的竞争优势。企业人力资源战略规划核心是从全局发展的要求出发，着眼于企业人力资源的未来，从而增强和保持人力资源竞争的优势。

5. 有利于增强领导者的战略意识。

6. 有利于全体员工树立正确的奋斗目标，鼓舞员工的士气，增强员工的信心。

资料来源：罗永坚．论人力资源战略规划对现代企业的意义[J]．人力资源管理，2016(5)：96—97。

综观企业人力资源战略规划发展历程，存在一个演变过程，在不同的阶

段,有着不同的重点任务。通常情况下,可以把其分为四个阶段:

(1)员工人数计划:企业基于现状,着眼于收集内部数据、制订员工人数计划。

(2)人力资源分析:企业对于现状进行定量分析,以期发现公司内部过去及现在的规律。

(3)操作性人力资源规划:企业利用内部的规律推演未来的趋势,进行每年的员工配置的预测。

(4)战略性人力资源规划:与企业业务的长期战略一致,将人力资源分类,并将定性数据纳入分析,从而制定人力资源长期规划。

人力资源战略规划的模式

从战略性角度来讲,人力资源管理必须具有全局性、长期性特点,实施战略性人力资源管理,是企业在复杂多变的经营环境中获得持续竞争优势的根本途径。战略性人力资源规划的实施,不仅能有效促进企业的战略实施与组织变革,而且有助于企业赢得客户、赢得市场,在企业的长期规划和持续性发展中起到关键性作用。[1]

通常情况下,人力资源战略规划有三种模式。

模式1:基于供给与需求的预测与平衡的模式(参见图3-4)。企业人力资源供求存在三种情况:一是供大于求,结果是企业内部人浮于事,内耗严重,生产效率低下;二是供小于求,企业设备闲置,资产利用率低,无法实现利润最大化;三是供求平衡,这是人力资源战略规划所要达到的目标。人力资源规划就是要根据企业人力资源供求预测结果,制定相应的政策措施,实现企业未来的人力资源供求平衡。[2]

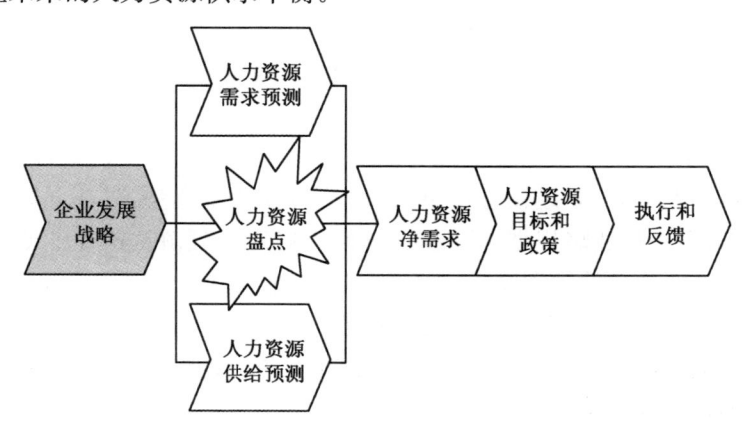

图3-4 基于供给与需求的预测与平衡的模式(示意)

在这种思想的指导下,人力资源战略规划的思考重点集中于如何有效准确地预测需求、预测供给,对于预测方法和数量的强调是人力资源战略规划的中心,因此,这种模式适合于进行一些数量层面上的专项规划。

模式2:基于现状与理想状态的趋近模式(参见图3—5)。依据企业愿景与发展战略,确定人力资源的理想与最优状态,比较人力资源现实与理想的差距,为缩小差距而采取的策略与行动计划。

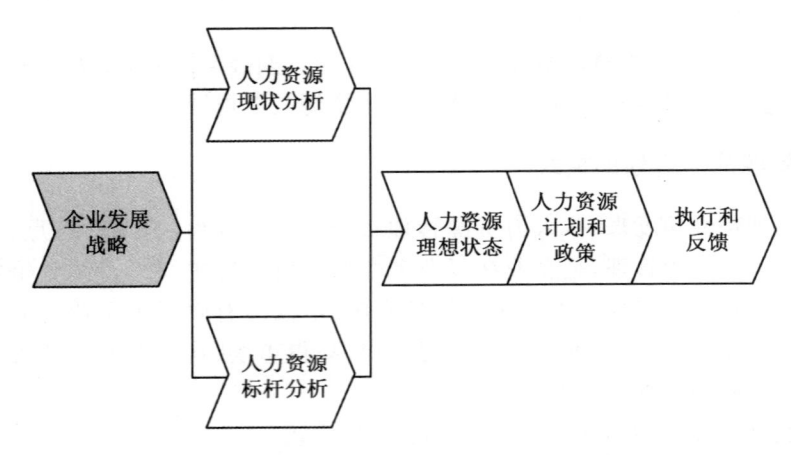

图3—5 基于现状与理想趋近的人力资源战略规划模式

完善的人力资源战略规划体系,能够结合企业的战略发展方向,协助企业发现在战略发展过程中现有人力资源与未来发展需要的差距,通过分析产生差距的原因,明确未来人力资源开发培养的方向和途径以及面临的潜在风险,并且设计和调整相应的政策和制度,以保证及时适应未来的环境变化,为实现人员的合理配置和有效使用创造条件。

这种模式更常用于企业系统的、整体的、战略层面的人力资源战略规划。

模式3:基于企业核心竞争能力的模式(参见图3—6)。企业的发展依靠自身的核心竞争力,立足核心竞争力,保持市场竞争态势,处于长期可持续发展状态,需进行战略规划,从战略分析、战略定位到解决战略重点问题等方面保证企业使命的顺利完成,如何做到战略制定、实施、检查、改进等管理流程,是企业核心竞争力得以形成的关键。[3]

企业战略的实现与升级,需要企业核心竞争力的支撑与驱动,企业核心竞争力的根本载体是核心人力资源,对核心人力资源进行识别、保有和提升就是获取、保持和提升企业核心竞争力,从而支撑企业战略实现和升级。

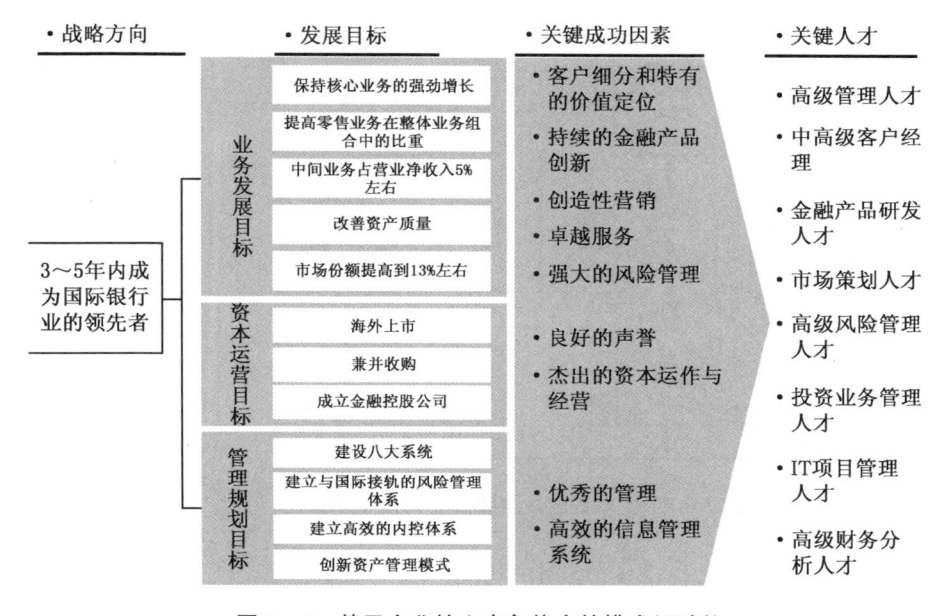

战略方向	发展目标		关键成功因素	关键人才
3～5年内成为国际银行业的领先者	业务发展目标	保持核心业务的强劲增长 提高零售业务在整体业务组合中的比重 中间业务占营业净收入5%左右 改善资产质量 市场份额提高到13%左右	• 客户细分和特有的价值定位 • 持续的金融产品创新 • 创造性营销 • 卓越服务 • 强大的风险管理	• 高级管理人才 • 中高级客户经理 • 金融产品研发人才 • 市场策划人才 • 高级风险管理人才
	资本运营目标	海外上市 兼并收购 成立金融控股公司	• 良好的声誉 • 杰出的资本运作与经营	• 投资业务管理人才
	管理规划目标	建设八大系统 建立与国际接轨的风险管理体系 建立高效的内控体系 创新资产管理模式	• 优秀的管理 • 高效的信息管理系统	• IT项目管理人才 • 高级财务分析人才

图3—6 基于企业核心竞争能力的模式（示例）

这种模式的要点是：(1)强调企业核心竞争力与人力资源能力的一体关系；(2)强调将企业能力落实到人力资源个体的核心专长与技能。

人力资源战略规划的作用

如前所述，制定人力资源战略规划的目的在于，科学分析企业内外部环境，明确企业人力资源管理所面临的机遇和挑战，清晰地勾勒出未来人力资源愿景目标，建立与企业未来发展相匹配的人力资源管理机制，制定出能把目标转化为行动的可行措施，通过措施的执行和评估反馈，进而实现企业的可持续发展。

因此，在某种程度上可以说，人力资源战略规划是解决当前困扰许多人力资源管理者疑难问题的根本和基础，通常情况下，可以发挥如下作用（参见图3—7）：

(1)为现代企业的发展提供智力保障

现代企业的发展是一个动态运行的过程，人力资源战略规划可以站在全局的角度，对企业发展人员安排做出及时、科学的规划，使人力资源状况与企业发展相适应，根据人员的能力安排工作，让员工的价值得到最大化的发挥，进而促进企业的发展，保证企业在发展中得到良好的智力保障。[4]

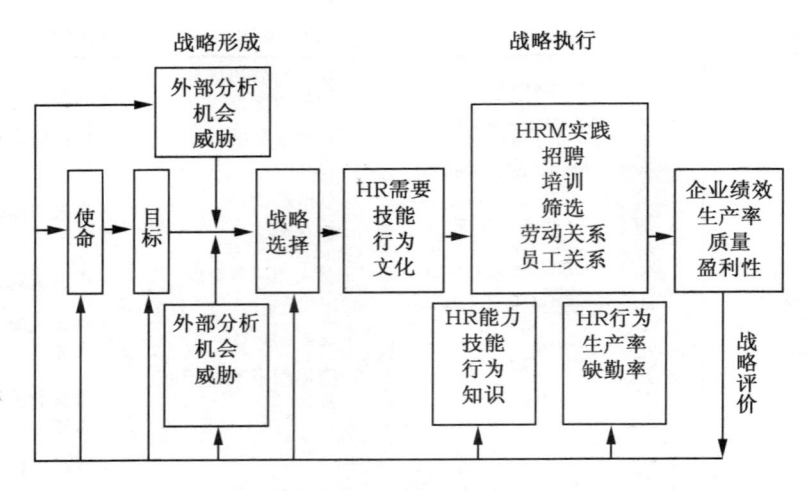

图 3—7 人力资源战略在战略管理中的作用(示意)

(2)为企业决策提供重要的科学依据

现代人力资源战略规划会将人力资源的现状全面、系统地展示出来,其中包括企业员工的数量与分工、组织结构、发展现状等众多方面,企业通过对人力资源信息的分析可以做出科学的人事决策,将员工安排在适合的岗位,使人事结构安排清晰合理,有效地促进企业的稳定发展。

(3)充分调动企业员工的工作积极性

人力资源战略规划要充分利用企业文化指导员工行为,让员工在工作中建立工作认同感与责任感,制定长远的个人职业发展规划。同时,企业根据对员工工作状况与个人能力的分析,与岗位进行优化和匹配,激发员工的工作积极性,在促进企业发展的同时,实现员工的自身发展。

(4)有效控制企业人力资源成本

人力资源战略规划通过对人力资源结构的科学分析与调整,合理安排人员构成,避免人才资源的闲置与浪费,使人员才能最大化发挥,实现企业成本最小化与利润的最大化。

人力资源战略规划流程

人力资源战略规划不仅要承接战略,满足战略期内企业发展对人力资源的需要,也要满足员工发展对企业的需求。通过制定适应企业实际情况的人力资源战略规划,可以明确人力资源战略定位,制定可落地的高效人力资源管理体系,进而实现企业发展战略目标。

在明确了人力资源战略规划的目标后,需要规划人力资源战略工作流程,为制定人力资源战略规划奠定坚实、可靠和科学的基础(参见图3—8)。

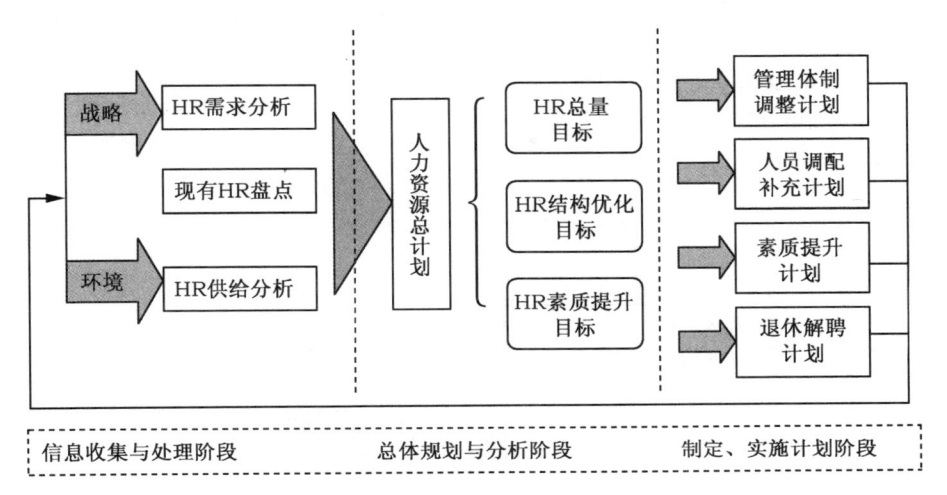

图3—8 人力资源战略规划工作流程

步骤1:充分了解企业愿景、使命、战略目标,全面深入理解企业发展战略规划。

企业战略及目标是企业经营的总体方向,所有的单位在进行功能性的战略规划时都需要先明确地了解企业的总体战略与目标,才能够依据大方向展开功能性目标以及战略。[5]

人力资源战略规划首先要反映企业战略的诉求,满足企业战略需要,因此,人力资源部在制定战略规划之前,要分析企业战略规划及发展目标,才可以保证其制定的战略规划方案有效地协调人力资源活动,保证方案实施可以促进企业发展战略的实现。

步骤2:分析企业现有人力资源现状。

企业人力资源的规划要基于企业的问题和现状,要基于企业的资源与能力,要以问题为导向,渐进式系统解决。通常情况下,7月份开始收集相关资料,分析企业人力资源现状、相关政策及外部同类企业的人力资源状况,出具分析报告,及时提交部门总经理。

步骤3:预测人力资源需求。

根据职务编制计划和人员配置计划,使用预测方法来预测人员需求预测。[6]人员需求中应阐明需求的职务名称、人员数量、希望到岗时间等。最好形成一个标明有员工数量、招聘成本、技能要求、工作类别,以及为完成组织目标所需的管理人员数量和层次的分列表。

实际上，预测人员需求是整个人力资源规划中最困难和最重要的部分，它要求以富有创造性、高度参与的方法处理未来经营和技术上的不确定性问题。

人力资源需求预测是否合理科学是整个人力资源规划是否成功的关键，要求全面考虑企业内部和外部的各种因素，准确把握企业发展与人力资源需求之间的规律。同时，为了保证人力资源需求预测的科学性，需要建立明确的人力资源需求预测流程(参见图3—9)。[7]

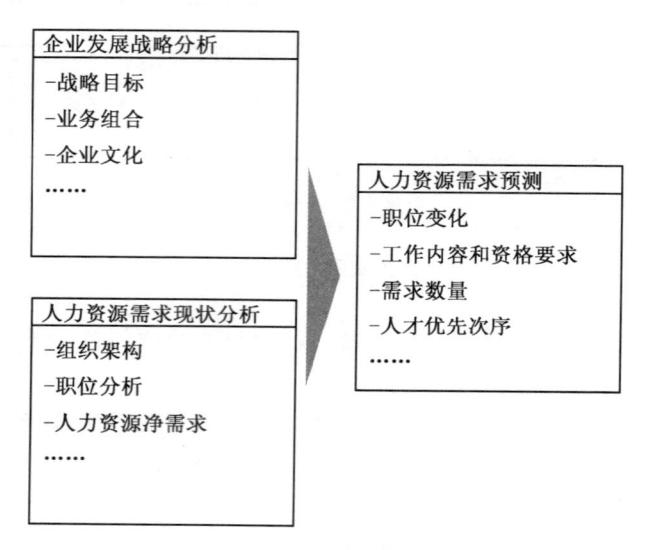

```
企业发展战略分析
 -战略目标
 -业务组合
 -企业文化
 ……

人力资源需求现状分析
 -组织架构
 -职位分析
 -人力资源净需求
 ……

  →  人力资源需求预测
       -职位变化
       -工作内容和资格要求
       -需求数量
       -人才优先次序
       ……
```

图3—9 人力资源需求预测流程

通常情况下，人力资源需求预测影响因素包括：产品需求、外在的经济形势、技术、企业财务状况、核心员工的配置、企业成长速度、企业文化等。

步骤4：企业人力资源供给预测。

根据人力资源需求清单，分析组织内部人力资源供给的可能性，编制内部人力资源供给清单。同样，在进行供给预测时，要建立清晰的人力资源供给预测流程(参见图3—10)。在分析企业内部人力资源供给的可能性时，可以采用的方法有建立"技能清单数据库"、利用"职位置换图"，以及制订"人力资源持续计划"。[8]

当内部的人力资源无法满足企业未来需求时，就应当审视组织外部人力资源供给能够满足组织未来人力资源需求的可能性，编制外部人力资源供给清单。

其中，比较重要的工作是分析当前人力资源状况，这项工作要以企业内

第3章 战略性人力资源管理

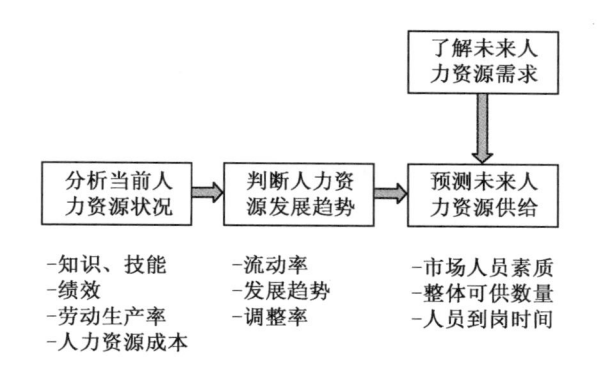

图 3-10　人力资源供给预测流程

现有人力资源为主体,分别依照其部门、职务、职级、职位、学历/经历、年资、年龄、专长、兴趣及人格特质加以分析,并且进一步与工作负荷、人员绩效与薪资待遇做一比较分析,从而了解现有人力的数量、素质、生产力及成本是否符合企业经营发展需求,作为未来人力规划及追求人员合理化的依据。

通过分析当前人力资源状况,可以明确以下事项:(1)了解员工是否具备足够的知识与技能;(2)明确员工所从事的工作是否仍具有存在的价值;(3)了解人力的分配与数量是否合理;(4)评估现有或未来可能的新投资对生产力和人力成本的影响程度;(5)了解劳动生产率变化情形与技术发展的一致性。

步骤5:确定企业人力资源净需求。

企业在进行了人力资源供给和需求预测之后,根据企业人力资源的供给和需求情况,制定人力资源净需求评估表(参见表3-1),最终确认净需求。实际上,人力资源净需求要从两个角度来进行确定,一是企业各类人才数量的净需求;二是企业人才总量净需求。

表 3-1　人力资源净需求评估

人力资源状况		$T+1$ 年	$T+2$ 年	$T+3$ 年
人力资源需求	1. 年初人力资源需求量			
	2. 预测年内增加的需求			
	3. 年末总需求			
	4. 年初人数			
	5. 新增招聘人数			

续表

人力资源状况		$T+1$ 年	$T+2$ 年	$T+3$ 年
人力资源需求	6. 人员损耗			
	其中:退休			
	调岗或晋升			
	离职			
	其他			
	7. 年底人数			
净需求	8. 人员冗余			
	9. 岗位补缺			
	10. 人员新增			

步骤 6：确定目标、制订各项工作计划及匹配的人力资源政策。

充分了解了企业未来人力资源需求和内部与外部人力资源供给可能性之后，着手编制人力资源供给计划，平衡企业未来人力资源的需求与供给，为企业战略规划的实施提供人力资源方面的支持。

步骤 7：编制人力资源战略规划文本。

人力资源战略规划是一套严格的体系，以人才供给需求为核心，涵盖了战略规划、组织规划、制度规划、人员规划和预算规划，在这些分析和总结工作完成之后，要以文字和图表的形式落实到纸面上，形成正式的文本，经由董事会、职工代表大会进行讨论修订，完整的企业人力资源战略规划文本内容应该当包括但不限于如下内容。

（1）提炼和确定人力资源使命、愿景、目标、原则和政策。

（2）组织基础建设规划：人力资源部门职能转化路径的确立；人力资源管理人员队伍的培养和开发路径规划；企业领导力的培养、开发路径规划。

（3）人才队伍规划：职业通道、职类与职种规划；核心人才队伍建设规划（如管理团队，研发团队，营销团队）；人力资源总量与结构规划；人力资源素质能力提升规划。

人力资源战略规划书编写完毕后，应先积极地与各部门经理进行沟通，提交决策层审议通过。

（4）人力资源管理机制变革规划：人力资源管理机制创新和变革规划；人力资源管理信息系统建设规划。

构建战略性人力资源管理体系

人力资源管理体系是指围绕人力资源管理六大模块而建立起来的一套管理体系,包括人力资源规划、招聘与配置、培训与开发、薪酬福利管理、绩效管理、员工关系管理(参见图3—11)。

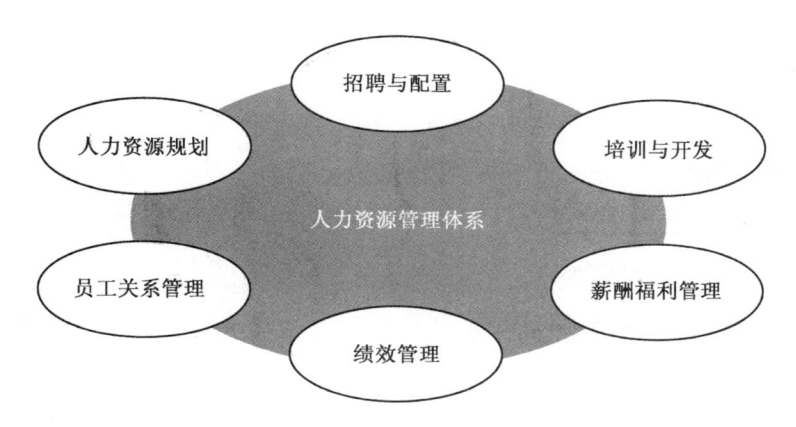

图3—11 人力资源管理体系的六大模块

作为企业管理的重要环节,人力资源管理如何支持企业的战略发展,构建符合市场经济竞争要求的人力资源管理体系,也越来越被众多的中国企业所重视。以百度公司为例,作为一家互联网科技型企业,在人力资源管理体系建设方面坚持其创始人李彦宏的一个基本理念:"招最优秀的人、给最大的空间、看最后的结果、让优秀的人才脱颖而出。"

实践中,许多企业的战略人力资源管理意识比较薄弱,不能有效地转化为战略管理能力,甚至出现人力资源理念和人力资源管理的机制与体制的运作严重脱节的情况,最终导致人力资源理念与战略难以落地,人力资源的政策缺乏执行力。

总之,企业要成功,要发展,除了具备好的经营方式和创新的技术实力,更重要的是企业必须拥有合适的人力资源管理体系配合企业的发展

> 以互联网、数字化、信息化为主要特征的知识经济时代,企业竞争环境变化的强度和频度、企业间竞争激烈程度的不断加强,对很多行业来讲,竞争优势不再取决于企业是否拥有天才的产品设计和服务、最好的营销战略或最新技术,而取决于企业是否拥有能吸引、调动和管理人员的合适的人力资源管理体系。

战略。因此,如何构建战略性人力资源管理体系,是现代企业应该重点关注的内容。

建立有效的人才招聘体系

人才招聘体系要求科学有效、反应迅速、灵活多样,最大限度地保证企业稳定发展,减少招聘工作中的盲目性和随意性(参见图3－12)。构建有效的招聘体系不完全出于招聘工作本身的任务要求,而是要以企业经营发展的战略为中心、围绕企业中短期经营目标、结合宏观经济发展趋势来开展。

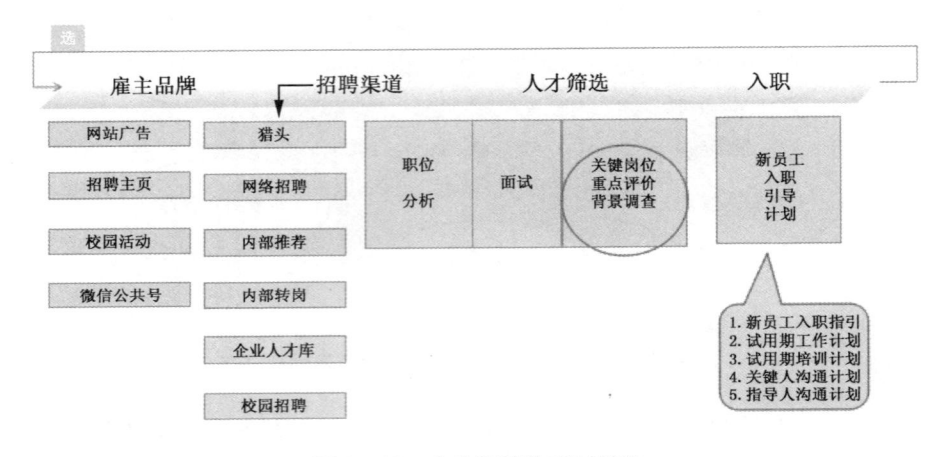

图3－12 企业招聘体系(示例)

构建有效的招聘体系,其实质就是在招聘过程中要明确:招聘什么样的人、在什么时候招聘多少人、怎样去招聘合适的人。其基本要求是有前瞻性、战略性、务实性及最低成本等原则。比如说,百度与其他公司不太一样,更喜欢招聘应届毕业生。百度每年都在各大高校花费很大精力做各种各样的宣传,以吸引各高校最优秀毕业生进入百度。虽然李彦宏现在已很少接受采访,但是每年都会到至少一个学校去做招聘性演讲,以帮助百度吸引优秀人才。[9]

成功的员工招聘为企业的快速发展提供强大的动力,失败的员工招聘也会为企业的发展带来不可估量的损失。企业错过合适员工的结果就是要面对竞争对手日渐增长的实力威胁。在构建人力资源招聘体系时,主要有三个工作抓手:

(1)通过工作分析,制定明确、详细的职位要求描述和工作说明书

对于招聘工作而言,招聘者对工作分析过程的参与,可以帮助他们了解

胜任某项工作所必需的资格条件,掌握适时的岗位变化,并及时预测组织中潜在的人员过剩或人力不足。

企业有多种多样的职类和职种划分(参见图3-13),因此,明确、详细的职位要求描述和工作说明书在人力资源的实务中是重要的依据,同时可以减少招聘工作中的盲目性,避免在对应聘人员高低条件的把握时出现随意性,通过明确、详细的职位要求描述和工作说明书为组织招聘到的也许不是最好的人员却是最适合岗位要求的人员。

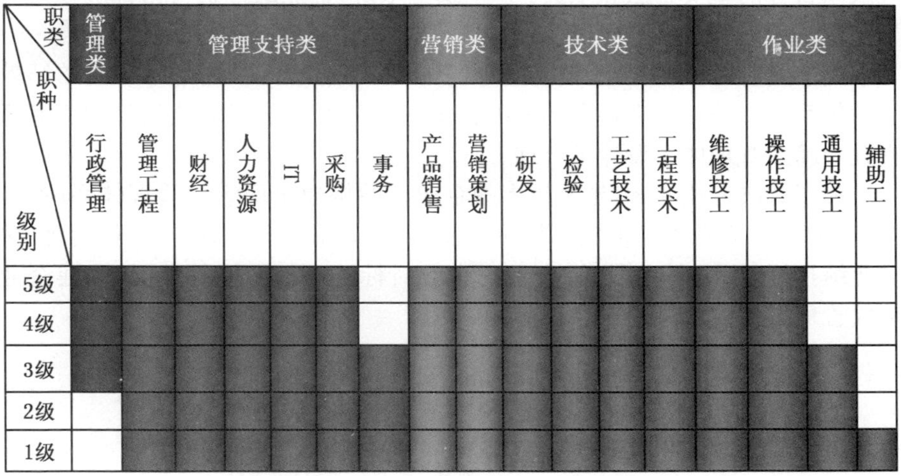

职类\职种\级别	管理类	管理支持类				营销类		技术类			作业类		
	行政管理	管理工程	财经	人力资源	IT	采购	事务	产品销售	营销策划	研发	检验	工艺技术	工程技术	维修技工	操作技工	通用技工	辅助工
5级														
4级														
3级														
2级														
1级														

图3-13 企业常见职类职种划分(示例)

一份明确、符合实际的职位要求描述和工作说明书就是招聘者不可缺的,也是建立招聘体系的首要条件。

(2)明确人力资源需求预测流程

如前所述,通常情况下,人力资源需求变化的预测是和组织的发展战略、组织所处的内外部环境相对应的。合理的人力资源需求预测流程一方面有助于提高招聘工作的主动性、增加了招聘工作的时效,增强对市场和竞争对手的适应力,另一方面也能够帮助企业降低在经营发展过程中可能遇到的人力风险。

(3)创建层次丰富的招聘渠道和灵活多变的招聘方法

企业内部选聘可以最大限度地发挥个人潜能,提高员工的学习能力和工作积极性,降低企业招聘直接成本。公正、透明的内部招聘服务对于大中型组织的人力选聘具有非常积极的优势。[10]内部选聘就是将空缺职位通过多种方式在内部予以公布,如BBS、内部网、绩效评估后的反馈会议等,要保证信息在内部传递的最大化覆盖。

外部招聘的人员来源有职业学校、大专院校、企事业单位、行业内的其他组织、社会失业和下岗人员。对于外部招聘有很多的方法可以采用,这时招聘者还要考虑的是结果的最大化和成本的最小化,并且在招聘方法的采用上要和企业文化相适应。

构建全面绩效管理体系

现代绩效管理的概念已经超越了传统人力资源管理范畴,成为企业实现战略目标的重要方法和工具。[11]本质上来讲,企业的一切行为都应该是为了实现发展战略,一切的管理活动都应该是为了提高绩效。

当前,绩效管理主要存在如下四个问题:(1)没有以战略为导向的绩效管理体系;(2)绩效管理各个环节配合不好;(3)业务部门对绩效管理不够重视;(4)绩效管理体系设计不合理。

为了解决上述问题,越来越多的企业开始构建全面绩效管理体系(参见图3—14),从企业本身的实际情况出发,合理应用平衡计分卡、目标管理、关键业绩指标(KPI)等手段,综合考虑企业目标、流程、职能等情况,构建企业绩效管理循环体系。

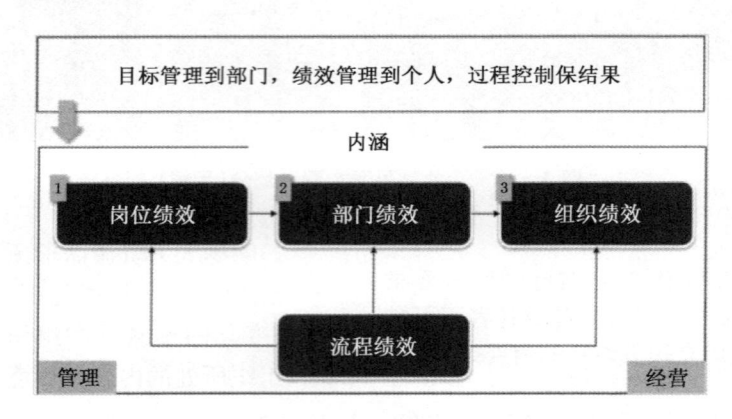

图3—14 全面绩效管理示意图

构建全面绩效管理体系是一个循序渐进的过程,企业要抓住关键点,逐步推进,在实施的过程中不断完善该体系。通常情况下,构建全面绩效管理体系要关注如下几个方面:

(1)更新全面绩效管理观念

实施全面绩效管理体系,必须将管理层的认识统一到全面绩效管理的层面,必须认识到全面绩效管理不仅仅是指绩效考核,它是一个不断闭合的循环管理过程,其最根本目的是为了持续不断地提高组织绩效,使员工的能力和企业的核心能力得到不断提升,实现企业和员工的共同发展。

(2) 全面绩效管理是企业全体员工的绩效管理

不仅仅是人力资源经理的职责,上至高层领导,下至基层员工,在全面绩效管理体系的推进和实施过程中都应该承担相应的绩效管理责任,各级管理者应该把绩效管理作为其日常工作。

(3) 明确战略目标,加强绩效沟通

企业发展战略指导全面绩效管理,全面绩效管理是实现企业战略的工具和方法。全面绩效管理体系的推动过程中,绩效目标一定要由管理者和员工经过充分沟通,双方共同确定和完成,建立彼此的信赖关系是绩效沟通成功的首要前提。[12]通过绩效沟通,可以减少团队和员工可能发生的阻力,让其清楚地知道公司战略目标的实现和团队、员工整体目标的达成是联系在一起的。

(4) 根据实际情况,调整绩效指标体系的相应系数

对各个部门的指标体系设立一个参数,这个参数可以从工作量、实现的难易程度、复杂程度、风险性等方面加以考虑,各个因素也可以赋予一定的权重,由各个部门主管一起协商决定。

(5) 加强人力资源基础性工作

完善的人力资源管理配套体系是全面绩效管理体系建立和实施的基础,因此在此之前一定要首先优化公司的组织结构,完善与绩效管理相关的薪资福利体系、岗位说明书、任职资格等配套体系和基础工程。同时,还要建设一种与企业的绩效管理系统相融合的以绩效为导向的企业文化。[13]

(6) 建立高效绩效反馈机制

建立健全绩效反馈机制是成功实施绩效管理变革的重要保证,高效的绩效反馈机制,可以让员工第一时间反映绩效问题,同时部门主管也可以第一时间和高层主管进行面谈,反馈绩效目标制定及完成的情况。

打通职业晋升发展通道

经常对外招聘中高层管理人员的企业,其组织机能可能非常脆弱,这将导致它的经营状况陷入恶性循环。[14]员工难以在企业内部得到发展和提升价值,其积极性和奋斗动力会逐渐丧失,同时,还会造成员工发展缺乏安全感。

当前国内的明星企业,诸如华为、腾讯、阿里巴巴、京东、万科等千亿元级公司,都把组织能力的打造放在战略高度,而员工职业晋升发展体系是打

造组织能力一个非常重要的管理举措。

建立员工晋升发展体系,对于系统建立和强化组织能力、塑造组织核心优势、促进组织战略目标的有效达成发挥着至关重要的作用,因此,企业要特别关注员工晋升,定期召开年度晋升评价会,收集和制作详细的员工资料(参见图3—15)。

候选人详细资料

A公司

2014年第2季度经理晋升评价会: 查看会议议程

公司	司龄	当前职级任职年限	绩效	附件1	附件2	附件3	附件4	附件5	附件6
集团总部	4.2	2.0	B+	个人信息表	组织架构图	推荐信	潜力测评报告	IDP	自我介绍
集团总部	6.9	2.3	B+	个人信息表	组织架构图	推荐信	潜力测评报告	IDP	自我介绍
集团总部	9.0	3.3	B+	个人信息表	组织架构图	推荐信	潜力测评报告	IDP	自我介绍
集团总部	6.1	3.3	B+	个人信息表	组织架构图	推荐信	潜力测评报告	IDP	自我介绍
集团总部	2.3	2.3	B+	个人信息表	组织架构图	推荐信	潜力测评报告	IDP	自我介绍
集团总部	5.3	2.3	B+	个人信息表	组织架构图	推荐信	潜力测评报告	IDP	自我介绍

图3—15 晋升评价会——员工详细资料(示例)

设计职业晋升体系的三个关键点在于:

(1)规范岗位管理

对企业现有岗位数量、岗位名称、层级设置等方面进行盘点,厘清每一类人员岗位设置情况,梳理岗位设置存在的问题,为岗位体系规范提供基础数据。

梳理岗位情况后,根据业务系统、岗位职能、工作分析、市场认知等情况规范岗位名称设置,并按照能力与职责相近的原则,划分岗位类别/职位序列,实现分类管理。

(2)打通职业发展通道

根据本企业业务特点、员工结构、岗位类别、岗位数量、岗位重要程度,并考虑管理与维护成本等情况,设置员工职业发展通道。在通道设置确定后,则需要考虑其内部职级职等的划分。

一般来说,可以根据职业发展通道设计二维模型、人才发展规律、人才激励等因素合理划分职级、职等,持续激励员工实现自我学习与发展(参见图3—16)。为了给员工提供多元化的职业发展方向和机会,让员工可以根据自身的职业兴趣、发展需求及能力状况选择适合自己的发展路径,最大限度激发员工活力与潜能,企业一般会将不同的职业发展通道打通,并设计不同通道的转换关系和路线,明确转换标准和规则。

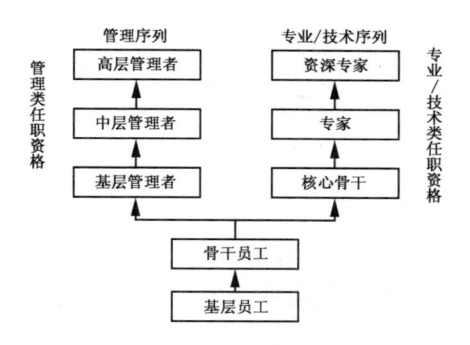

```
                  管理序列           专业/技术序列
管                ┌─────────┐       ┌─────────┐                专
理                │高层管理者│       │ 资深专家 │                业
类                └─────────┘       └─────────┘                /
任                     ↑                 ↑                    技
职                ┌─────────┐       ┌─────────┐                术
资                │中层管理者│       │  专家   │                类
格                └─────────┘       └─────────┘                任
                       ↑                 ↑                    职
                  ┌─────────┐       ┌─────────┐                资
                  │基层管理者│       │ 核心骨干 │                格
                  └─────────┘       └─────────┘
                            ↖       ↗
                          ┌─────────┐
                          │ 骨干员工 │
                          └─────────┘
                               ↑
                          ┌─────────┐
                          │ 基层员工 │
                          └─────────┘
```

注:通常情况下,基层管理者与核心骨干、中层管理者与专家是可以相互转换的,但到了高层管理者或资深专家,其管理职或专家职不能互换。

图3-16　企业职业发展通道(示意)

(3)梳理并明确任职资格标准

任职资格标准是基于岗位责任和要求,对承担该岗位的长期综合绩效优秀的员工被证明了的成功行为和能力要素进行归纳而形成的评价指南。任职资格标准开发源于业务发展和职位责任,不同级别的标准应有明显的区分度,并能够指引员工持续改进任职能力。

任职资格评价方式既要体现出对员工能力持续提升的牵引作用,也要体现出企业对员工价值观、行为、业绩成果产出的期望和导向作用;既要考虑不同岗位的职能差异、不同职级/职等的能力要求差异,又要符合人才成长及发展规律(参见表3-2)。另外,任职资格评价标准必须是动态的、合乎实际的,符合部门各职能类别人员的工作特性,确保标准的适用性。

表3-2　任职资格评价方式(示例)

一级维度	二级维度	资料/数据审查	知识考试	实际测试	工具测评	面试	能力/行为举证	案例分析/答辩
基本条件	学历	√						
	职称/职业资格	√						
	专业经验/资历	√						
	绩效表现/业绩成果	√						
知识要求	专业知识		√			√		
	行业/公司知识		√			√		
能力素质要求	专业能力			√		√	√	√
	适用能力/胜任力素质				√	√	√	√
	组织影响力	√						

续表

一级维度	二级维度	资料/数据审查	知识考试	实际测试	工具测评	面试	能力/行为举证	案例分析/答辩
参考项	个性特征				√	√		√
	品德				√	√		

构建人才供应体系

很多企业发现，长期的人力资源战略规划已经无法满足业务迅速变化的需求。几乎所有快速发展的企业都在经历外部人才激烈竞争所带来的招聘的"瓶颈"，因为人才短缺而阻碍业务发展的情况随处可见，提升人才供给速度成为企业在快速发展过程中的核心组织能力。

为了解决人才"瓶颈"，企业有必要建立人才供应体系（参见图3—17），构建内部人才库和外部人才库，实时动态管理，平衡需求与供给，为企业发展提供核心动力。

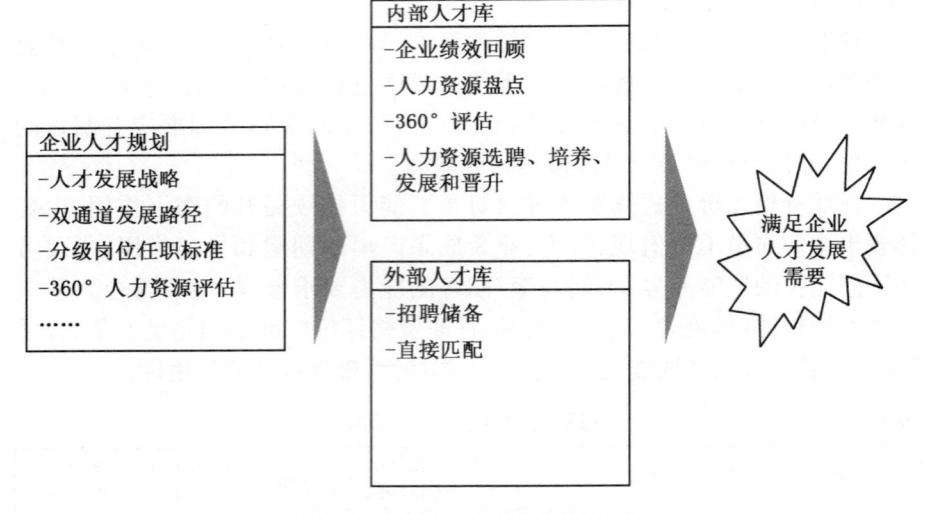

图3—17 企业人才供应体系（示意）

构建人才供应体系，要注意如下几个要点：
(1) 盘点企业人才，建立合理安全库存

用科学、客观的方法来盘点现有人才的技能和素质，并依据盘点结果进行晋升和培养是最大化利用现有存量人才资源的有效途径（参见图3—18）。

但是，在实践中由于对能力评估的难度，人才盘点一直是困扰大多数企业的问题。做好人才库储备就需要建立人才的安全库存，过高则造成公司

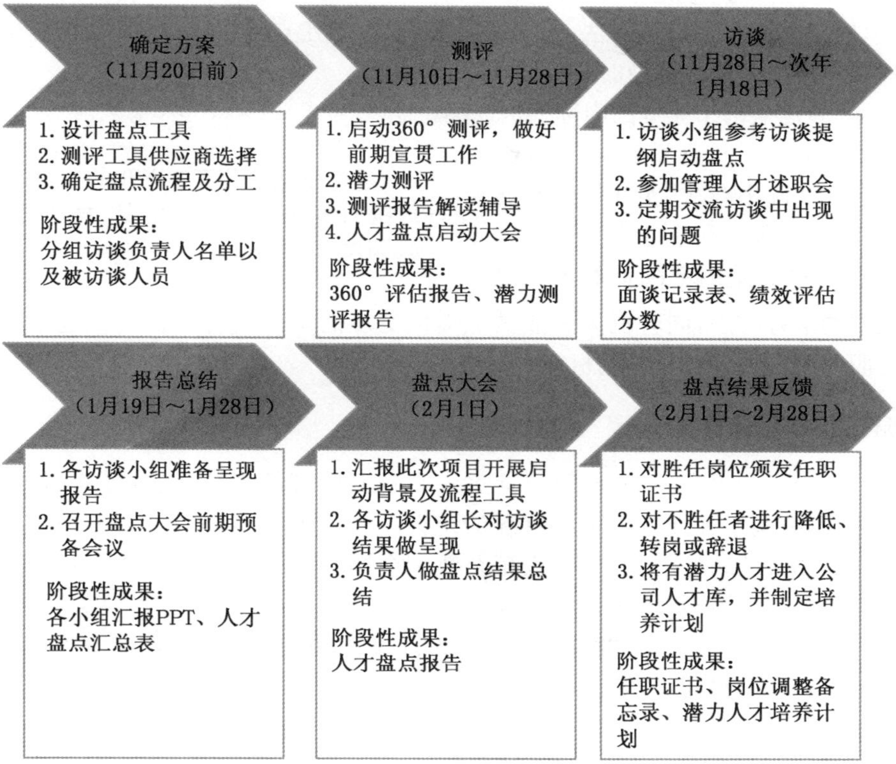

企业人才盘点流程（示例）

确定方案（11月20日前）
1. 设计盘点工具
2. 测评工具供应商选择
3. 确定盘点流程及分工

阶段性成果：
分组访谈负责人名单以及被访谈人员

测评（11月10日～11月28日）
1. 启动360°测评，做好前期宣贯工作
2. 潜力测评
3. 测评报告解读辅导
4. 人才盘点启动大会

阶段性成果：
360°评估报告、潜力测评报告

访谈（11月28日～次年1月18日）
1. 访谈小组参考访谈提纲启动盘点
2. 参加管理人才述职会
3. 定期交流访谈中出现的问题

阶段性成果：
面谈记录表、绩效评估分数

报告总结（1月19日～1月28日）
1. 各访谈小组准备呈现报告
2. 召开盘点大会前期预备会议

阶段性成果：
各小组汇报PPT、人才盘点汇总表

盘点大会（2月1日）
1. 汇报此次项目开展启动背景及流程工具
2. 各访谈小组长对访谈结果做呈现
3. 负责人做盘点结果总结

阶段性成果：
人才盘点报告

盘点结果反馈（2月1日～2月28日）
1. 对胜任岗位颁发任职证书
2. 对不胜任者进行降低、转岗或辞退
3. 将有潜力人才进入公司人才库，并制定培养计划

阶段性成果：
任职证书、岗位调整备忘录、潜力人才培养计划

图3-18 企业人才盘点（示例）

负担过重，过低则会带来因供给不及时而对业务造成的困扰。

（2）对人才能力进行动态评估

对能力进行了细化，并对人岗匹配度进行了重新评价。通过这样的人才盘点，企业可以全方位评价各级人才，发现高潜能人才。

同时，基于能力的人才盘点能够更加明晰人才的能力和今后的培养以及职业规划的设计，并使团队组合达到最优。

（3）制定高效能人才规划

通过梳理通才和专长以及关键人才，找出支撑业务实现的人才差距，并发现人才管理中的问题，检验组织能力，对团队人才组合进行进一步的调整和合理配置，同时考虑人才补给的渠道，哪些可以通过内部培养、哪些需要通过外部补给。并通过人才的合理流动，比如开展轮岗等针对性的计划，使员工能力与岗位动态匹配。

（4）建立企业外部人才库

由于外部人才竞争越发激烈,企业可以策略性地整合外部供应商资源(学校、猎头、人才招聘网站、人才外包服务商)来建立外部人才库,利用外部资源实现人才需求的及时补给。

(5)建立基于业务的内部人员流动机制

企业的不同业务单元、不同部门总会在实际中存在"实际供给和需求不匹配"现象。在企业内部建立人才流动的机制是内部降低和消化这一成本的最好方法,同时也为企业员工提供更多的基于自身特长和兴趣来进行职业生涯选择和规划的机会。[15]

> 建立公平、公正、公开的人才培养、提升和淘汰系统,实现"竞争、激励、淘汰"的模式。

编制人力资源报表

人力资源报表的编制,可以促进人力资源管理的规范化、制度化、标准化建设,有利于加强人力资源状况的统计工作。中小型企业可由人力资源部完成相关的统计汇总工作,大型企业则会同各业务单位安排专人进行统计,以保证统计资料的连续性、准确性和时效性。

人力资源报表按照报告期可以分为月报、季报和年报,内容涵盖管理建议、人员、薪酬福利、培训、绩效、晋升等主要模块,在对相关数据统计后,予以简要分析(参见图3-19)。报告内容可以根据报告期的长短、公司当前的重点工作以及存在的突出问题予以安排。

```
一、管理建议
二、人员情况
    2015年人员概况
    人员分类情况比较
    年度员工现状(年龄、司龄、学历、性别)
    人员工作地分布及国籍 & 民族分布
    年度入/离职情况分析
三、薪酬福利情况
    年度人工成本预算控制情况
    考勤情况汇总
四、培训情况
五、绩效情况
六、管理人员晋升分析
专题报告:2015年第4季度管理人员晋升分析报告
```

图3-19 人力资源报表框架(示例)

人力资源报表不仅仅是对数据的罗列和统计,更重要的是对数据背后的深层次分析,为企业管理提供可行性建议和意见(参见表3-3)。这既体现了人力资源工作者的专业性,也体现人力资源工作的增值部分。

表3-3　　　　　　　　　　管理建议示例

范　围	发　现	管理建议
总体情况分析	·截至2015年集团员工××名。目前正在对各条线及子公司进行调研访谈,评估岗位的合理性以及人员是否有冗余的状态,最终的分析报告尚未出来,但是发现: 1. 公司大大小小项目非常多,有些尚未立项但已经在预研阶段,人员也在不断招聘。 2. 在此阶段有些部门分得很细,是否有必要,甚至有些岗位是否有必要设立。	·对项目进行评估排名,后10%可以考虑停止研发。 ·按照目前公司战略,进行岗位重要性排序。并对过细部门进行合并。
招聘管理	·由于考虑到人力成本的原因,进行人员控制。大部分子公司与总部条线控制得很好,每提交一个都要经过不断的衡量。但是仍然有部分条线不考虑成本,只要下属提出招人就立即确认,而且不是很认可HR部门的专业评估。HR部门由于怕承担因为未招或晚招带来业务的损害,最终做出让步。	·希望各条线的负责人,切实考虑部门岗位的需求,同时参考部门的人力成本,有效地进行人员配置。HR部门也能配合业务部门做得更专业一些。

资料链接3-2:人力资源季(月)报表统计指标

1. 人员数量指标

1.1 按行政单位划分(总部、区域)与编制对照;

1.2 按性质划分(职能部门);

1.3 按时间划分[期初人数、期末人数、平均人数=(月初人数+月末人数)/2];

1.4 按职务划分(经理级、主管级、文员及员工级)。

2. 人员素质指标

2.1 学历分布(本科以上、本科、大专、中专高中、初中及以下),平均教育年限;

2.2 年龄分布(20岁及以下、21～29岁、30～39岁、40岁以上),平均年龄;

2.3 通常统计人员素质指标时,与人员数量指标结合进行二元组合统计。

3. 劳动时间利用指标

3.1 出勤率(%)=出勤工日(工时)÷制度工日(工时)×100%;

3.2 加班加点强度指标(%)=加班加点工时数÷制度内实际工作

工时数×100%。

4. 劳动生产率指标

实物劳动生产率＝报告期销售额/报告期平均人数×100%。

5. 劳动报酬指标：

5.1 工资总额与平均工资（一般按某个范围统计——总部、区域、城市公司）；

5.2 薪金占人力资源成本、销售额比重；

5.3 固定与变动薪酬比，用于衡量激励水平；

5.4 薪金范围分布（某一薪金级别人数分布）。

6. 人员流动指标

6.1 流失率＝报告期流失人数/报告期平均人数×100%

6.2 同批雇员留存率及损失率（通常用于衡量核心员工的稳定性），留存率＝留下人数/初始人数×100%，损失率＝损失人数/初始人数×100%；

6.3 流失人员工龄分布；

6.4 流失人员原因统计分布；

6.5 新进员工比率＝报告期入职人数/报告期平均人数×100%（通常与流失率比较，用于衡量员工流动）。

7. 其他人事业务指标

招聘人次、调配人次、晋级人次、招聘来源统计、培训人次、培训费用、招调员工数等应增加人员结构的分析，如管理人员、职能人员、技术人员等。

人力资源战略实施与反馈

人力资源战略实施是为组织的人力资源目标服务的，是要解决人力资源供需动态平衡问题的，同时，它包含了一系列计划，也反映了一系列行动。人力资源战略的成功实施离不开完善的人力资源战略规划，对于人力资源规划来讲，必须与企业的整体发展战略保持一致，服务企业整体战略，同时还要与企业各个层次的发展计划相互协调、保持平衡。

实施人力资源战略规划，不仅能有效促进企业的战略实施与创新变革，还有助于企业赢得客户、赢得市场，在企业的长期规划和持续性发展中起到关键性作用。[16]

人力资源战略规划的实施原则

(1)战略导向。依据战略目标制定人力资源战略规划以及具体的人力资源计划,避免人力资源战略规划与企业战略脱节。

(2)滚动式发展原则。人力资源战略规划并非一劳永逸,企业每年都需要制定新的人力资源战略规划,即各类人员计划都会随着内外环境的变化、战略的转变而改变,同时他们又是在过去的基础上制定的,且一年将比一年准确、有效。

(3)制度化原则。人力资源战略规划分为两个层次:一是技术层面,即前面所说的各种定性和定量的人力资源战略技术;二是制度层面,一方面是将人力资源战略规划制度化,另一方面是指制定、调整有关人力资源管理制度的方向、原则,从机制的角度理顺人力资源各个系统的关系,从而保证人力资源管理的顺利进行。

(4)关键人才优先规划原则。对企业中的核心人员或骨干人员应首先进行规划,即设计此类人员的晋升、加薪、替补等通道,以保证此类人员的充足供给。

组建人力资源战略实施团队

人力资源战略规划一旦制定,后续的落地、实施尤为重要。通常情况下,需要人力资源部牵头,由各职能部门参与其中,组建人力资源战略实施领导小组,总责任人为企业"一把手",小组总体负责人力资源战略的推进方案,并监督监控方案的推进情况(参见图3—20)。

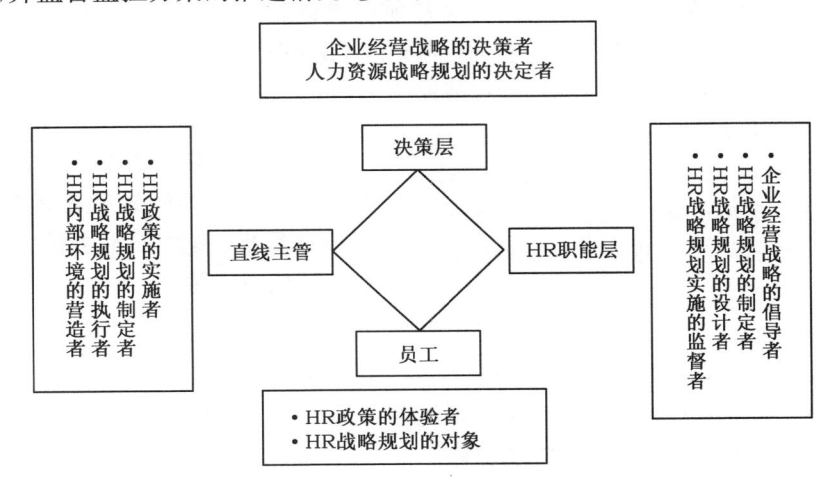

图3—20 人力资源战略规划实施的相关人员

人力资源规划的实施细则以及控制体系建立以后,就可以着手进行人力资源规划的实施,人力资源部一把手(副总裁、总监或经理)会同各部门负责人,制订行动方案,明确具体的目标、职责分工、时间段和责任人。

在实施过程中应当进行实时跟踪控制,由人力资源部整体负责各项人力资源工具,协助各部门的人力资源推进,保证人力资源活动不致偏离战略规划的轨道。

人力资源战略规划实施阶段

通常情况下,人力资源战略规划体现短期、中期和长期发展,在每一个阶段都有着明确的目标,同时,根据"战略滚动"原则,每年都进行评估和修订。

(1)基础阶段:搭建人力资源整体架构,夯实基础管理

该阶段的主要任务是:①制定企业人力资源总体战略政策及目标,构建人力资源管理体系框架,建立综合统筹、分级管理的人力资源管理模式;②建立健全人才的引进、考核评价、激励、培训及经理人才管理等一系列制度及用人机制,落实现有各项制度,成型一个落实一个;③引进合适、有效的现代管理工具及方法,主要包括职位评价工具、人力资源信息管理系统,有针对性地进行人力资源管理人员的技能培训。

(2)进阶阶段:系统规划,综合提升

该阶段的主要任务是:①推进、落实人才资源管理体系中的各分体系建设,确保整个企业的人力资源政策、管理水平的一致性;②切实推进各项管理制度的落实、修订及完善,将制度和机制完整、协调地加以执行,不断审视这些制度和机制推行的有效性;③对各项现代企业人力资源管理技能、方法加以完善,切合企业的实际需求,做到真正为我所用,发挥其最大效用。

(3)完善阶段:完善升级,发挥战略牵引作用

该阶段的主要任务是:①对各模块进行升级、维护,探索、引入新的管理模式,进入战略与前瞻性的管理阶段,达到国际先进水平;②对各项制度加以修订和升级,形成一套具有国际竞争力和该企业特色的"选、育、融、激、留"人才制度和运行机制;③通过管理方法的运用及管理手段的提高,将人力资源管理人员从日常烦琐的事务性工作中摆脱出来,为人力资源战略性、前瞻性工作的开展提供保障。

> 人力资源战略规划在于"知",更在于"行",其中,清晰地确定战略规划阶段性目标,有助于集中精力,解决关键的核心问题。

人力资源战略执行反馈

人力资源规划是一个具有闭环特征的程序,因此在实施过程中应当对其进行及时跟踪,从而保证人力资源规划与战略规划保持协调一致。[17]

当企业人力资源面临的内外部环境出现巨大变化,无法通过及时纠偏措施调整时,应该会同相关部门,重新评估人力资源状况,对原战略规划进行修订。

资料链接3—3:人力资源战略规划实施的几点想法

随着公司规模的扩大、管理层次的增加、外部环境的变化,公司已无法凭借直觉获得持续的成功,实行战略人力资源管理,是企业在复杂多变的经营环境中获得持续竞争优势的根本途径。实施战略性人力资源管理,是企业在复杂多变的经营环境中获得持续竞争优势的根本途径。战略性人力资源规划的实施,不仅能有效促进企业的战略实施与组织变革,而且有助于企业赢得客户、赢得市场,在企业的长期规划和持续性发展中起到关键性作用。

实践中,企业在实施战略性人力资源规划时,可以根据实际情况,从如下几个方面进行思考:

1. 积极开展人力资源服务外包。随着企业专业分工不断细化,企业内部的许多行政事务都可以交由专业化的公司来设计运作,比如说员工的招聘、薪资设计等。通过将日常的管理工作交给专业化程度更高的公司或者机构去管理,企业内部的管理者可以将更多的精力集中于对企业价值更大的管理实践开发以及经营战略伙伴的形成等方面。

2. 构建和完善人力资源信息系统。对于大中型企业来讲,管理者难以对企业人力资源情况有着明确的认知,需要建立人力资源信息系统。管理者在决策时需要及时准确的相关资料,如果没有现代化手段的运用,效率之低将是难以忍受的。

3. 提升人力资源管理部门在企业中的定位。传统的人事管理把精力放在员工的考勤、档案、合同管理等事务性的工作上,被定位为后勤服务部门。现代人力资源管理则必须从后台移到前台,对客户、业务和市场有必要做深入接触和了解,具有把握整个公司走向的洞察力并对整个行业走势进行前瞻性预测。人力资源管理的模式也必须是动态的,在整个公司中,人力资源部门与其他部门相比应处于中心的地位。

4. 全面提高人力资源专业人员的素质。人力资源部门需要充分利用授权,把大部分精力放在研究、预测、分析、沟通并制订计划方面,全方位了解各业务部门的需求,要多方面了解企业职能、产品、生产、销售、企业使命、价值观、企业文化,并围绕目标实现的高度来设计对员工的基本技能和知识、态度的要求,深入企业的各个环节来调动和开发人的潜能。

资料来源:邹孝文.实施人力资源开发战略的几点思考[J].中国科技信息,2008(15):145。

注释:

[1]张伟强.论企业变革中的战略性人力资源管理实施[J].科学管理研究,2006,24(2):80—83.

[2]张涛.企业人力资源供给与需求平衡的分析[J].北方经贸,2015(2):157.

[3]孙鹏.基于企业核心竞争力的战略规划[J].经济管理(文摘版),2015(10):133.

[4]陈燕.人力资源战略规划对现代企业的意义[J].当代经济,2015(15):14—15.

[5]孙显嶽.人力资源战略规划的制定与执行[J].人力资源管理,2013(10):87—90.

[6]万希.人力资源战略规划的发展及编制[J].中国人力资源开发,2008(12):33—35.

[7]姜斌.企业人力资源需求预测的程序与方法[J].经济技术协作信息,2014(4):51.

[8]徐钦猛.浅谈怎样制定企业人力资源规划[J].科技与企业,2012(22):62.

[9]李丙军.李彦宏的企业家思想与百度的人力资源管理体系研究[J].中国人力资源开发,2016(24):88—93.

[10]刘思亚,黄斌拴.企业招聘体系设计研究[J].教师教育学报,2011,9(2):19—22.

[11]余金焱.如何构建全面系统的绩效管理体系[J].人力资源,2014(12):50—53.

[12]熊苹.中小企业绩效管理现状及对策[J].商业经济研究,2006(7):37—38.

[13]何政军.如何建立以绩效为导向的企业文化[J].中国职工教育,2009(12):56—57.

[14]周建.企业内部晋升机制的构建与完善[J].企业改革与管理,2013(5):54—55.

[15]许锋.人才供应链管理模式[J].华东经济管理,2011,25(10):109—114.

[16]张丽.HC公司人力资源战略规划研究[D].兰州:兰州大学,2012:6.

[17]黄亨煜.基于战略的人力资源规划[J].中国人力资源开发,2006(7):49—54.

第 4 章
战略性人力资源运行系统

"得其民有道,得其心,斯得民矣。"

——孟子

理论与实践者都认识到,战略性管理人力资源能够为企业提供一种持续性的竞争优势。企业对人力资源管理提出了更高的要求:一方面要求在战略实施过程中,人力资源管理和战略之间应该保持动态协同;另一方面人力资源可以通过规划、政策与实践,创造实施战略的适宜环境,发挥战略伙伴的作用,使组织更具竞争力。

战略性人力资源运行系统设计要以企业的核心价值观为基础,恰当地处理企业与员工的矛盾,平衡相互之间的利益与价值,这是设计和实施战略性人力资源运行系统的关键。

通过战略性人力资源运行系统,可相对有效地解决如下问题:(1)人力资源投入与绩效产出匹配不够,人均效率递减,人力资源系统效率降低;(2)人力资源管理缺乏系统性,"头痛医头、脚痛医脚"问题;(3)人力资源业务与其他业务,以及内部各职能模块整合问题。

员工与企业的三对基本矛盾

战略性人力资源管理与传统人力资源管理之间存在着巨大的差异(参见表4—1),其核心思想是:"将企业的人力资源管理活动与经营战略的制定和实施有机结合起来,使战略能够获得企业人力资源活动的有力支持,从而获取竞争优势。"

表 4—1　　　战略性人力资源管理与传统人力资源管理的比较

	战略性人力资源管理	传统人力资源管理
HR 的职责	职能专家	业务管理人员
焦点	与内部及外部客户的合作关系	员工关系
HR 的角色	变革的领导者和发起者	变革的追随者和响应者
创新	迅速、主动、整体	缓慢、被动、零碎
时间视野	短期、中期、长期（根据需要）	短期
控制	有机的、灵活的，根据成功的需要	官僚的角色、政策、程序
工作设计	广泛的、灵活的，交叉培训，团队	紧密型的劳动部门、独立、专门化
关键投资	人、知识	资本、产品
经济责任	投资中心/利润中心	成本中心

通过战略性人力资源管理，旨在解决以下三对关键矛盾：

员工与企业的矛盾

通常情况下，企业以营利为目的，需要优化配置各种要素（土地、劳动力、资本、管理者才能等），向市场提供有价值的商品或服务，获得利润。其中，员工是企业的一种生产要素，受雇于企业，为其提供服务，企业根据其提供的服务支付薪酬（参见图 4—1）。

图 4—1　员工与企业之间存在的矛盾

员工和企业产生的内在矛盾主要在于：(1)企业员工辛勤劳动却没有得到与付出相匹配的工资，让其没有工作的信心和动力，最后毅然另寻他路；(2)企业管理层与基层员工的收入差距太大，企业在重视管理层作用的同时,同样要评估普通员工的价值,给予足够的关怀;(3)员工和企业在战略和文化上相适应的问题,员工的素质与能力要跟企业的战略、文化与核心竞争力相匹配,要保持组织和个人的同步成长和发展,使得员工内在的需求能够在企业中得到满足。

解决企业与员工矛盾,可以从如下几个方面来着手:(1)设计公平合理的薪酬结构。传化集团董事长徐冠巨认为,企业的发展应与职工的收入成正相关,并提出把一部分利润分配给职工,传化集团实行绩效考核制度,给予完成指标的职工相应的奖励,充分保障员工的作息时间,其基层员工加班少,实行严格的一周 5 天、一天 8 小时工作制以及法定节假日休息制度。(2)健全劳动合同,有效实现"双赢"。比如,企业在与职工签订劳动合同时可以约定保守企业的商业秘密与知识产权相关的保密事项,或者约定竞业限制条款。(3)构建企业与员工日常沟通渠道。比如,员工可以结合岗位实际和工作经验提出合理化建议,若建议被采纳,企业根据建议实施,并给予建议人相应的奖励。

经理必须做到言而有信,建立员工存在感的关键就是树立公司和员工之间的信任。

企业与员工间的矛盾一直从未间断,二者关系的调节需要不断完善、不断改进。企业作为领导员工的主体,需要将企业文化、人员分配和企业氛围合理有序地结合起来,逐渐缩短企业与员工的距离,紧密联系,密切配合,促进企业未来健康、长远的发展。[1]

员工与岗位的矛盾

员工与岗位的矛盾主要是指员工与岗位的适应性问题,员工要符合岗位的需求,员工的能力和岗位的要求要相互匹配,也就是员工与岗位的动态配置问题(参见图 4-2)。

对于企业来说,人才的结构性失衡是一种常见现象,也就说企业的某些岗位找不到合适的员工,以人力资源战略规划的制定和执行来讲,就有企业老板感慨:"我们重视人力资源总体战略规划,花很高的代价请来咨询公司,共同制定了战略规划,但是到了执行环节,却发现一个尴尬问题,企业没有合适的人才,外聘人才不理想,只能搁置战略方案,无法实施,也不敢实施……"

如今,对很多企业来讲,员工和岗位之间存在的矛盾,成为一个企业自身无法解决的巨大问题,主要原因在于:(1)企业存在现有人员的缺陷;(2)在岗位设置中岗位要求的万能;(3)企业的现实与理想之间的强烈落差,阻碍了企业发展。

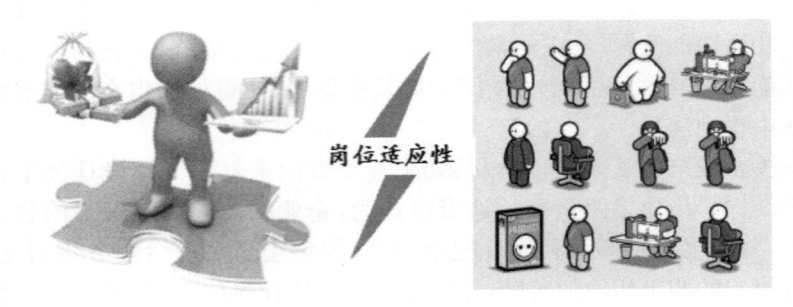

新常态下的人力资源管理
Human Resource Management in the New Norm

图4—2 员工和岗位的矛盾

如何解决员工与岗位之间的矛盾,实现二者和谐匹配呢?通常情况下,企业需要从以下几个方面思考:(1)明确岗位任职标准。即便没有系统的任职资格和素质模型,至少也应当确定大致的岗位任职条件。(2)选择适当的配置方法。重新配置有不同的方法,如外部引进、内部竞聘、轮岗交流等。这些方法并不适合于所有岗位,对于不同类型的岗位,要综合考虑配置成本、管理导向等因素,组合选用不同的配置方法。(3)根据培训的管理目的,确定培训的内容和形式。以基本胜任岗位要求为目的,如新员工培训、新业务培训、工作技能培训等;以提升综合能力加强后备力量为目的,如高层次的专业交流、研究性的学习等。(4)研究培训的专业方法,提高培训的有效性。

"人岗匹配",就是按照"岗得其人""人适其岗"的原则,根据不同员工个体间不同的素质,将其安排在最合适的岗位上,从而做到"人尽其才"。

员工与员工的矛盾

现代企业中,由于环境的不确定性、复杂性以及员工分工精细化,个体无法依靠自身能力实现企业目标,需要团队成员之间的相互作用,个体对团队支持、合作与协调依赖程度明显增强。基于对自身利益、他人利益与工作任务的关注,这种依赖程度越强,引起冲突的潜力越大。研究表明,当个体感觉到其他成员对所关心的事情产生或将产生消极影响时,相互之间就可能产生冲突。[2]

其中,员工与员工的矛盾主要涉及两个方面:一个是企业中员工与员工的能力匹配,以及团队成员组合问题,即员工与员工之间的有效配置问题。另一个是员工之间存在的冲突(参见图4—3)。

图 4—3　员工与员工的矛盾

在知识型企业中,员工在企业中往往不是固定在某一个点上(岗位),而是在一个区间里面运动,跨团队、跨职能的团队运作是一种主要的组织工作模式,人力资源管理的矛盾就更多地表现为员工与员工之间的关系,员工与员工之间的个性互补与能力匹配,员工在团队中的角色定位与位置。

对于传统型企业,尽管企业都强调和谐氛围,但是由于员工的个性、背景、年龄、技能、价值观、期望和工作风格的不同,员工之间产生冲突在所难免。当冲突发生时,就会制造一种敌意的团队氛围,导致员工士气下降、生产力降低,对工作不满增加。

有研究表明,绩效产生问题的原因65%都是由员工冲突造成的,员工42%的时间都花在解决冲突上,很多经理大约1/3的时间也花在解决员工的冲突上。如今,百胜餐饮集团旗下最大的连锁快餐企业肯德基的员工高达16万人,员工"高兴不高兴"已经让管理层意识到是一件大事了。他们建立一个员工关系部,专门来处理员工的情绪问题,善沟通、做活动、管纪律、听抱怨、给鼓励。[3]

> 迈克尔·乔丹认为,一名伟大的球星最突出的能力就是让周围的队友变得更好。

资料链接 4—1:知识型企业的人力资源管理

知识经济时代,企业必须深刻认识知识管理的重要性,而不是仅仅热衷于企业信息技术,要适应知识管理的要求,构建有针对性的企业文化变革。通过下列人力资源管理措施,可有效地激发知识型员工的潜力。

1. 与员工形成尊重和信任关系。成功的人力资源管理取决于所涉及的各方能否相互信任,能否公正地对待对方。如果总的人力资源管理哲学不能使员工觉得他们在为一个关心人、培养人、依赖人的组织工作,任何看似完善的人力资源战略都不可能取得成功。没有信任与公正,就没有隐性知识的分享。

2. 构建学习型组织。通过构建学习型组织,能够使员工获得:自我管理能力;工作中大胆创新的能力;团队精神;全球化的视野等。学习型组织包括三个层面的学习:个人层面、团队层面和组织层面。在个人层面,人力资源部门通过招聘知识工人来获得相应技术知识来填补组织的知识缺口,组织通过一系列的绩效管理和奖励措施来将他们的专业知识转变成显性知识;在团队层面,企业应组织具有自主权的知识共享团队;在组织层面,企业的战略、资源系统、全体员工等要协同一致创造一个有利于知识共享的氛围。

3. 建立以知识为导向的人力资源管理体系。以人员招聘为例,知识经济对人员的素质提出了更高的要求:要求他们具有较高的情商、较强的学习能力、自我领导能力、系统思维能力、跨文化的敏感性、直觉决策能力等。每个组织都应有一套自己的能力标准,使招募到的人员的能力同组织的环境与战略相匹配。

4. 实施跨文化管理。对于跨国和跨文化经营的企业来讲,必须在全球范围内进行人才挖掘,充分利用和开发全球的人力资源。有效的跨文化管理,需要人力资源管理者具有引导不同文化背景的员工进行有效沟通与培训的胜任能力,除了语言的交流能力外,更需要对不同文化有深刻的理解和包容力,这对人力资源管理来说是前所未有的挑战。

资料来源:戴文宁,林政. 知识型企业的人力资源管理[J]. 改革与战略,2004(7):111—113。

矛盾主体的新变化

知识经济时代,企业运作重心是客户关系、知识资产、范围经济和价值创造,强调消费者行为和企业适应能力。在此背景下,企业和岗位都发生了巨大的变化,员工本身也发生了巨大的变化,企业、岗位和员工都变得更加复杂。它们之间矛盾进一步深化,比以往任何一个时期都更加深刻,影响更为广泛。

企业日益柔性化

柔性化的概念是1965年由英国莫林斯(Molins)公司首先提出的,它是在柔性制造的基础上,为适应市场需求多变和市场竞争激烈而产生的市场导向型的按需生产的先进生产方式,其优点是增强制造企业的灵活性和应变能力,缩短产品生产周期,提高设备利用率和员工劳动生产率,改善产品质量,因此,是一种具有旺盛需求和强大生命力的生产模式。

后危机时代,国内企业所面临的环境越来越不确定,客户的需求呈现多样化、个性化的特点,企业的模式以及员工的工作模式要适应客户需求的变化而不断变革。[4]

客户需求是不断变化的,而且也是多样化、个性化的。企业要基于客户价值和客户需求,就需要不断进行相应的调整和变化。一方面,企业要适应快速的变化,对客户需求做出快速的响应,就需要不断缩短流程。但另一方面,由于企业制衡的要求,有些流程不是要缩短,而是要延长的。

世界上比较流行的柔性生产主要有四种方式:

1. 精益生产(LP),特点是以简化组织和强调人的能动性为核心,力求低消耗、高效率、零库存,杜绝一切浪费,其基本前提是为满足用户的高质量产品需求。

2. 并行工程(CE),特点是对产品开发及其相关过程以组成多功能协同小组工作来进行,并在产品设计阶段就集成考虑生产制造、销售服务过程的适应性要求。

3. 敏捷制造(AM),特点是注重适应各种变化的快速要求,以动态多变的组织结构和充分发挥技术、组织人员的高度柔性集成为主导。

4. 智能制造(IM),特点是强调柔性化生产中人的决定作用,这是以提高决策质量为目的并在整个制造过程中贯穿智能活动。

> 企业的柔性需要实现企业员工、制造设备与仪器以及软件(即组织管理)的整体柔性,以应对快速多元的市场需求。

以上海通用汽车的总装车间为例,生产线上不再是统一的流水线,而是各款不同型号的汽车总装生产线。这种柔性化生产线带给市场和消费者的是利润与效率。在激烈的市场竞争环境下,利润与效率是厂家追求的目标,厂家都希望根据消费者的最新反馈意见进行产品的研发与生产。然而,根据消费者需求进行快速反应，对于生产过程相对复杂的汽车行业来说，并非易事。[5]

组织边界日益模糊化

知识经济中，企业不再是简单的层级结构，而更多地表现为各部门间相互交错的关系，因此，企业内部结构具有网络化的特征。以企业内部各部门、人员为网络的节点，表现为错综复杂的形式，组织边界日益模糊化。[6]

同时，企业变革与创新成为一种常态，这使得岗位关系日趋复杂，职责越来越模糊，职位分析缺乏对战略、企业、流程的整体适应能力。[7]这就导致了职位的不确定性，企业中的工作或职位不再像过去那样是稳态的，而是动态的。

现在的企业当中，一切以市场和客户为核心，岗位之间的边界是模糊的，甚至是重叠在一起的。因此，现在很多工作是围绕一个目标或任务进行人才的组合，采用项目性和跨团队、跨职能的团队模式，追求人才组合的协同性。

> 在岗位边界日益模糊化的背景下，很多企业开始充分利用跨部门小组来解决问题。

员工需求多样化

很多企业觉得困惑：企业不错，薪水也不低，福利还可以，为什么就是留不住人才？企业觉得委屈，辛辛苦苦，收获的却是员工离去的背影；而离职员工对老东家也少有感激，不满、惆怅乃至愤恨充斥着他们的内心。

产生这种情况的原因在于，企业对员工还缺乏有效的了解，先验性地认为企业提供的就是员工想要的，员工的期望被严重地忽视了，严重的激励不相容，横亘在企业—员工关系之中。2016年，江苏省扬州市总工会联合市统计局，采取问卷调查、座谈交流、数据分析等方式，对职工需求进行了调查。调查涉及5 972家规模（或限额）以上企业，共计4 000份问卷。调查显示，"职工需求呈多层次、多样化特征，工资、房价、医疗救助等仍是热点"。[8]

随着企业和岗位出现巨大变化，员工结构也出现了很大的变化，很多企业中，知识型员工已经成为员工队伍的核心，员工的能力成为企业竞争力的源泉。知识型员工更具有工作自主性，有自我尊重的需求，个性自我张扬。

员工对工作自主性的要求、自我实现的需求，以及对个性的诉求，比以往任何一个社会都得到更多的重视。同时，在全球化过程中，面临着员工队伍的多元化以及价值观的冲突与文化融合。

第 4 章
战略性人力资源运行系统

资料链接 4—2：企业与员工应成为利益共同体（节选）

......

在我国一些民营企业发展中，时常出现员工流动性大，人心不稳，经营管理与高技术人才溢漏等问题。专家认为，这是影响民营企业做强做大的致命弱点。这就反映出民营企业在留住人才与吸引人才中存在的问题十分突出。民营企业发展中存在的人员流动加快等现象，虽然有着市场经济发展的原因，但从根本上说，还在于企业自身体制与经营者经营理念的落后。

人才资源是企业发展中的核心资源和根本动力。戴姆勒—克莱斯勒公司总裁说："公司的业绩尤其来源于尽快获取、掌握和保存最有价值知识的人才，更应建立指导和激励人才与人力资源的企业运行机制。"欧美民营企业保持旺盛生命力，主要源于从产权优化与经营管理方面的传承与创新，建立起企业与员工的利益共同体，不断注入民营企业新的发展活力。

......

资料来源：邹凤岭．企业与员工应成为利益共同体[N]．中国经济导报，2006—10—31．第 C02 版。

基于战略的人力资源运行系统

研究发现：当高层管理者把员工视为一种战略性财富的时候，人力资源职能参与水平是最高的，往往与人员流动率降低联系在一起。因此，重视人力资源管理的战略价值，推动和建立人力资源管理与企业战略的匹配，可以有效提升企业竞争优势，促进企业可持续发展。

当前，很多企业由于没有充分考虑所在行业特点与战略方向，导致企业人力资源管理与发展战略目标严重脱节、高素质人才流失严重等诸多问题，因此，基于企业发展战略，建立一套科学、有效的人力资源管理运行系统已势在必行（参见图 4—4）。

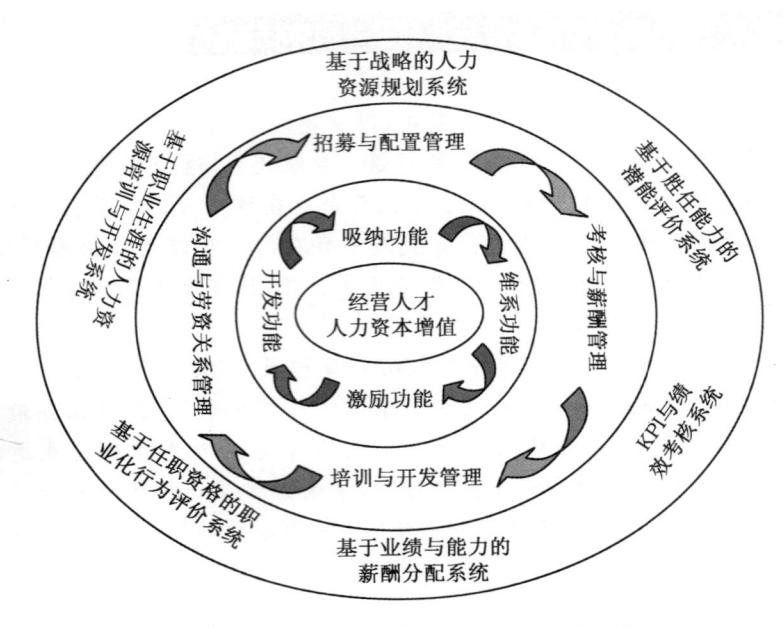

图 4—4 基于战略的企业人力资源运行系统

建立人力资源管理机制

人力资源管理机制,在本质上就是要揭示人力资源管理系统的各要素通过什么样的机理来整合企业的人力资源,以及整合人力资源之后所达到的状态和效果。[9]建立科学的人力资源管理机制,可以使人力资源始终处于激活状态,通常情况下,企业人力资源管理机制包括:牵引机制、激励机制、约束监督机制、竞争淘汰机制(参见图 4—5)。

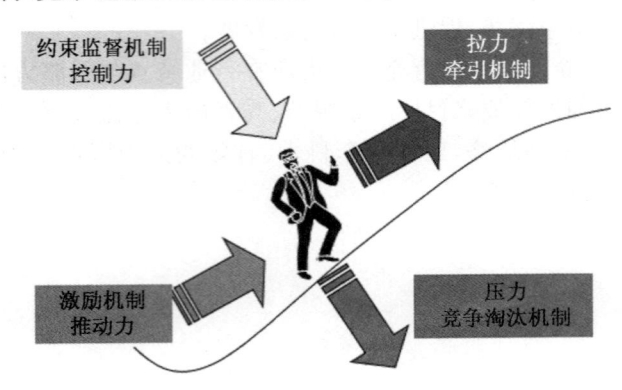

图 4—5 人力资源管理四大机制

第 4 章
战略性人力资源运行系统

（1）牵引机制。通过明确组织对员工的期望和要求，员工能够正确地选择自身的行为，最终组织能够将员工的努力和贡献纳入到帮助企业完成其目标，提升其核心竞争力的轨道上来。

牵引机制的关键在于，向员工清晰地表达组织和工作对员工的行为和绩效期望。因此，牵引机制主要依靠以下人力资源管理模块来实现：企业的价值观与目标牵引、职位管理与任职资格体系、业绩管理体系、职业生涯与能力开发体系。

（2）激励机制。激励的本质是员工去做某件事的意愿，这种意愿以满足员工的个人需要为条件。激励的核心在于对员工的内在需求把握与满足。

激励机制主要依靠以下人力资源管理模块来实现：分层分类的多元化激励体系（职权、机会、工资、奖金、股权、荣誉、信息分享、学习深造）。多元化薪酬体系与全面薪酬设计（基于职位的薪酬体系、基于能力的薪酬体系、基于市场的薪酬体系、基于业绩的分享薪酬体系）。

（3）约束监督机制。约束监督机制的核心是企业以目标责任体系和以任职资格体系为核心的职业化行为评价体系。

约束监督机制的本质是对员工的行为进行限定，使其符合企业的发展要求的一种行为控制，它使得员工的行为始终在预定的轨道上运行。其内容主要包括：①信息反馈与监控；②目标责任体系；③经营计划与预算；④行为的标准化、职业化；⑤基本行为规范。

（4）竞争与淘汰机制。企业除了正向机制之外，还要建立反向的竞争与淘汰机制，将不适合组织成长和发展需要的员工释放于组织之外，同时将外部市场的压力传递到组织之中，从而激活企业人力资源，防止人力资本的沉淀或者缩水。

竞争与淘汰机制在制度上主要体现为竞聘上岗与人才退出机制（参见图 4—6）。

①竞聘上岗制度，强调"能上能下、能进能出、能升能降"。

②人才退出机制，包括内部创业制度、轮岗制度、自由转会制度、待岗制度、内部人才市场、提前退休计划、自愿离职计划、学习深造。

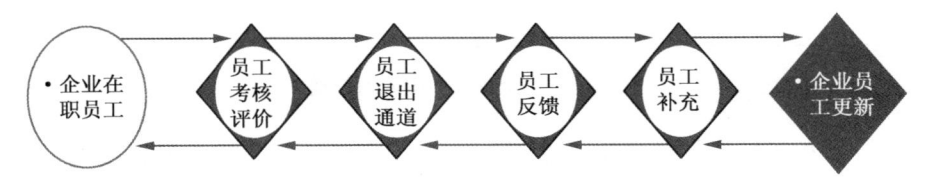

图 4—6　人才更新机制（示意）

人才退出机制是企业根据业务发展战略的需要,在企业中持续实现人岗匹配,能力与绩效、绩效与薪酬的匹配,以定期的绩效考核结果为依据,对那些达不到要求的人员依据程度的不同采取降职、调岗、离职培训、解雇和退休等的一种人力资源管理方式。

末位淘汰并不意味着完全要将排名最后的员工淘汰出组织之外,而是可以采取如调岗、降职等更为温和的处理手段,这在中国企业现实的管理状况下,将是一个更好的选择。

实施人力资源退出机制,是为了保证组织人力资源团队的精干、高效和富有活力,让不再适合组织战略或流程的员工直接或间接地退出组织及其机构,有助于实现战略目标。

人力资源价值链管理

人力资源管理的关键在于通过价值链管理,把人力资源的业务职能连接在一起。人力资源价值链管理是一种以价值为中心的基于协作的策略,它能够有效地提高企业的竞争力,赢得竞争优势。[10]

综合国内外学者们的研究成果,本书认为,人力资源价值链的主要环节包括:价值创造、价值评价和价值分配(参见图4—7)。

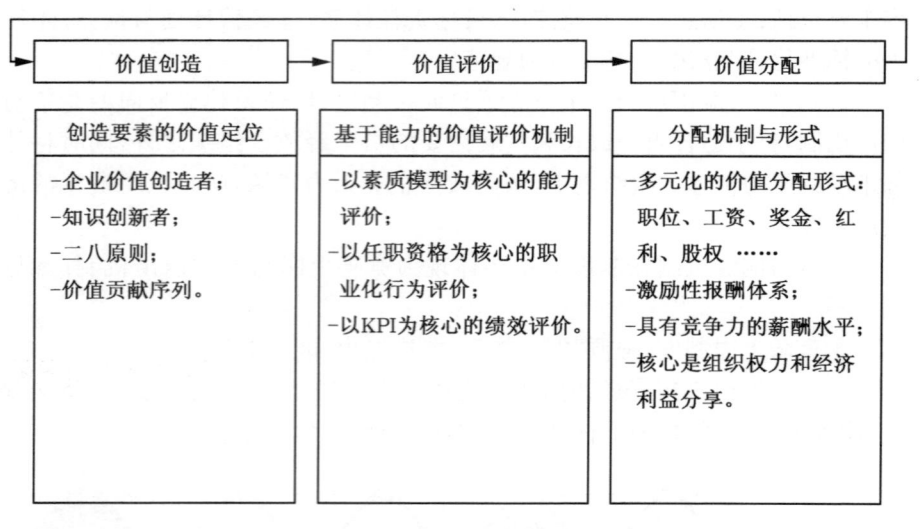

价值创造	价值评价	价值分配
创造要素的价值定位	基于能力的价值评价机制	分配机制与形式
-企业价值创造者; -知识创新者; -二八原则; -价值贡献序列。	-以素质模型为核心的能力评价; -以任职资格为核心的职业化行为评价; -以KPI为核心的绩效评价。	-多元化的价值分配形式:职位、工资、奖金、红利、股权…… -激励性报酬体系; -具有竞争力的薪酬水平; -核心是组织权力和经济利益分享。

图4—7 企业人力资源价值链

(1)价值创造。价值创造就是员工为企业带来的价值,其本质在于企业对创造要素的吸纳与开发,人力资源是价值创造者。因此,企业在注重吸纳优秀人才的同时,还要注重培训与开发提升员工的价值。

（2）价值评价。价值评价是人力资源管理中的一个重要问题,即建立一套科学规范的价值评价体系,让每一个员工的投入和贡献都能得到客观公正的评价。该环节包括工作分析与个性特征评价、绩效评价等,它可以正确反映人力资源价值量,为人力资源的绩效、收益分配、价值核算以及激励约束机制提供科学依据。

（3）价值分配。价值分配是根据价值评价结果提供合理的岗位安排和薪酬水平,主要体现于企业的薪酬制度、晋升提拔制度,包括工资、红利、股权等经济报酬;还包括表彰、晋升、学习等非经济性的价值认可。

组织绩效的提升最终源于良好的人力资源管理实践,无论是组织产出、财务产出还是市场产出都最终依赖于企业的人力资源管理实践水平。[11]因此,只有有效地管理好了组织内部的各类人员,使员工对自己的工作满意,有饱满的工作态度和热情,才能做好本职工作,才能推动价值链内部各个职能环节的改善,最终导致组织绩效的提升。

充分发挥企业文化管理的作用

现代企业中,员工与企业主要通过劳动契约和忠诚度保持联系,劳动契约联系主要是通过劳动合同建立;忠诚度主要通过企业文化和价值观的疏导来建立。其中,企业文化能够协调企业对员工的需求与员工个人需求之间的矛盾,使个人与企业同步成长。

人力资源管理在一定的企业文化背景下进行,只有适应企业文化的人力资源管理才可能奏效。比如说,员工的价值观与企业文化适配度高将使员工产生较高的满意度,从而降低离职率,提高工作绩效。因此,企业应在招聘过程中融入企业文化。对于培训、激励和绩效考核等模块来讲,企业文化同样有着很好的促进作用。

文化管理是企业管理的最高境界,现代企业最高层次的竞争是文化竞争。 企业文化是在人力资源管理工作中经过长期的潜移默化培养起来的,企业管理者把自己的经营理念、价值指向、行为方式等整合到员工中去[12],通常情况下,可以把企业文化分为三个层次:精神层、制度层和物质层（参见图4—8）。良好的企业文化与人力资源管理是一种互相推动、互相制约的关系。

企业文化与人力资源管理相融合,可以更为高效地促进人力资源的创新发展。比如说,组织登山协会、羽毛球协会、棋牌协会等非正式团体,通过

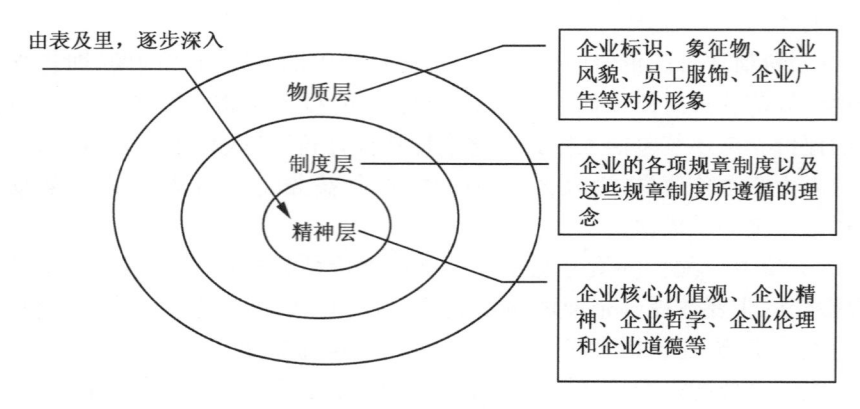

图 4—8　企业文化的层次

这些活动，能够深化员工之间的感情，增进员工之间的了解，处理好人与人之间的关系，培养出相互信赖的人际关系。

尽管很多企业管理者认识到了企业文化的重要性，而且在企业管理过程中关注企业文化建设，但还是忽视了企业文化建设的综合性和体系性，正如企业文化的定义，它不是一个单一体，而是一个复合体，更重要的是，企业文化必须与战略、制度和具体行为相结合，才能够体现出来，才能充分发挥强大作用（参见图 4—9）。

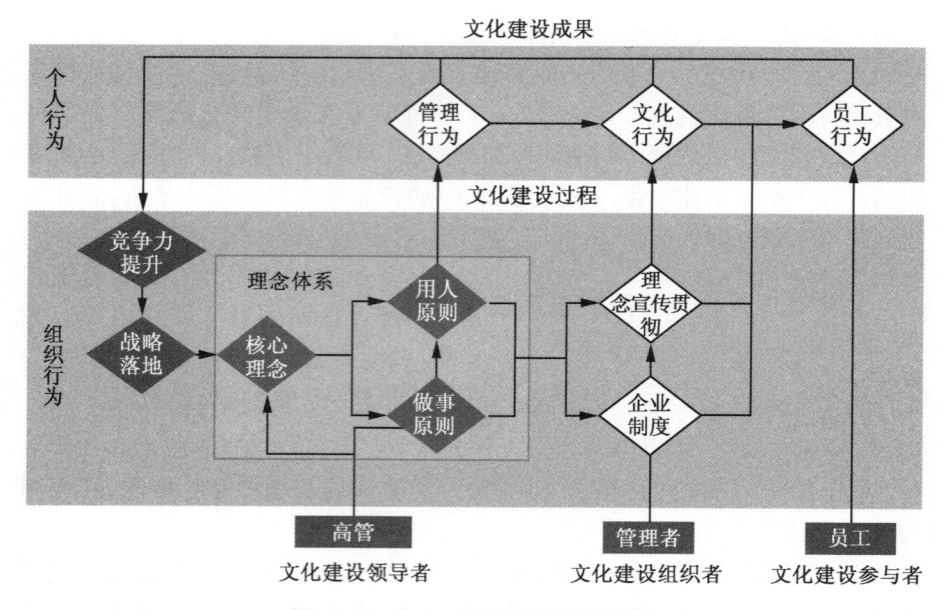

图 4—9　企业文化建设体系（示意）

对于人力资源管理来讲,企业文化与之融合发展,需要把握三个要点:

(1) 系统梳理、归纳和丰富企业文化理念。企业文化是企业长期发展过程中树立起来的,而不是靠策划出来的。[13]不论大企业,还是中小企业,不论是国内企业,还是国外企业,每个企业都有企业文化,区别只是在于强弱或优劣之分。

企业文化的建立是一个科学、严谨的过程,要经过梳理、提炼和提升三个阶段。对很多企业来讲,现有的企业精神、宗旨和行为规范等传统理念缺乏鲜明的个性和丰富内涵,无法起到凝聚人心,激励员工的作用,因此,需要科学地进行梳理补充,使得企业文化理念更趋规范、系统,同时独具特色,适时量化员工行为规范,明确行为导向,明确地提出"提倡什么、反对什么;坚持什么、禁止什么",这样,企业文化才可能让企业变得更加优秀,如《华为基本法》、《新奥企业纲领》和《白沙文化发展纲要》等。

(2) 制定"以人为本"的企业文化建设规划文本。无论企业战略怎样调整,企业内外环境怎样变化,以人为本都应该而且必须是企业文化建设永恒的主题。[14]在企业文化建设规划过程中,无论是企业文化理念,还是企业文化落实执行,都应该坚持"以人为本",这不仅是企业文化的精髓,也是人力资源管理工作的精髓。

制定和实施企业文化建设规划,在企业内部应当形成一种良好的人际关系,把价值的认同、目标的共识、心灵的沟通和感情的交融,作为形成企业凝聚力,提高员工责任感、自豪感和使命感的重要手段[15],目的是发挥员工的积极性、主动性和创造性,切实把员工作为提高企业经济效益、增强企业活力的动力源泉。

通常情况下,企业文化建设规划文本包括如下内容:①基于企业的使命、愿景、价值观;②确立企业文化建设目标体系;③制定详尽的企业文化行动计划;④制定企业文化建设的绩效管理文件,包括文化绩效管理的主体和职能、年度文化绩效计划、年度文化绩效计划的监控、年度文化绩效的评估等。

(3) 文化管理与人力资源管理融合发展。企业文化与人力资源管理之间存在着紧密的联系,人力资源管理各环节都受到企业文化的影响,同时,它们又反作用于企业文化的形成及发展。新形势下,企业文化在人力资源管理活动中举足轻重,优秀的企业文化对于完成人力资源管理目标,实现企业的长远发展意义重大。[16]

> **优秀的企业文化能够为人力资源管理起到良好的导向作用,而完善的人力资源管理体系亦可为企业文化的建设提供强有力的保障。**

企业文化与人力资源管理之间的交融点是以人为本,二者之间相辅相成、不断融合。我们知道,通常情况下,人力资源管理需要运用具体的制度、方式来影响员工的行为方式;而企业文化则通过塑造员工符合企业自身需要的价值观,进而使员工具有共同的价值取向和思维方式。

世界知名企业都有自己独特的企业文化,这种优秀并且适合企业自身发展的文化可谓是企业的生命源泉,对企业的长远发展影响巨大。而世界名企的人才招聘、员工培训、员工激励以及其他人力资源管理方面都透露出其特有的文化底蕴,在对人的管理中不断去创新、发展并不断完善企业文化,使这种文化发挥出内在的强大力量,不仅有利于员工的成长和人力资源管理,更对企业的发展有着深远影响。

通过文化对管理的先导作用,使员工与企业的目标趋同,能够最大限度实现企业文化与人力资源管理的互动交融,走适应新形势需要的特色发展之道。[17]

资料链接4—3:华为干部队伍的新陈代谢机制(节选)

公司干部培养、选拔、任用原则:一是认同华为的核心价值观;二是具有自我批判精神。

把具有高尚道德情操、脱离了低级趣味的员工;对公司忠诚,有强烈的责任心、使命感、敬业精神、视客户为衣食父母的员工;聚焦工作,具有良好任职能力和高绩效表现的员工;敢于到艰苦地区去,敢于吃苦耐劳,敢于承担责任的员工,选拔到公司干部队伍中来,从制度上关注女干部的培养与成长。

把具有领袖风范、高素质与团队感召力的干部,目标方向清晰、管理节奏良好,经实践证明带出了一支能打硬仗的队伍的干部,培养为我们的各级接班人。

坚持干部末位淘汰制度,建立良性的新陈代谢机制,坚持引进一批批优秀员工,形成源源不断的干部后备资源;开放中高层岗位,引入富有国际化运作经验的高级人才,加快干部队伍国际化进程。

建立员工个人信息系统,记录员工诚信方面的信息,包括奖、惩、晋升、任职能力、绩效等信息。

华为这几十年来,铸造的就是这两个字:诚信。对客户的诚信,对社会、政府的诚信,对员工的诚信。只要我们坚持下去,这种诚信创建的价值就是取之不尽,用之不竭的。

案例研讨:

如何构建干部队伍,同时保持队伍活力?对比华为的标准,总结自己企业存在的差距与问题。

资料来源:孙科柳,易生俊,曾文明. 华为人力资源管理方法论[M].北京:中国人民大学出版社,2016.

注释:

[1] 于莹. 企业如何改善与员工的关系,调节内部矛盾[J]. 劳动保障世界,2016(27):3.

[2] 邓汉慧. 现代企业中员工冲突管理[J]. 中国人力资源开发,2011(3):20—23.

[3] 王立伟. 员工关系管理:百胜 16 万员工"为客疯狂"背后[N]. 第一财经日报,2007—10—8(3).

[4] 张智楠. 需求不确定性下的柔性响应能力研究[J]. 商业经济,2010(23):40—41.

[5] 肖斌,赖新峰. "互联网+"背景下中国制造业的柔性化生产研究[J]. 企业经济,2015(9):148—152.

[6] 施丽芳,张砚,黄庆森. 跨职能工作团队:构建知识型企业的组织基础[J]. 现代管理科学,2006(4):33—35.

[7] 胡小平. 职位分析,你会做吗?[J]. 现代企业文化,2013(25):60—61.

[8] 江苏省扬州市总工会,扬州市统计局. 职工的多层次需求及其解决之道——江苏省扬州市职工需求调查实录[J]. 工会信息,2016(19):22—24.

[9] 彭剑锋. 人力资源管理四大机制[J]. 企业管理,2003(9):90—93.

[10] 宋利. 人力资源价值链管理:赢得竞争优势[J]. 价值工程,2004,23(4):31—33.

[11] 刘力钢,隋鑫. 人力资源的价值链理论与企业绩效提升策略研究[J]. 中国人力资源开发,2004(11):8—11.

[12] 张志英. 企业文化在人力资源管理中的作用[J]. 中小企业管理与科技,2012(15):16—17.

[13] 孙兵. 企业文化不是策划出来的[J]. 企业文化月刊,2011(3):14—15.

[14] 金爱兰. 新时期企业文化建设的思考[J]. 铁道经济研究,2013(2):46—48.

[15] 鲍为明. 对当前基层站段依托企业文化推进职工队伍建设的思考[J]. 铁道经济研究,2012(4):38—40.

[16] 邹宇婷. 浅析企业文化与人力资源管理的融合互动[J]. 时代经贸旬刊,2008,6(17):235.

[17] 魏玲玲. 企业文化与人力资源管理的互动性探析[J]. 区域经济评论,2008(7):54—55.

第 5 章
人力资源预算及数据分析

"他们需要从数据中找到有用的真相,然后解释给领导者。"
——数据分析专家理查德·斯内(Richard Snee)

"2016 年度,企业人工成本投入-产出提升了 15%,原因有两个:一是企业经营管理岗位优化调整后,新到任员工经营业绩普遍提升 30%,相对未调整员工,业绩提升高了 20%;二是在业务规模上升 25%的前提下,企业员工数量和成本增长均控制在 15%以下,相比 2015 年度同样的业务增长规模(25%),员工数量增长下降了 10%。"

如今,人力资源管理需要用数据和事实来说话,越来越多的人力资源管理者,不再单纯依靠经验和直觉做判断,而是越来越希望用事实、数据、模型等量化工具,为人力资源管理提供强大的支撑。

大量的基础数据记录和事后的数据分析,能为人力资源工作提供很有价值的参考信息,为改善工作和制定新一轮的人力资源策略提供思路和依据。[1]总体上来讲,通过有效的人力资源数据分析,可以解决如下几个关键问题:(1)通过人力资源效能指标,发现人力资源政策存在的失误;(2)通过财务数据和人力资源数据,避免企业步入"扩张陷阱";(3)通过人力资源数据分析,合理预测企业发展所需要的人力资源结构,制定相应的人才队伍调整策略;(4)通过人力资源数据分析,预算和估计人力资源成本;(5)利用人力资源数据分析,提高人力资源预算管理水平,使人力资源预算与人力资源业务管理结合更加紧密。

人力资源预算

人力资源预算是人力资源战略规划落地的重要保障,也是一种有效的管理工具与技术,对于优化企业人力资源配置、降低企业经营风险和人力成本、加强各部门沟通与协调、实现企业短期经营目标和长期战略目标具有十分重要的意义。

如何根据企业现有的人员结构,编制合理的人力资源结构、人力成本支出预算,有计划、有步骤地将企业的短期经营策略、长期战略规划、企业的发展方向与人力资源管理予以具体化的有机结合,从而更好地把握市场竞争的主动权,是很多企业重点关注的问题。

什么是人力资源预算?

人力资源预算是人力资源部门根据历史及当前的人力资源成本状况,结合企业发展战略,对下一年度人员需求和成本费用进行预测,通过人力资源预算编制指导人力资源管理工作的开展,合理控制人工成本。[2]

人力资源预算内容主要包括财务预算、人工预算、招聘预算、培训和发展预算。其中,财务预算是对下一年运营花费的预测和分配,它确定花费的数额、花费的种类、为什么花费、花费的批准、最低限度和花费支出计划;人工预算是公司人力成本的计划和控制,它确定来年公司的人力成本的需求和额外的人力成本(参见表5-1);招聘预算是经批准的来年公司运营中必要的招聘费用预算;培训和发展预算由培训需求决定。

表5-1 企业人力成本构成(示例)

工薪部分	工资部分		奖金部分		职务补贴	加班工资
	岗位工资	绩效工资	年终奖金	特殊奖金		
福利部分	食宿费用	交通费用	保险费用	公积金	其他福利费用	
招聘费用	广告费用	摊位费用	差旅费用	面试费用	体检费用	其他费用
培训费用	设备设施费用			低值易耗品费用		
	外派培训	导师费用	培训费用	差旅费用	评估费用	其他费用
	内部培训	导师费用	学员工资	评估费用	其他费用	
其他费用						

人力资源预算完成以后并不是静态不变的,根据企业的实际情况可以变更、修改和完善,使之具有现实可行性,因此,企业一般采用滚动式预算以适用企业发展的需要。

对于人力资源滚动预算来讲,通常是企业以3年为一个预算期,以某一年的历史数据为基准,对企业未来3年人力资源活动内容和经费所做的总体预测,年度预算完成后,自动顺延一年,再次成为一个预算期,如此循环不止,形成滚动预算形式(参见图5—1)。

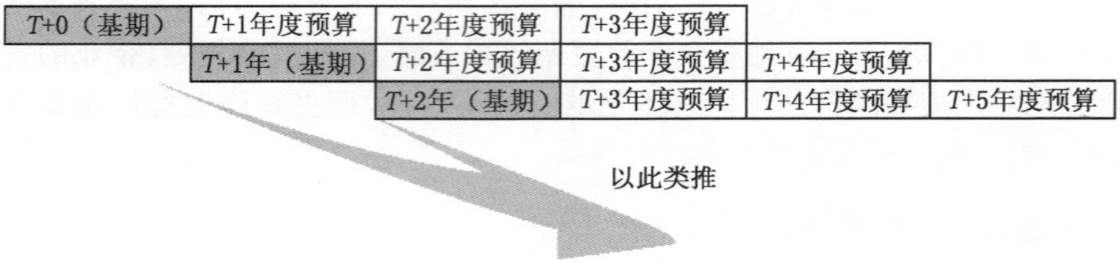

T+0(基期)	T+1年度预算	T+2年度预算	T+3年度预算		
	T+1年(基期)	T+2年度预算	T+3年度预算	T+4年度预算	
		T+2年(基期)	T+3年度预算	T+4年度预算	T+5年度预算

以此类推

图5—1　3年人力资源滚动预算(示意)

影响人力资源预算的因素主要包括:(1)企业目标战略;(2)企业预算制定规则;(3)企业人力资源战略规划;(4)企业所在行业相关的政策;(5)企业财务预测数据(销售预测、生产预测、产品预测)。

人力资源预算实质上是预算与人力资源管理的结合,它关注与其紧密相关的人力资源成本支出、人力资源规划和人力资本投资的政策制定问题,是一个决策的过程,也是对具体人力资源管理工作的指导。

深刻认识人力资源预算的重要性

从本质上来看,人力资源预算是把预算的方法应用于人力资源管理,通过对各部门各岗位人力资源数量和质量需求的预测,合理分配部门的人、财、物等资源,配合相应的绩效管理方式,在帮助企业实现既定战略目标的同时,达到控制费用支出、提高资金使用效益的目的。

通常情况下,可以从三个方面理解人力资源预算的价值(参见图5—2)。

(1)为企业持续经营提供坚实保障。企业的发展是人、财、物、信息相互作用的结果,其中,人在企业发展过程中,更具有主动性和战略意义。在人力资源预算中,未来人力资源需求预测是其一个重要内容,通过对企业人力资源现状的盘点,合理预测出下一年度企业人力资源需求,能够及时地为企业的未来发展提供合适的人才,保证企业经营管理活动的完整性。

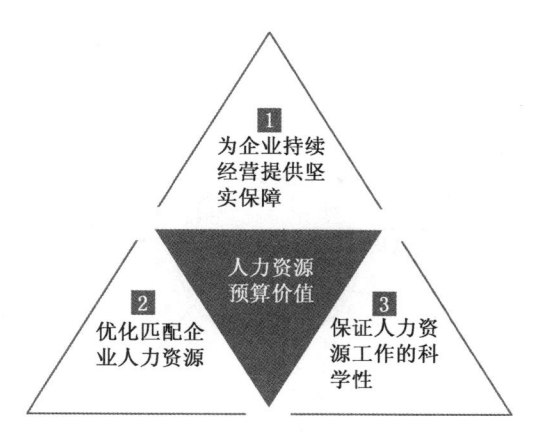

图 5—2 企业人力资源预算的价值

（2）优化匹配企业人力资源。通过人力资源盘点，企业能够充分了解人力资源供求情况，进而对人力资源进行优化匹配，更好地为企业发展战略提供支持，同时，有效地控制企业人力资源数量和成本。

（3）保证人力资源工作的科学性。人力资源预算要求企业提供充分的相关数据和事实支持，人力资源预算对企业人力资源管理工作提出了更高的要求，倒逼企业人力资源管理科学化、制度化和创新化，因此，在某种意义上，人力资源预算对企业的人力资源活动起着指导和控制作用。[3]

人力资源是一种可"再生"的资源，对其进行不断的开发，在提高人力自身素质的基础上可为组织带来更高的投资回报率。

总之，人力资源预算管理是一种科学、有效的人力资源管理工具，通过高效整合各个人力资源模块工作，能够为企业发展提供强大的支撑作用。有效地组织、实施人力资源预算，优化配置企业人力资源，对企业的可持续发展有着重要的价值。

人力资源预算的基本思路

实施人力资源预算管理，基本的思路是，首先基于人力资源盘点，预测人力资源需求，构建合理的人力资源结构；其次，预算和衡量企业人力资源成本，通过人力资源成本预算，可以有效减少人力资源成本支出的盲目性与随意性，强化人力资源成本监督的有效性；最后，为了使人力资源预算得到良好的执行，需要对预算的执行情况进行及时的监控（参见图 5—3）。

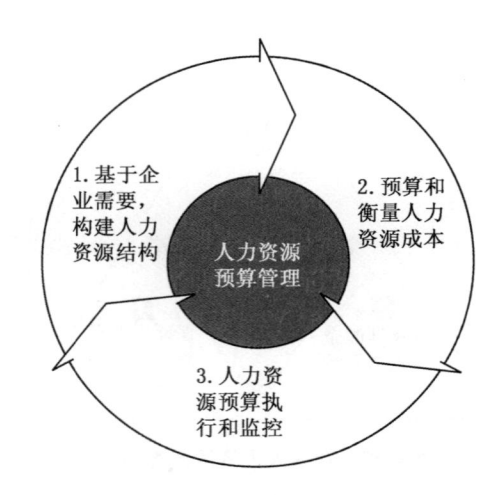

图 5—3　人力资源预算管理基本思路

(1)预测企业人力资源结构

合理预测企业人力资源结构,有助于增强人力资源预算的精确性,通常情况下,每年第四季度,人力资源部需要预测下一年度企业人力资源结构情况。

之后,在现有人力资源结构基础上,依据企业发展战略,综合企业年度经营目标、人力资源战略规划、各部门人力资源实际需求,以及经济形势预测(包括宏观经济形势、行业发展形势和市场竞争情况等),调整人力资源结构。

(2)制定可行的人力资源预算方案

企业根据人力资源具体情况,进行预算方案的编制,通常情况下,会形成 2~3 套方案,之后,对方案进行比较、优化和修订,最终,根据企业的具体情况以及战略目标,确定最具可行性的人力资源预算方案。

(3)人力资源预算管理执行和监控。

缺乏有效的执行,再好的方案也不会发挥作用,因此,企业一定要重视人力资源预算的执行,通常情况下,人力资源部需要制订具体的人力资源业务执行计划,切实保障预算的落实。

为了保障预算的高效执行,还需要加强预算的执行监控,发现问题,及时解决,提升人力资源预算管理的效率。

资料链接 5—1：企业人力资源预算编制的常用方法

方法 1：增量预算。该方法以基期成本费用水平为基础，结合预算期业务量水平及有关影响成本因素的未来变动情况，对原有费用项目进行适当调整。增量预算法以历史数据作基础，操作简单，节省时间和精力，预算波动较小；缺点是受前期费用成本影响较大，不够灵活，有可能因为缺少针对性导致浪费。

方法 2：零基预算。该方法依据预算期的项目在预算期内应该达到的工作内容和经营目标，重新考虑每项业务量及其成本费用支出的规模，从而确定当期预算数额。其优点是可以压缩费用支出，不受前期预算影响，促进各部门去精打细算；缺点是一切以"零"为起点，进行分析，不参照以前指标，编制工作量大，同时缺少明确依据。

方法 3：弹性预算。该方法以预算期间可能发生的多种业务量水平为基础，分别确定与之相应的费用数额，能适应多种业务量水平的费用预算。弹性预算法扩大了预算的范围，能更好地发挥预算的控制作用。不足是需要提供一系列生产经营业务量的预算数据，并建立合理的控制标准。它更适用于各项随业务量变化而明显变化的项目支出。

企业可以根据自身业务特点、时间和人员状况进行选择，也可以某一种方法为主，适当改良，扬长避短，使其符合自己的需求。

资料来源：李昕，徐婷. 企业如何进行人力资源预算编制[J]. 中国劳动，2014(11)：43—45。

人力资源预算编制流程

在编制人力资源预算过程中，通常情况下，需要组建人力资源预算编制小组，该小组成员由企业高管、人力资源总监、人力资源部成员和各个单位的综合管理员构成。

其中，企业高管负责小组的整体领导和决策工作，人力资源总监对预算编制的具体工作给予指导和说明，人力资源部成员负责预算的具体起草工作，各单位的综合管理员负责提供本单位的人力资源预算。

对人力资源预算编制过程来讲，整个流程可以分成四个阶段：人力资源预算信息收集、人力资源预算初步编制、人力资源预算审核以及人力资源预算执行调整(参见图 5—4)，这四个阶段相互衔接，形成了一个循环过程。

```
┌─────────────────────────────┐              ┌─────────────────────────────┐
│ 1.人力资源预算信息收集       │              │ 2.人力资源预算初步编制       │
│ -企业人力资源成本；          │      ↘       │ -人力资源预算编制方法；      │
│ -企业发展战略；              │   ○          │ -人力资源预算具体构成；      │
│ -企业人力资源战略规划；      │              │ -人力资源预算总额确定；      │
│ -企业内部资源。              │              │ -人力资源预算分配分解。      │
└─────────────────────────────┘              └─────────────────────────────┘

┌─────────────────────────────┐              ┌─────────────────────────────┐
│ 4.人力资源预算执行调整       │      ↖       │ 3.人力资源预算审核           │
│ -人力资源预算执行跟踪；      │   ○          │ -人力资源预算合理性；        │
│ -人力资源预算调整反馈。      │              │ -人力资源预算可控性。        │
└─────────────────────────────┘              └─────────────────────────────┘
```

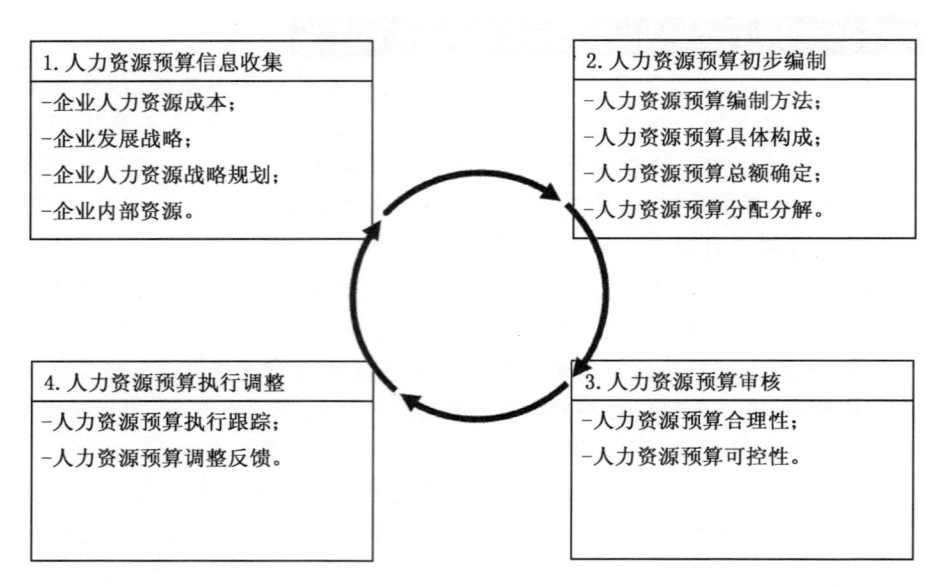

图5—4　人力资源预算流程

通常情况下，人力资源预算工作应在9月份开始，最晚12月中旬结束。

（1）人力资源预算信息收集

资料收集是人力资源预算编制的重要准备工作，通过充分、全方位地收集人力资源资料，可以科学地编制人力资料预算，通常情况下，人力资源部门在信息收集和分析时重点收集的相关信息如下：

①人力资源成本。历史人力资源成本数据是一个重要的参考指标，也是人力资源预算的基础。企业可以通过对历史人力资源成本数据的分析发现变化趋势，对未来做出相应的预测和判断。

②企业发展战略。现代企业强调战略指导，人力资源管理是在企业战略指导下开展的，因此，编制人力资源预算时，要充分理解企业发展战略，以战略为导向进行预算的分配和控制。

③人力资源战略规划。总体上来讲，人力资源战略规划是人力资源预算的依据，其中，战略规划所涵盖的员工数量、招聘选拔、培训开发、晋升以及薪酬福利政策调整等内容，都会直接影响人力资源费用的编制和分配。

④企业内部资源。企业内部资源包括人力、资本、资质、品牌、信息等，资源直接影响了企业经营业绩、竞争优势，以及企业的支付能力。

(2) 人力资源预算初步编制

编制企业人力资源预算的常用方法包括增量预算法、零基预算法和弹性预算法，企业可以根据自己的特点，选择合适的方法进行预算编制。在确定了预算方法后，开始进行人力资源预算初步编制，主要涉及的环节如下。

① 人力资源费用分类统计

人力资源费用种类繁多，涉及工资、福利与保险、招聘选聘、培训、劳动关系以及其他类。因此，通常情况下，人力资源预算费用需要进行分类处理，以便统计和分析。

分类统计和分析有两大益处：一是防止预算的遗漏或重复；二是可以通过横向对比清楚看出各个类别的费用占比情况是否合理，例如，通过纵向对比可以看出每一类别费用的历史数据变化，发现管理中暴露的问题并对其适当调整。

② 统计人力资源预算总额

统计人力资源预算总额，通常情况下，采用"上下结合"的方式。首先，人力资源部门在人力资源历史费用的基础上，结合下一年度人力资源战略规划，确定人力资源预算总额；其次，下属各单位和部门在人力资源部门指导下，根据要求分别填写相关的年度人力资源预算费用；最后，汇总各单位或部门的人力资源预算数据，与之前的预算总额进行对比分析，经过适当调整，确定人力资源预算的总额。

依据人力资源管理实践，建议将企业人力资源预算费用总额控制在企业总成本的一定比例，或者将人力资源费用预算与企业业绩（利润或收入）结合起来，建立相应的浮动机制，增加人力资源预算与业务的匹配性。

③ 人力资源预算的分解分配

企业通过"上下结合"的方式，确定年度人力资源预算总额之后，需要对预算总额进行横向的分配和纵向的分解。

横向分配是确定人力资源预算总额在各个单位或部门间的比例，通常情况下，是根据各单位或部门下一年度的工作任务或项目需要进行分配，一般在总额预算时已经由各单位或部门事先提出申请，人力资源部门及相关领导进行审批和调整。

纵向分解是把人力资源年度预算分解到各个季度和月份。由于企业经营活动及财务结算周期性的差异，人力资源预算费用每个时段的支出也有所不同，因此，预算费用的分解要以实际的任务和项目为导向，进行相对性的匹配。通过人力资源费用纵向分解，可以对每一阶段的费用支出情况进行有效监控，及时发现问题，提升预算支出的针对性和有效性。

(3) 人力资源预算审核

完成人力资源预算草案编制工作后，下一步就是人力资源预算审核，审核的主要内容是：预算的真实性和可控性，目的是通过审核，发现问题，对预算草案进行纠正。

① 人力资源预算的真实性

人力资源预算编制要能够真实地反映企业各项业务计划和资源需求，并且要提供发生人力资源费用的依据是什么，也就是说这种费用是不是真的需要。在预算审核时，首先是要保证预算的真实性。

进行预算真实性的审核工作方法主要采用：将项目费用与历史费用进行比较，核查大幅增加或减少的开支项目，并且找出原因；复查员工开支，看看其变化是否有理有据等；收集行业标准等外部数据，与本企业项目预算进行对比。

② 人力资源预算的可控性

在人力资源预算可控性方面，需要考虑人力资源费用列支是固定的，还是变动的，如果是变动的，它会随着哪些因素变动而出现变动。[4]例如，对于具体的某项人力资源开支项目，就需要考虑：此项开支是固定的（指该项开支这一年内不会改变），还是可变的；如果是可变开支，它是否会随某些确定因素而波动，或者随业务需要会出现变化，即在业务量临时性增长期间使用临时员工。这些情况都要求编制者在编制预算时充分考虑变动因素，加强对其变动的控制。

(4) 人力资源预算执行调整

要想实现人力资源预算的控制和指导作用，人力资源部门要针对预算分配后的执行进行定期跟踪，制定执行进度表，定期检查各单位和部门费用开支与预算执行情况是否一致，分析原因，督促和提醒各部门单位的预算编制执行，出现意外情况及时纠偏。

人力资源预算编制也不是一成不变的，由于企业外部环境变化或之前预算疏忽，可能使原有预算与实际需求发生较大偏离，影响业务的开展，此时，人力资源部门应及时向预算委员会提议，适当调整预算，以满足企业日常的经营管理需要。[5]

如何用人力资源数据说话

对于人力资源工作者来说，数据并不是陌生的工具，从招聘中的候选人信息收集、人才测评，到员工档案资料的整理和分析，员工能力模型建立与度量,以及月度、季度、年度的员工绩效考评,每天都和相关环节的各种数据打交道。[6]

如今,在人力资源专业化的提升过程当中,数据分析扮演着至关重要的角色,可以说,人力资源管理的数据分析方法是人力资源管理发展的重要趋势之一。[7]之所以在人力资源管理过程中重视数据分析,主要是

> 现代人力资源管理者应该具有在纷繁复杂的人力资源数据及表象中,找到事物内在规律和特性,并对这些规律和特性充分加以应用的能力。

因为数据分析可帮助人们做出判断,以便采取适当行动。

什么是人力资源数据分析

数据分析是指运用适当数据、统计、量化方法,对收集来的大量数据进行分析,提取有用信息并形成结论。[8]在移动互联网时代,数据的作用将上升到一个新的高度,其实,历史已经证明了数据的重要作用。

> 用数据说话,是指用真实的数据来说话,因此,一定要注意审核数据的真实性。

通过大量的基础数据记录和事后的数据分析,能为人力资源工作提供很有价值的参考信息,也能够为改善和制定新一轮的人力资源策略提供思路和依据。以吸引和留住企业人才为例,人才是企业"最重要的资产",如果没有对"最重要的资产"的数据分析与衡量,人力资源部门就很难制定恰当的人才决策,进而难以吸引和留住人才。

以人力资源数据和指标为例,员工主动离职率:每月 8%;招聘达成率:60%;核心岗位后备率:80%;招聘成本:每人 1 200 元;人均离职重置成本:2 486 元;稀缺人才满足率:80%;人均培训课时:40 小时;培训成本占比:3%。通过这些数据和指标,人力资源管理者或企业管理者就可以简单直观地看到问题,因为这些数据和指标可以在企业间进行比较,也可以进行纵向的历史比较。

实际上,大多数企业都拥有大量的人力资源和员工业绩数据,比如员工数量统计、业绩评估、培训数据、学历背景等,但是这些数据并不能直接拿来用,人力资源管理者需要对这些数据进行分类和指标化,人力资源管理比较完善的企业会编制人力资源报表,其中就会包括三级人力资源指标(参见图 5—5)。

但是,很多人力资源管理者并不具备相关的数据分析能力和经验,为了完成数据分析、清理、统计、可视化和解决问题,企业需要招聘数据分析人才,或者委托相关人才,共同进行人力资源数据分析,为企业的决策提供强大的支持。

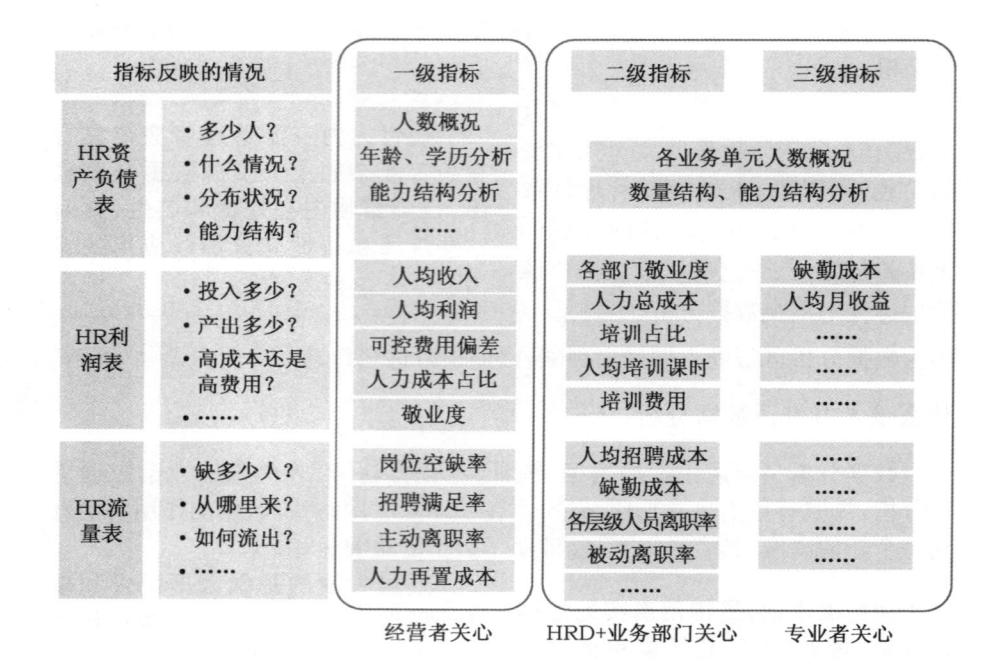

指标反映的情况	一级指标	二级指标	三级指标
HR资产负债表 ・多少人？ ・什么情况？ ・分布状况？ ・能力结构？	人数概况 年龄、学历分析 能力结构分析 ……	各业务单元人数概况 数量结构、能力结构分析	
HR利润表 ・投入多少？ ・产出多少？ ・高成本还是高费用？ ・……	人均收入 人均利润 可控费用偏差 人力成本占比 敬业度	各部门敬业度 人力总成本 培训占比 人均培训课时 培训费用	缺勤成本 人均月收益 …… …… ……
HR流量表 ・缺多少人？ ・从哪里来？ ・如何流出？ ・……	岗位空缺率 招聘满足率 主动离职率 人力再置成本	人均招聘成本 缺勤成本 各层级人员离职率 被动离职率	…… …… …… ……
	经营者关心	HRD+业务部门关心	专业者关心

图5—5　人力资源管理者需要思考的指数

资料链接5—2：如何找到金牌销售？

一家金融服务企业的人才价值观是：来自名校的优等生将成为优秀销售人员。因此该公司的招聘、遴选和晋升都遵循学历优先的"天条"。

但数年前，该金融服务企业的一位数据分析师进行了一次销售人员业绩分析，将销售人员进公司头两年的销售业绩、总体业绩、存活率进行综合分析后得出来的发现让人颇为吃惊，企业的传统招聘价值观与实际情况完全不符：

成功销售人员的重要特征是什么？
- 简历中没有语法错误和笔误。
- 在学校期间没有辍学，并坚持获得了学位。
- 曾经有过房产或者汽车的销售经验。
- 之前有过成功的职业经历。
- 能够在上级给出的任务指令不是很明确的情况下依然获得成功。
- 有好的个人时间管理习惯，并能管理好多重任务。

什么对于判断优秀销售人员来说并不重要?
- 他们毕业的大学。
- 他们的学业成绩。
- 他们获得的推荐信的质量。

资料来源:Cashcow. 人才分析:大数据掀起的人力资源革命[OL]. IT经理网,2013-3-3.http://www.ctocio.com/ccnews/11603.html。

数据分析促进人力资源的专业化

通过以上论述,我们会清楚,数据分析在人力资源专业化过程中起着至关重要的作用,它使得人力资源管理的理念、技术及技巧更加科学化。在某种意义上,正是数据分析,才把人力资源提升到人力资本的高度,因此,现代企业要特别关注人力资源数据化管理,通常情况下,该项工作可以分为四个阶段(参见图5-6)。

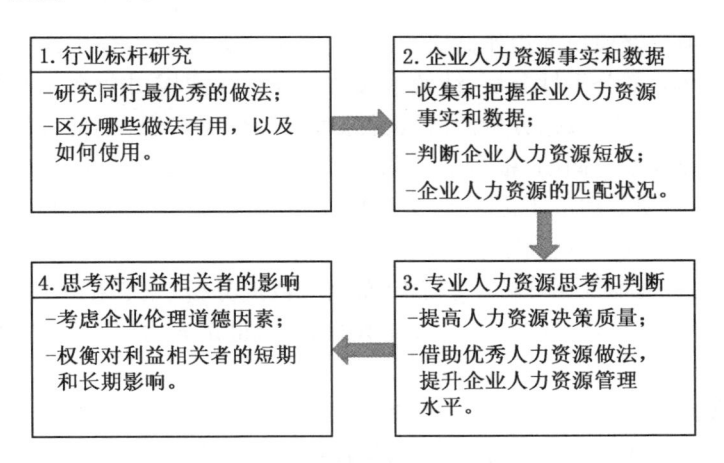

图5-6 人力资源数据化管理阶段(示意)

企业开展人力资源数据分析时,可以从三个层面展开:人力资源管理基础数据信息分析、人力资源管理职能数据信息分析和人力资本数据分析(参见图5-7)。

(1)人力资源管理基础信息数据分析。这个层面的数据信息分析是一项基础工作,也是人事管理阶段管理和处理信息的主要方法,主要包括建立员工信息档案、员工考勤记录、加班记录等。

基础数据信息的价值来源于数据挖掘[9],以企业考勤记录数据为例,很多企业没有对大量的考勤记录数据进行挖掘,如果通过考勤数据显示员工

```
        人力资本
        数据分析
      ─────────
      职能数据
      信息分析
    ─────────────
    基础数据信息分析
  ─────────────────
```

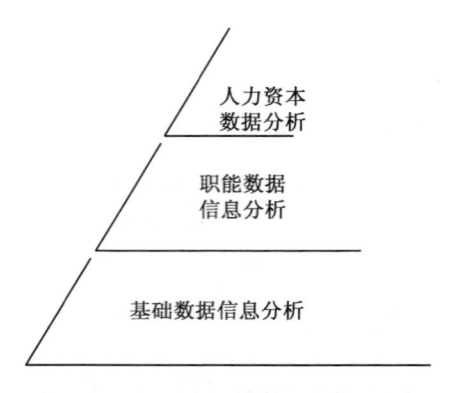

图5—7 人力资源数据分析的三个层面

迟到、早退、缺勤等问题突出,就要追本溯源深入分析这种现象,从而对症下药。

(2)人力资源管理职能信息数据分析。这个层面的数据信息决定着人力资源各项职能模块的运作健康程度,主要包括人工成本分析、薪酬福利外部竞争性和内部公平性分析、绩效考核结果分析、培训需求及效果分析等。

人力资源职能数据分析使人力资源管理工作更客观,更具有科学性,大幅提升管理效率。例如,根据员工诉求信息,制定合理的薪酬政策;基于企业战略、部门绩效和员工需求等方面的数据信息,制订企业培训计划,能够帮助企业节省成本,提高满意度。

(3)人力资本数据分析。这个层面上的数据分析,核心在于评估人力资本的投入和产出,真正体现了人力资本的概念,也是人力资源管理数据分析的灵魂所在。

从数据分析角度看,通过了解外部同行同类企业人力资源管理趋势,通过深入分析内部人力资源管理现状,运用数据对比的方式,优化内部人力资本结构,提升人力资本管理的效率。以人才流失数据分析为例(参见表5—2),通过数据分析,许多卓越的企业开始明白,只有通过更加深入的、更有针对性的数据分析,才会发现事情的根源,从而制定出能够解决问题的对策。如果想从最优秀的员工身上获取最佳绩效,就必须清楚知道谁是组织的财富而谁又是组织的负担。[10]

表 5-2　　　　　　　　　　　人才流失数据分析(示例)

人才流失分析	评　语
1. 我们的人才流失率为 20%。	只告知 20%的人才流失率,没有任何其他有价值的信息。
2. 我们的人才流失率为 20%。行业流失率为 10%,竞争对手流失率为 7%。	新的信息告诉我们在与行业和竞争对手的比较下,我们做得如何。
3. 我们的主动流失率为 20%;非主动流失率为 0%,竞争对手的非主动流失率为 7%。	我们非主动流失率为 0,可能表示我们的绩效管理不够到位,不如竞争对手。
4. 我们的主动人才流失率为 20%。每个离开的人都是担任重要岗位或是高绩效员工。其中 5%是我们的高绩效销售人员。	失去高绩效人才或关键岗位的人才,永远是一个战略性问题。
5. 我们的主动人才流失率为 20%,每年我们的替代这 20%的人员成本是 100 万元人民币。	这里开始看到人才流失替代成本对业务的重大影响。
6. 我们知道替代人员的绩效低于原人员的 10%。原来有经验的员工对客户和产品的知识和了解远远好于新人。由此失去的生产率造成 2 000 万元人民币的销售损失。	加入损失的生产率隐含成本,我们开始体现 HR 的战略影响力。
7. 我们的主动人才流失率为 20%。其中 5%是我们的高绩效销售人员。失去一个高绩效销售人员至少我们会失去一个大客户,大约每年 1 000 万元人民币。在他离开的三个月,将会导致额外 5 000 万元人民币的销售收入的损失。	除损失的生产率隐含成本外,同时看到失去大客户所带来的经济损失。没有计算出人才流失全部成本是 HR 普遍存在的问题。
8. 通过访谈我们了解到,导致离职的唯一原因是直接经理。我们也知道在年度的绩效评估中,这个经理问题是众所周知的,但没有采取任何行动和措施。我们知道每当我们请走一个不称职的经理,就会提高二倍的生产率,他所带来的效率远远高于辞退成本,其中包括有形成本和无形成本。	我们现在知道 20%人才流失所带来的商业影响是每年 6 600 万元人民币,糟糕的是,如果 HR 是积极主动的、战略性的,人才流失的原因是可以尽早发现的,人才的流失也是可以提前防止的。

某种意义上可以说,数据分析方法是人力资源管理发展的重要趋势之一。在以人为本的新经济时代,人力资源统计遇到了强大的挑战,同时也为人力资源统计的发展和完善提供了难得的时代契机。

如今,很多企业开始利用数据分析来解决问题,比如说,富士施乐公司通过大数据来分配员工,使有 48 700 名员工的客户服务中心减少了 20%的流失率,而作为大数据时代的领头羊,谷歌公司在员工招聘和管理时更是处处用数据说话。[11]

总之,通过采用数据整合和数据管理工具、采购第三方数据和数据分析能力,企业能够以数据驱动人力资源管理创新,使人力资源成为企业数据分析的先锋。

人力资源成本管理

企业之所以对人力资源进行投资,目的都是为获得更多的利润,但是就像任何投资都有风险一样,人力资源投资同样充满风险,甚至其风险比资本投资的风险更大,更具有波动性。因此,人力资源成本管理水平直接关系到企业的经济效益,对现代企业来讲,加强人力资源成本管理意义重大,加强人力资源成本管理尤为重要。[12]

> 人力资源成本管理的目标不是控制或削减人力资源成本,而是谋求企业竞争优势。

现代意义上的人力资源成本,是企业为了实现发展目标,招聘、培训、配置和保障人力资源所支出的各项费用总和。按照人力资源在企业中的流向划分为人力资源获得成本和人力资源开发成本,其中,人力资源获得成本和开发成本又可以分别划分成直接成本和间接成本(参见图5—8)。

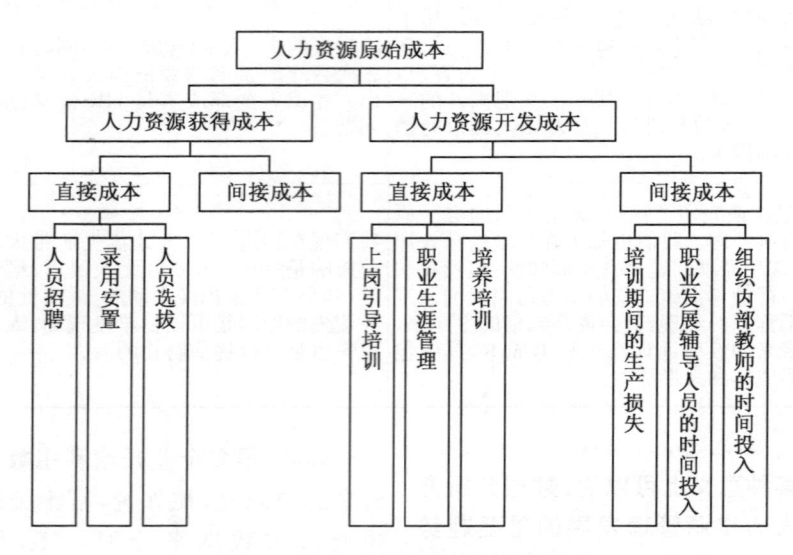

```
                    人力资源原始成本
                  /                  \
        人力资源获得成本          人力资源开发成本
         /         \              /            \
    直接成本    间接成本      直接成本       间接成本
    ┌──┬──┐                ┌──┬──┐      ┌──┬──┬──┐
    人 录 人                上 职 培      培 职 组
    员 用 员                岗 业 养      训 业 织
    招 安 选                引 生 培      期 发 内
    聘 置 拔                导 涯 训      间 展 部
                            培 管          的 辅 教
                            训 理          生 导 师
                                           产 人 的
                                           损 员 时
                                           失 的 间
                                              时 投
                                              间 入
                                              投
                                              入
```

图5—8 人力资源管理成本核算框架

与企业其他成本管理相比,人力资源成本管理更具综合性,也强调艺术性,在很大程度上,要与企业其他成本相联系,如果仅仅从人力资源投入多少来考虑,可能会适得其反。例如,某企业人力资源部本着"节约成本"的理念,停止了对暑期夜班工人的绿豆汤与菜包的供应,结果是相关成本削减了几万元,但暑期夜班工人的次品率却上升了近3%,制造成本上升数百万元,因此,人力资源成本管理还必须具有整体观念和总成本意识。[13]

由于人力资源成本的这些特性,现代企业进行人力资源成本管理时,要强调如下三个方面:

(1)树立并强化企业人力资源成本管理意识

实践中,很多企业管理者的人力资源成本观念不强,没有从现代意义上去深入理解人力资源成本管理的价值,从而造成了企业资源浪费。因此,企业管理层要了解人力资源成本管理的重要性,深刻认知人力资源成本构成,进而有效地进行人力资源成本管理。

同时,要在企业中广泛宣传和运用人力资源成本管理,树立现代人力资源成本管理理念,让企业员工知道,人力资源成本管理不是一般意义上的"少花钱,多办事",而是在人力资源管理的各个环节上实现"人事相宜"的合理结构。

(2)利用数据分析,增强人力资源成本管理的科学性

尽管人力资源成本管理是人力资源管理的重要组成部分,但是人力资源成本管理的科学化仍然是当前广泛存在的问题。现代企业在进行人力资源成本管理时,更强调用数据说话,用事实来证明。

以人工成本分析为例,人力资源部需要通过市场对比的途径,利用数据分析的方式,提升人工成本的有效性和激励性(参见图5-9)。

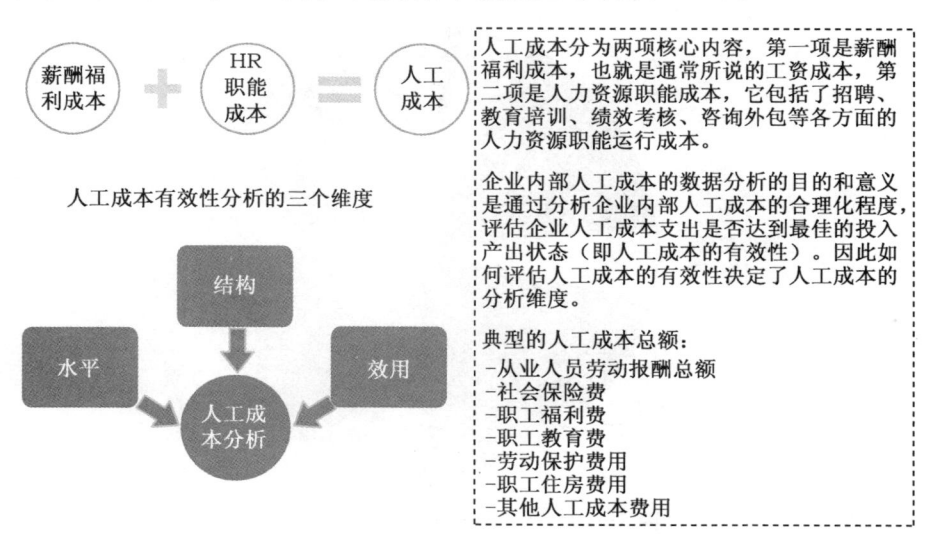

图5-9 人力资源成本分析(示意)

另外，人工成本分析要与经济效益联系起来，体现出人工成本的效用，它包含两方面的分析内容：人工成本、员工的满意度（参见表5—3）。

表5—3　　　　　　　　人工成本效用分析（示例）

企业人工成本效益指标	员工的满意度指标
·人均销售收入 ·每元现金总收入成本/总薪酬成本 ·每元现金总收入成本/总薪酬成本带来的利润 ·人工成本占公司总运营成本的比例 ·总薪酬成本占公司总运营成本的比例	·收入满意度 ·总报酬满意度 ·员工对公司整体的满意度 ·员工敬业度

注：降低人力资源成本的途径有两条，一是合理控制人力资源成本，使生产相同产品的人力资源成本最低；二是通过人力资源成本分析，使相同人力资源的生产效率最高。

从员工角度来看，薪酬福利是一个焦点问题，也是提升员工满意度的关键因素之一。对企业来讲，至少要知道薪酬福利的构成情况（参见图5—10），之后，通过内部满意度调查以及外部竞争对手调查等得到的数据，进行定量和定性分析，以便有针对性地调整公司薪酬福利政策，提高企业吸引力和竞争力。

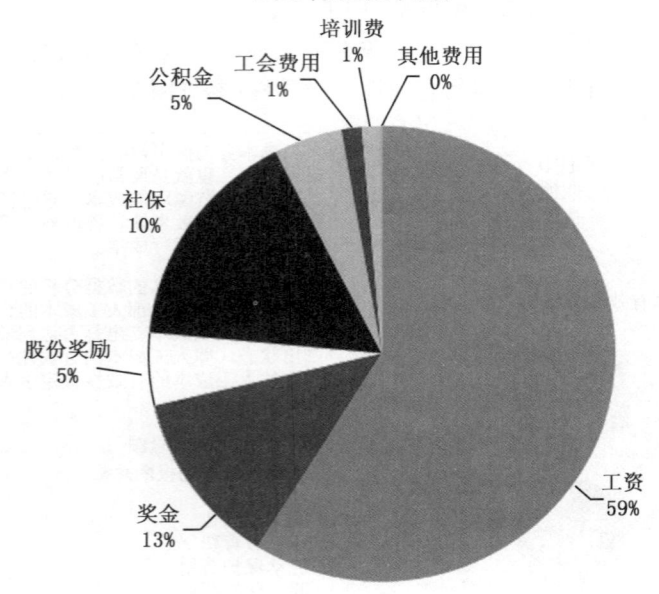

图5—10　企业薪酬福利构成（示例）

(3)持续改进人力资源成本管理

人力资源成本管理是一个多方位的开放系统,并不是人力资源部一个部门能独立完成的,它是现代企业管理的一个重要组成部分。企业强化人力资源成本管理工作应该关注:①在人力资源成本管理过程中树立效率与效能观念;②加强人力资源成本各项费用的原始数据的收集、统计与分析;③加强相关研究,借鉴优秀企业的先进做法,持续改进人力资源成本管理。

全面衡量人力资源管理

在产业结构转型升级的关键时期,企业的兴衰成败、实力强弱已不再取决于企业拥有的物质资本,而首先在于知识的拥有和创新能力[14],高素质的员工和具有专业知识的人才成为一种关键的战略资源。某种意义上来讲,企业要想在残酷的市场竞争中立于不败之地,实现企业的可持续发展,归根结底是要解决人才问题。

企业高管最为关心的前3项事情依次是:如何吸引高素质的人才?如何留住主要雇员?如何开发现有员工的技能?要想解决这三个关键问题,现代企业必须从战略角度出发,构建企业人才战略(参见图5-11),制定科学的考核制度和公平公正的激励机制,最大限度地激发人才潜能。

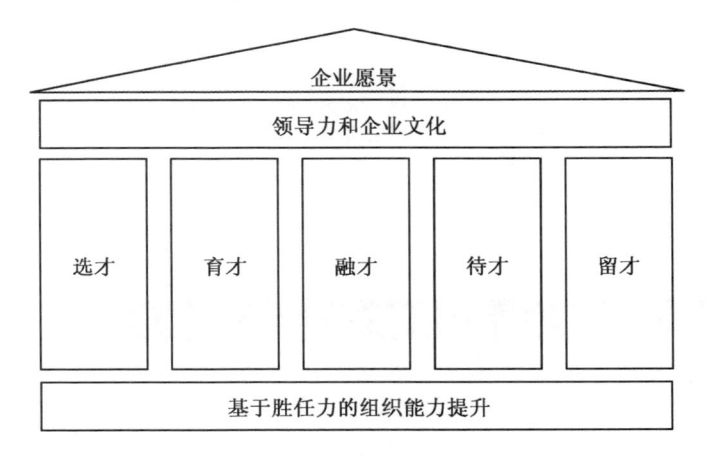

图5-11 企业人才战略框架

企业人力资源管理是否有效,能否发挥作用,为企业可持续发展提供强大助力,通常情况下,要从引才、待才、培养/发展和留才四个方面来衡量(参见表5-4)。

表 5—4　　　　　　　　人力资源管理有效性衡量指标

	引才	待才	培养/发展	留才
成本(生产率)	·招聘人均成本 ·猎头成本 ·广告成本 ·推荐成本 ·人工成本 ·差旅费 ·活动,项目费 ·供应商成本	·人均收入 ·人均利润 ·人均成本比率(总成本) ·工资成本比率(总薪酬) ·福利成本率 ·HR成本比率	·培训成本比率(总收入) ·培训成本小时	·人才流失成本 ·人力资本回报率
时间(效率)	·招聘周期时间 ·招聘生产率(每人每年招到的人数)	·反应时间 ·实施时间 ·缺勤率(天数)	·培训小时 ·职能部门培训时间 ·按时绩效评估率	·按服务时间人才流失数
数量(效率)	·外部招聘数/率 ·内部招聘数/率 ·招大学生数 ·实习生数 ·完成率 ·女性比率 ·渠道招聘数/比率	·福利项目种类 ·投诉数/反馈率 ·岗位评估率 ·沟通频率、渠道、覆盖率	·被培训人数 ·培训课程数 ·导师人数和被辅导人数 ·升职数/率 ·内部流动数/率	·岗位离职率 ·部门离职率 ·自愿离职率 ·被迫离职率
质量(效力)	·招聘质量 ·招聘成功率 ·录用接受率 ·渠道招聘质量	·福利指数调研 ·薪酬市场定位 ·沟通的内容 ·员工知情与理解度	·技能的提高 ·行为的改变 ·绩效的改善 ·绩效评估分布比 ·人才库 ·接班人计划	·绩效离职率 ·后悔离职数/率 ·离职原因 ·去向
反应/响(敬业度与冲击力)	·经理满意度 ·候选人经历 ·市场品牌度(调研)	·员工敬业度调研 ·员工对HR政策/服务满意率调研 ·调研反馈率 ·敬业度指数	·工作满意度：有意义的工作学习机会 职业发展和晋升	·留下的原因 ·留才指数

资料链接 5—4：企业人力资源管理存在的五个常见问题

一是选人缺乏科学性。很多企业在选人时没有建立科学的标准，存在很大的主观随意性，很大程度上取决于面试官的个人偏好，另外，选人缺乏长远眼光，只关注眼前，没有人才储备，缺少对未来人力资源需求的规划。

二是育人环节薄弱。大多数企业育人方面的表现就是对新招进来的人员进行短暂的岗前培训，时间一般为 1~3 个月，而在以后的工作中，企业员工只能靠自学、实践、请教别人来提高自己的业务水平。这种育人方式，其一是不能使在职人员全面掌握工作技能技巧，各岗位各自为政，如果同事出于竞争需要而保守秘密，则新手业务水平的提高会更慢、更难。其二是在职人员的自学成本太高，需要经过长时间的实践、摸索，增加自学的时间机会成本。

三是新人无法融入。尽管很多企业都认为自己海纳百川，但实际上新员工入职后，没有进行跟踪辅导。

四是简单评估，很多员工具备不同特长，如何激发潜能，最大化利用员工特长，为企业创造价值。

五是留人无方。由于企业在育人、用人方面存在巨大缺陷，造成企业无法吸引、留住人才。同时，很多企业缺少有效的激励机制，也导致企业人才流失。

吸引人才

企业与企业之间的竞争已演化为人才与人才的竞争。持续发展的人才带给企业更新的创造力、更高的绩效以及企业应对竞争时代有能力保持的更广阔视野。[15]因此，对现代企业来讲，谁掌握了核心技能，谁拥有更多的人才，谁就能抢占先机，拥有主动权和竞争力。

如何才能获得人才呢？招聘是企业获取优质人才的主要途径，是企业人力资源管理活动的一个基础性环节，招聘工作的质量关系到企业未来的生存与发展。

基于招聘工作的重要性，企业必须重视这个环节的工作，增强企业招聘人员的专业能力，同时，特别加强对高素质人才招聘的研究，制定科学、系统的计划，做好对招聘目标岗位的分析和设计等一系列工作。对于招聘具体工作而言，则要重点考虑：招聘金字塔、招聘时间表、招聘进度、招聘效率、招聘质量等问题。

资料链接5—5：企业如何吸引人才？

当今世界，是人才取胜的时代，当我们看到微软这样的顶级企业都会有上百名精英人才一夜之间被竞争对手谷歌（Google）挖走时，我们不得不思考一个问题：企业靠什么吸引人才？怎样才能留住人才？

……在汽车行业，奇瑞是后起之秀，也是目前国内汽车开发人才最集中的企业之一，奇瑞的第一批开发人才主要来自东风汽车公司。据说，奇瑞把东风汽车设计院的20多个人请到奇瑞参观，结果这20多人中除了带队的领导外，全部都跳槽到奇瑞公司。这些人离开东风时，东风没有人为之心痛，更没有人挽留，因为这些人在东风这家老国企中属于不得志者，也没有多大的业绩可言。但就是这些不得志的技术人员，在奇瑞获得技术入股的待遇后，为奇瑞开发出几款新型产品，使奇瑞站稳了脚跟。人还是那些人，换一个环境，就迸发出无穷的潜力，这就是机制的差别。

1. 给员工明确的发展前景。一家好的公司不能只是给员工多少薪酬，还要给员工创造理想的发展前景。一家知名企业在招聘人才时，首先问应聘者希望公司能给他什么，然后告诉应聘者，公司不会只给薪水，还会给很多隐性利益。所谓隐性利益就是前途和发展，它往往比薪水之类的待遇更有吸引力。

2. 建立公正的考核机制。好的企业应当有好的考核机制，通过公平有效的绩效考核，减少低绩效的员工，给高绩效员工创造更多的机会，这样才能把真正的人才都留下来，从而使企业保持活力。一家曾经被评为亚洲最佳雇主的公司认为，要考核一个员工的成绩，必须收集员工同事、下级的评价和该员工的客户的评价，尽量使考核体现公平、公正。而那些工作效率低的企业，常常是因为考核有欠公平，不够精确，只偏重于个人好恶所造成。

3. 形成员工认同的企业文化。很多企业都有能力高薪聘请人才，但能否把人才用好，还有一个人才与企业文化是否相融合的问题。请来的人才对企业文化有无认同感，决定着请来的人才用得好不好，留得住还是留不住。好的企业文化是建立在平等意识之上的。惠普的老总和普通员工一样没有固定的车位，谁来得早谁就停好地方；微软的研发人员和比尔·盖茨享用同样大小的办公室；西门子普通员工上班的第一天，办公桌、电脑、名片、文具等什么都有人准备好，甚至还有鲜花，这些看起来是小事，但是国内有几家企业能做到呢？

同时，要保护和包容员工个性，许多IT企业的员工喜欢弹性工作时间，远程办公，在办公室可以穿拖鞋和背心上班，如果企业认为这样能提高管理效率，应当尽量给予满足。此外，员工关系、竞争氛围等诸多方面也是员工关心的企业文化内容。

资料来源：廖仲毛. 靠什么吸引人才[J]. 劳动保障世界，2016(13)：23。

实践中,影响招聘工作质量的因素有很多,需要人力资源部门仔细研究和应对。以雇主品牌为例,很多企业通常会把"知名度"和"美誉度"混为一谈,认为企业名气很大,可以吸引优秀的人才加入,但事实往往并非如此,现实情况是,很多有知名度的企业,在人才市场上的口碑却很差。

资料链接 5-6:人力资源管理——雇主品牌

人力资本的拥有和人才的自我价值的实现意识,促使企业提出和实施打造雇主品牌这种新的人力资源策略。雇主品牌是企业在人力资源市场的定位,是对企业未来、现有和已离职雇员树立的品牌形象。

究其原因是很多企业重视市场品牌建设,而忽视企业人才方面的宣传。其实,一些优秀的企业,尤其是劳动力密集型企业,特别重视企业人才的宣传,比如说企业拥有很好的待遇、福利和个人发展通道等。这些信息一则是来自企业自身确实做得很好,但更多的是这些企业都有意识地通过各种途径不断地宣传自己,久而久之就在社会上形成了一种舆论。

因此,要想留住老员工,吸引新员工,就需要通过各种手段有意识地去打造"雇主品牌"。一旦形成了良好的声誉,在职员工就会珍惜已经得到的职位,降低人才尤其是关键人才的流失率。社会人才亦会关注企业的职位信息,一旦有职位向社会提供,就会吸引众多的应聘者供我们甄选。

资料来源:张晓娜. 浅谈人力资源管理中的雇主品牌建设[J]. 企业导报,2010(3):203-204。

待才有道

尽管企业都强调人才重要性,"三顾茅庐"的故事也深入人心,但在实践中,大多数企业把重点工作放到了引才上,而在待才工作上走了弯路。

比如说,一些家族式企业将亲戚朋友视为企业发展的人才,重要岗位非其莫属,阻碍了人才的公平晋升通道,导致企业最终走向衰败;一些企业将上蹿下跳,正事不干,整天围着领导转的人视为人才,产生了"能干不如能吹,能做不如能说"的伪人才价值观。

如何才能发挥好人才的作用,前提是企业对人才要有着深刻的认识,把合适的人才匹配到合适的岗位,辅之以公平、科学的保障和激励制度。

实际上，人才作用的发挥有一定的规律性，比如说，新华信咨询公司曾对中国企业的员工价值生命周期进行过研究，研究表明员工进入企业第 24 个月是一个关键点，要么受到信任，得以重用，要么是遭到淘汰（参见图 5—12）。

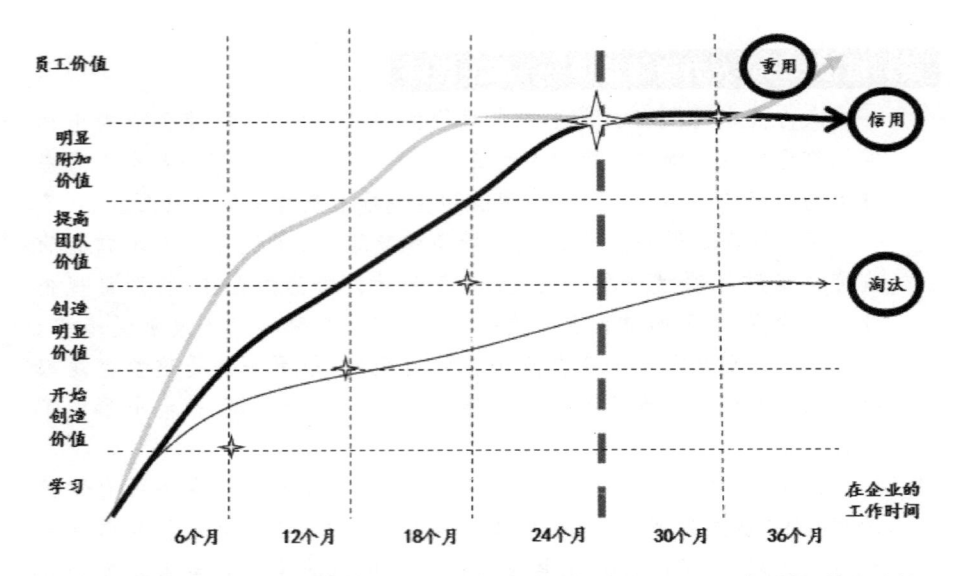

注：根据新华信人力资源观点，企业员工的价值存在着明显的生命周期，其中关键点是第 24 个月。

图 5—12 中国企业的员工价值生命周期

某种程度上，员工价值生命周期对企业和员工都有所启示：对企业来讲，对于是引入人才还是培养人才这个问题上，要适当偏向于内部培养；对员工来讲，盲目跳槽会带来价值损失，精心挑选企业，根植于企业，真正用能力和实力证明自己，才能更快地拓宽职业生涯。

企业经营要坚持"唯才是用"，根据行业发展以及企业实际情况，制定公平、公正的薪酬方案，充分激发员工的能力和潜力。

注重员工的培训/发展

企业员工的知识水平、运用知识的能力、创新能力、管理能力、决策能力等将直接影响企业中部门的运作，影响企业整体的经营与发展。[16]

培训作为企业生存发展所必须开展的人才培养、储备工作，可以帮助员工补充和更新知识，提高技能。[17]优秀企业的发展历程无不伴随着人才的培育过程，企业员工培训/发展保证了企业在竞争中的优势地位，成为 21 世纪企业从内部寻求竞争优势的最优方式。

在丰田公司，人们经常听到这样一句话："我们不只制造汽车，我们也在塑造人。"每一项新产品的开发设计，每一个汽车原型的打造，每一次工厂的质量检测，每一项改进措施，都是培训和提升企业人员的机会。丰田公司经理人都必须承担教师的职责，因为培育杰出人才是丰田公司的第一要务。

优秀的企业是人才培养的摇篮，这些企业特别注重人才培训，这成为培育核心竞争力、取得成功的关键要素之一。[18]海尔集团全球员工6万人，2015年，全球营业额实现1 887亿元，品牌价值2 218亿元，它的人才观是"人人都是人才，赛马不相马"。同时，海尔集团"人人都是人才"的人才观从一个侧面说明企业缺的不是人才，而是人才的培养与发展机制。

如果一个企业只从外部市场招聘人才，看不到培训对企业内部资源挖掘的重要性，不重视内部资源的开发，将会给企业带来很大的损失。实际上，相对于从外部招聘而言，从企业内部挖掘所需人才有无可比拟的优势。[19]通过企业员工的培训/发展，可以有效地降低员工适应成本和培训成本，同时，为能力提升后的员工提供更大的发展平台，实现企业和员工的协同发展。

留住人才

人才管理是一个动态的过程，今天的人才明天不一定仍是人才，这就体现在要建立能上能下的用人制度。[20]企业只有拥有了适合自己的、能够创造出价值的优秀员工，才能走得更远。

人才问题的关键并不是人才市场缺乏合适的人才，招聘不到人才，而是企业不能合理、有效地留住人才。[21]如何去应对人才的流失问题？这已成为许多企业广泛关注的焦点，不少企业已经患上了人才焦虑症，对人才的跳槽问题变得很敏感，甚至对企业人才的忠诚度丧失了信任。

实践中，人力资源部门要特别重视员工离职原因，通过观察我们就会发现，对于高绩效员工来讲，薪酬福利并非是离职的主要原因，其主要离职原因是"职业发展"和"工作环境"。通过这种事实和数据，企业就要深入思考自己的人力资源工作是否有战略性，是否适应时代的发展，是否适应高绩效员工的内在需求。

有员工调查表明，员工愿意留在企业有六大原因：在企业能获得更大成功的有21%，更佳的职业机会有20%，更好的培训与发展机会有17%，更多施展自己才华的有16%，与同事之间关系融洽的有16%，丰厚的薪酬仅有15%。[22]由此可见，员工不仅需要高工资，更需要良好的工作环境和鼓舞人心的领导。营造良好的工作环境和氛围,为员工提供成长的平台,成为企业持续健康快速发展的重要保证。

如果一名关键员工确实在寻找工资更高的工作,同时这也是他离开公司的主要原因,那么,考虑到更换人员所需的高额费用,给他开个高价是可行的。

根据"二八原则",企业80%的效益是由最关键20%的员工所创造,关键员工是企业之本,是利润之源。关键员工的去与留对企业具有举足轻重的作用。

企业留住人才并不是一件简单的事情。在宏观方面,需要积极培育良好的企业文化,用文化留住员工;在微观层面,通过对企业人才进行分类,针对不同的关键人才,采用富有针对性的留才策略,去留住企业优秀的人才。总之,员工跳槽不仅仅是为了钱,企业要想吸引和留住人才,就要综合运用机制、环境、事业发展、薪酬待遇和情感文化等方法。

大数据时代人力资源管理

2011年5月世界著名咨询机构麦肯锡公司发布了《大数据:下一个竞争、创新和生产力的前沿领域》的研究报告,宣告"大数据"时代已经到来。报告指出,数据正成为与物力资源和人力资本相提并论的重要生产要素,大数据带来的信息风暴正在颠覆性地改变我们的工作、生活、管理模式和思维方式。[23]

只有把握住大数据的实质,勇于促进大数据时代人力资源管理的变革,才能让企业在新一轮的竞争中脱颖而出。

《2014德勤全球人力资源趋势》报告调查发现,越来越多的人力资源部门在使用大数据做明智的人才决策、预测员工绩效,并提前做好人力资源规划。然而,只有7%的人认为自己有能力解析相关人力资源数据。美国管理协会(AMA)于2013年携手企业生产力研究所开展的一项调研也显示,人力资源管理人员的分析能力在研究开发、财务、运营等人员中是最差的。[24]

总之,大数据时代的到来,很大程度上改变了人们传统的思维习惯及工作模式,对人力资源管理的冲击也比较大,网络化的招聘较之于现场招聘模式具有更加宽广的范围,打破了地域的限制;数据化的人力管理为纵向、横向的信息对比分析提供了更加准确、高效的数据信息。

大数据下的人力资源管理

大数据，指无法在一定时间范围内用常规软件工具进行捕捉、管理和处理的数据集合，是需要新处理模式才能具有更强的决策力、洞察发现力和流程优化能力的海量、高增长率和多样化的信息资产。

国外大数据研究的先河之作《大数据时代》的作者维克托·迈尔－舍恩伯格早在 2010 年就在《经济学人》上发布了对大数据应用的前瞻性研究。他明确指出，大数据时代最大的转变，就是放弃对因果关系的渴求，取而代之的是关注相关关系，也就是说只要知道"是什么"，而不需要知道"为什么"。[25]这就颠覆了千百年来人们的思维惯例，对人类的认知和与世界交流的方式提出了全新的挑战。

大数据时代的思维变革主要表现在三个方面：首先，不是随机样本，而是全体数据；其次，不是精确性，而是混杂性；最后，不是因果关系，而是相关关系。

大数据对企业的意义不仅仅在于掌握庞大的数据信息，更在于对这些含有意义的数据进行专业化处理。在某种意义上，大数据代表的是消费者的行为及心理，代表的是行业的动态，代表的是发展趋势。只有通过数据的分析处理，我们才可以通过数据的指导，正确地寻找到消费者的深层次需求和接触习惯，指导我们进一步的企业决策。

面对大数据时代的简洁、高效信息处理模式，人力资源管理也应当顺势而为，积极吸取数据信息化模式的良好作用，优化人力管理模式，适应社会现代化的发展趋势，才能促进企业的进一步成长、发展（参见图 5－13）。

人力资源信息系统阶段	人力资源管理系统阶段	电子化人力资源管理阶段
・基本的员工信息 ・人力资源管理辅助系统 ・基础性的人力资源管理决策支持系统	・扩展到人力资源管理的所有智能模块 ・增加了决策指导系统和专家系统	・提高效率、节约成本 ・提高标准化和规范化水平 ・改变工作重心 ・强化人力资源管理责任

➢ 能够适应网络化、信息化、知识化和全球化
➢ 已成为当今人力资源管理领域的一个重要发展趋势

注：现代人力资源管理必须适应网络化、信息化、知识化和全球化趋势，这已经成为人力资源管理领域的一个重要发展趋势。

图 5－13 大数据时代，人力资源管理出现新的趋势

索尼公司前董事长出井伸之总结索尼公司没落的原因时指出:"新一代基于互联网 DNA 企业的核心能力在于利用新模式和新技术更加贴近消费者、深刻理解需求、高效分析信息并做出预判,所有传统的产品公司都只能沦为这种新型用户平台级公司的附庸,其衰落不是管理能扭转的。"

大数据时代人力资源管理的机遇

现代人力资源管理要基于事实和数据,而不是管理者模糊的感觉或想象。专业人力资源管理者必须运用数据、事实、分析方法、科学手段、有针对性的评价及准确的案例研究,为人力资源管理方面的建议、决策、实践和结论提供充分支持。大数据时代,为现代企业人力资源管理提供了重要的发展机遇(参见图 5—14)。

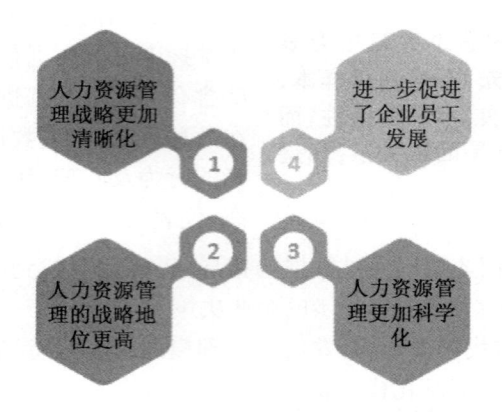

图 5—14 大数据时代人力资源管理面临的四大机遇

1. 人力资源管理战略更加清晰化
2. 人力资源管理的战略地位更高
3. 人力资源管理更加科学化
4. 进一步促进了企业员工发展

(1)利用大数据,可以使企业战略更加清晰化。随着企业内外部环境的变化,及时对运营数据进行收集与分析,将有助于企业改进产品,增强企业的核心竞争力。通过对行业和竞争对手的生产、经营、管理的数据情报进行量化分析,战略的制定更加准确,在实施时可以随时监控市场的变化并及时进行校正,实时进行量化分析,形成一个建立在学习型组织基础上的产学研智能系统,使生产、销售实现动态化管理[26]。

(2)大数据有助于提升人力资源管理的战略地位。普华永道第 17 届年度全球 CEO 访谈报告中指出,只有少数 CEO 认为人力资源部门发挥了战略业务伙伴作用。传统上来讲,人力资源管理的价值难以被客观评估、人力资源的专业性难以得到充分认同。在大数据的支持下,人力资源管理部门在人才甄选、培训开发、高效激励等领域的作用和影响力越来越大,人力资源部门对组织战略达成的支撑作用将会愈加明显。[27]借助大数据技术,人力资源管理在企业中的战略地位更加稳固。

(3)大数据技术使人力资源管理更科学化。在大数据技术支持下,员工、岗位、绩效、培训、薪酬、激励等全部可以数据化,纳入量化范畴,人力资源管理将变得更高效、更专业。大数据模式下,通过数据的挖掘,能够找到高绩效员工的特征要素,以此为模型让企业的每一个员工都能够持续产生高绩效。

(4)进一步促进了企业员工发展。大数据时代,人力资源管理系统将会向普通员工靠近,建立广泛的数据接口,产生更多的交互性数据,使得员工更好地参与到企业人力资源管理工作。在大数据的帮助下,人力资源管理部门对于员工表现的分析和认定将会更加客观、更加科学。掌握这些全面而完整的数据,有助于加深对员工的了解和综合评价,实现精准的人岗匹配,准确把握员工的培训需求、全面衡量员工的绩效水平、综合评判员工的发展潜能、合理规划员工的职业发展。

大数据时代人力资源管理变革

大数据时代的到来,对企业人力资源管理的模式和方法产生了巨大影响,使其进入了依托数据信息进行精细化管理的时代。在此背景下,人力资源管理应当顺应这种变化,做好人力资源管理的变革(参见5-15),这种顺应时代的改变可使企业呈现可持续发展趋势,有利于增加企业竞争力。[28]

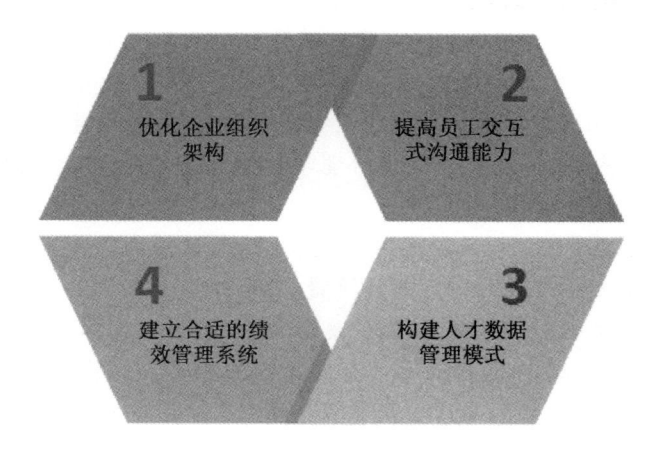

图5-15 人力资源管理变革

(1)优化企业组织架构。大数据时代,通过现代的网络技术媒介,企业组织架构将更加扁平化,而人力资源管理系统的存在将使得员工跨越部门、层级和地域成为可能,这会加快数据传递的速度,提高数据传递的质量。同时,对于思维敏捷且活跃的年轻知识型职工,可以通过大数据条件下的网络实现自我管理。

(2)提高员工交互式沟通能力。通过人力资源数据收集和挖掘,管理者可以分析员工绩效数据及与其他数据间的潜在联系,在此基础上制定相应的激励方案和制度,从而有效调动员工的积极性。如惠普公司抛弃单一的绩效评估系统,在引入社交网络技术后,动态、持续地收集员工的反馈意见及建议,这种交互式的沟通能促进员工全身心地投入工作,进而在一定程度上有效地开发自身潜能,提高领导对员工工作的满意程度。

(3)构建人才数据管理模式。在云技术和移动互联网的支持下,企业通过探寻数据间的潜在关系能迅速找到和实现有效的人力资源绩效管理途径,使人力资源管理部门摆脱烦琐的日常事务,从战略的角度改进绩效管理方案,提高企业人力效益,有利于企业形成以绩效为导向的企业文化,实现人力资源绩效的持续健康发展。

(4)建立合适的绩效管理系统。企业要有效利用大数据对企业人力资源绩效管理提供帮助,就必须建立适合本企业的计算机信息管理系统,并应用该系统服务企业绩效管理和控制,将现代化的绩效体系真正落实推行。[29]

资料链接5—7:大数据,重要的不是数据

2017年初,哈佛大学政治学系教授加里·金(Gary King)在上海交通大学举办了一场名为《大数据,重要的不是数据》(Big Data is Not About the Data)的讲座。金教授以实证研究知名,擅长量化研究,其研究涉及政治学、公共政策、法学、心理学和统计学等领域。下面是演讲的部分内容:

"大数据"这个词最早是媒体发现的,它试图向大众解释我们是做什么的,目前看来解释的效果还不错。

然而,大数据的价值不是在数据本身,虽然我们需要数据,数据很多时候只是伴随科技进步而产生的免费的副产品。比如说,学校为了让学生能更高效地注册而引进了注册系统,因而有了学生的很多信息,这些都是因为技术改进而产生的数据增量。

大数据的真正价值在于数据分析。数据是为了某种目的而存在,目的可以变,我们可以通过数据来了解完全不同的东西……有数据固然好,但是如果没有分析,数据的价值就没法体现。

……关于定性分析和定量分析,其实不是泾渭分明的。做分析全靠定性分析(由人主导)是不够的,因为你有很多数据不知道该怎么处理。全靠定量分析(由机器主导)也不行,这就像一张巨大的 Excel 表格,但是表中没有行、列的标签。所以,大数据分析需要的是由人主导,由计算机辅助的技术(we need computer-assisted,human-led technology)。

资料来源:加里·金(Gary King). 大数据,重要的不是数据[OL]. AMTGROUP,2017—2—20。

注释:

[1]葛琼. 人力资源管理中的数据分析——人力成本与绩效考核有效性的分析[J]. 当代经济,2011(4):60—61.

[2]李昕,徐婷. 企业如何进行人力资源预算编制[J]. 中国劳动,2014(11):43—45.

[3]肖楠榕. 人力资源费用预算与控制研究[J]. 人力资源管理,2014(3):46—47.

[4]董林. 浅析烟草商业企业人力资源预算编制[J]. 会计师,2015,No. 224(17):75.

[5]范应泽. 关于企业人力资源成本费用预算编制的探讨[J]. 化工管理,2007(11):49—52.

[6]唱新,胡素萍,蔡金玲,王红侠. 大数据在人力资源管理体系中的应用[J]. 人力资源管理,2014(11):30—31.

[7]杨晶. 江中药业人力资源数据分析[J]. 现代企业文化,2009(20):54—55.

[8]上官丽英. 基于数据分析的人力资源管理[J]. 现代企业文化,2016(5):150.

[9]李福臣. 大数据在人力资源管理中的运用[J]. 经营管理者,2015(31):176—177.

[10]程志远,王激励,秦志强. 企业人才流失的原因分析及对策研究[J]. 人力资源管理,2011(5):74—75.

[11]刘佳磊. 基于大数据的人力资源管理变革[J]. 中国市场,2014(44):81—82.

[12]赵凤敏. 关注人力资源成本管理[J]. 中国青年政治学院学报,2005,24(2):120—124.

[13]张弘,赵曙明. 人力资源成本的有效管理[J]. 中国人力资源开发,2008(11):36—38.

[14]高厚礼,崔会保. 面向知识经济的管理创新探析[J]. 华东经济管理,2002,16(2):85—87.

[15]陈鹏麟,霍晓宁,麻爱东,吴发沛,霍广喜. 人才:打造企业核心竞争力[J]. 新资本,2005(1):12—13.

[16]叶春涛.国外企业员工培训的现状与经验借鉴[J].China's Foreign Trade,2011(24):21—22.

[17]蒋宁.试论企业培训与职业生涯管理的实施方略[J].现代管理科学,2006(12):95—97.

[18]孙丽杰.我国企业人才培训绩效综合评价研究[J].商业研究,2007(5):52—55.

[19]彭程远.内部选拔 VS 外部招聘[J].企业家天地:理论版,2011(5):45—46.

[20]王桂玲.人才培养是交通企业发展动力的不竭之源[J].经营管理者,2011(11):260.

[21]陈建东.民营企业的留才策略[J].企业改革与管理,2006(9):60—61.

[22]姚月娟.现代企业如何提高员工的满意度[J].中共山西省直机关党校学报,2007(3):40—41.

[23]李柯.大数据时代人力资源管理的机遇、挑战与转型升级[J].金华职业技术学院学报,2015,15(4):35—40.

[24]杨君.大数据会颠覆 HR 行业吗?[N].人力资源报,2014—8—18.第 A3 版.

[25]维克托·迈尔—舍恩伯格,肯尼思·库克耶.大数据时代[M].盛杨燕,周涛译.杭州:浙江人民出版社,2012:4—5.

[26]李宝莹.大数据时代人力资源管理的主要特征[J].北京劳动保障职业学院学报,2015,9(4):26—28.

[27]孙连才.数据化管理趋势下人力资源外包模式创新[J].中国人力资源开发,2015(7):6—10.

[28]王奕.大数据时代人力资源管理的变革研究[J].赤峰学院学报(自然科学版),2016,(23):171—173.

[29]徐艳.大数据时代企业人力资源绩效管理创新[J].江西社会科学,2016(2):182—187.

第 6 章
人力资源招聘

"一个公司要发展迅速得力于聘用好的人才,尤其是需要聪明的人才。"
——微软公司比尔·盖茨

员工是企业稳定与发展的源泉,是公司最重要的资产。

"企"无人则"止",而人才的引进是靠招聘工作完成的,因此,招聘工作的重要性不言而喻。人力资源专家戴夫·尤里奇在《人力资源冠军》一书中指出:"成功的商家将是那些善于吸引、发展和保留具备必要技能和经验的人才的企业。人才是比产品因素、价格因素更为重要的东西。"

但是,无效的招聘不仅给公司直接增加招聘成本,还会影响公司员工士气、破坏企业文化、降低客户服务质量。如果在招聘企业战略高层次人才上出现失误,那必然给企业带来灾难性的影响。

招聘是人力资源管理的首要和关键环节,高效的人才招聘体系,为企业战略的发展提供了人才保障,实现人才与企业共同发展。通常情况下,企业招聘管理主要解决如下问题:(1)如何制定科学而有效的招聘目标;(2)如何构建高效的招聘渠道;(3)如何通过有效的面试工作,为企业发现优秀人才;(4)如何建立科学的测评体系,提升招聘效果。

招聘是首"选"环节

员工招聘作为人力资源管理的基础和开端,其科学程度将会直接影响整个人力资源管理工作的开展。[1]企业必须依据科学的人力资源管理理论,构建符合企业资源情况的招聘体系,同时,与所有人力资源工作一样,也要随着企业战略目标的调整来不断完善和优化招聘体系。

招聘是一项系统而专业的工作

招聘是指企业为了发展的需要,根据人力资源战略规划和工作分析的要求,寻找、吸引那些有能力又有兴趣到该企业任职的人员,并从中选出适宜人员予以录用的过程。

根据上述定义,招聘首先是一项系统性工作,需要在人力资源战略规划指导下,构建适合企业发展需要的招聘体系,因此,开展招聘工作,必须制定明确、清晰的招聘流程(参见图 6-1)。一方面,用招聘流程指导相关人员的工作;另一方面,也能够使应聘者熟悉招聘的过程,双方都能够按照流程做好充分的准备工作。

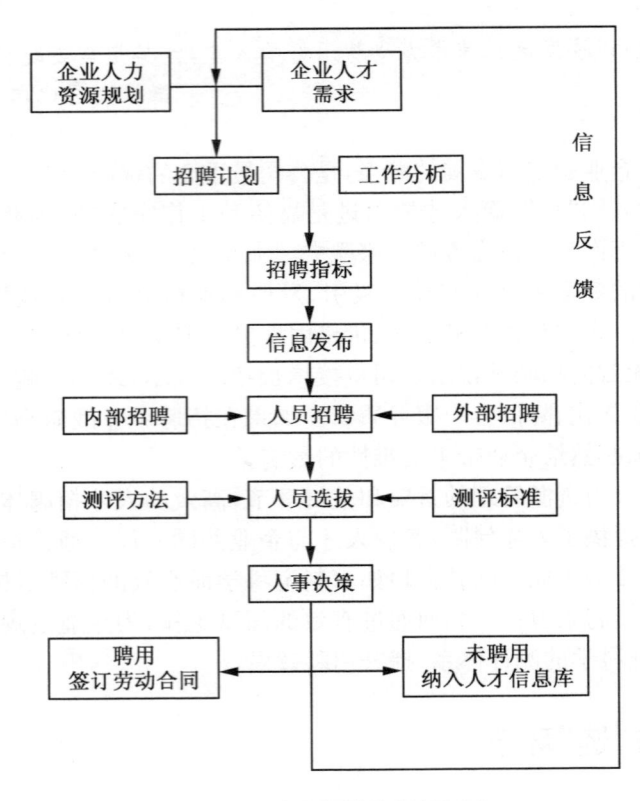

图 6-1 企业招聘流程(示意)

另外,招聘是一项专业性的工作。招聘人员需要对应聘者是否具备入选的可能性做出判断,也就是说,判断应聘者是否具备了所需的能力,以及能否在企业发挥其能力。经验告诉我们,判断应聘者所具有的知识和技能是否与岗位需要的一致并不难,难的是如何判断其个性特征和任职要求与岗位匹配的一致性问题。[2]

据调查统计,至少有60%的应聘者在求职中存在信息隐瞒或欺骗行为,比如伪造证件、夸大事实、填写虚假的工作经历等,从而严重影响甄选的准确性,造成招聘失败。

无论是从系统性角度来看,还是从专业性角度来看,企业招聘的最终目的都是要在资源既定的条件下,为工作岗位找到合适的候选人,因此,招聘要完成以下关键任务:(1)确定工作要求和职责;(2)根据工作要求全面收集应征者的信息;(3)对所收集的信息进行评估,并作为聘用决策的依据;(4)候选者的能力收集。

招聘工作的质量和效率直接影响人才引进的质量和效果,继而影响企业在行业竞争中的地位。[3]如今,企业招聘工作的重点已从传统的职位空缺人员需求,逐步转向为保证企业战略目标实现的需求(参见表6-1)。企业招聘就是精心选择高素质员工,以帮助企业实现中长期战略发展目标的过程。

表6-1　　　　　　　　　传统招聘与战略性招聘比较

流程	工作内容	一般招聘	战略招聘	
			重点人才	一般人才
招聘准备阶段		· 各部门上报员工缺口 · 制订招聘计划 · 调配资源	· 分解企业战略,形成人才需求总体计划	
			· 分析目标人才 · 综合选择招聘渠道 · 制订人才引进计划	· 人才需求 · 选择招聘渠道 · 制订招聘计划 · 调配招聘资源
实施阶段	信息发布阶段	· 发布职位空缺 · 发布任职资格	· 综合多种渠道发布招聘信息 · 发布内部竞聘信息	
	人员甄选阶段	· 筛选简历 · 笔试 · 面试	· 筛选简历、确认信息 · 高层面谈与战略沟通	· 筛选简历 · 综合性笔试 · 复合面试
	录用阶段	· 拟订录用名单 · 签订录用合同 · 办理劳动关系	同左	
入职阶段		· 一般普适性培训	· 高层面谈与沟通 · 企业工作支持 · 战略构想的检验	· 人力资源部入职培训 · 部门入职培训 · 招聘专员跟进

高效招聘渠道管理

前苹果公司 CEO 乔布斯曾说,招聘何其困难,根本像在干草堆里寻找细针,在这一生中,我大概参与了 5 000 人以上的录用工作,我对这件事相当慎重。由此看来,招聘不是一件简单的事,也不是靠钱就可以解决的事,实践中,有很多企业投入了大量人力物力,在企业急需用人的时候,却常常苦于招不到人才,招不到合适的人才。如何解决这一问题,我们就不得不了解如何建立企业有效的招聘渠道。

> 企业出现岗位空缺,管理者应先考虑企业内部是否有合适的人选,让内部有能力的员工看到发展机会,而不是马上采取外部招聘的办法。

企业依据自身实际情况可以选择适当的招聘渠道,常用的招聘渠道参见图 6—2。

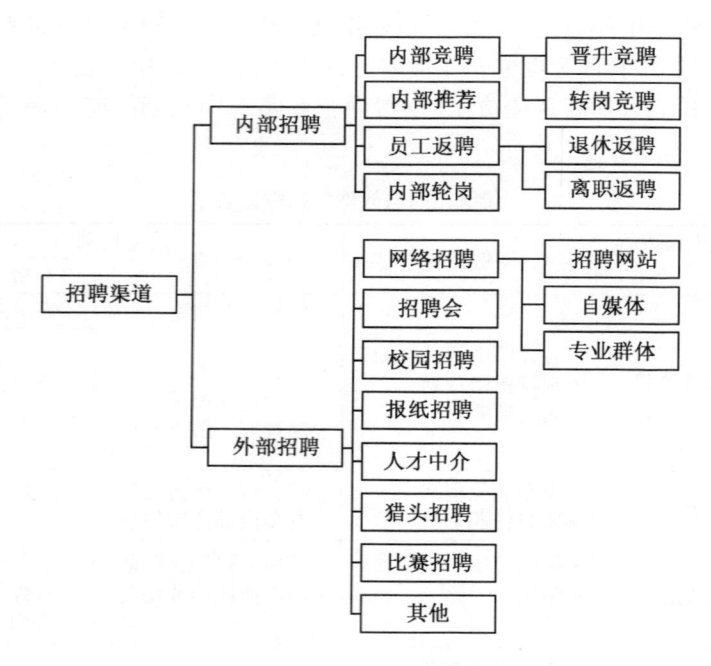

```
                    ┌─ 内部竞聘 ─┬─ 晋升竞聘
                    │            └─ 转岗竞聘
        ┌ 内部招聘 ─┼─ 内部推荐
        │           ├─ 员工返聘 ─┬─ 退休返聘
        │           │            └─ 离职返聘
        │           └─ 内部轮岗
招聘渠道┤
        │           ┌─ 网络招聘 ─┬─ 招聘网站
        │           │            ├─ 自媒体
        │           │            └─ 专业群体
        │           ├─ 招聘会
        │           ├─ 校园招聘
        └ 外部招聘 ─┼─ 报纸招聘
                    ├─ 人才中介
                    ├─ 猎头招聘
                    ├─ 比赛招聘
                    └─ 其他
```

图 6—2 常见的招聘渠道

(1)内部竞聘。内部竞聘是指企业在内部公开招聘选择合适人才,最明显的优点就是最大限度地节约了招聘成本,同时,可以激发内部员工的积极性。

（2）招聘会。招聘会的效果受招聘会本身宣传力度和组织形式的影响。企业有选择性地参加一些有针对性以及规模较大的招聘会效果会比较好一些。

（3）校园招聘。企业通过校园招聘招到的学生可塑性比较强，容易接受新事物、新观念，同时，他们也会给企业带来一些活力。但校园招聘最大的缺点是招来的学生都没有实际工作经验，企业要花费大量的时间及精力来对他们进行培训，这包括正式培训和非正式培训。

（4）人才中介。人才中介包括人才交流中心、职业介绍所以及猎头公司等。这些机构扮演着双重角色，它们既为企业输送合适的人才，同时也为应聘者找到相应需求的企业。

（5）报纸招聘。通过报纸来发布招聘信息的时候，同时也会起到一定宣传企业的作用，有利于树立企业形象。但是，报纸招聘的成本及效果等受报纸影响力、覆盖面以及招聘信息所占版面位置及大小等因素影响。

（6）网络招聘。网络招聘可以通过以下方式：在公司自己的网站上发布招聘信息；注册成为人才网站的会员，比如前程无忧、智联招聘、中华英才网等；在某些门户网站发布招聘信息，比如新浪网、搜狐网等；在 BBS 或博客上挖掘人才等。网络招聘的最大优点是覆盖面很广，没有地域性限制，可以不断使用，招聘信息的时效性较强，费用相对来说也比较低。

（7）内部推荐。企业可以通过内部员工推荐其亲戚、朋友、同事等来应聘企业的空缺职位，从而企业可以较快地招到符合职位要求的合适人才。这种招聘形式被众多企业所采用，比如思科公司通过一些奖励方式来积极鼓励内部员工向其推荐优秀的人才。这种方式的最大优点是快速、高效、便捷。

随着社会经济的发展，招聘渠道也不断地增加，但是，对于企业来说，招聘渠道并不存在优劣之分。

企业可依据自身所处行业的特点、所处环境、招聘计划等实际因素选择较符合公司需求的招聘渠道，从而尽量在招聘预算范围内快速、高效、便捷地招到需要的合适人才。

复杂而高企的招聘成本

招聘工作的各个环节都需要经费的投入，小到一份简历的阅读、一张招聘表格的打印，大到一个招聘渠道的业务合作、一种测评工具的购买，这些都构成了招聘成本。

从定义来看，招聘成本是在员工招聘工作中所花费的各项成本的总称[4]，包括在招募和录取职工的过程中招募、选拔、录用、安置以及适应性培训等的成本中。

(1)招募成本。招募成本是为吸引和确定企业所需内外人力资源而发生的费用，主要包括招募人员的直接劳务费用、直接业务费用（如招聘洽谈会议费、差旅费、代理费、广告费、宣传材料费、办公费、水电费等）、间接费用（如行政管理费、临时场地及设备使用费等）。

(2)选拔成本。选拔成本是指对应聘人员进行鉴别选择所支付的费用。主要包括汇总申请材料费用、选拔面谈费用、考试费用、测评费用、体检费用等。

(3)录用成本。录用成本是把合适的人员录用到企业中所发生的费用。主要包括录取手续费、调动补偿费、搬迁费和旅途补助费等由录用引起的相关费用。

(4)安置成本。安置成本是为安置已录取职工到具体的工作岗位上时所发生的费用。安置成本由为安排新职工的工作所必须发生的各种行政管理费用、为新职工提供工作所必需的装备条件，以及录用部门因安置人员时间所损失的时间成本构成。

(5)适应性培训成本。适应性培训成本是企业对上岗前的新员工在企业文化、规章制度、基本知识、基本技能等方面进行培训所发生的费用。适应性培训成本由培训和受培训者的工资、培训和受培训者离岗的人工损失费、培训管理费用、资料费用和培训设备折旧费用等组成。

(6)离职成本。离职成本是指因招聘不慎，因员工离职而给企业带来的损失。所谓离职是指员工任何超越了组织管辖范围的永久性离开，组织内部调动和临时解雇不属于离职。离职成本一般包括直接成本和间接成本，其中直接成本是通过检查记录与准确估计时间和资源可以被量化的成本，主要包括处理离职带来的管理时间的额外支出、解聘费、离职面谈的成本支出、临时的加班补贴、应付的工资和福利等。间接成本比直接成本要高得多，主要包括员工离职后留下来的员工生产力降低、替补人员学习过程中的低效成本、资产的潜在损失、客户或公司交易的损失、员工士气的降低以及销售战斗力的下降等。

(7)重置成本。重置成本是指因招聘方式或程序错误致使招聘失败而重新招聘所发生的费用。它实际上是一次再招聘过程，其成本是上述各项成本的再次计算。

招聘成本的多少主要依赖于整个招聘过程的顺利程度和有效程度。合理的规划、有效的招聘渠道可以规避无效招聘造成的成本风险。

一个企业对招聘的资金投入对招聘的整体水平有着重要的影响，但是每个企业对于人力资源投入的费用是一定的，那么尽可能地降低成本为组织获得最合适的应征者就成为招聘的基本目标之一。

从实际情况来看，控制招聘成本是件困难的事，不论企业大小，只有根据自身的实际情况，灵活运用各种降低成本的方法，才能真正在成本既定的情况下实现最好的招聘结果，但是，完全照搬其他企业的做法，或者一味选择花费最少的渠道，往往都会事与愿违。

综合利用企业人力资源

实际上，企业人力资源供给渠道有很多，包括外部招聘、内部培养、内部借调、保留人才、转岗或辞退、组织设计和组合方法等，相互之间可以转化。合理平衡地运用各种策略，可以形成更为有效的策略及方案，6Bs＋OD 模型有助于企业提升人力资源管理的综合效率（参见图 6－3）。

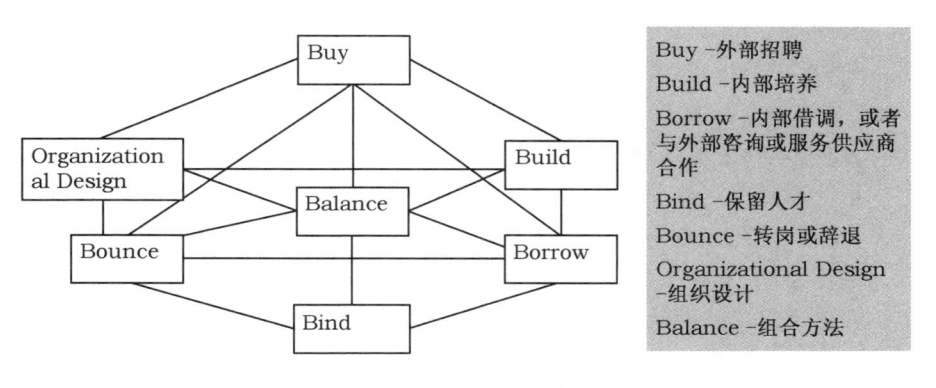

Buy －外部招聘
Build －内部培养
Borrow －内部借调，或者与外部咨询或服务供应商合作
Bind －保留人才
Bounce －转岗或辞退
Organizational Design －组织设计
Balance －组合方法

图 6－3　6Bs＋OD 模型

（1）内部借调，或者与外部咨询或服务供应商的专业团队合作来填补空缺。与外部专业公司合作的方式虽然需要付出一定的经济代价，但是比起外部招聘、内部培养所花费的费用、时间和精力而言，有时这一方式显得更高效。

（2）借助保留或者转岗也可以达到现有人员与职位的合理配置，通过对内部人员职业生涯的重新评估，实现人员的内部岗位转变，使得人尽其才，又为企业解决了人才缺口难题。

(3)组织设计的方法,可能涉及组织结构层面的变动,采用时应较为慎重。我们可以尝试一些小的变动,将关注点放在发展某种组织能力上面。

资料链接6—1:丰田汽车公司的招聘机制

日本丰田汽车公司素有善于积聚人才、使用人才的形象,公司独具特色的人力资源管理实践成为争相模仿的对象。其中,独具特色的招聘体系是丰田公司价值创造体系的一个重要组成部分。该公司的招聘机制真正体现了招聘工作为组织的战略目标服务,使招聘活动与公司价值观以及公司独特生产方式融为一体,并成为公司取得卓越劳动生产率的重要保障。

……

1. 基于精益生产战略的人才选拔标准。传统的招聘是独立于组织战略的一项职能活动,与组织战略无关。然而,丰田公司的选拔过程设计是为了识别出最适合公司运作模式的人而开展的,首先体现在基于精益生产的价值观以及独特的生产方式确定的选拔标准。

精益生产模式以强调对各种形式浪费的消除为特点,因为浪费不仅带来生产成本的上升,也会给员工带来不利影响,导致员工精力的消耗,产生挫折感、紧张情绪以及不和谐的人际关系。

2. 超越"岗位职责"的要求招聘员工。传统招聘以填补组织空缺为目标,评价候选人的标准主要是以胜任岗位职责为依据。丰田公司的招聘不仅关注填补职位空缺,更重视通过招聘获得和增强组织的核心能力。因此在招聘员工时不仅考查岗位技能和知识,更看重是否愿意学习、接受新生事物、喜欢成为团队的一员,这些反映了员工可能从事其他岗位工作以及被提拔的潜力,与大多数企业形成鲜明对照。首先,超越岗位职责的招聘与公司实行的非专业化分工机制有直接的关系,即每个人都有自己的岗位职责,但是更强调团队协作,因为,持续改进更依靠全体成员的智慧。其次,竞争环境的不确定性需要组织应对日益激烈的挑战,而且越来越多的工作需要以团队合作的方式完成,要求员工具有很强的适应性、灵活性。在这样的环境下,公司招聘的员工不再是仅仅为了完成某一具体职责,而是能够随时为整个企业工作。

3. 严格的选拔程序和多重选拔技术。为招募到企业所需要的员工,公司在选拔员工上花费了大量的精力。以澳大利亚丰田汽车为例,公司的选拔过程共经历八个阶段,而完成整个招聘过程一般要花费12个小时左右,招聘初级员工的选拔时间也会达到8～10小时。类似地,在对美国丰田汽车公司的应聘者进行的甄选过程中平均花费了 18 小时。同时,在复杂的招聘程序中,丰田公司采用了多种选拔技术以保证选拔出公司所期望的员工。例如,通过背景调查发现并确认候选人信息的真实性;通过能力倾向测验评价候选人的技术能力和发展潜力;利用行为面试对应聘者的能力、技能和个人特征进行评价;同时,丰田公司充分利用了评价中心方法的特点,通过让候选人进行分组讨论来表现个人与小组中的其他成员之间的相互作用,以进一步考察人际交往、分析与解决问题能力;用人部门进行的面试则使候选人能够熟悉所提供的岗位,确保候选人准确地知道其工作地点、条件以及工作的内容;最后阶段的上岗观察则为员工和公司提供了一个双向选择的过程。总之,把多种具有不同优势的选拔方法有机地结合起来,注重招聘质量,全面地考察候选人的特征,为确保企业选拔到真正适合的候选人提供了技术保证。

4. 候选人高度参与。公司通过实施现实的工作预览,让候选人观看录像、参观工厂以及在岗实习等环节,让候选人尽可能地参与到选拔过程,确保候选人了解真实的工作环境和工作内容,也给候选人足够的时间确认公司是否是自己所需要的类型,也避免企业选择错误的候选人。经过严格的选拔和充分的思考之后,无论是应聘者还是公司都做出了十分慎重的决策,保证所招聘的员工是十分认可公司价值、愿意为公司奉献的优秀员工。这些既认可公司价值观又具有能力的员工成为丰田卓越生产力的创造者,取得了竞争对手难以逾越的业绩。而这样的选拔流程也避免了不合格员工的进入以及员工流失的成本,并为企业节约了因雇用不合格员工而发生的不必要的培训与开发等各项费用。

……

资料来源:王兰云. 丰田汽车公司的招聘机制研究——基于战略招聘视角的分析[J]. 现代管理科学,2009(3):94—96。

能力素质决定员工绩效

要想提高员工工作效率,有效的途径就是优化人岗匹配,而优化人岗匹配的基础是:明确该岗位职责任务是什么?为了有效完成这些职责任务,对任职人员有什么能力素质要求?总体来看,能力素质是判断员工能否胜任某项工作的起点,同时,也决定了员工绩效水平。[5]

因此,现代企业招聘工作往往是基于应聘人员的能力素质,而不是以职务刚性要求为导向。企业要想高效完成招聘,必须在各种职务种类、部门、工作角色或职业上建立能力素质模型。

什么是能力素质?

"能力素质"也叫"胜任力",是1973年哈佛大学的戴维·麦克利兰教授最早提出的,英文为competency,从品质和能力层面论证了个体与岗位工作绩效的关系。[6]他认为,个体的态度、价值观和自我形象、动机和特质等潜在的深层次特征,将某一工作(或组织、文化)中表现优秀者和表现一般者区分开来,这些区别特征后来被称作素质,而素质是决定工作绩效的持久品质和特征,也是真正导致员工产生高绩效的内在动力源泉。它反映的是可以通过不同方式表现出来的员工的知识、技能、个性与内驱力等。

能力素质是一个整体的、综合性的概念,其中,各种不同的知识、技能与职业素养共同作用、影响员工行为,它们的组合便构成了员工的能力素质。能力素质是企业员工突出工作绩效的基础所在,其表现方式多种多样,包括知识、技能、个性、雄心抱负等。[7]

能力素质的冰山模型①认为,人的能力素质就像浮在大海上的一座冰山(参见图6—4),露出海面的部分是一个人的行为、知识、技能等一些外在的、可观察的特征,但这仅仅是人的能力的一部分,处于海面以下的冰山的另一部分是能力的另一部分,包括价值观、态度、自我形象、个性品质、动机等情感智力部分。

知识技能等明显、突出并且容易衡量,但真正决定一个人的成功机会的,是隐藏在水面以下的因素。实践中,许多企业往往凭借知识与技能来挑选员工,但效果往往不尽如人意。事实上,能力素质中的潜能部分对于指导企业能否有效利用员工的知识与技能是非常关键的,有时甚至起着决定性作用。[8]同样道理,如果能够凭借潜能来挑选员工,再对其知识、技能等素质施以相应的培养与开发手段,就能对员工素质的提升真正做到有的放矢,事半功倍。

能力素质模型对企业发展至关重要。一份对北美1 000家公司的调查显示:①未将核心能力与企业经营战略挂钩的公司,其三年期股东总回报为

---

① 1973年,美国哈佛大学麦克利兰教授提出了著名的冰山模型,该模型将员工个体素质的不同表现形式,划分为表面的"冰山以上部分"和深藏的"冰山以下部分"。

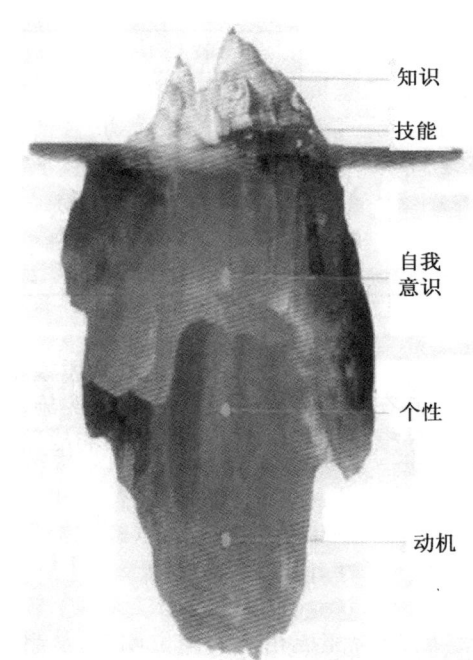

知识：
在一个特定领域所获取的信息

技能：
将事情做好所表现出来的行为

自我意识：
价值观、假设/心智模式、认知、态度、自我形象

个性：
一个人的认知、情感、意志和行为上表现出来的心理特征，包括气质、智商（IQ）、情商（EQ）和逆境商数（AQ）等

动机：
驱动行为的深层次需要

图6—4　员工能力素质冰山模型

10%；②将核心能力与企业经营战略挂钩的公司，其三年期股东总回报为14%；③使用将核心能力与企业经营战略挂钩的人力资本管理计划的公司，其三年股东总回报为30%。[9]

在企业经营过程中，要想完成某项工作，达成某个绩效目标，需要一系列不同能力素质要素的组合，包括动机表现、个性与品质要求、自我形象与社会角色特征以及知识与技能水平。对于不同的岗位工作，所需要的能力素质也不尽相同，甚至有着极大的差异（参见表6—2）。

表6—2　　　　　　　　企业不同岗位的能力素质需求（示例）

销售代表	领导管理人员	技术/专业人员
说服能力/销售能力	赢得认同	技术及专业知识
计划与组织能力/工作管理能力	计划与组织能力/工作管理能力	计划与组织能力/工作管理能力
动力适配性	决策能力	适应力
沟通	整合绩效	积极主动
精力充沛	抗压性	动力适配性
决策能力	授权委责	赢得认同

续表

销售代表	领导管理人员	技术/专业人员
坚持不懈	领导会议的能力	信息监控
谈判能力	沟通	决策能力
积极主动	动力适配性	应用所学
建立良好形象	信息监控	建立策略性工作关系
	打造成功团队	持续学习
	愿景与价值观领导	

总之,能力素质模型对当今企业管理起着举足轻重的作用。迄今为止,国内一些知名企业,如中国平安、华为、万科、联想等,都已引进能力素质模型理论,并付诸实践。

通过建立企业的能力素质模型,并在整个人力资源管理体系实施,能够提高组织效率,实现企业的战略发展目标。

能力素质的构成要素

企业的每一个岗位都有相应的要求,要想完成相应的岗位职责,从事该岗位的员工必须具备满足该岗位需要的相应知识和技能,但这只是岗位的硬性条件,同时,员工还要具备处理变化的能力,比如说,完成某项岗位工作,经常需要部门间的合作与沟通,抑或是出现了突发事件等,在这些时候,就需要员工具备良好的沟通能力和应变能力。

因此,对于企业员工来讲,必须要满足岗位所需要的能力素质,通常情况下,员工的能力素质体现在如下几个方面(参见图6—5):

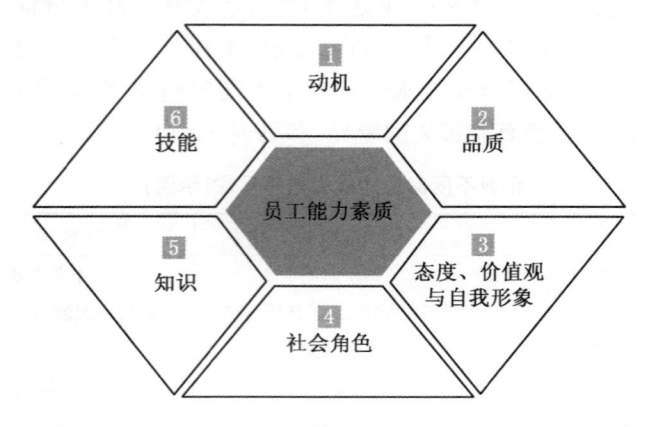

图6—5 员工能力素质的六种基本构成要素

(1)动机。它是推动企业员工为达到一定目标而采取行动的内驱力,具有了某种动机,员工的目标感就会更强,其行为就会选择向某个方向前进。

(2)品质。它是个性、身体特征对环境与各种信息所表现出来的一贯反应,品质和动机结合在一起,就能够预测员工在无人监督下的工作状态,也就是说,自我管理能力的情况如何。

(3)态度、价值观与自我形象。它是员工自我认知的结果,作为动机的反映,可以预测短期内有监督条件下的行为方式。

(4)社会角色。它是员工基于态度与价值观的行为方式与风格。

(5)知识。它是员工在某一特定领域拥有的事实型与经验型信息。

(6)技能。它是指结构化地运用知识完成某项具体工作的能力,即对某一特定领域所需技术与知识的掌握情况。

企业通过培训、工作轮换、调配晋升等多种人力资源管理手段与措施,可以相对容易地提高员工的知识与技能水平,但对于潜能部分较难于评价和培养,花费的成本也比较高,而且往往效果不佳。

员工潜在的动机、内驱力、个性、自我形象、价值观、社会角色等在一定程度上是持久不变且与众不同的。 通过把握能力素质的构成要素,人力资源部门就可以对人才的整体状况做到心中有数。比如说,企业人力资源部门会更明确地回答如下问题:我最需要的人才在哪里?企业哪些员工绩效尚可,但是潜力不足?企业要储备哪些人才?……

此外,能力素质模型及评价结果,还可以引导员工职业生涯规划,一方面员工可以根据个人的素质特征,在进入企业后选择或调换适合自己发展的路径与通道;另一方面,管理者可以基于员工的能力素质进行人员调配,即使知识与技能暂时无法满足要求,只要具备从事职位的能力素质(特别是潜能)即可。

行为事件访谈

行为事件访谈(Behavioral Event Interview)是构建能力素质模型的重要工具,它是一种开放式的行为回顾式探索技术,能够通过深入访谈,挖掘出影响目标岗位绩效的非常详细的行为,被公认为目前最有效的信息采集方法。[10]

能力素质模型研究的方法多种多样，常见的有座谈研讨法、头脑风暴法、问卷调查法、专家系统数据库法等，与这些方法相比，行为事件访谈法具有客观性、真实性、有效性等优势。

通过被访谈者对其职业生涯中某些关键事件的详尽描述，比如说，在客户服务、团队合作、危机处理、问题分析等方面遇到的若干成功和失败的典型事件或案例，特别是他们在事件中扮演的角色与表现，以及事件的最终结果等，从中总结并归纳被访对象的思想、情感与行为，揭示与挖掘当事人的素质，特别是隐藏在冰山下的潜能部分，用以对当事人未来的行为及其绩效产生预期，并发挥指导作用。

对于行为事例的描述，通常要借助于STAR工具进行，即从情境、任务、行动和结果四个方面进行：

S——应聘者面对的情境；

T——任务；

A——采取的行动；

R——行动带来的结果。

具体而言，至少应包含以下五个方面的关键点："当时情况怎样，是什么原因导致这种情况发生的？"、"有哪些人涉及其中？"、"你在当时情况下的想法、感受如何，你当时希望怎样做？"、"你实际上做了什么或者说了什么？"（主要了解被访者对事件的基本态度、感受、动因）、"结果如何，产生了什么样的影响？"通过对这些细节的追问，还原事件发生的全过程，收集受访者在代表性事件中的具体行为和心理活动的详细信息。

为了使行为事件访谈顺利开展，在不受干扰的情况下，高效地取得最佳效果，通常情况下，事前应该制定明确的行为事件访谈流程（参见图6—6），关键环节如下：

1	2	3	4	5	6
前期准备	访谈内容介绍说明	梳理工作职责	进行行为事件访谈	提炼与描述工作所需的素质特征	访谈结束与资料整理

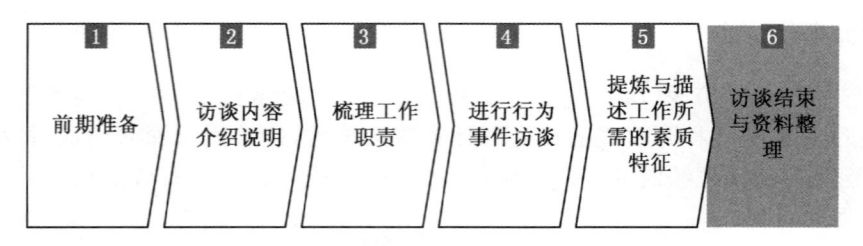

图6—6　行为事件访谈法流程（示意）

（1）前期准备。在正式访谈前，访谈者应该借助岗位分析与岗位说明书等手段与工具,了解被访谈者的背景情况,包括姓名、职务以及机构状况等,准备好访谈提纲(参见表 6—3),安排地点等。

表 6—3　　　　　　　　　　　　　访谈提纲

	问　题	目　的
开场	自我介绍、访谈目的介绍、保密说明。	访谈热身阶段; 创造融洽和谐的谈话氛围,打消受访者顾虑。
问题一	请简要介绍您的学习经历和工作经历。	问题导入。
问题二	请介绍您的主要岗位职责。	预判访谈走向及访问重点。
问题三	请列举三件近年来工作中的成功事例,并详细描述事件发生的过程、遇到的困难、当时的想法、采取的措施、处理成功之后的体会。	访谈关键阶段:了解全景、追问细节。 这项工作内容是什么?——了解事件全景。 遇到了解体现能力的关键节点; 当时的想法(为什么这样做?)——体现个性要素; 采取的措施(您分别是如何做的?)——体现能力要素; 成功或失败之后的体会(这样做的结果怎样?)——体现能力素质要素和经验。
问题四	请列举三件近年来工作中的失败事例,并详细描述事件发生的过程、遇到的困难、当时的想法、采取的措施、处理失败之后的体会。	
问题五	请列举履行岗位职责所需的专业知识和相关知识。	访谈收尾阶段: 验证和补充文本分析所得的知识点、个性及能力要素。
问题六	请介绍履行好岗位职责最重要的成功经验。	
结尾	对受访者表示感谢。	访谈结束: 与受访者建立持久的良性互动关系。

资料来源:裘烨真,皑妍. 谈行为事件访谈法在胜任素质模型构建中的应用[J]. 国家林业局管理干部学院学报,2013,12(3):46—49。

(2)访谈内容介绍说明。目的是使访谈双方相互信任,形成一种友好的氛围,从而保证信息的全面真实。向被访者特别强调访谈的目的与形式、访谈信息的用途、使用者以及保密承诺等。

(3)梳理工作职责。了解被访者岗位的实际工作内容,包括关键的工作行为以及与其他岗位的工作流程关系等,可以参照岗位说明书获得相关信息。

(4)进行行为事件访谈。核心目的是了解被访者对关键事件全面详尽的描述,事件的数量以一个为宜。

(5)提炼与描述工作所需的素质特征。结合访谈记录与相关资料提炼与描述工作所需的素质特征,主要目的是:一是对之前访谈过程中的关键事件进行补充,获得一些与能力素质相关的其他关键事件的信息,避免疏漏;二是通过直接询问被访者本人对从事工作所需能力素质的理解与认识,也使其因为受到尊重而感到更加自信。

(6)访谈结束与资料整理。为了防止对某些关键细节的疏漏与遗忘,就要尽快总结访谈资料,记录整个访谈内容。通常需要整理的资料包括:职位以及工作职责描述、行为事件描述、任职者的能力素质、总结和分析。

收集应聘者的行为事例,可用来预测应征者在招聘工作的各个能力上可能的绩效表现,原因就在于行为与能力之间存在着密切的联系(参见图6—7)。

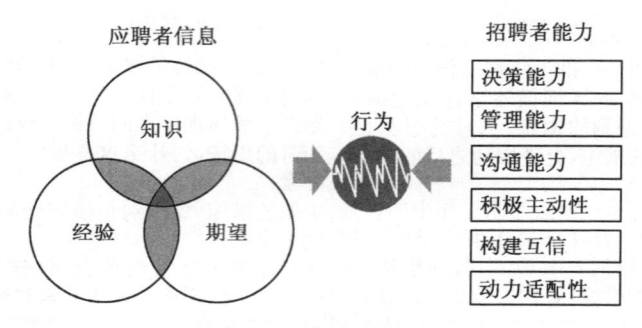

图6—7 行为与招聘能力之间的联系

行为事件访谈法成功与否,很大程度上取决于受访者的配合程度。在访谈过程中,有的受访者出于自身利益考虑,有时会采取不合作的态度,或有意无意夸大自己工作的重要性和复杂性,从而导致所提供的信息失真,常见的虚假行为事例具有如下特点:(1)含糊的叙说;(2)没有具体地说明实际行动;(3)主观意见;(4)看法与感受而非实际行动;(5)理论性或不切实际的叙述;(6)只交待部分的行为事例。

因此,为了提高信息的真实度,访谈人员应该加强对专业背景知识的了解,增强亲和力和沟通引导能力,以提高访谈质量。

资料链接6—2:速途网如何运用互联网思维确定用人标准

速途网上线于2009年4月,目前已经成为中国互联网行业最大的行业网站和舆论、社交阵地。速途网的用人标准有鲜明的互联网特色,主要表现在以下几个方面:

1. 在年龄上以85后、90后员工为主,这是公司创新与活力的保障。如果不符合这个年龄段,则需要部门负责人撰写报告,详细说明原因,上报公司高层批准。

2. 不看重专业背景和从业经验。公司招聘员工往往不局限于有互联网从业经验的IT人员，而是跨行业跨领域进行，只要符合公司文化、有学习能力及创新意识的候选人都能为公司所用。这也完全符合互联网的跨界思维。

3. 参照星座选拔人才。这是速途网极富特色的人才选用机制。参照公司现有员工的表现，在入职审核中进行星座性格分析。例如在公司中处女座员工总有近乎完美的工作表现，是精英群体的代名词。他们执行力强、专业性好，同时具备很高的领导能力，是多个团队的领导者。而水瓶座员工往往思维敏捷睿智，是团队中令人折服的精神领袖和智囊，每当团队遭遇问题障碍，水瓶座能够顶住压力并成为解决问题的智慧中枢。这种特有的星座选拔学对公司的人员招聘起到了很好的辅助作用，可以让团队在招聘初期以最小成本对应聘者形成基本的判断，后期再结合其他标准形成最终决策。

4. 使用面试访谈表。面试访谈表中除了包含诸如性别、年龄等基本信息外，还包括朋友圈人数。这与公司的经营性质密切相关，由于公司属新媒体行业，考察候选人对新媒体如微博、微信、陌陌等的使用状况就显得非常重要，朋友圈人数往往显示了候选人对新媒体的使用频率和熟悉程度；此外，朋友圈的质量也是一个衡量标准，如果候选人的朋友圈中拥有多位某领域内知名专家，我们也可因此推定其在该领域内有一定的影响力和知名度。

另外，在面试访谈表中还设置了三个主观问题，分别是：十年后，你觉得自己怎么样？回首过去，哪件事让你觉得最有成就感？你对新媒体的现在和未来如何理解？这三个主观问题看似平淡无奇，但每个问题都要求候选人在140字以内回答。140字是新浪微博发布的字数限制。由于人脑具有认知局限性，每次只能处理一定量的信息（德国数学家通过计算得知人脑每次只能处理140~160个字符），而微媒体的发展很大程度上依赖于移动互联网。所以将回答限制在140字以内，更符合手机用户的习惯。而限定字数往往促使表达专注于核心内容，即限制往往带来简约、创新与灵感。

资料来源：张义德，丁道师．互联网思维下的人员招聘选拔——以北京速途网络科技有限公司为例[J]．中国人力资源开发，2015(6)：6—11．

面试是招聘的必要环节

面试是招聘者对应聘者的主观评价过程,是企业招聘的一种重要方法,随着企业招聘标准由学历向能力的转变,招聘面试成为企业招聘合格人才的一大主要工具。[11]之所以在招聘时需要进行面试,是因为与应聘者面谈,是收集和判别行为事例的最佳机会,进而可以全面地认识和了解应聘者的能力素质。

招聘面试的重要性

美国北卡罗来纳州格林斯博罗的创造性领导人才中心对近 500 名企业总裁进行调查的结果显示:让错误人选进入领导班子的代价是巨大的,因为选择和培训一名低级主管可能耗资 5 000 美元;选择和培训一名高级主管可能耗资 25 万美元;由于许多公司不断缩小规模、减少公司内部的管理层,一名不称职的主管可能造成的损害也随之增大。[12]

面试作为企业引进人才最常用的方法,在招聘过程中具有重要的价值,主要体现在三个方面:

(1)获得更多的应聘者信息。通过面试,可以直观地了解应聘者的体型、外貌、气质、衣着举止、精神状态等仪表风度。更为深入地了解应聘者的背景情况,通过与"应聘人员登记表"的内容比较,能够确认应聘者的诚实度。同时,还可以更全面地了解其专业知识和技能,以及该应聘者在实际工作中所积累的经验。

> 面试官需要把握面试的气氛和节奏,掌握提问的重点,还要在很短时间内对每位应聘者做出准确的评价。

(2)有效考查应聘者的潜在能力素质。根据能力素质模型,员工潜在的能力素质直接决定了工作绩效,潜在的能力素质包括工作态度、业余兴趣与爱好、求职动机等,还包括是否有事业心、进取心。通过面试,可以有效地获得应聘者的潜在能力和素质,一方面为引进员工提供数据和事实的资料支撑,另一方面为员工和岗位的匹配提供依据。

> 选择员工的最重要依据是员工完成工作的能力而不是应聘者应付面试的能力。

(3)更直观地判断应聘者综合素质。"百闻不如一见",招聘面试会让面试官对应聘者有更深入、更直接的判断;另外,通过精心策划的面试环节和面试题目,经验丰富的面试官可以从团队合作能力、口头表达能力、心理承受能力、责任感、可塑性等方面来观察应聘者的综合反应,从而推断出他能否胜任岗位需求。

基于以上原因,很多企业强调招聘面试环节,通过面试提高招聘效率和节约成本。当然,不同国家、不同企业,都会针对性地采取面试方式。例如,日本公司一般都采用小组面试,即多名面试官同时参与面试。美国微软公司面试实行"车轮战术",每一个应聘者要同5~8个人面谈,有时可能达到10个面试官,其中,面试官都是相关领域的专家,各自有一套问题,并且侧重点不同。

面试质量的好与坏直接影响企业的选才、留才、激励、待才。在科学的招聘体系中,面试是一个极为关键的环节,建立规范化的面试流程,有助于面试的客观公正,避免面试官从个人经验出发来评判应聘者。

通常情况下,面试流程应包括三个环节:面试准备、面试过程管控、面试评估和反馈(参见图6-8)。

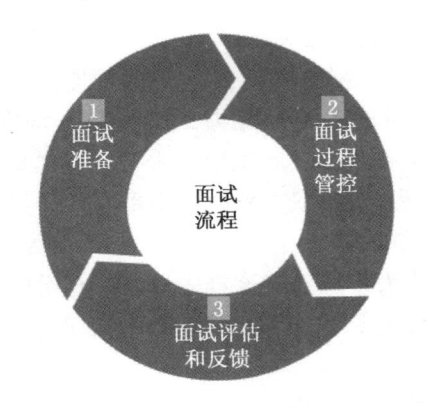

图6-8 面试流程(示意)

精心做好面试准备

面试准备是面试流程的第一个环节,它关系到面试的质量,甚至决定着面试的成败,因此,要精心做好面试准备。通常情况下,面试准备包括以下几个方面的内容。

(1)确定面试原则

招聘面试是挑选相对公司和招聘职位最合适的人,而不是挑选最优秀的人,因此,要坚持准确、公平、信服三个原则(参见图6-9)。

首先,面试要坚持准确原则,通过面试,全面了解应聘者的能力素质,为

准确	公平	信服
为企业岗位招到适合的员工	给应聘者相同的机会	双方认同整个面试过程
-对岗位或企业充满热情,任职时间超过平均水平; -双赢; -利用其专业知识完成任务。	-基于统一合理的要求; -统一与工作相关的标准; -淘汰理由只与应聘者工作能力相关。	-高效时间管理; -双方理解并接受最终决定; -彼此尊重对方。

图 6-9　面试的原则

企业岗位招到适合的员工。

其次,面试要为应聘者提供一个公平、公正的平台,面试过程中,摒弃面试官的主观看法,坚持客观考核,给所有应聘者相同的机会,并且淘汰的理由只能与应聘者的工作能力相关。

最后,面试双方是平等的主体,要基于信服原则,认同面试过程。企业通过面试了解应聘人员的各方面能力、职业规划、是否认同本企业的文化等;应聘者通过面试了解企业发展规划是否符合自己的职业发展,因此面试是一个双向选择的过程,对于双方来说都很重要。

(2)明确岗位任职资格

出现岗位空缺,人力资源部应该首先进行岗位分析,全面分析岗位任职要求与标准,明确岗位的具体工作职责与考核重点、上下级汇报关系、任职的关键因素等。

通常情况下,岗位任职资格包括经验、专业能力、历史业绩、管理能力、领导力、价值观、人格特质等,有时候,为了提升效率,会根据岗位的具体情况,确认3~4个关键的任职资格。

明确了岗位任职资格,企业就可以明确自己需要什么样的员工,根据不同的岗位级别要求和岗位性质灵活采取相吻合的招聘渠道和面试方法[13],同时,也使招聘面试工作有的放矢,更便于在招聘面试环节中找到符合标准的人。

(3)设计面试问题,制作面试指引

为了提升面试效率,需要根据任职资格设计关键面试问题,把要问的核心问题和考察点,以及每个环节相应的时间明确下来。[14]以防问的问题太随性、太散、有遗漏或时间控制不好。

面试指引能够有效地提高面试效率,主要包括8个环节(参见图6—10)。

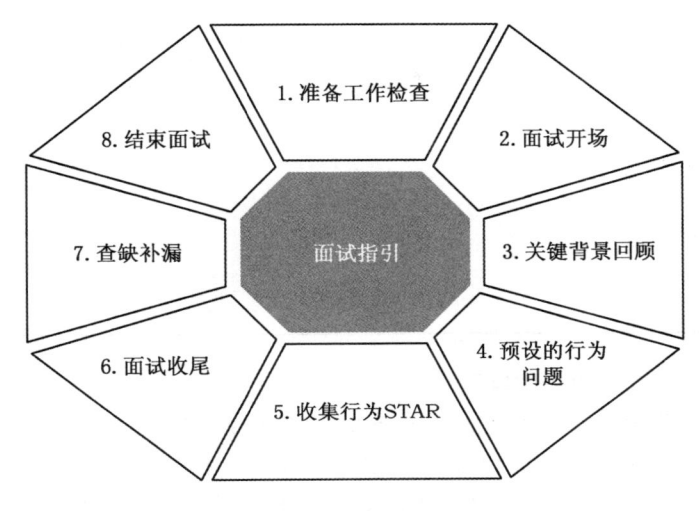

图6—10 面试指引环节(示意)

面试指引八个环节：
1. 准备工作检查
2. 面试开场
3. 关键背景回顾
4. 预设的行为问题
5. 收集行为STAR
6. 面试收尾
7. 查缺补漏
8. 结束面试

最后,确认面试分工,明确面试官的关键职责。

(4)预约面试电话沟通

面试前,准备电话通知应聘者进行面试时,一般都事先通过电话沟通一下,主要是了解应聘者的意向和兴趣,以及目前的工作状态、职责、期望的待遇等。

> 通过简短的面试电话沟通,往往能够及时将不合适的人清理出去,提高面试的效率。

加强面试过程管控

面试过程管控好与坏直接关系到招聘面试的质量、成功与否等,在此过程中,面试官必须安排好面试时间(参见表6—4),同时,注意自己的言行举止,因为你的行为不再是代表你个人行为,而是代表公司的整体形象。[15]

表6—4 面试时间表(示例)

开始	2
审阅背景材料	6
行为事例问题	
个人领导才能	7

续表

主动性	7
销售/说服能力	7
建立战略关系	7
组织计划能力	7
工作适配性	7
结束面试	
其他材料	3
职位与企业资料	6
结束面试	1

(1)建立良好的面试氛围

面试开始时,要注意营造一个轻松、平等但略有压力的沟通氛围[16],其中的要点是称赞应聘者,减少负面情绪。例如,开场可以欢迎应聘者的到来,介绍自己,包括姓名、职务、负责的内容和在公司的服务时间等。之后,让应聘者做自我介绍,通常情况下,时间控制在 2 分钟左右,通过自我介绍,能够了解应聘者的逻辑、归纳和表达能力。

(2)评估应聘者专业能力和经验

在评估应聘者专业能力和经验时,面试官重点了解应聘者最近三年的情况,而且,要抓住岗位任职资格中最关键的 3～4 项,进行详细的了解。

因此,通常需要明确地让应聘者围绕关键的能力和素质进行重点介绍,通过其行为描述,判断其专业程度、工作思路和相关的绩效表现。

在这个过程中,应聘者需要更加注重"自我"描述,同时,描述强调具体和细节,不能只是泛泛而谈,重点说实际的行为和事实,同时,也不能说"我们"或别人的行为,只能是应聘者自己的[17],在此过程中,需要不断提出跟进性问题,强调行为性问题,具体在什么样的情境下做了什么样的事情,取得了什么样的效果。对于理论性问题和引导性问题,尽量避免纠缠。

(3)重点评估人格特质、价值观和领导力

采用之前所述的行为事件访谈法,评估应聘者的人格特质、价值观和领导力。通过这个方法,我们可以了解到一个人做什么事会有成就感以及如何面对挫折,这个过程能够比较明显地看出应聘者的特质和价值观。

人格特质是指一个人在各种情境下都表现出的特点,通常是与生俱来的或年幼时受环境影响所形成的,很难改变。所以我们应该在招聘时就给予重视,而不能指望入职后通过培训来改变。通常情况下,面试官要关注应聘者是否具备开放的心态和思维,这是构建成功团队所必备的要素之一。

面试官还要特别注意对应聘者价值观的考察。价值观是企业员工一致赞同的基本经营信念和对企业意义的终极判断,大多数公司都会梳理出核心价值观,并有针对性的定义和阐述。

一个应聘者如果与公司的文化价值观不匹配,能力再强也不能要,否则后患无穷。

对很多大中型企业来讲,往往都会有领导力素质模型,但是,模型中所包含的领导力素质很多,一般包括8～12项。但是,在有限的面试过程中,无法全面进行衡量,因此,需要根据企业的具体情况和岗位要素,相应的重点强调其中的几项(如3～5项)。

(4)充分尊重应聘者

在整个面试过程中,无论应聘者的表现是好是坏,务必都要体现企业对每一名应聘者的尊重。尽管在面试技巧上,企业可能会采用让应聘者感到较大压力的面试方式,但这些方法的选取,是为了更好地判断应聘者适应职位要求的可能性,而不是傲慢地对待应聘者。[18]

假如面试进展顺利,认可应聘者能力,希望引进某个应聘者的时候,可以详细地介绍企业情况,并且认真回答应聘者的问题,进而确定应聘者的关注点,以及对企业该岗位的重视程度。通常的做法是,简单介绍一下公司,之后,把问题交给应聘者,问对方想了解什么?这时,你要留意应聘者问的问题以及先后顺序,所问的一定是应聘者关心的,最先问的那个问题通常是对方最关心的。

资料链接6—3:如何开展有效面试

1. 开场:建立融洽的氛围

1.1 目的:初步相识,让应聘者感到自然、友好与礼貌,同时为公司建立良好的形象。

1.2 内容:

- 欢迎应聘者,并核对是否是约见的人
- 询问应聘者较轻松的问题,如来公司的路途是否顺利等
- 自我介绍与介绍其他面试者,并简介面试程序
- 时间:2～3分钟

2. 核心:提问与考核

2.1 目的:按照准备好的面试程序,考核应聘者与工作相关的经验与能力。

2.2 内容:

内容1：了解/核实背景
- 学历、户口
- 工作经历，职位发展及具体时间
- 与工作相关的组织结构图
- 具体职责
- 离职原因
- 应聘动机与期望薪水

时间：大约为整个面试时间的30%

内容2：考核个性品质、能力与资质
- 询问以个性品质、能力为基础的问题
- 用过去的工作事例预测将来的工作方式、业绩
- 根据STAR原则，询问完整行为事例
- 总结具有的资质并分类分级

时间：大约为整个面试时间的50%

2.3 注意事项
- 保持目光接触并仔细聆听
- 多听少讲：把70%的时间留给应聘者发言，因为如果面试者讲得越多，得到的信息就越少
- 恰当使用各种询问技巧
- 用STAR原则，跟进问题
- 做记录
- 避免对应聘者的回答发表个人意见
- 当应聘者滔滔不绝时，适当打断，控制回答的方向
- 观察应聘者的身体语言
- 时间控制

3. 收尾：介绍公司与回答应聘者的问题

3.1 内容：
- 公司与职位简介，如时间有限，提供"公司简介"给应聘者
- 让应聘者提问
- 检查是否有疏漏的问题
- 向应聘者说明下一步面试时间或结果通知
- 再次感谢应聘者的时间与对公司的兴趣

如："今天为第一次面试，在综合评估后，我们会于一周内通知复试者，由于本次应聘人员较多，对未能通过初试的人选，恕我们不再一一

通知了。再次感谢您的时间与对××公司的兴趣。"

3.2 时间:5~10分钟

4. 面试后:及时评估

4.1 目的:比较应聘者的综合素质,选择2~3名应聘者复试。

4.2 内容:完成面试记录,填写面试评估表。

资料来源:××公司招聘面试指引手册[Z]。

高效面试评估和反馈

面试结束后,专门人员负责整理面试时的记录,在做出相关评估后,反馈给负责招聘的人力资源部门备案,并当面说明应聘者的优点以及缺点。

实现高效面试评估和反馈,需要把握以下几个关键环节:

(1)注重面试过程中的记录

面试过程中,面试官需要用笔记录重点内容与重要的观点和看法,为面试评估提供一手的材料。同时,记笔记也会体现出对应聘者的尊重,有助于构建良好的面试氛围;另外,它还是一个积极思考的过程,可调动眼、耳、脑、手一齐活动,促进对应聘者的深入了解。

实际上,很多成功人士特别注意记笔记,在一次脸书(Facebook)创始人马克·扎克伯格参与的会议上,会场一片寂静,所有人都在安静专注地听讲,但是唯有两个"异类"还在记笔记:一位是来自硅谷的投资传奇者,一位则是众所周知的整间房间里最成功的人。

之所以我们强调在面试过程中记笔记,是因为当面试刚结束时,只能记得25%的信息,再过段时间,可能只能有个大概印象。

既然笔记在面试过程中非常重要,那么是不是全部记录下应聘者的言行,甚至利用录音笔呢?实际上,在没有经过应聘者同意的情况下,企业不能使用录音笔或相关记录,这是一种危险的行为。对于面试记录来讲,只需要快速记下重要的或必需的信息,记录面试中观察到的行为,因此,面试记录往往只写下主要词句并用自己知道的符号做记号。

很多外企采用预先设计好格式化的笔记,以便于快速做笔记,同时可以避免面试时遗漏了解候选人某方面的重要信息。[19] 面试过程中,笔记的要点如下:①让应聘者知道你在记笔记;②只记录相关的资料;③记录面试中观察到的行为;④小心记录敏感或负面信息。

（2）面试资料收集和评估

面试官根据面试笔记，将收集来的信息归纳在各项能力之下，分析信息的内容和观察到的情况，确认完整的"STAR"，并将"STAR"分类至不同的能力，决定有效和无效的"STAR"，衡量"STAR"的重要性，判断与申请职位的相关程度、行为的影响程度、行为发生的时间，最后在每项能力下做出评价或评分。

对于面试结果的评分，外企普遍采用统一、简洁的评分系统，例如：以5分表示极好，远超过职位的要求；4分表示很好，可以接受，超过职位的要求；3分表示可以接受，符合职位的要求；2分表示不可以接受，未达到职位的要求；1分表示完全不能考虑，远未达到职位的要求。

（3）汇总面试资料

完成面试资料的评估后，面试官需要进行面试资料汇总：①根据各自的面试整体情况在能力评分表上评分；②对照招聘职位的要求，讨论收集的资料，做出共识评分；③对各项能力的评价，做出是否录用决定。

> **企业启动高端人才招聘时，必须采用综合法，即将面试作为根本途径和方法，在此基础上，结合走访考察法、实践检验法，确保招聘的人才德能俱全。**

总之，面试可以大体上评判出应聘者的知识储备、理论素养、语言表达、逻辑思维、综合分析等能力，为企业岗位遴选所需人才提供了重要参考，不失为一种有效的选才途径。

资料链接6—4：基于员工胜任力的面试

由于面试具有直观互动性，为面试官提供了多种认知线索，因此，80%以上的企业借助于面试来招聘和录用人员。但是，人们渐渐发现这种面试的结果常常是那些口齿伶俐、能言善辩、落落大方善于表现者胜出，而有些胜出者在实际工作中的业绩却不尽如人意，面试效果不理想。

由于面试的广泛运用及其易于出现偏差效应，因此，面试应该基于员工胜任来开展，以企业职位胜任特征作为面试的核心依据，评估个体是否表现出那些能够预测优秀业绩的关键素质特征。

面试试题应包括不同层面的问题，既有面向职位的、组织的，也有面向行业背景的。应围绕特定组织文化环境下的具体工作所需要的胜任力,考查被试者在具体工作环境中获取高绩效所需的自我概念和特质问题;确定获得这些胜任力所必需的相关经历的问题,从应聘者具体的经历中判断他拥有的知识和技能。

在面试程序方面,要组织严密,具有适当的结构化水平,将提问与演讲相结合。用相同的问题顺序考察所有的被试者,考核其过去经历的事实性信息并加以记录,同时通过面试演讲的设置,判断应聘者能否将自己的知识技能运用于某一具体工作和工作环境。

在主考官和应聘者的行为调控方面,要确保主试的主导地位,避免应聘者过多使用印象管理策略误导主考官对其胜任力的判断。主考官运用行为描述式提问,可以有效避免应聘者空泛的回答和有目的的印象整饰。

资料来源:丁秀玲. 基于胜任力的人才招聘与选拔[J]. 南开学报(哲学社会科学版),2008(2):134—140。

提升企业招聘工作的有效性

当前,很多企业存在的一个突出问题是"人才和岗位需求错位",即岗位招不到适合的人才而人才找不到合适的岗位。提升企业招聘的有效性、灵活性和目标性是企业的必然选择。[20]

企业招聘时,不能脱离自身实际情况,盲目地推高人才需求,造成人才与职位需求的错位,进而降低招聘工作的有效性,增加招聘成本。

通常情况下,提升企业招聘工作的有效性,可以从招聘制度、招聘人员能力、招聘成本、应聘者适应性、应聘者的能力素质以及招聘信息的真实性等几个方面来着手(参见图6—11)。

用制度规范和指导招聘管理

科学完善的招聘管理制度是企业招聘各个环节的行为规范,代表企业整个招聘工作的有效性水平。[21]有效的招聘管理需要制定完善的人力资源管理制度,用制度规范和指导招聘管理,通常情况下,需要构建的制度包括:

(1)在人力资源战略规划指导下,制订科学的招聘计划

在人力资源战略规划下的招聘计划,可以避免企业有人才需求时仓促招聘,也可以改善受制于人才市场状况的被动局面。[22]然而,智联招聘的相

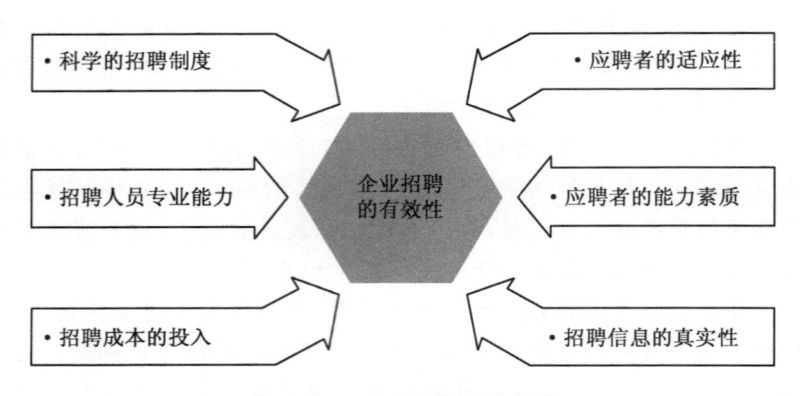

图 6—11 企业招聘的有效性

关数据表明:45%的企业只制定出人力资源战略规划,却没有长远的指导目标,而且这些规划的实施力度不坚决,实施效果不显著。[23]

因此,科学的招聘计划离不开人力资源战略规划的指导,通常情况下,企业招聘计划包括如下内容:①招聘目的和目标;②招聘的岗位职位和数量;③确定招聘的渠道(报纸、网络、招聘会、猎头等);④招聘的时间安排;⑤招聘职位描述、职位要求、薪酬待遇;⑥招聘的费用预算;⑦设计一个符合本企业要求的招聘广告。

实际上,做好企业招聘工作,仅仅懂得人力资源专业知识还远远不够,只有把人力资源管理与财务、生产、销售等业务链有机结合,融会贯通,才能最大化满足企业发展的用人需求。因此,企业人力资源招聘专员必须主动参与企业和用人部门的规划,加深对人员需求的了解,随时掌握企业在各阶段的人才需求量,以采取有效的招聘策略,及时为企业提供人才。

(2)根据岗位所需的人才特征,选择合适的招聘渠道

对企业不同岗位来讲,其对人才的需求也不尽相同,甚至是大相径庭,因此,企业需要针对不同类型的人才需求选择不同的招聘渠道,利用不同渠道的特点获得合适的候选人材料。

正确选择招聘渠道会使招聘事半功倍。如前文所述,企业主要的招聘渠道包括:①线上招聘,如智联招聘、前程无忧、猎聘网等招聘网站,或者是企业自己开发的 APP 等移动端应用;②线下招聘会,如学校、政府部门或社会机构组织的大型招聘会;③猎头公司,主要是针对高端人才,费用较高;④内部推荐,由在职员工推荐熟识的同事、朋友,不仅可以提高招聘成功率,同时大大降低了新员工融合难度。

综合利用多种招聘渠道,可以有效地提升招聘效率,节省招聘成本。

全面提升招聘人员的能力素质

现代企业对招聘工作提出了更高的要求,需要招聘人员能够用计划、组织、协调等职能来优化招聘活动,合理配置各种招聘资源,提高招聘的管理效率,从而最大限度地实现招聘目标。[24]但是,实践中,很多企业的招聘工作缺乏前瞻性、科学性和专业性,负责招聘的工作人员存在着种种问题,主要问题如下:(1)忽视应聘者的重要资料;(2)不了解应聘者的工作动机;(3)提出与工作无关的问题或者私人问题;(4)重复提问相关问题;(5)个人偏见,过早下结论;(6)完全不记笔记。

以上问题的存在,大大降低了招聘的有效性,甚至造成大量的无效招聘工作,因此,企业必须全面提升招聘人员的能力素质,通常情况下,主要从以下四个方面着手(参见图 6—12)。

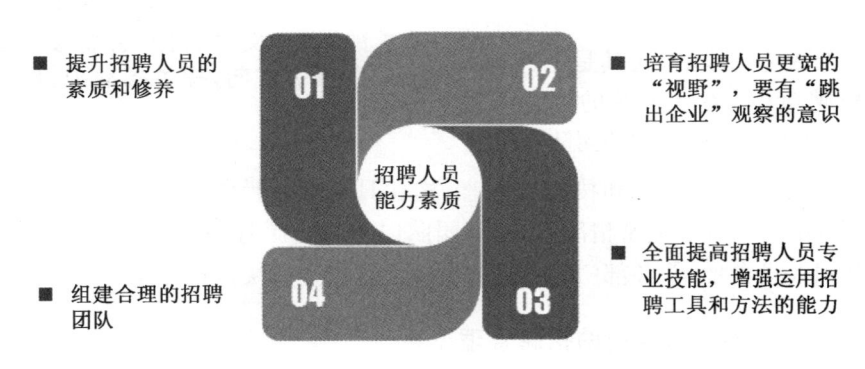

图 6—12 提升招聘人员能力素质的四个维度

(1)提升招聘人员的素质和修养。招聘人员作为企业对外的窗口,经常与外部人员进行沟通和交流,体现着企业文化和企业形象,因此,企业必须注意招聘人员素质和修养的培育和提升。一名优秀的招聘人员,能够充分展现企业的良好形象,能够让应聘者感受到积极向上的企业氛围。另外,尊重他人、热情诚实等优秀品质,对人才招聘都有巨大的促进效果。

(2)培育招聘人员更宽的"视野",要有"跳出企业"观察的意识。招聘是为了满足企业岗位人才的需求,因此,招聘人员必须清楚地了解空缺岗位的要求,以及团队建设情况,甚至是团队领导的个性,只有这样,招聘工作才会有针对性。此外,招聘人员的视角不能仅停留在企业内部,而要跳出企业,从行业和更高层次上来观察企业人力资源情况。

> 只有在宏观和中观层次把握了相关人才的发展趋势,招聘工作才会更加科学,更加有效。

(3)全面提高招聘人员专业技能,增强运用招聘工具和方法的能力。招聘工作的对象是"人",要想真实地认识和了解应聘者,并不是一件简单的事情,因此,必须全面提高招聘人员的专业技能,不仅要掌握相应的社会学、心理学、法学以及组织行为学的知识,而且还要掌握各种通用的人才测评技术、优秀的沟通技巧等专门技术。[25]通过实践来看,利用恰当的管理工具和方法,可以有效地提升招聘效率。比如,在面试过程中,具有较强观察辨识能力的招聘人员,能够按照岗位的需求,在面试中提出有价值的问题,并从交流中能分辨出真假信息,通过对应聘者的全面深入信息分析,就能够提高招聘有效性。

(4)组建合理的招聘团队。对于大中型企业来讲,招聘工作不是单靠一两个人能完成的,尤其是一些重大的招聘事件,关乎企业的生存与发展,招聘工作需要优秀的团队。按照

> 有效的团队具有一个大家共同追求的、有意义的目标,它能够为团队成员指引方向,提供推动力,形成凝聚力。

知识、能力、气质、年龄和技能等因素,构建具有互补性的招聘团队,能够增强招聘的有效性。通常情况下,招聘团队以人力资源管理部门为主,吸收有关部门人员参加,业务部门的意见将在很大程度上起决定性作用。[26]

建立以能力素质为导向的招聘管理体系

如前所述,能力素质是企业员工所具备的知识、能力和技能的水平,是判断员工能否胜任某项工作的评价标准,也是决定并区别未来绩效好坏差异的个人特征。招聘工作是为了满足岗位特定的人才需要,因此,招聘过程中,要重点关注应聘者的能力素质,把能力素质作为企业人才招聘的重要评判标准。

以能力素质为导向的招聘,能够根据企业岗位和职位的不同,制定出具有指导性和针对性的招聘考核标准,增强企业引进人才的适应性,满足企业岗位的实际需求。

另外,对于初入职场的员工来讲,企业根据能力素质要求,引导员工制定适合自己的职业生涯发展规划,可以有效地指导员工的成长,最终促进企业和员工的共同发展。

企业构建以能力素质为导向的招聘体系时,可以采取如下几个措施(参见图6—13):

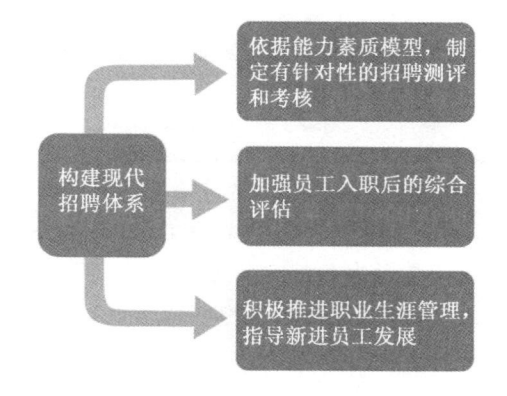

图 6—13 构建以能力素质为导向的招聘体系

(1)依据能力素质模型,制定有针对性的招聘测评和考核

企业招聘的岗位来自于不同部门,对人员能力素质的需求各不相同,因此,企业招聘员工时,需要根据岗位的实际情况,采用不同侧重点的考核方式和内容。例如,招聘部门管理者,这个时候,考核一方面要求具有专业能力,另一方面还要具备足够的组织能力、协调能力和团队精神等;而对于普通专业岗位来讲,考核的重点主要在于员工所具备的专业能力。

(2)加强员工入职后的综合评估

招聘是要满足企业岗位的需求,而不仅仅是引进人才,因此,招聘工作要加强对员工入职后的综合评估,一方面评估员工对企业环境和工作的适应性,判断能否实现招聘目标;另一方面分析招聘工作本身的收益和成本。

对于试用期的员工评估,人力资源部需要制定完善的评估制度,以员工的能力素质为依据进行综合评估,在试用期结束前,根据能力素质的表现,召开人力资源部和业务部门的联席会,确定是否正式聘用。

招聘工作需要改变经验至上的观念,不仅要考察应聘者的显性特征,而且还要考察应聘者的深层次动机和特质。

(3)积极推进职业生涯管理,指导新进员工发展

企业招聘进来的人才,如果没有积极的职业生涯管理,缺乏明确的目标,就无法迅速发挥员工的能力素质水平,通过积极的职业生涯管理,有助于员工更为清晰、全面地认识自己的性格、能力、兴趣和价值观。另外,随着内外部环境的变化,岗位需求也在出现新的变化,在这种情况下,企业员工能力素质也要相应进行提升。

总而言之,现代企业招聘体系要突出能力素质的导向作用,以招聘岗位

所要求的能力素质为切入点,并紧密结合招聘四大模块工作(招募、甄选、面试、录用),建立有效的现代企业人才招聘体系。

资料链接6—5:招聘外包:一种新兴的招聘形式

企业的竞争归根结底是人才的竞争,而人才招聘是人才争夺的第一战役。但是,招聘本身是一项复杂的工作,现在许多人力资源部门主管面对需要耗费大量财力和精力的招聘问题,不再亲力亲为,不再埋头扎进堆积如山的简历中,而是考虑把招聘外包出去。实际上,招聘外包是目前在人力资源管理领域中最受青睐的外包项目之一,是企业谋求竞争优势的一种重要手段。

目前,世界500强中的绝大多数企业都在使用"招聘外包"。在我国,随着企业对人力资源管理工作认识的不断加深以及人力资源中介机构的迅速发展,"招聘外包"这一当前国际流行的思潮逐渐被越来越多的企业所接受,外包服务的需求也将大幅增加。

招聘外包,即用人企业将全部或部分招聘、甄选工作委托给第三方专业人力资源公司,专业人力资源公司利用自己在人力资源、评价工具和流程管理方面的优势来完成招聘工作的一种方式。

人力资源部门专注于自身的核心职能,以更多的时间和精力参与企业整体战略规划。简而言之,如果传统的招聘概念是"自己做"的话,那么招聘外包就是"请人做"。招聘外包是人力资源管理从综合化走向专业化的表现。以前人力资源管理部门要做招聘中各个环节的工作,事务繁杂,效率低下,现在每个环节的工作都可以外包给专业的机构运作,方式多种多样,效率也提高了很多。

招聘外包既有把所有招聘业务全包出去的,也有部分外包的。一般来说,招聘低层次的员工会采取全包的形式,因为他们与公司的核心业务关联度不大。招聘中高层员工会采取部分外包的形式,比如只是把简历筛选、笔试环节和结构化面试外包出去,而最终决定权依然在企业重要领导手中。人们熟悉的猎头公司就属于部分外包,即专业人力资源公司向企业推荐几个符合要求的候选人,由企业决定最终人员的录用。

……

资料来源:韩志新. 招聘外包:一种新兴的招聘形式[J]. 经济与社会发展,2010(7):11—13。

注释：

[1]季然.人力资源管理中的员工招聘与培训[J].决策与信息旬刊,2015(8):207－208.

[2]黄建民.招聘中的面试技巧[J].企业改革与管理,2006(9):66－67.

[3]陈文伟.企业提高人员招聘有效性的对策[J].中国管理信息化,2012,15(9):94－95.

[4]陈萍,乔安钦.关于企业招聘成本的思考[J].郧阳师范高等专科学校学报,2008,28(6):76－78.

[5]杨伟国,章睿.论员工素质模型的构建与应用——以某国有传媒企业为例[J].现代管理科学,2014(12):3－5.

[6]彭剑锋.员工素质模型设计[M].北京:中国人民大学出版社,2003:40－41.

[7]刘翌飞.现代电力企业员工能力素质模型研究[J].价值工程,2013(33):148－149.

[8]张英奎,张超.能力素质模型在企业人力资源管理中的应用[J].北京化工大学学报:社会科学版,2009(2):22－25.

[9]王云昌.企业员工核心能力体系的建立和发展[J].中国人力资源开发,2001(s1):27－28.

[10]裘烨真,皑妍.谈行为事件访谈法在胜任素质模型构建中的应用[J].国家林业局管理干部学院学报,2013,12(3):46－49.

[11]黄湘礼.企业招聘面试中的问题及解决途径[J].湖南工程学院学报(社会科学版),2010,20(4):10－13.

[12]洪嘉民.招聘面试的操作与技巧[J].企业改革与管理,2008(10):62－63.

[13]孙毅.浅析结构化面试在公开招聘工作中的应用[J].信息系统工程,2012(3):53－54.

[14]谢安.什么样的面试才有效?[J].人才资源开发,2006(7):62－62.

[15]朱剑.如何完善招聘面试流程化[N].中国劳动保障报,2013－7－20.第4版.

[16]邓帅,邢占军.面试考官评价的有效性探讨[J].东岳论丛,2015,36(3):21－24.

[17]黄钦东.HR,你对候选人的面试评估"有效"吗?[OL].中国人力资源网,2015－1－20.http://new.hr.com.cn/p/1423414025.

[18]刘翠花,彭雅静.面试技巧浅谈[J].当代教育论坛:学科教育研究,2007(2):47－48.

[19]秦风.招聘中的面试技巧[J].企业改革与管理,2005(2):60－61.

[20]张华晓,李海玲,王琳.浅议如何提高企业招聘的有效性[J].价值工程,2014(31):174－175.

[21]覃国庆.人力资源招聘与培训管理研究[J].商场现代化,2015(3):128－129.

[22]曹锋.启动财务思维 编制招聘计划[J].人力资源,2015(3):82－83.

[23]刘亚斌.企业招聘有效性的探讨[J].中外企业家,2016(14):129－130.

[24]彭移风,宋学锋.如何评估招聘的有效性[J].人力资源,2008(3):49－51.

[25]吴海燕,鲁耀斌.人才测评在信息技术企业员工招聘中的应用研究[J].经济与管理,2005,19(5):67－71.

[26]吴文艳.论现代企业中招聘团队的组建[J].中国人力资源开发,2005(9):35－37.

第 7 章
战略性薪酬管理体系

"我们宣布讲究实绩、注重实效,却往往奖励了那些专会做表面文章、投机取巧的人。"

——管理专家米契尔·拉伯福

薪酬体现了企业对员工的价值认可,影响着员工的态度和行为,在很大程度上,企业人才的流向在一定程度上是受薪酬待遇吸引和支配,科学的薪酬管理是吸引人才的重要手段,也是企业发展的基石。[1]

如果员工对企业现有薪酬体系不满意,就会出现人才流失,甚至会出现跳槽辞职潮。通常情况下,企业人才流失的原因有:(1)寻求更丰厚的薪酬;(2)寻找更佳的职业机会;(3)更好的培训与发展机会;(4)更多地施展自己才华;(5)更多的福利;(6)更广的成功前景,其中,首要的因素是薪酬福利。

在某种程度上,可以说企业管理是一个以战略为起点,以薪酬管理为终点的闭环过程(参见图 7—1)。

通过战略性薪酬管理,可以有效解决如下关键问题:(1)如何在企业发展战略指导下构建企业的薪酬体系;(2)如何促进企业与员工的绩效水平的提高;(3)如何客观衡量企业员工的贡献与价值,为薪酬管理提供依据;(4)如何制定有针对性的薪酬水平与薪酬结构,构建对高层管理人员的收入激励约束机制;(5)如何形成有效的薪酬调节机制,使人才流动有序、可控。

构建战略性薪酬体系,积极推进现代薪酬管理,有助于将企业战略与价值目标转化为员工个人的实际行动,能够有效改善企业经营管理,降低员工的流失率,提高企业绩效,增强企业的竞争力。[2]

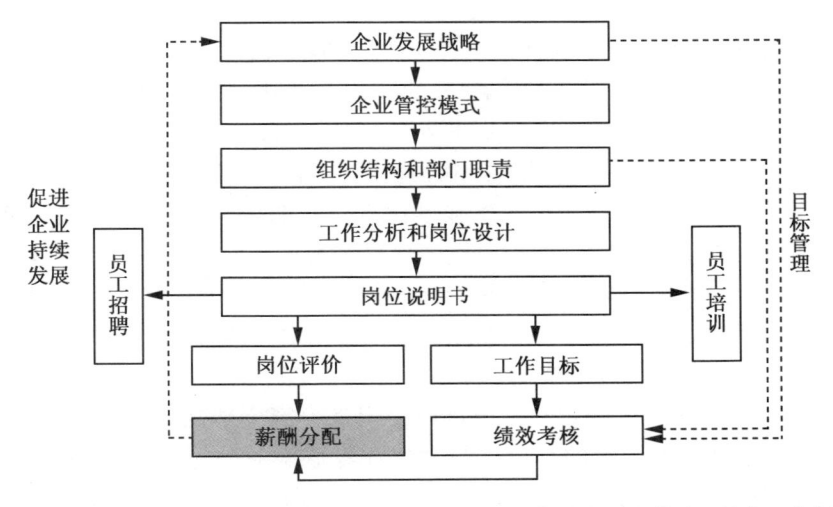

注：企业管理是一个系统工程，以战略为起点，以薪酬管理为终点，形成一个闭环体系，促进企业可持续发展。

图 7－1　企业管理以战略为起点，以薪酬管理为终点

战略性薪酬提升企业竞争力

员工薪酬满意度和个人价值是稳定员工队伍的两个关键环节，忽略哪一方面都可能影响员工情绪，降低工作效率，甚至造成人才流失。[3]现代薪酬不仅是一种员工激励手段，而且是一种实现企业战略目标的管理工具。

在人力资源管理中，薪酬是最敏感的一个部分，很多员工习惯于用薪酬数量和水平衡量自己在企业中的价值。从具体功能上来看，薪酬具有三大功能，即增值功能、导向功能、实现员工价值，通过构建战略性薪酬体系，有助于企业吸引、留住和高效率地使用人才。

从几个案例看薪酬管理

案例1：LK电器公司的员工生产力比同类公司的员工要高出3倍之多。LK电器公司的员工得到的报酬是以个人计件为基础的，此外还加上基于创意、合作、产出、可靠性和质量的年终个人奖金。奖金的总量取决于该年度公司的总体业绩。公司不提供带薪的假期、带薪的病假，不提供健康保险，没有工间休息，工厂也没有安装空调等设备。但公司不仅获得了财务上的成功，而且其缺勤率低于1.5%，员工受雇3个月后的流动率也低于3%。

案例2：微软公司往往支付低于市场水平的工资,当从其他公司聘用人员时,支付的工资往往不及其在原公司赚取的收入。作为回报,员工会获得股票期权,其数量随职位层级和绩效的变化而变化,同时,用比尔·盖茨的话来说,员工还得到了"一次改变世界的机会"。微软也广泛使用合同工和分包工,他们不会获得同样的薪酬和福利。

案例3：通用电气公司按一条强制比例分布曲线来评估员工,并每年解雇排名最后10%的员工。通用电气内部报告表示："排名最高的20%必须受到爱戴、培养,并在精神和钱袋两个方面得到回报,因为正是他们令奇迹出现。但排名最后10%每年得到清除。"通用公司对绩效最突出的员工大量使用绩效奖金和股票期权的奖励。

案例4：亿康先达（Egon Zehnder）公司是一家全球性猎头公司,其薪酬体系中不包括绩效工资的部分。与大多数专业服务公司（按计费小时数和开发的客户数付酬）形成反差的是,每一位公司的合伙人在公司股份中占有相同的股权份额,而不考虑个人工作年限长短的差异。由于公司将其利润的10%～20%用于再投资,股份的价值每年会有增值。公司利润剩下的80%～90%在合伙人之间进行分配,其中的60%是按人头平均分配,其余的部分则按其成为合伙人的年限进行分配。该公司顾问的流动率为2%（与30%的行业平均流动率相对的）,并且公司的年度待分配利润连续37年保持增长。

基于上述四个案例,思考一下：哪一家公司的薪酬实践是最有效的？是应该着重强调个人生产率,还是强调其他？是否强调股票或股票期权？是按年资付酬,还是不断清理员工队伍、淘汰绩效表现差的那些人？您所在的企业是什么情况？

不论答案如何,但对薪酬的激励性会取得共识。薪酬基于企业创造出的效益,薪酬水平高低以及分配影响着员工的士气,以及能否吸引更优秀的员工。科学的薪酬体系能够发挥强大的激励作用,通常情况下,传统的激励性薪酬包括福利、工资、奖金和股票期权等内容（参见图7—2）。

大量案例表明,现代企业开始尝试可变薪酬制度,倾向于按绩效水平和竞争优势支付薪酬,薪酬的概念已经突破"金钱"与物质的范畴,间接收入（如企业福利）和一些非经济性报酬（如员工心理收入）在薪酬设计中的地位越来越重要。[4]

> 战略性薪酬管理是顺应时代的要求和企业的可持续发展的基础上提出的,无论在激励员工积极性,还是节约经营成本,提高企业的竞争优势方面都发挥着重要的作用。

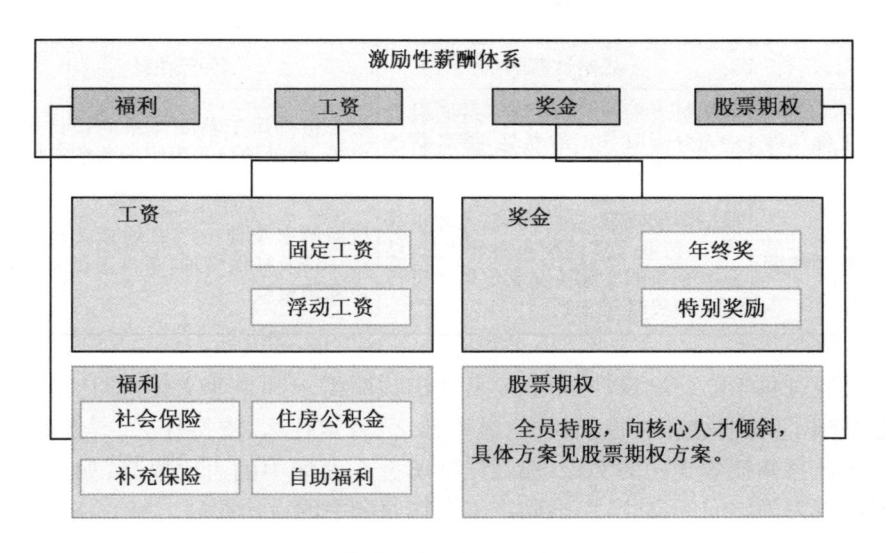

图 7—2 传统的激励性薪酬内容(示意)

现代薪酬管理以企业发展战略为导向

实践中,很多企业并没有认识到现代薪酬管理的重要性,只是把薪酬看成员工劳动的补偿,在这种观念指导下,薪酬管理往往重内部、轻市场、重资历、轻能力、重成本、轻收益……由于薪酬管理缺乏战略和文化导向,同时,缺乏员工的绩效、工作态度、能力水平、工龄等一系列薪酬依据因素,造成企业薪酬无法体现内部公平性和外部竞争性,进而无法吸引、激励员工,最终引起员工大量流失。

与传统薪酬相比,现代薪酬设计强调战略引导作用,也就是说,企业薪酬设计要与企业战略相匹配(参见表7—1)。

表 7—1　　　　　　　　战略性薪酬与传统薪酬的比较

	战略性薪酬	传统薪酬
目标	实现企业目标与员工目标的协调发展,吸引、保留和激励优秀员工	为员工管理提供支持
薪酬观念	企业对人力资源的投资行为	薪酬是企业成本
员工作用	员工是获取竞争优势的核心战略资源,以"人"为核心,视人为"资本"	员工是一种工具性资源,服务于其他资源
绩效	关注企业的长期绩效,以竞争优势为导向,支持企业的长远发展	关注企业的中短期绩效,缺乏战略眼光

续表

	战略性薪酬	传统薪酬
员工参与度	重视员工参与，在薪酬体系的设计中充分听取员工的意见，提高薪酬体系的透明度	员工被排斥于薪酬体系的设计过程之外，被动地接受组织的薪酬安排
薪酬调整度	根据国家政策、经济环境、人才市场状况、行业及其他企业薪酬状况，结合本企业的实际情况制定切实可行的薪酬战略与体系	按照国家及地方政府的相关规定进行工资及社保管理，基本上没有制定权和调整权

通过科学的薪酬设计，企业要反映出战略需求和企业文化，即让员工通过薪酬了解到：企业在提倡什么、鼓励什么、肯定什么、支持什么。[5]例如，如果企业强调绩效导向的文化，那么浮动奖金在薪酬中的占比要高；如果企业强调能力为导向的文化，那么固定工资在薪酬中的占比要高。

资料链接7—1：现行企业薪酬体系的常见弊端

对大多数企业来讲，现行薪酬体系主要关注薪酬基本制度设计和相关管理方法，企业的薪酬体系无法发挥激励作用，在薪酬管理方面仍然缺乏战略眼光，通过分析现行薪酬体系，可以归纳常见弊端如下：

弊端1：薪酬战略不符合企业发展战略。现行薪酬体系僵硬且缺乏弹性，无法跟随企业战略的变化而改变，因此，不但不能有效地支撑企业战略，反而造成了企业效率低下、员工对薪酬满意度低以及员工流失率高等问题。根本问题是由于企业的薪酬体系缺乏战略思考，没有关注什么样的薪酬体系才会有助于企业经营战略的实现。

弊端2：缺乏科学的薪酬体系设计思想。企业进行薪酬体系设计时，没有明确考虑薪酬体系设计所要达到的具体目标，没有统一的指导思想、设计基础和原则。

弊端3：薪酬体系的设计不科学。企业中薪酬支付通常只注重结果激励而忽视过程激励，不能用发展的眼光来看待薪酬问题。很多企业认为，薪酬只是对员工付出多的一种补偿，薪酬设计通常是重内部、轻市场、重资历、轻能力、重成本、轻收益等。

弊端4：薪酬体系缺乏灵活性和透明性，弱化薪酬的激励作用。固定工资比例偏高，员工收入差距拉不开，浮动薪酬长期不动，水平过低只关注外在薪酬而忽视内在薪酬。福利缺乏弹性，企业的福利都是固定的，福利设计没有真正让员工参与进来，缺乏灵活性。

资料来源:丁迁.我国企业薪酬体系存在问题及对策[J].民营科技,2007(1):71。

美世人力资源咨询公司[①]专家指出,未来薪酬发展的基本趋势是"以前企业在薪酬中比较注重定性化的管理,现在则注重定量化的衡量,以前是把自身企业的薪酬水平和最佳企业标杆进行比较,现在则是考虑怎样把薪酬与企业的内在需求、战略要求和文化要求相匹配"。

合益管理咨询公司[②]通过使用环境扫描法对薪酬管理的趋势进行了分析,认为"当迈进21世纪时,如何将薪酬战略与企业战略结合起来,通过薪酬体系来支撑组织战略,是组织在薪酬管理方面所遇到的最大挑战"(参见表7—2)。

表7—2　　　　　　　　　企业战略与薪酬战略的匹配

战略匹配	企业战略		薪酬战略
纵向匹配	总体战略（公司战略）	成长战略	短期相对较低的固定薪酬与长期的股票期权等计划组合,对做出贡献的员工给予高额的奖金
		稳定战略	采取市场跟随的薪酬策略,并注重内部一致性
		收缩战略	采取混合型薪酬策略,即按不同的岗位、人员制定不同的薪酬政策
	部分战略（经营战略）	成本领先战略	市场滞后的薪酬策略,辅之以绩效奖金
		差异化战略	采用市场领先薪酬策略,即支付员工高于大多数竞争对手的工资水平与竞争对手相区分,通过高工资水平吸引优秀的人才
横向匹配	人力资源管理的各环节	人才招聘	以战略为导向,设计不同岗位、不同人力资本的薪酬体系
		人才培训	以战略为导向,设计以技能为基础的技能薪酬体系
		绩效考核	实行基于企业战略目标的行为和结果的薪酬体系,对现在的绩效和绩效期望奖励
		人才储存	经济报酬和非经济报酬的总体薪酬体系

---

① 美世人力资源咨询公司(Mercer)是世界上分布最广的人力资源管理咨询机构,总部位于美国纽约。

② 合益管理咨询公司(HAY)于1943年在美国费城成立,是一家全球性管理咨询公司,也是世界上最有影响力的咨询公司之一。

综上所述,如何将薪酬与企业战略结合起来,通过构建战略性薪酬体系来支撑企业发展战略,是企业在薪酬管理方面所遇到的最大的挑战。战略性薪酬管理的出现,有效地解决了这一挑战,如今,战略性薪酬管理引起了很多企业高层的广泛关注,许多企业开始积极引入并实施战略性薪酬管理。

一般情况下,我们认为战略性薪酬管理是在企业发展战略指导下,设计、执行和调整薪酬体系,使之与企业发展战略相匹配的薪酬管理过程,主要内容参见图7—3。

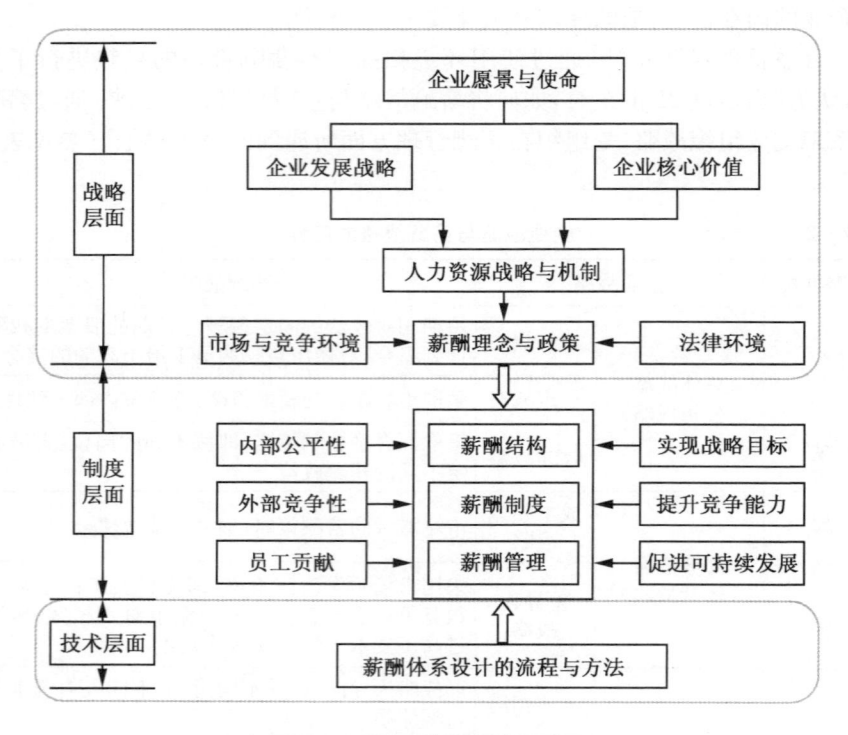

图7—3 战略性薪酬管理模型

在笔者提供咨询过程中,很多老板都头痛的一件事情就是员工流动率高企,这不仅体现在中高层,更是体现在基层。正常情况下,基层员工10%~15%的工资差异,中层骨干员工20%~25%的工资差异,高层50%以上的工资差异,都会激发出他们的跳槽行为。

以"员工"为核心,视员工为"资本",通过薪酬与员工的系统优化,能够使企业取得最佳的经济和社会效益。

因此，不管实行什么样的薪酬管理策略，如果自己企业缺乏有竞争力的薪酬体系，哪怕企业文化做得再好，表面上的凝聚力再强，也抵不过时间的侵蚀，企业的人力资本流失就会越来越严重。根据员工创造的价值，提供有竞争力的薪酬，进而提升企业整体绩效，这是企业人力资源总监和老板需要重点关注的内容之一。[6]

战略性薪酬是一种战略思考

马斯洛的需求层次理论①表明，员工的需要是多层次的，员工除了希望获得物质薪酬外，还希望得到精神薪酬[7]，也就是基于工作任务本身的薪酬，如工作的挑战性、责任感、成就感、个人发展的机会、关怀、赞赏、尊重等。例如，对于企业的技术人员和管理人员来讲，精神薪酬和员工的工作满意度有相当大的关系，如果企业能在精神薪酬方面给予他们更多的发展机会和挑战感、责任感，就会吸引这些人才为企业服务，促进企业的发展。

从具体的薪酬构成来看，传统薪酬认为，薪酬构成主要包括员工工资、奖金、提成、津贴以及其他形式的各项利益回报；现代薪酬理论认为，企业薪酬是一种全面薪酬，不仅包括企业向员工提供的货币性薪酬，还包括为员工创造良好的工作环境及工作本身的内在特征、组织特征等所带来的非货币性的心理效应（参见图7—4）。

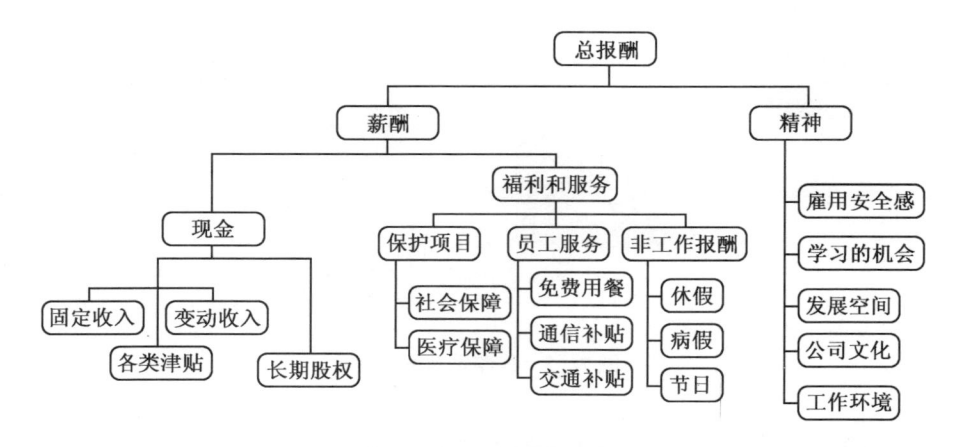

图7—4 全面薪酬结构

---

① 需求层次理论是人本主义科学的理论之一，由美国心理学家亚伯拉罕·马斯洛1943年在《人类激励理论》论文中提出，该理论将人类需求像阶梯一样从低到高按层次分为五种：生理需求、安全需求、社交需求、尊重需求和自我实现需求。

全面薪酬管理可以归纳如下：

(1) 三个因素：组织文化、业务战略、人力资源战略；

(2) 五大要素：薪酬、福利、工作与生活的平衡、绩效认可、职业发展机会；

(3) 三个作用：吸引人才、激励人才、保留人才；

(4) 受影响的四个方面：全面薪酬会影响到员工、业务、满意度和敬业度、公司的整体绩效和业绩。

受到全面薪酬理念的影响，许多企业开始从战略的层面来看待薪酬和薪酬管理，薪酬管理的作用已经超越了人力资源管理的局限，直接影响企业的经营战略本身。[8] 从战略性薪酬构成上来看，包括两大部分，一是经济性报酬，诸如与绩效、个人、政策和岗位相的薪酬等；二是非经济性报酬，诸如发展机会和工作环境等（参见图7-5）。

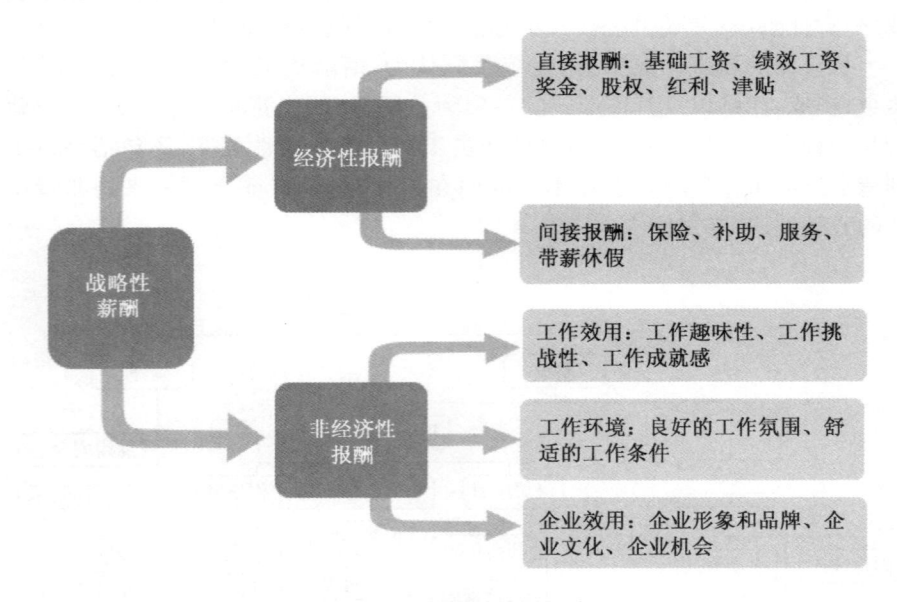

图7-5 战略性薪酬构成

战略性薪酬是一种复杂的体系，有效地克服了传统薪酬的缺陷，通过战略性薪酬管理，能够更好地吸引、激励员工，促进企业的可持续发展。

执行战略性薪酬管理

20世纪80年代以来，战略性人力资源管理逐步兴起，把企业员工视为战略资源和关键资源。[9] 在此背景下，战略性薪酬管理也受到企业界的重视，成为企业获得战略性人才,提高创新能力的重要路径。

战略性薪酬是一种对人力资源的投资行为,更多的是考虑企业如何对人力资源投资进行有效利用,使其发挥最大的激励作用。

实践证明:战略性薪酬管理不仅具有一般薪酬管理的目标与功能,而且还能够实现与企业战略目标的匹配,吸引对企业发展具有战略价值的人才,能够优化企业内部的人力资源配置,迅速弥补企业战略瓶颈部门的人才"短板"。[10]

从战略性薪酬管理的内容(参见图7-6)上来看,更加强调与战略的匹配性,所思考的问题集中于如何发挥薪酬的激励作用,从而高效地实现吸引人才、开发人才、激励人才、留住人才,获得人力资本优势,促进战略目标的实现。

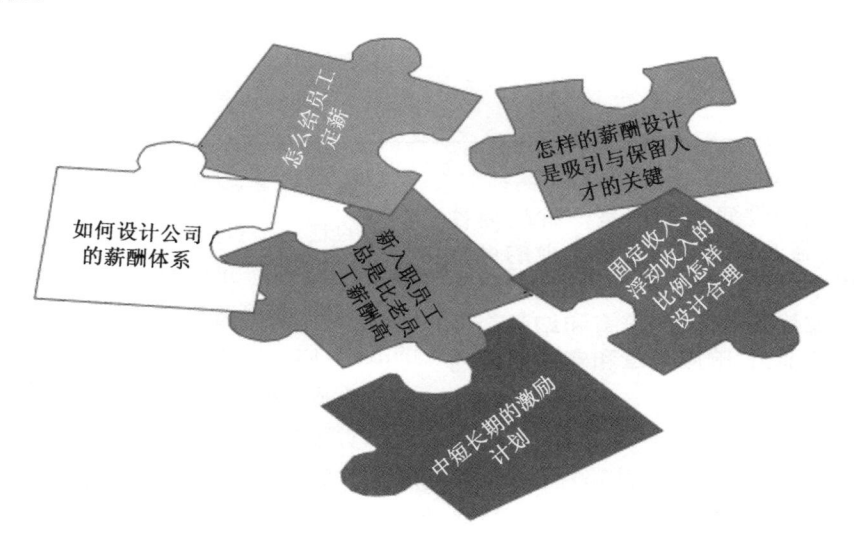

图7-6 战略性薪酬管理的内容

进行战略薪酬管理时,要注意管理的动态性,对于不同行业、不同规模和不同发展阶段的企业来讲,薪酬管理要强调针对性和匹配性,企业必须依据自己的实际情况,选择不同的薪酬管理,就像所有企业管理工具和手段一样,这是一种实践,没有最好,只有最适合。伴随着企业的不断成长和发展,薪酬管理也要不断适应环境,进行有效的变革(参见表7-3)。

表 7—3　　　　　　　　企业发展阶段和薪酬管理(示意)

以个人为标准的程度 \ 以职位为标准的程度	低	中	高
高	(1)起步阶段 重点:易管理性 类型:以个人薪酬为基础的随机性薪酬 方式:主观性		(2)高度成熟阶段 重点:主体效率 类型:以个人为主的综合薪酬体制 方式:按市场定价/按能力定价
中		(3)早期成长阶段 重点:内部公平性 类型:以职位为基础的定性薪酬 方式:级别评定	(4)成熟阶段 重点:对员工的激励 类型:职位定性薪酬＋激励计划 方式:与(3)相同
低			(5)深入发展阶段 重点:高度的总体管理 类型:以职位为基础的定性薪酬 方式:级别评定

战略性薪酬管理是一种战略性思考,强调薪酬必须促进企业的可持续发展,强化企业的核心价值观,支持企业战略的实施,培育和增强企业的核心能力,响应变革和实施变革的文化。

战略性薪酬管理的关键不仅在于它的制定是否科学,更重要的是它能否得到贯彻和执行。对于大多数企业来讲,薪酬管理并不是缺乏有效的战略,而是缺乏有效的战略执行。

通常情况下,企业在推进战略性薪酬管理的时候,首要的问题是,让企业员工理解并接受战略性薪酬,不仅知道它是什么,还要知道为什么。同时,最大可能地让员工知道执行战略性薪酬对自己职业发展有什么样的好处。离开了员工的理解和支持,盲目推进战略性薪酬管理,往往会事倍功半,甚至是事与愿违。

企业高层管理者一定要对企业的任何变革进行充分和深入的考虑,制订出翔实的对策方案。千万不要忽视员工沟通,战略性薪酬管理要求无论在薪酬体系建立还是实施过程中,都需要员工的充分参与,员工的参与程度直接影响战略性薪酬体系作用的发挥。

战略性薪酬的价值

如前所述,企业薪酬激励早已远远超出了物质激励范围,成为一种复杂的体系,其中包括成就激励、公平激励、目标激励等。构建战略性薪酬体系不是一个孤立的人力资源活动,而是一种复合性工作。[11]与传统薪酬管理相比,战略性薪酬管理把薪酬管理提升至战略层次,不仅是企业开发人力资源的途径,更是企业创新发展的需要。

战略性薪酬管理的价值(参见图7-7)归纳如下:

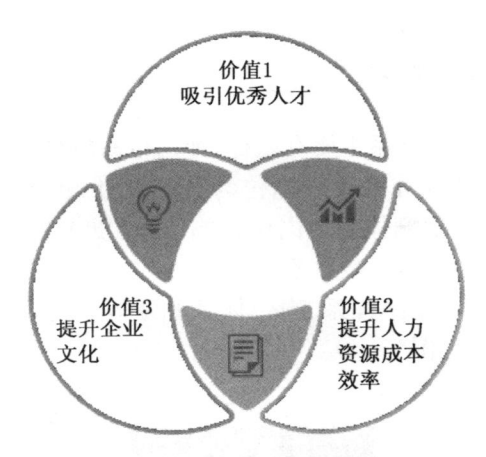

图7-7　战略性薪酬管理的价值

(1)吸引优秀人才。知识经济时代,企业人才需求特征是全方位、多层次、动态化的,传统的薪酬管理无法满足企业人才的需求,只有采用战略性薪酬管理,才能够依据企业发展战略,优化人才结构与人才储备,合理设计薪酬,吸引、选择、招聘、淘汰、储备企业所需要的各类人才,满足企业可持续发展的需要。

(2)提升人力资源成本效率。首先,战略性薪酬不是一味地节省人力成本,而是着眼于提高企业人力成本效率。通过设计有效的薪酬体系,有利于最大限度激发出企业人才的潜能,使企业人力资源与其他资源更好地结合,创造出更大的经济价值。其次,战略性薪酬管理关注人力成本的无形产出,例如,通过薪酬设计改善企业的形象、价值观等。最后,通过战略性的薪酬管理构建工作,可以创建出优秀的企业团队,并且有利于推动企业的变革和创新。[12]

(3)提升企业文化。科学的战略性薪酬管理,能够让员工知道"企业在追求什么、鼓励什么、限制什么",从而引导员工行为,改善工作态度,把员工个人的行为和企业目标有机

战略性薪酬通过引导企业员工的价值观和行为,以企业战略为导向,形成合力,最终实现企业发展目标。

地结合起来。例如，IBM公司前CEO郭士纳实行完全的绩效工资制，员工收入根据市场变化和自己的工作绩效而变化。其中，员工奖金建立在业务绩效以及个人的贡献基础上，同时，股票期权奖励也建立在个人的关键性技能以及公司的竞争风险基础上。

构建战略性薪酬体系

国际上通行的薪酬体系主要有三种，即岗位薪酬体系、技能薪酬体系以及能力薪酬体系。薪酬体系可以岗位为基础设计，也可以人为基础设计。以岗位为基础设计的薪酬体系为岗位薪酬体系，以人为基础设计的薪酬体系有技能薪酬体系和能力薪酬体系。

通常情况下，企业薪酬体系、岗位体系和绩效管理体系相互衔接，构成一种有机结合体（参见图7—8）。

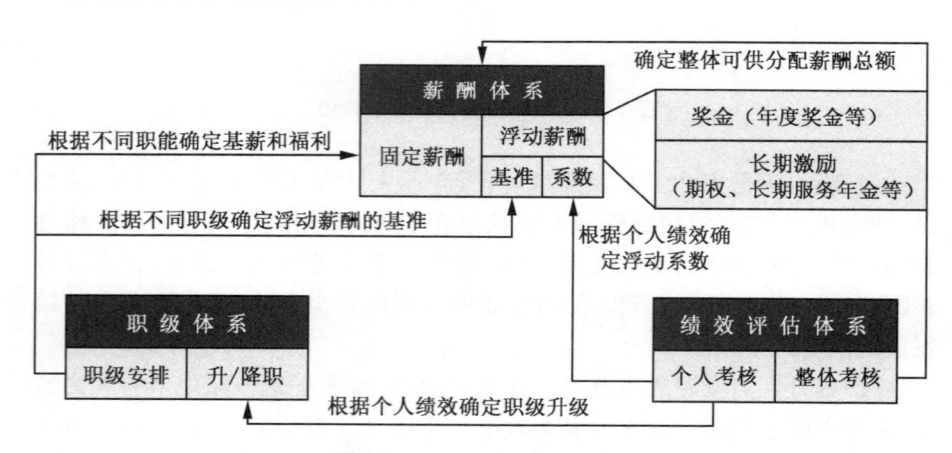

图7—8 绩效管理、岗位体系和薪酬体系的关系（示意）

科学的战略薪酬体系，既关注内部公平性，又注重外部的竞争性。一方面通过设计科学合理的战略薪酬体系，能够真实反映和评价员工绩效，充分发挥其激励功能，改变员工态度和行为，提高企业效率；另一方面，通过提供有竞争力的薪酬，能够吸引优秀人才，满足企业发展需求，构建强大竞争力。

选择有针对性的薪酬模式

如前所述，科学的战略性薪酬体系能够传递信息，比如企业需要什么样的员工，奖励员工的哪些行为等。通常情况下，构建战略性薪酬体系，需要考虑的关键影响因素有四个：企业发展战略、薪酬管理理念、市场整体薪酬水平和企业经营绩效(参见图7—9)。

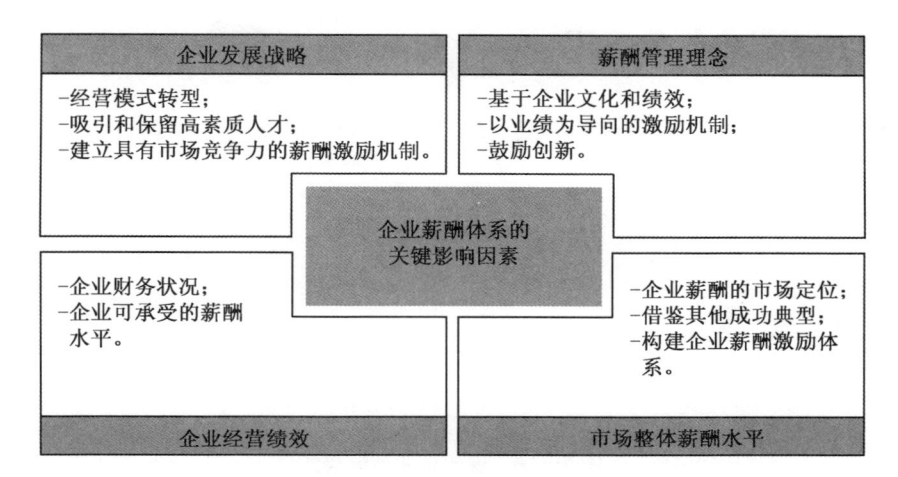

```
┌─────────────────────────────┐   ┌─────────────────────────────┐
│      企业发展战略            │   │      薪酬管理理念            │
│ -经营模式转型;               │   │ -基于企业文化和绩效;         │
│ -吸引和保留高素质人才;       │   │ -以业绩为导向的激励机制;     │
│ -建立具有市场竞争力的薪酬激   │   │ -鼓励创新。                 │
│  励机制。                   │   │                             │
│              ┌──────────────────────┐                         │
│              │   企业薪酬体系的      │                         │
│              │   关键影响因素        │                         │
│              └──────────────────────┘                         │
│ -企业财务状况;               │   │ -企业薪酬的市场定位;         │
│ -企业可承受的薪酬            │   │ -借鉴其他成功典型;           │
│  水平。                     │   │ -构建企业薪酬激励体         │
│                             │   │  系。                       │
├─────────────────────────────┤   ├─────────────────────────────┤
│      企业经营绩效            │   │     市场整体薪酬水平         │
└─────────────────────────────┘   └─────────────────────────────┘
```

注:薪酬激励需要从企业战略发展的要求、企业薪酬管理理念、企业经营绩效和市场薪酬情况等方面全面考虑薪酬激励体系的完善。

图7—9 企业薪酬体系的关键影响因素

不同的战略性薪酬要适应不同的企业战略,即企业战略和战略性薪酬之间联系得越紧密或彼此越适应,企业的效率就会越高。

现代薪酬管理以员工为本,注重科学分析,通过企业员工的参与,把员工个人目标和企业的战略目标相结合。这种情况决定了,战略性薪酬体系是一种灵活的体系,务必要考虑企业的实际情况,选择有针对性的薪酬模式。

简单来讲,薪酬模式是判断给予员工薪酬的方式,选择科学的恰当薪酬模式对企业的发展具有至关重要的作用,因此,依据不同薪酬模式,最终的薪酬计算结果往往会出现不同程度的差别。采用科学的薪酬模式,能够提高员工效率,进而提升企业经济效益。

通常情况下,现代企业有四种薪酬模式可供选择:基于岗位的薪酬模式、基于绩效的薪酬模式、基于能力的薪酬模式、基于市场的薪酬模式(参见图7—10)。

(1)基于岗位的薪酬模式

基于岗位的薪酬模式是企业中运用最为广泛的薪酬模式,它将岗位价值作为工资支付的前提,以岗位价值为基础构建起一种薪酬支付方式。

基于岗位的薪酬模式相对稳定和客观,体现了比较强的公平性。由于在职位晋升的同时员工的薪级也得到了晋级,充分调动了员工的工作积极

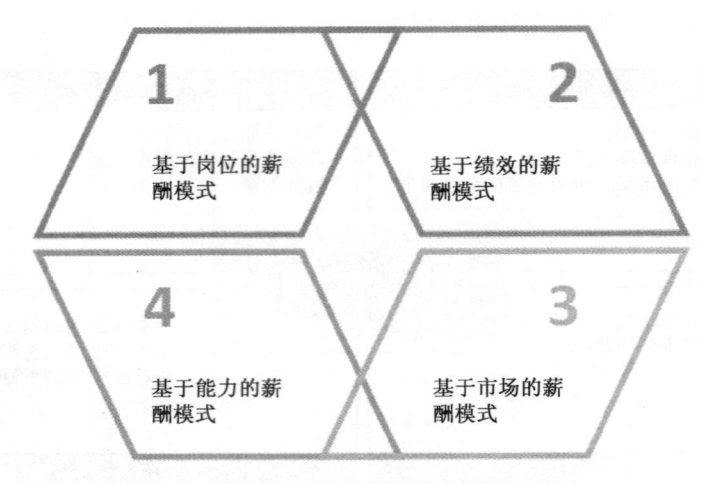

图 7—10　现代企业薪酬模式

性,同时,也会促使员工遵守等级秩序,规范自身行为,注重团队协作。

（2）基于绩效的薪酬模式

基于绩效的薪酬模式以员工绩效为基础,重点考核的是最终结果,而不是过程,其主要形式包括佣金制、计件工资制。该模式往往用于企业销售团队和一线生产员工等。

该模式将员工的收入与工作目标直接挂钩,员工为了实现既定的目标会竭尽全力,具有明显的激励效果,此外,通过层层的目标分解使员工工作目标更加明确,促进组织战略目标的实现。

（3）基于市场的薪酬模式

基于市场的薪酬模式是依据市场现今人才状况以及综合薪资水平制定相应的报酬,确保员工不会流失到其他企业。

该模式主要适用于企业核心员工,以及竞争较为激烈的高新技术领域,它能够有效防止企业人才流失而导致自身实力的降低。一方面可能吸引更多关键人才;另一方面还可以对替代性强的人才薪酬水平进行调整,从而达到节省人工成本的目的。

（4）基于能力的薪酬模式

基于能力的薪酬模式以员工能力为基础,把员工能力作为薪酬支付的依据,薪酬差异体现在员工的能力差异上,而不是岗位或级别的差异。

该模式往往集中于制造业以及其他行业具备特殊才能的员工,比如高级技师、精算师等。该模式有助于促进员工在自己擅长的领域深入开发研究,提高专业水平,同时,增加了员工发展机会,便于留住专业性的技术人才,增强企业的竞争力和灵活性。

总而言之,企业薪酬着重体现岗位价值和个人贡献,鼓励员工长期为企业服务,共同致力于企业的不断成长和可持续发展,同时共享企业发展所带来的成果。[13]薪酬模式具备多样性,企业采用哪种薪酬模式,应该充分考虑所处的发展阶段、发展战略、所在的行业、人才情况、绩效考核等基础管理制度的科学化情况等。另外,还需要根据各种权变因素,动态调整或创新薪酬模式。

薪酬体系设计理念和原则

战略性薪酬管理体系既是一种管理观念,也是一种管理思维,全面执行战略性薪酬管理是一项复杂的工程,在此过程中,树立现代薪酬理念,把握关键的设计原则,显得尤其重要。

(1)战略性薪酬设计理念

①薪酬是一种投资,而不是一种成本。在知识经济时代,人力资本成为经济增长和企业价值增值的重要因素。企业必须树立人才资源是企业第一资源,人力资本是企业第一资本的观念。因为,科学的薪酬体系能够有效地降低人才流失率,同时还将吸纳更多人才,增强企业的活力。

科学合理的薪酬体系对员工的激励是最持久也是最根本的激励,因为科学合理的薪酬体系解决了人力资源所有问题中最根本的分配问题。

②保持动态灵活性。企业应根据内外环境的变化,及时调整薪酬总额、水平与结构等,以适应企业发展战略调整。因此,企业薪酬体系既要保持一定程度的稳定性,又要能根据主客观因素与情势的变化,适时地进行调整。

③体现公平公正性。科学的薪酬管理在全过程中都会坚持公平公正性。首先,在设计薪酬体系之初,就会征求企业员工意见,采纳其中合理的建议;其次,整个薪酬体系的设计过程,都会保持一定的透明度和参与度;最后,在实施过程中应建立健全监督与反馈机制,及时进行薪酬满意度调查[14],根据具体反馈情况,不断予以改进和完善。

④坚持系统性思考。前文中,不断地重复一个观点,那就是时代变了,企业员工的需求也变化了,一切都在变化中。对于现代企业员工来讲,一方面看重企业的物质回报,也就是企业的福利待遇水平;另一方面,越来越看重非传统的报酬,如职业生涯发展、赏识、富有挑战性的任务、参与决策与管理等。因此,设计战略性薪酬体系时,必须注重系统性思考,既要关注员工的经济收入,又要关注员工的非经济收入,综合多方面因素,形成具有竞争

性的,同时又具有企业特色的薪酬体系,提升员工忠诚度和满意度。

(2)薪酬体系设计原则

企业在设计薪酬体系时,基于其特征,应该强调五个关键原则(参见图7—11)。

原则1 战略导向　原则2 公平　原则3 激励　原则4 双赢　原则5 合法合规

图7—11　战略性薪酬体系设计原则

①战略导向。设计薪酬体系时,必须坚持战略导向,一旦企业的发展战略发生变化,薪酬管理就应当随之调整。作为一种科学的激励机制,战略性薪酬体系的目的在于驱动那些有利于企业经营战略发展的因素,同时遏制和消除那些不利于企业经营战略发展的因素。

②公平。公平是设计薪酬体系的核心原则,其理论基础是公平理论[①]。通常情况下,公平原则体现在三个方面:员工个人公平、企业内部公平和企业外部公平。员工个人公平就是员工对自己的贡献和得到的薪酬感到满意;企业内部公平就是员工的薪酬在企业内部贡献度及工作绩效与薪酬之间关系的公平性;企业外部公平是指企业的薪酬水平相对于本地区、同行业内在劳动力市场的公平性,通常情况下,企业发展过程中,要保持一定的外部竞争力。

③激励。科学合理的薪酬体系对员工的激励是最持久也是最根本的激励,因此,设计薪酬体系时必须充分考虑薪酬的激励效果,重视企业薪酬人力资源投入与激励效果产出之间的关系。

从物质激励方面来讲,根据员工能力和贡献大小适当拉开收入差距,让贡献大者获得较高的薪酬,以充分调动他们的积极性;从精神激励方面来讲,可以采用多种手段开展,例如员工授权、合理的晋升制度、工作绩效评审、员工学习、发展等营造提升自我的机会,另外,还可以通过灵活的弹性时间工作制度设置,符合不同员工特征的职业规划道路。[15]

④双赢。员工和企业都有各自的薪酬目标,如果两个薪酬目标之间没

---

① 公平理论由美国心理学家约翰·斯塔希·亚当斯(John Stacey Adams)于1965年提出:员工的激励程度来源于对自己和参照对象的报酬和投入的比例的主观比较感觉。

有合适的接口,将不可避免地导致冲突和心理契约失衡。所以企业在设计薪酬制度时,有必要上下相互沟通和协调,让员工参与薪酬制度的设计,举行企业薪资听证会,找到彼此都满意的结合点,实现双赢。

越来越多的企业开始强调员工共享企业利润,这种做法拓宽了对薪酬的理解,显著增强了员工对企业的认同感和敬业精神。

⑤合法合规。设计战略性薪酬体系要有法可依,整体上来讲,企业要完善和规范用工制度,降低企业与员工之前的纠纷;从企业内部来讲,企业薪酬体系要有充分的依据,还要清楚不同薪酬类别所适用的人群(参见图7-12)。此外,设计战略性薪酬管理体系过程,需要强调系统性,统筹协调薪酬管理的各项制度与措施,发挥其整体效应。同时,制定内部薪酬制度时,需要内外兼顾,建立一种透明的、有效的沟通机制。

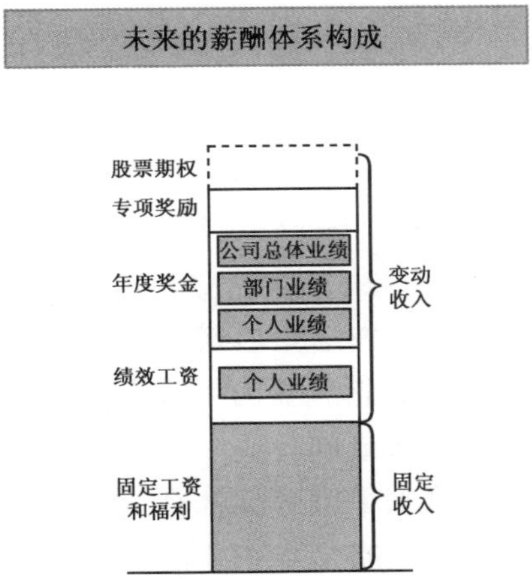

薪酬构成	挂钩依据	适用群体
长期激励	·取决于公司中长期经营绩效和员工业绩	·公司高层管理人员、核心技术人员和业务骨干
专项奖励	·取决于员工额外做出的贡献(如符合公司倡导的价值行为、勇于创新)	·全体员工
年度奖金	·取决于公司年度经营绩效和员工业绩	·全体员工
绩效工资	·取决于一年中阶段性的岗位业绩	·全体员工
固定工资(含福利)	·取决于岗位重要性、工作年限所需能力和专业经验、市场同类岗位的工资和福利待遇等情况 ·福利	·全体员工

股票期权部分鉴于企业性质,可视具体情况来定

注:在建立薪酬等级的系统的基础上,优化企业薪酬体系,包括在固定收入、奖金基础上引入绩效工资和专项奖励等。

图7-12 薪酬体系设计要有充分的依据(示意)

战略性薪酬体系设计流程

综上所述,战略性薪酬体系坚持以员工为导向,强调对员工的激励性。通常情况下,薪酬体系设计包括确定薪酬策略、薪酬调查、职位分析、岗位评价、确定薪酬组合、设计薪酬结构、建立薪酬管理制度七个步骤(参见图7-13)。

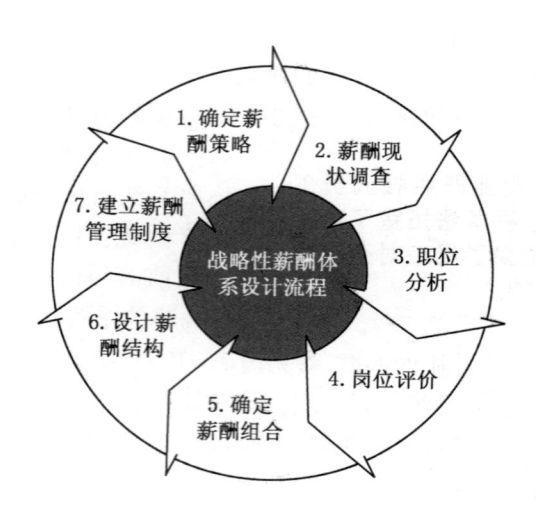

图7-13 薪酬体系设计流程

(1)确定薪酬策略

企业需要在发展战略的指导下,制定相应的人力资源战略,进而明确薪酬策略,构建和实施战略性薪酬体系,有效地激励员工,降低员工的流失率和提高企业效率,实现员工与企业的和谐发展。

通常情况下,企业可以选择的薪酬策略包括三种主要形式:领先策略、跟随策略和成本导向策略。[16]具体来讲,领先策略是指企业为了吸引高素质人才,满足企业高速发展的需求,薪酬水平在本地区或同行业中处于领先水平;跟随策略是指企业找准自己的标杆企业,薪酬水平跟随标杆企业的变化而变化,始终紧跟市场的主流薪酬水平;成本导向策略是指企业制定的薪酬水平主要根据企业自身的成本预算决定,以尽可能地节约企业成本为目的,不大考虑市场和竞争对手的薪酬水平。如何制定和选择适合自己的薪酬策略,取决于企业的实际情况。比如说,A企业有足够的资金实力,希望高薪吸引人才,可以采用领先策略,使企业薪酬水平高于市场上大多数企业的水平。

确定薪酬策略后,企业必须向员工讲明薪酬理念[17],通常情况下,薪酬理念与公司的人力资源战略,乃至公司整体的经营战略都是一体的,这些理念必须在全体员工中不断地宣讲,使大家形成共识,随后的各种薪酬政策和制度才会易于为员工所接受。

(2)薪酬现状调查

为了完善企业薪酬结构,评估外部竞争对手的薪酬水平,相应调整企业自身薪酬水平,同时,更全面地了解薪酬管理实践的最新发展和变化趋势,企业必须注重薪酬市场现状调查,该项工作通常会利用外部机构的力量来完成,比如购买行业薪酬水平调查报告,或者委托专业人力资源调查公司进行地区薪酬水平调查等,当然,在企业人力资源部门能力和人员均充足的情况下,也可以自行完成这项调查工作。

薪酬调查一般包括两块内容:外部市场薪酬情况调查、内部薪酬结构及员工薪酬满意度调查。对于前者来讲,主要从三个方面进行调查:①本地区或本行业薪酬情况;②薪酬水平的竞争力情况;③劳动力市场的供应情况。对后者来讲,主要从企业职能能力、薪酬支出财务数据和员工薪酬满意度三个方面着手。

(3)职位分析

职位分析是人力资源管理的基础工作,其成果能够应用于人力资源管理的所有功能模块,包括组织优化、人员甄选、培训开发、考核、薪酬等[18],通常以岗位工作标准或职务说明书来体现。

设计战略性薪酬体系离不开职位分析,企业必须明确各职位的分类、分等及相互关系。比如说,企业职位可以分为行政岗位、营销岗位和管理岗位,其中,管理岗位又可分高层管理、中层管理、基层管理等。

职位分析的内容通常包括员工受教育程度、工作经验、工作知识、工作难度和努力程度等,基于职位分析的战略性薪酬方案,能够使得企业员工所得到的工资与其个人的绩效、部门绩效以及企业的绩效紧密挂钩。因此,能够激励员工在工作过程中充分发挥自身的能力,同时注重团队协作,增加归属感,促进企业的健康持续发展。

职位评价的方法主要有评分法、排列法、分类法、要素比较法。其中,评分法是最常用的方法(参见表7-4),它通过明确的因素对工作进行评分,主观判断的随意性要比其他方法小得多。

表7-4　　　　　　　　　　职位评价表(示例)

职位名称:　　　　　　　　　　　　　　　　　　　　　2016-12-31

序号	要素与分值		级别	分值	得分
1	对公司的影响20分	生存影响10分	低	1~3	10
			中	4~6	
			高	7~10	
		发展影响10分	低	1~3	10
			中	4~6	
			高	7~10	

续表

序号	要素与分值		级别	分值	得分
2	工作难度 20分	复杂性10分	低	1~3	10
			中	4~6	
			高	7~10	
		创造性10分	低	1~3	10
			中	4~6	
			高	7~10	
3	工作责任 10分		低	1~3	10
			中	4~6	
			高	7~10	
4	技术含量 10分		低	1~3	10
			中	4~6	
			高	7~10	
5	沟通与协调 8分	沟通4分	低	1	4
			中	2~3	
			高	4	
		协调4分	低	1	4
			中	2~3	
			高	4	
6	管理强度 9分	管理人数4分	低	1	4
			中	2~3	
			高	4	
		领导力4分	低	1	5
			中	3~4	
			高	5	
7	市场需求情况7分		低	1~2	7
			中	3~5	
			高	6~7	
8	劳动强度及工作环境 6分	脑力劳动2分	低	0.5	2
			中	1	
			高	2	
		体力劳动2分	低	0.5	2
			中	1	
			高	2	
		工作环境2分	低	0.5	2
			中	1	
			高	2	

续表

序号	要素与分值	级别	分值	得分
9	管理层级 10分	低	1~2	10
		中	4~6	
		高	7~10	
10	综合评价			

综合评价：

(4) 岗位评价

在职位分析的基础上，采取一定的方法对岗位的影响范围、职责大小、工作强度、难度、任职条件等特性进行评价，以确定岗位在企业中的相对价值。

进行岗位评价时，通常要组建企业岗位评估工作小组，在人力资源部门综合统筹下，各部门负责人均参与其中。要想实现岗位评价公正性和公平性，对该小组有着明确的要求：①评分组成员要能客观、公正地看问题，这是衡量岗位评价工作客观与否的重要因素；②评分小组成员的构成应有代表性，应对每个岗位的职责和在企业中的重要性有客观了解。

岗位评价时同样要求明确关键岗位评价要素（参见表7-5），运用恰当的岗位评价工具和方法，进行岗位综合评价，其中，交叉排序法和因素分析法是最常用的岗位评估方法。

表7-5　　　　　　　　　岗位评价要素

要素	权重	要素等级	分值	说明
知识	15	1	50	对专业知识无特殊要求或有较低要求
		2	100	对专业知识要求程度一般，学历大专
		3	150	对专业知识要求较高，学历本科、研究生
技能	10	1	40	对专业技能基本没有要求或有较低要求
		2	70	对专业技能要求一般或较高
		3	100	对专业技能要求很高
管理责任	20	1	70	没有监管责任或具有提供技术支持的责任
		2	130	对业务及人员管理负有监管责任
		3	200	通过下属主管进行监管
决策	15	1	50	所做决策对企业基本没有任何影响或影响较小
		2	100	所做决策对部分部门产生一定影响，间接影响企业的效益
		3	150	所做决策直接影响企业的生产效益，关系到企业的生死存亡

续表

要素	权重	要素等级	分值	说　明
管理跨度	10	1 2 3	40 70 100	完成分配下来的任务或在授权之下独立负责某项工作的安排 对不同工作职责的任职者进行全面管理 对具有不同职能的部门进行管理或对大型的复杂的运营单位进行全面的管理
工作复杂性	5	1 2 3	10 30 50	任务明确重复性强,问题与以往相似,答案趋于规律化 问题情境变化通过推理进行解决 问题具有挑战性,经过创意方可解决
沟通协调	10	1 2 3	40 70 100	只与内部同事进行接触,进行信息沟通 经常与外部人员接触的目的是提供或获取信息 需要具有熟练的人际交往技巧,能够激励、谈判劝说他人
劳动强度	10	1 2 3	40 70 100	很轻松或不太累、比较轻松 比较繁重、紧张程度一般,偶尔较忙 特别繁重、单调枯燥、经常加班
劳动环境	5	1 2 3	10 30 50	基本没有危险或有轻微的危险 危险、危害程度一般 危险、危害性较高
合计	100		1 000	

具体操作步骤如下：首先,小组成员对9个要素进行打分,根据所了解岗位的情况,在表中列出岗位的3个等级水平；其次,整理汇总小组成员打分,得出平均分；再次,分析汇总打分表数据,对企业岗位进行排序,确定级别；最后,加总全部岗位分值,将工资总额除岗位总分值,确定单位点值,点值乘以具体某个岗位的分值,就可计算出岗位的工资标准。

(5)确定薪酬组合

企业不同级别人员,其薪酬需求也不尽相同(参见表7—6),因此,通常情况下,企业需要采取不同的薪酬组合:①对基层人员来讲,固定薪酬比例应该最高,变动薪酬比例次之,并且,在企业基层员工的收入中,短期薪酬往往占了绝大部分的比例;②对中层管理人员来讲,固定薪酬比例有所降低,变动薪酬比例则相应提高;③对高层管理人员来讲,固定薪酬比例应该最低,短期薪酬的比例进一步下降,甚至可能会低于长期薪酬所占的比例。

表 7-6　　　　　　　　　　不同层级员工需求(示例)

排序	管理者	专业人员	事务人员	基层员工
1	薪酬	晋升	薪酬	薪酬
2	晋升	薪酬	晋升	稳定
3	权威	挑战性	管理	尊重
4	成就	新技能	尊重	管理
5	挑战性	管理	稳定	晋升

以年终奖发放原则为例,企业利润越高,员工获得更多;员工绩效越好,奖金越多;岗位越高,分享越多。通常情况下,职位级别越高,年终奖中的岗位对应系数就会越高(参见表 7-7)。

表 7-7　　　　　　　　　　岗位对应系数(示例)

职能等级	等级职称	系数
1	总经理 副总经理 总监	6
2	分公司总经理/副总 高级工程师 总工	5.5
3	部门经理/副经理、特助/总助	4.5
4	经理(非部门负责人)主任 工程师	3.5
5	主管 班组长	2.5
6	专员、技工 技术员 调试员	1.5
7	一线员工	1

(6)设计薪酬结构

薪酬结构是企业内部不同职位或不同技能薪酬水平的对比关系,以及不同薪酬形式占薪酬总额的比例关系。

通常情况下,对普通员工来讲,采取的方式是固定工资+绩效工资(季度或半年度)+年终奖金,其中,核心员工(20%)会有津贴、中短期的激励以及公司的股票。

对中高层管理者来讲,采取的方式可以是固定工资+职位津贴+年终奖金+短期激励(签约奖金、现金转股票、CEO 特别奖)+长期激励(股票、期权等),奖金一般是年薪的 60%~120%。在不同的薪酬结构中,货币薪酬与管理层持股都能够对管理层产生正向的激励作用,而在职消费削弱了这种作用,激励机制是三种薪酬形式共同作用与相互制衡的结果,不同的组合带来了不同的激励效果。[19]

薪酬结构总体趋势是固定部分在整个薪酬中比例逐渐下降,而与业绩联系的动态部分逐渐上升。

(7)制定并完善薪酬制度

现代的薪酬理论着重解决如何让薪酬体系更好地为企业战略目标服务,只有制定与岗位相匹配的内部公平性、外部具有竞争力的薪酬管理制度,才能使员工的职业发展目标与企业发展目标相一致。

通常情况下,完成薪酬体系设计后,需要以文件的形式保存下来,在企业内全面推行。知识经济时代,企业在制定薪酬制度时,要把握三个要点:①明确的战略定位是前提;②兼顾内部公平是重要因素;③关注企业价值链增值点的转移是关键。

选择和创新激励性薪酬

如何承认并兑现人力资源资产,是一个关键性的问题。从中长期来看,一定要体现在企业薪酬体系中,那种"画大饼""喊口号""打鸡血"式的培训或理念灌输,并不科学,也不是专业人力资源工作者的方式方法。因为,从本质上来讲,企业员工需要获得薪酬来实现自己的价值,薪酬是最为核心的一个要素。

(1)计件制

"世界上不存在比计件制更有激励作用的方法。在可能的情况下,尽量采用计件工资制。"计件制作为一种激励薪酬制度,主要适用于一线工人和某些工作成果可以完全量化的行业。有专家曾说过,"计件工资可以解决80%的员工物质激励问题"。

实践中,计件制主要包括三种形式:①简单计件制:完成件数×每件工资率=应付工资。②梅里克多计件制:这种计件制将工人分为三个等级,随着等级变化,工资率递减10%。中等和劣等的工人获得合理的报酬,而优等的工人则获得额外的奖励。③泰勒的差别计件制:这种计件制首先制定标准的要求,然后根据员工完成标准的情况有差别地给予计件工资率。

(2)计效制

制定某项工作的标准时间,以此为基准,根据员工节约的时间或成本多少来计算奖励。实践中,分为两种:标准工时制和标准成本制。①标准工时制,以节约时间多寡来计算应得的奖金。根据节约时间奖励提取比例的不同,又可以分为罗恩制和哈尔西50-50奖金制。罗恩制的奖励比例按照节约时间占标准工作时间的百分比来计算;哈尔西50-50奖金制则是按照公司和个人五五分账的方式来分享节约的工时成本。②标准成本制,即按照节约成本来提取比例进行奖励的奖金。

(3)佣金制

如前所述,佣金制通常情况下用于销售人员,实践中,分为三种形式:①单纯佣金制,即销售人员收入完全来自佣金,佣金等于销售量×佣金率;②混合佣金制,即底薪+佣金的模式;③超额佣金制,主要用于相对稳定的销售市场,在这种佣金制度下,销售人员获得的不是全部的佣金,而是佣金中扣除了既定定额后的差额,定额是事先销售人员同意要保证完成的销售额,即收入=销出产品数×单价×佣金比率-定额产品数×单价×佣金比率。

(4)利润分享计划

利润分享计划是指员工根据其工作绩效而获得一部分公司利润的组织整体激励计划,是由企业建立并提供资金支持,让其员工或受益者参与利润分配的计划。以沃尔玛利润分享计划为例,每一个在沃尔玛公司待了一年以上,以及每年至少工作1 000小时的员工都有资格参与分享公司利润。运用一个与利润增长相关的公式,公司把每个够格的员工工资的一个百分比归入员工的计划档案中,员工们离开公司时可取走这个份额——或以现金方式,或以沃尔玛公司股票方式。结果,这个计划发展速度极快且大获成功。[20]

企业在制定利润分享计划方案及实施的过程中应鼓励员工积极参与,尊重员工知晓企业信息的权利,做到透明公正,最大限度地调动员工积极性。

利润分享计划设计需要注意以下三个问题:①利润分享计划的受益人,是全员还是某些特殊类别员工;②利润分享比例,是按照固定比例还是递增或者递减的比例;③利润分享计划的触发条件,是所有利润都进行分享还是达到一定条件后再进行分享;④确定利润分享计划的支付形式,通常情况下包括三种:现收现付制、递延式滚存制、现付与递延两者混合奖励制。

企业在制订利润分享计划方案时,应该考虑自己的发展阶段,结合外部市场环境,制订出有针对性的方案(参见表7-8)。

表7-8 企业利润分享计划方案设计(示例)

生命周期阶段	初创期	成长期	成熟期	衰退期
企业典型特征	资金短缺 人才匮乏 业务开拓吃力 制度不完善	规模迅速扩大 业务量迅速加大 销售人员、技术人员以及管理人员需求增加	企业运作有序 管理完善 规模和利润水平达到最佳	销售额和利润额大幅下滑 产品更新速度慢 职工队伍不稳定

续表

生命周期阶段	初创期	成长期	成熟期	衰退期
利润分享计划总额选择	获利界限法+固定比例法	获利界限法+分段比例法；或获利界限法+固定比例法	获利界限法+固定比例法	不分配利润或获利界限法+分段比例法
利润分享对象选择	业务骨干	销售骨干 技术骨干 中高层管理人员	全员或总高层管理人员、技术骨干	少数管理骨干
发放方式选择	现金分享+延期利润分享	现金分享+延期利润分享	现金分享或延期利润分享	现金分享或延期利润分享
个人分享额度选择	个人贡献法	综合法	综合法或岗位贡献法	个人贡献法

资料来源：喻辉. 基于新CAS9的利润分享计划实例解析[J]. 财会通讯，2015(13)：84—85。

(5)股票期权激励

股票期权激励起源于美国高新技术企业，能够充分发挥人力资源的内在价值，被称作企业发展的"发动机"，推动了美国高新企业的发展，如今，大约有90%的美国高新技术企业采取了股票期权激励。[175]作为一种有效的人力资源激励手段，股票期权能够使员工的个人利益与企业的发展密切联系，最大限度降低企业风险，实现企业与员工的双赢。

近年来，国内很多企业，尤其是高科技企业，开始采用股票期权激励计划，从总体效果上来看，股票期权激励计划具有激励员工、保留员工、提高企业凝聚力等多种功能。

股票期权激励主要包括：现股激励、期股激励和期权激励(参见图7—14)。

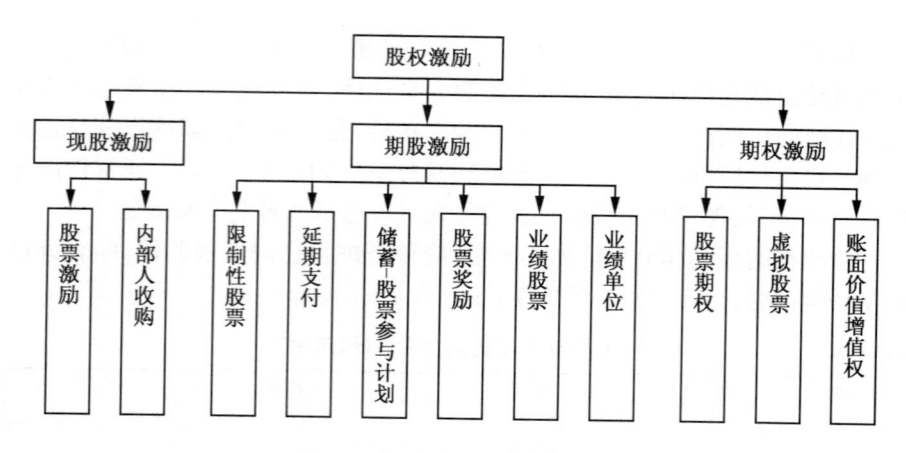

图7—14 股票期权激励类别

现股激励是指让激励对象持有一定数量的本公司的股票。股票由公司无偿赠予激励对象，或者由公司补贴激励对象购买，或者由激励对象自行出资购买。

期股激励是公司和经理人约定在将来某一时期内以一定价格购买一定数量的股权，购股价格一般参照股权的当前价格确定，同时，对经理人在购股后再出售股票的期限做出规定。

期权激励是公司给予经理人在将来某一时期内以一定价格购买一定数量股权的权利，经理人到期可以行使或放弃这个权利，购股价格一般参照股权的当前价格确定。

通常情况下，企业推行股票期权激励计划，需要考虑企业发展战略、企业文化和外部环境等影响因素。由于股票期权激励是一种专业性很强的激励方案，一般需要引入专门的设计团队和企业共同来制定。另外，在推行该计划时，需要制定一个优先次序，依次开展（参见图7—15）。

图7—15 股票期权激励优先次序

(6) 年薪制

年薪制是世界各国较为普遍采用的一种企业家报酬机制。年薪制把企业高管年度总收入和年度绩效相结合，根据高管业绩优劣而设定个人收入的一种薪酬制度设计，通常情况下，年薪制适用于总经理、副总经理和核心管理团队等重要职位。企业实行年薪制，一方面能充分体现人力资本的价值，另一方面年薪制的酬薪结构能有效激励经营者的创造力和工作热情，更有利于企业经营者管理、考核与监督。[22]

现代企业高管人员的年薪结构是多元化的，每个企业由于所处发展阶段、所处行业等的不同,企业高管年薪模式也不尽相同。通常情况下,标准年薪可以分为基本年薪和绩效年薪两个部分(参见图7-16)。

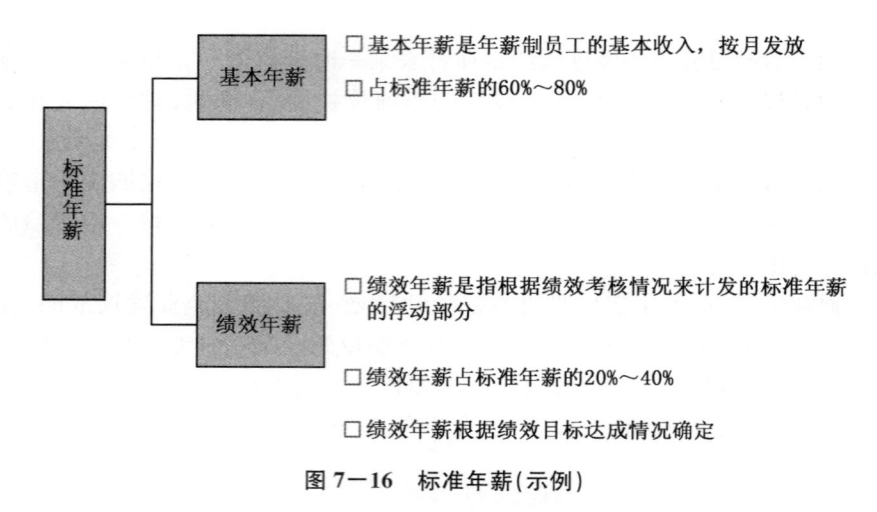

```
标准年薪 ─┬─ 基本年薪
         │    □ 基本年薪是年薪制员工的基本收入,按月发放
         │    □ 占标准年薪的60%~80%
         │
         └─ 绩效年薪
              □ 绩效年薪是指根据绩效考核情况来计发的标准年薪
                的浮动部分
              □ 绩效年薪占标准年薪的20%~40%
              □ 绩效年薪根据绩效目标达成情况确定
```

图7-16 标准年薪(示例)

实践中,年薪通常包括四个具体组成部分:基本薪酬、绩效薪酬、长期激励和福利津贴。

基本薪酬主要根据企业经济效益水平、生产经营规模、经营责任、风险程度等因素并考虑本地区和本企业职工平均收入水平及经营人才市场价格等来确定。一般的确定原则是,当企业经营者完成基本经营目标的80%时可得到基本年薪,100%完成经营目标可得到奖励年薪。

绩效薪酬一般要根据其经营成果以年度为单位进行考核并发放,它是年度经营效益的具体体现。其计算方法主要有以下两种:加权平均法和综合评分法。

为了克服传统"年薪制"只重视短期激励而忽略长期激励的弊端。有必要把股票期权等长期激励机制引入"年薪制"中。例如,美国500家大公司中,有约80%采用期权激励办法,这种长期报酬占经营者年收入的30%以上。

福利与津贴,既包括一般员工所享受的待遇,如医疗保险、带薪休假等,还包括企业为高层管理人员提供的特殊福利,如商业保险和用车等。

对于不同的行业,不同的企业,以及企业内部不同的激励对象,企业可能采取灵活的年薪构成(参见表7-9)。

表 7-9　　　　　　　　企业总经理的年薪构成（示例）

序号	薪酬构成	年薪占比	支付方式
1	基本薪酬	35%	月度现金支付
2	绩效薪酬	25%	年度现金支付
3	长期激励	35%	股票期权
4	福利津贴	5%	随机

年薪制薪酬方案的设计需要遵循三大原则：①高管责任与贡献相一致原则；②利益共享与风险共担原则；③收入水平与同行业总体薪酬水平、企业承受力相适应原则。国际上，通常对企业高管人员采用"长短结合"的薪酬激励模式（参见图 7-17）。

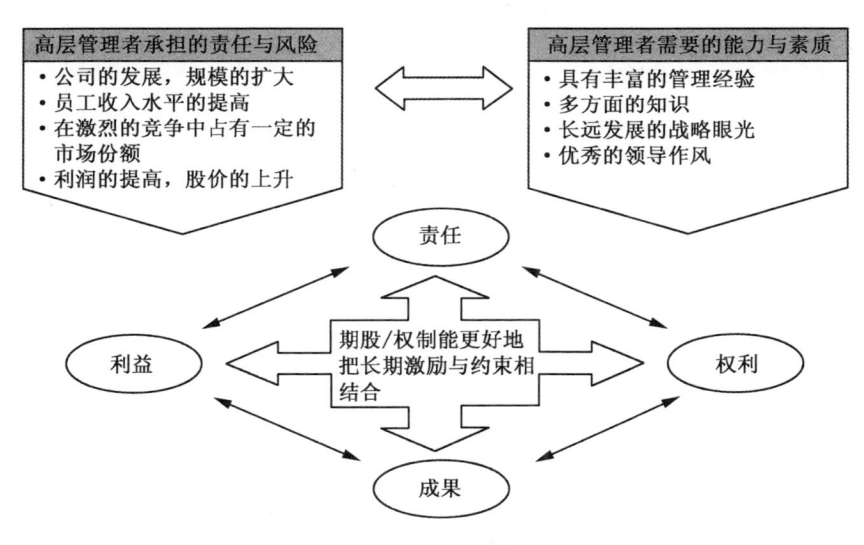

图 7-17　"长短结合"的薪酬激励模式

薪酬分配必须促进企业的可持续发展，强化企业的核心价值观，支持企业战略的实施，营造响应变革和实施变革的文化。

（8）基于能力的宽带薪酬

宽带薪酬（Broad Banding）是对传统的那种带有大量等级层次的垂直型薪酬结构的一种改进或替代。根据美国薪酬管理学会的定义，宽带型薪酬结构就是指对多个薪酬等级以及薪酬变动范围进行重新组合，从而变成只有相对较少的薪酬等级以及相应的较宽薪酬变动范围。[23]

宽带薪酬始于20世纪90年代，是作为一种与企业组织扁平化、流程再造等新的管理战略与理念相配套的新型薪酬结构而出现的。宽带薪酬通过设计较少的薪酬层级来淡化层级的概念，在具体实施过程中，中小企业可选择3～5个层级，大型企业设计10个左右的层级。例如，IBM公司在20世纪90年代以前的薪酬等级一共有24个，后来被合并为10个范围更大的等级。

通常情况下，每个薪酬等级的最高值与最低值之间的区间变动比率要达到100%或100%以上。一种典型的宽带型薪酬结构可能只有不超过4个等级的薪酬级别，每个薪酬等级的最高值与最低值之间的区间变动比率则可能达到200%～300%。而在传统薪酬结构中，这种薪酬区间的变动比率通常只有40%～50%（参见图7—18）。

- 每一个基薪等级由若干档次（图示为5档）和一定的机动额构成。
- 档次原则上根据担任该岗位员工的水平确定。初次聘用至该岗位的员工原则上进入第一档，以后根据绩效表现情况逐年上升。已经升至第五档而岗位没有变动的，可以用机动额加薪，但最高不超过该级的上限。

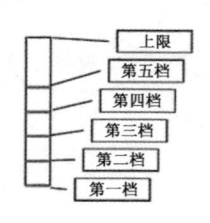

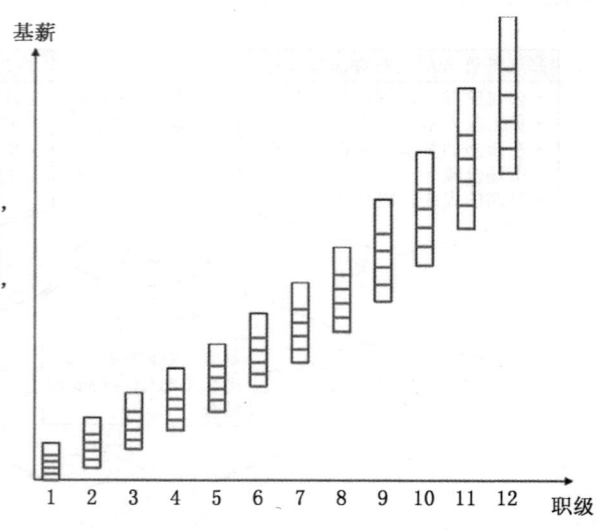

图7—18　宽带薪酬(示意)

宽带薪酬体系中，员工不是沿着公司中唯一的薪酬等级层次垂直往上走，相反，他们在自己职业生涯的大部分或者所有时间里可能都处于

通常情况下，宽带薪酬在技术类、创新型企业中有良好的应用，而不太适用于劳动密集型企业。

同一个薪酬宽带之中，他们在企业中的流动是横向的，随着能力的提高，将承担新的责任，只要在原有的岗位上不断改善自己的绩效，就能获得更高的薪酬，即使是被安排到低层次的岗位上工作，也一样有机会获得较高的报酬。

构建提升凝聚力的企业福利体系

进入21世纪以来,随着企业员工结构的变化,以及企业对待人才的态度理念变化,员工福利也出现了新趋势:(1)从普惠制到重点针对核心人才的趋势;(2)员工福利的弹性化趋势;(3)社会化趋势;(4)货币化趋势。

国外研究发现:福利在招聘、保留人才方面起到越来越重要的作用。然而,国内福利体系仍然是薪酬管理中非常薄弱的环节,许多企业的福利体系不健全,甚至没有,因此,许多员工对所在企业存在着或强或弱的不满情绪,成为人才流失的重要因素之一。而拥有一个好的福利制度,能很好地开展企业人力资源的管理活动,从而实现战略目标,还能很好地传递企业的文化观、价值观。

(1)构建科学的福利体系

福利是企业为了维护员工队伍稳定,提高员工积极性,按照既定的原则和规范,在支付给成员货币性工资报酬以外,向组织成员提供的实物性、服务性以及货币性报酬(主要以非货币工资与延期支付形式),从而改善员工及其家属的生活。

作为现代企业薪酬制度中的重要组成部分,福利体系包括的内容多种多样,除了国家规定的福利项目之外,还有企业自主确定的福利项目(参见图7—19)。

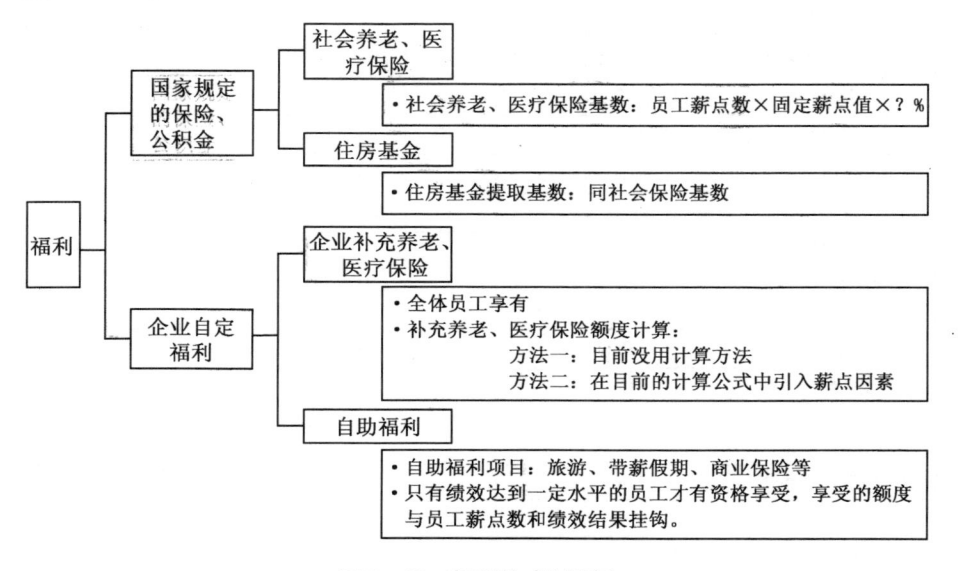

图 7—19 福利构成(示意)

实践中，企业在设计福利时，应该坚持"以企业员工为本"，以需求为导向，注重满足不同员工不同层面的福利需求（参见表7－10），建立有利于员工发展和团队合作的福利制度，给员工一定的选择权，使福利体系更人性化，更丰富多彩。[24]

表7－10　　　　　　　　　　企业现行福利体系（示例）

序号	福利项目	执行部门	资深总监（含）以上	总监资深经理/资深工程师	经理/高级工程师	主管	中级工程师	其他员工	实习生
1	法定带薪年休假	HR	·	·	·	·	·	·	×
2	企业年资假	HR	·	·	·	·	·	·	×
3	其他假期（病假、婚假、丧假、产假等）	HR	·	·	·	·	·	·	×
4	弹性考勤（含女员工子女6岁以下特殊考勤）	HR	×	×	·	·	·	·	·
5	基本社会保险	HR	·	·	·	·	·	·	×
6	基本公积金	HR	·	·	·	·	·	·	×
7	补充公积金	HR	·	·	·	×	·	×	×
8	午餐补贴	行政	·	·	·	·	·	·	×
9	现金补贴（翻班、特殊岗位、高温、射线接触等）	HR	·	·	·	·	·	·	×
10	独生子女奖励补贴	HR	·	·	·	·	·	·	×
11	节日礼金	HR/工会	·	·	·	·	·	·	×
12	高温费	工会	·	·	·	·	·	·	×
13	年度旅游	HR	·	·	·	·	·	·	×
14	年度体检	HR	·	·	·	·	·	·	×
15	生日礼物	行政	·	·	·	·	·	·	×
16	休闲设施（茶吧、咖吧、保健室等）	行政	·	·	·	·	·	·	·
17	横向组织活动	工会	·	·	·	·	·	·	×
18	结婚礼金	HR	·	·	·	·	·	·	×
19	职工教育经费	HR	·	·	·	·	·	·	×
20	高管商业保险	总裁办/HR	·	×	×	×	×	×	×
21	高管车辆补贴	HR	·	×	×	×	×	×	×
22	高管车辆折旧费	财务	·	×	×	×	×	×	×
23	房贴	财务	·	×	×	×	×	×	×
24	搬家补贴	财务	·	×	×	×	×	×	×

续表

序号	福利项目	执行部门	适用对象范围					
			资深总监(含)以上	总监/资深经理/资深工程师	经理/高级工程师	主管	中级工程师	其他员工	实习生
25	探亲往返路费报销	财务/HR	•	×	×	×	×	×	×
26	子女教育津贴	财务	•	×	×	×	×	×	×
27	实习生商业保险	HR	×	×	×	×	×	×	•
28	退休人员商业保险	HR	•/×	•/×	•/×	•/×	•/×	•/×	×
29	入职体检	HR	•	•	•	•	•	•	•
30	健康证办理	HR	•	•	•	•	•	•	•
31	乙肝疫苗注射费	HR	•	•	•	•	•	•	•
32	市内出差和加班误餐费	财务	•	•	•	•	•	•	×
33	差旅费(交通膳食补贴、住宿费)	财务	•	•	•	•	•	•	•
34	通信费	财务	•	•	•	•	•	×	×
35	交通工具意外险	HR	•	•	•	×	×	×	×

灵活的福利政策能够使企业把福利用在员工期望的方面,以有限的福利投入获得企业效益的最大化,同时,还能够根据员工的个体差异,自主选择所需的福利项目,能够满足员工的不同需要。

企业的福利政策应保持一定的稳定性,但从长期的发展情况来看,福利制度并不是一成不变的,而应该结合阶段目标进行适时调整。

(2)构建弹性福利计划

传统的福利制度已不能满足需要,人力资源就要提供多样化的福利项目,使福利的时效最大化,以最终实现薪酬管理的支持和激励功能。

弹性福利计划,是由员工自行选择福利项目的福利计划模式。在实践中,通常是由企业提供一份列有各种福利项目的"菜单"(参见图7-20),然后由员工从中自由选择其所需要的福利。

弹性福利具有很好的激励作用,能通过十分有效的激励方法或者措施,使被激励者能够向激励者的期望努力,最终实现双方互利。另外,弹性福利计划,既能够有效控制企业的福利成本,又能照顾到员工对企业福利项目个性化的需求,应该说,这是一个互利双赢的管理模式。[25]

弹性福利计划最大限度地考虑和满足了不同员工的需求,能够有效地提高员工满意度。但是,"法无定式",企业弹性福利计划未必适用于每一家企业,因此,在制定和推行弹性福利计划时,企业必须综合考虑自己的发展阶段,权衡利弊,制定恰当的福利体系和制度(参见表7-11)。

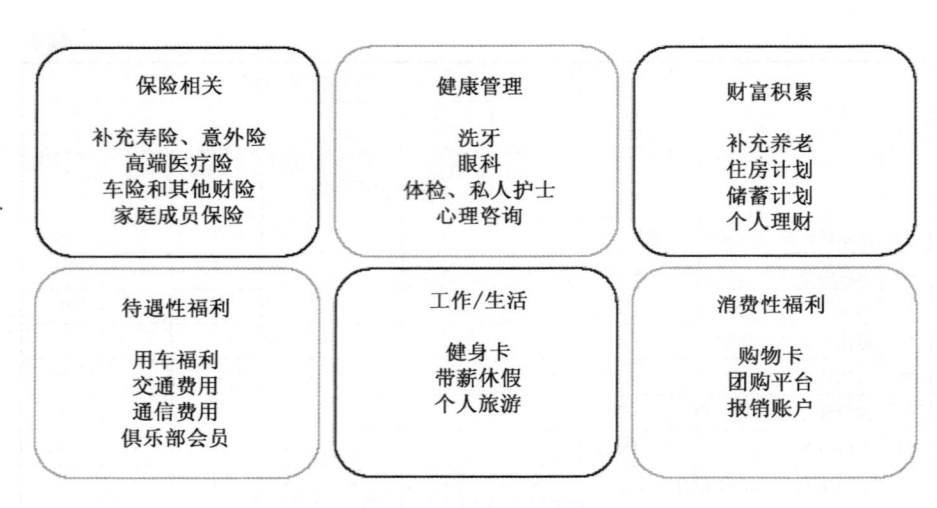

```
┌─────────────────┐  ┌─────────────────┐  ┌─────────────────┐
│    保险相关     │  │    健康管理     │  │    财富积累     │
│                 │  │                 │  │                 │
│ 补充寿险、意外险│  │      洗牙       │  │    补充养老     │
│   高端医疗险    │  │      眼科       │  │    住房计划     │
│ 车险和其他财险  │  │ 体检、私人护士  │  │    储蓄计划     │
│   家庭成员保险  │  │    心理咨询     │  │    个人理财     │
└─────────────────┘  └─────────────────┘  └─────────────────┘

┌─────────────────┐  ┌─────────────────┐  ┌─────────────────┐
│   待遇性福利    │  │    工作/生活    │  │   消费性福利    │
│                 │  │                 │  │                 │
│    用车福利     │  │     健身卡      │  │     购物卡      │
│    交通费用     │  │    带薪休假     │  │    团购平台     │
│    通信费用     │  │    个人旅游     │  │    报销账户     │
│   俱乐部会员    │  │                 │  │                 │
└─────────────────┘  └─────────────────┘  └─────────────────┘
```

图 7—20　弹性福利菜单

表 7—11　　　　　　　企业发展阶段与福利制度选择

发展阶段	总体经营战略目标	面临问题	福利制度
成长阶段	促进企业快速发展	培养员工的创业精神和企业认同感	传统福利制度
成熟阶段	维持、扩大现有市场份额	抑制福利成本上升	弹性福利制度
衰退阶段	收获利润 寻找新的市场机会	抑制福利成本上升 持久激励员工	弹性福利制度（增加现金福利）

实际工作中，制订合理科学、可操作性强的弹性福利计划，需要全面考虑企业发展战略、财务预算、员工需求、福利项目的分析与评估、福利项目的管理等一系列因素。另外，在具体实施的时候，往往与绩效管理相结合，才能够实现其激励效果（参见图 7—21）。

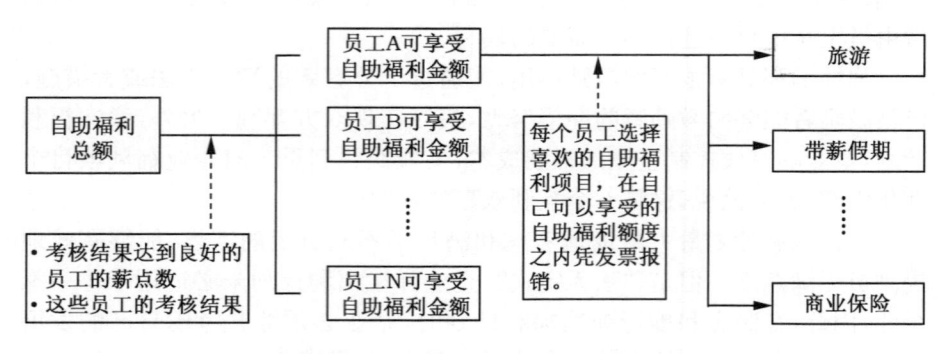

图 7—21　弹性福利计划（示意）

第 7 章
战略性薪酬管理体系

弹性福利实施的基础在于弹性福利积分,员工在获得福利积分后,首先必须选择基本福利,之后,扣除核心福利的剩余积分,可用于兑换其他可选择的福利项目,如住房、保险、健康等,如果还有积分剩余,可兑换为弹性消费项目或其他可选福利(参见图 7-22)。

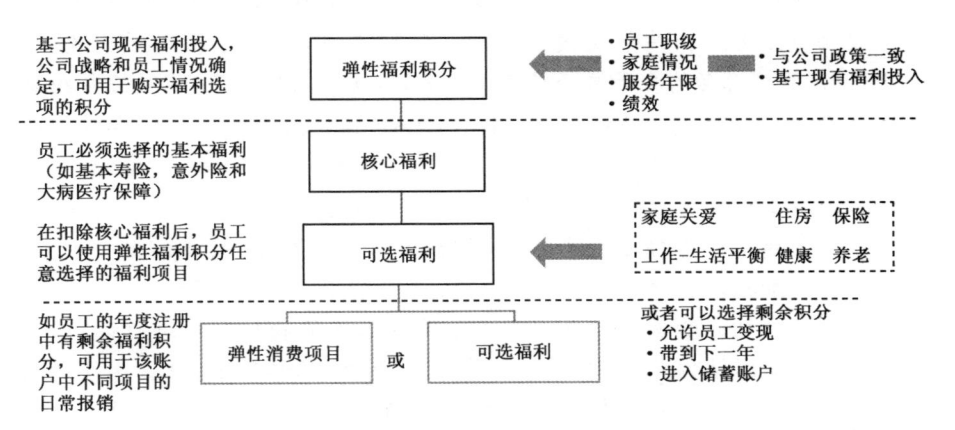

图 7-22 弹性福利积分的使用(示例)

下面,我们以一家医药企业 A 为例,阐述弹性福利体系的实施。A 医药企业在中国共拥有 800 名员工,2015 年度补充福利预算为 1 500 万元人民币,与 2014 年度基本持平。该企业非常关注其中高层管理人才,把其作为公司的核心战略资源,希望为有子女的员工给予更多的关怀。基于此,A 企业建立了弹性福利体系,制定了弹性福利平台,推进弹性福利的顺利实施。最后,以职级为积分的主维度,以服务年限作为积分副维度,构建了积分体系(参见图 7-23)。

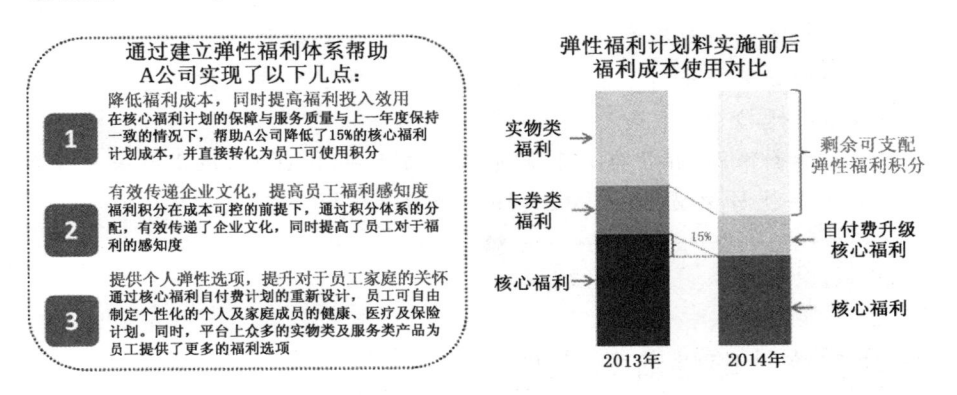

图 7-23 企业弹性福利计划(示例)

资料链接7—2：员工帮助计划

员工帮助计划(Employee Assistance Program,EAP),是通过专业人员对企业进行诊断、建议,并对员工及其直系亲属提供的专业指导、培训和咨询,旨在帮助员工及其家庭成员解决各种心理和行为问题,以提高员工的工作绩效及改善企业气氛和管理,使企业获得很大收益。EAP的核心目的在于减轻员工的压力,维护其心理健康,使员工从纷繁复杂的个人问题中得到解脱。如今,EAP已经发展成一种综合性的服务,全面帮助员工解决个人问题。

员工帮助计划的主要内容包括以下几点：

①建立专业的员工职业心理健康问题评估体系。

②加强职业心理健康宣传。

③设计并改善工作环境。不但要对工作的物理环境进行改善,还要通过组织结构变革、领导力培训、团队组建、工作轮换、员工生涯规划等手段对工作软环境进行改善,如丰富员工的工作内容,指明员工的发展方向,消除问题的诱因等。

④开展员工和管理者培训。通过系列培训,帮助员工掌握提高心理素质的基本方法,增强对心理问题的抵抗力。

⑤开展多种形式的员工心理咨询。组织要对存在心理问题的员工提供热线咨询、网上咨询、团体辅导、个人面询等帮助,充分解决员工心理困扰问题。

员工帮助计划将企业员工心理管理纳入到企业管理当中,使企业员工具备了良好的心理状态,降低了员工工作压力。企业可通过设置放松室、发泄室、茶室等,来缓解员工的紧张情绪;或者制定员工健康修改计划和增进健康的方案,帮助员工克服身心疾病,提高健康程度;或者通过设置一系列课程进行健康检查、心理卫生的自律训练及性格分析和心理检查等。

资料来源：郭朝晖.企业员工援助计划(EAP)的应用效果及导入[J].科技与管理,2006,8(2):151—153。

高效实施战略性薪酬管理

目前,很多企业薪酬管理无法有效地支撑企业战略,反而造成了企业效率低下、员工满意度低以及员工流失率高等问题。之所以出现这种不利的局面,关键在于薪酬体系缺乏战略性思考,造成薪酬体系缺乏弹性,无法匹配企业发展战略。

企业要想在不断变化的外部环境中求得生存,就必须实施灵活的薪酬制度以适应外部环境的变化。[26]通过高效地实施战略性薪酬管理,既能够激发企业员工积极性,又能够提高企业的竞争优势,通常情况下,战略性薪酬管理从如下几个方面来着手。

制定科学的薪酬管理策略

薪酬策略是指企业薪酬支付时机、方式、技巧或艺术,恰当确定薪酬支付时机和方式,特别是能恰到好处地利用企业外在薪酬与特有的内在薪酬优势和支付手段,将会极大地提高人力资源激励使用效率和收益。[27]科学的薪酬策略能让企业在支付能力的范围内,以具有竞争力的薪酬政策吸引并挽留优秀人才,促进企业战略目标的实现。

归根到底,薪酬管理需要依据企业发展战略,把员工绩效管理和薪酬有机结合起来,引导员工行为,提升员工绩效。这种情况就决定了企业发展战略不同,薪酬管理重点也必然不同。

通常情况下,企业发展战略强调有三种导向:创新导向、成本控导向和客户导向。与此不同的发展战略相匹配,薪酬管理需要有针对性地支持企业发展战略。

对于强调创新的企业来讲,薪酬管理把重点放在激励性薪酬上,鼓励员工大胆创新,而不是过多地重视评价和强调各种技能或职位;对于强调成本控制的企业来讲,薪酬管理以效率为中心,注重控制劳动成本;对于以客户为核心企业来讲,薪酬管理将客户满意度作为员工业绩的评价指标,按客户满意度来给员工支付薪酬。

科学的薪酬管理策略需要考虑如下几个方面的问题。

(1)按照"人力资本"制定薪酬策略。现代企业中,尤其是创新型的企业中,关键员工发挥着核心作用,因此,企业视之为"人力资本",享受分红权,即这些员工凭借人力资本产权,分享企业利润。通行的做法包括年薪制、员工持股计划、利润分红等。

(2)建立科学的评估体系。员工的薪酬基于其为组织所创造的价值,创造的价值大小,一方面取决于团队组织的合力,另一方面取决于员工的能力素质,但最核心的仍然是员工的能力素质。因此,通过科学地评估员工能力素质,就可以为薪酬建立有效的依据。

（3）内在薪酬和外在薪酬相结合。企业薪酬可以分为内在薪酬和外在薪酬。其中,外在报酬包括物质奖励(基本工资、加班工资、津贴、奖金等)和非物质奖励(良好的办公环境、头衔和荣誉等)。内在薪酬包括终生雇用的承诺(职业保障)、参与决策的机会、挑战性的工作等。通过内外结合的策略,可以最大限度地激发员工的潜能,例如,薪酬策略的弹性和选择性在内在薪酬方面体现得格外突出,许多成功的企业都经过长期摸索形成了自己一套独具特色的内在薪酬策略。

（4）建立通畅的薪酬沟通。建立良好的薪酬沟通机制,取得企业员工的理解和认同,通常情况下,可以采取如下举措:①通过薪酬需求调查,了解企业员工的薪酬需求;②在制定薪酬策略时,让一部分员工代表参与设计或讨论;③加强宣传和说明,让员工了解薪酬策略制定的过程和依据;④建立多种沟通渠道,比如打电话、信箱等。

（5）制定科学的薪酬决策。薪酬决策根植于企业经营情况和企业文化,其中企业文化表明了企业所重视的人和事,企业文化不同,其薪酬策略也会不同,良好的企业文化氛围,为科学的薪酬决策实施提供有利的环境支持。另外,制定薪酬决策需要通过定性和定量分析,才能达到科学管理的目标,而不是凭经验来决定(参见图7—24)。

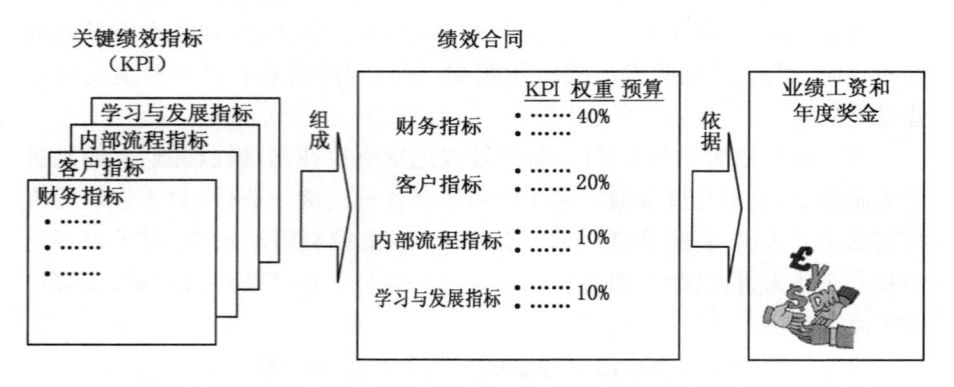

注:员工业绩工资和年度奖金不是凭经验来确定的,而是源于科学的薪酬决策。从关键业绩指标到绩效合同,根据绩效合同的完成情况,最后来确定员工的业绩工资和年度奖金。

图7—24　业绩工资和年度奖金确定(示意)

有效控制薪酬总量

薪酬发展的基本趋势是：企业薪酬中更加注重定量化，充分考虑薪酬管理如何匹配企业战略和文化。

无论从成本还是投资的角度，对企业而言，只有合理的薪酬总额才能使薪酬发挥出优化人工成本投入效率、提高激励效应的作用，促进企业健康发展。[28]通常情况下，企业薪酬总成本的管控涉及两个关键问题：(1)如何在发挥激励效果的基础上拟定合理的薪酬总量；(2)如何做好薪酬总量的调整和控制。

依据"投资—产出"原则，企业有必要在保持一定激励性的基础上，对薪酬总量和增长率进行有效管控，以避免出现薪酬的过度增长，影响企业的中长期竞争力。通常情况下，企业的薪酬管控主要通过以下三条途径来完成：

(1)通过预算管控薪酬总量

依据企业薪酬策略，分析企业历史薪酬情况，通过财务预算，确定企业薪酬总量区间，进而确定合理的薪酬总量。在此过程中，重点把控事前、事中、事后的预测：①事前做好充分准备，依据企业内外部环境分析，引导企业制定薪酬总额测算；②事中根据具体实施情况进行适当调整，一般情况下，在10月份组织企业各部门和各业务单位，进行预算调整；③事后加强薪酬总量的测算和评估，根据具体执行情况，指导下一年度的薪酬预算。

(2)加强企业薪酬总量的过程控制

科学的薪酬管理并不一定是强调薪酬总量的增长，更多的是强调薪酬结构的科学性，通过薪酬结构变动，能够更有效地发挥薪酬的激励作用。

如前所述，从薪酬结构上来看，薪酬可以分为固定和变动两个大的部分，其中，固定部分是逐月发放给员工的薪酬，主要取决于员工的岗位和出勤情况；浮动部分则与企业绩效、部门绩效和员工绩效紧密相关，会让员工感受到市场压力，与企业共享成功、同担风险。

加强薪酬问题的控制过程是依据薪酬策略，在合理的薪酬总量区间内，结合企业经营情况和历史薪酬情况，计算出年度薪酬总量，之后，分摊到各个月份。比如说，员工薪酬与销售收入挂钩，月度薪酬的浮动部分就会根据企业销售额进行相应的变动(参见图7—25)。

(3)建立内外部平衡比较机制

薪酬总量水平不仅要依据企业自身情况，而且还要与同行、地区和竞争对手的情况相匹配，同时，对大中型企业来讲，还要进行企业内部各单位和部门之间的平衡。

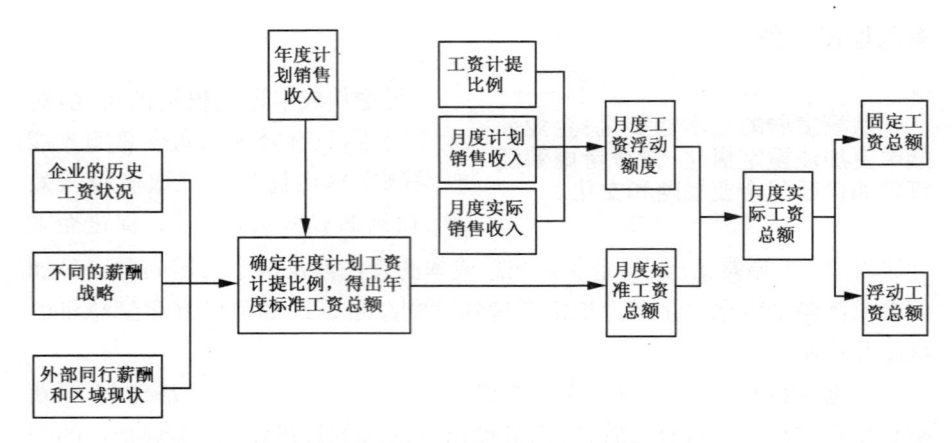

资料来源：黄海龙．薪酬总量的战略调整和控制[J]．人力资源，2009(22)：33—36。

图7—25　薪酬总量过程控制结构（示例）

通过比较和平衡，有助于企业合理管控人工成本，有效降低人力成本在企业总成本中的比重，增强人力成本的支付能力和人力资源开发能力。

制定合理的薪酬结构

薪酬水平量实际上是无法提高企业价值的，而真正提高企业价值的是薪酬结构的具体组成形式。[29]因此，基于员工创造的价值，合理地设计薪酬结构，调整薪酬结构中固定和浮动的比例关系，既可以发挥薪酬的激励性，又可以通过调整人力资源总成本结构（参见图7—26），有效地控制企业薪酬总量。

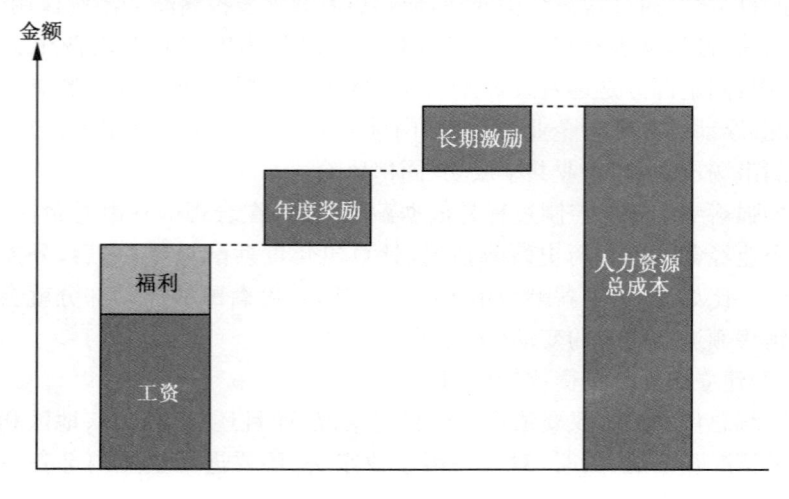

图7—26　人力资源总成本结构（示意）

第7章
战略性薪酬管理体系

合理的薪酬结构可以对员工产生正向激励,从而提高员工的满意度和努力程度,最终提高企业的经济效益,推动企业发展(参见图7—27)。通过制定有效的薪酬结构,使企业和员工都在一定的约束条件下能达到自身效用的最大化。对于企业来说,提高了薪酬成本的有效性;对于员工来讲,则实现了个人效用最大化,使企业和员工实现了"双赢"。

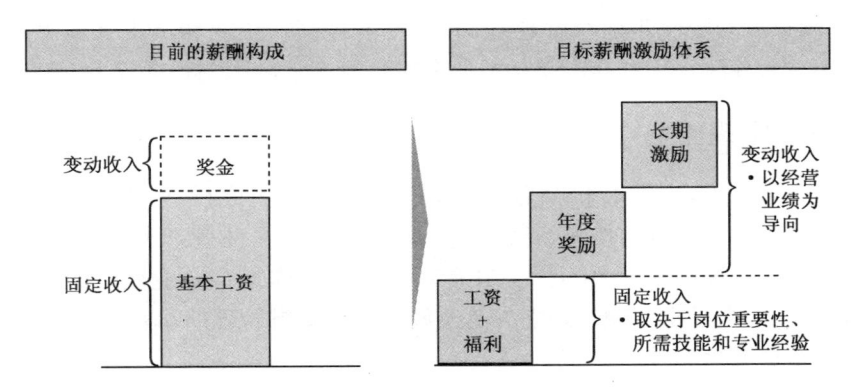

注:薪酬激励体系要与企业战略实施相匹配,具备合法性、公平性、激励性和有效竞争性等特点。

图7—27 构建激励性薪酬结构(示意)

对大多数企业而言,设计薪酬结构仅仅是人力资源部的责任,其视角往往局限在薪酬水平差异以及构成形式上面,却忽视了最重要也是最根本的目的,即薪酬结构设计的目的是实现企业战略目标。因此,薪酬结构的设计和调整必须依据企业发展战略,同时,针对不同的行业、不同的企业、不同的岗位和职位,制定相应的薪酬结构,尽可能地发挥薪酬的激励作用(参见图7—28)。

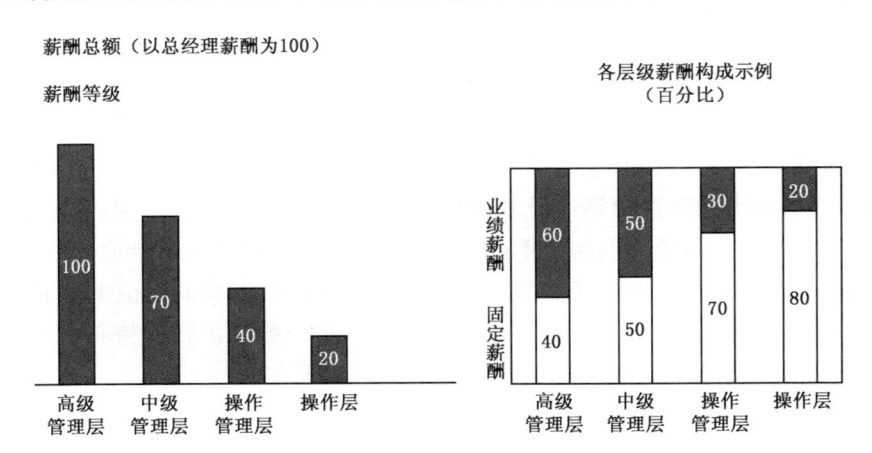

图7—28 薪酬等级构成比例(示例)

> 内在薪酬同样是企业薪酬的一项重要内容,能够使员工通过自己的努力得到晋升、表扬,实现人生的成就感、责任感。

总而言之,薪酬结构设计是一项科学的工作,需要考虑多种因素,既要体现薪酬最基本的保健作用,也要体现激励作用。只有员工薪酬偏好和企业提供薪酬相匹配时,才能提高薪酬满意度,并且,匹配程度越高,满意度就越高。企业和员工在薪酬方面的匹配中,薪酬水平和薪酬结构的匹配对薪酬满意度影响程度较大。[30]

提升薪酬管理能力

"合抱之木,生于毫末;九层之台,起于垒土;千里之行,始于足下。"实现企业战略目标,要从具体的、日常的管理着手,离开具体管理和业务谈发展,最终只能是"镜中花,水中月"。日常薪酬管理工作贯穿企业生产经营的始终,因此,加强日常薪酬管理能力是实施战略性薪酬管理的切入点和基石。

(1)提升薪酬技巧

薪酬发放是薪酬管理的重要环节。薪酬低的企业,即使企业文化搞得再好,也难留人。对高层次人才,薪酬较高但如果缺少培训和发展机会,仍然缺乏吸引力。[31]

实践中,即使薪酬总额相同,但是发放方式不同,也会取得不同的效果。例如,频繁的小规模的奖励会比大规模的奖励更为有效,减少常规定期的奖励,增加不定期的奖励,让员工有更多意外的惊喜,也能增强激励效果。

很多企业都觉得薪酬发放是件非常简单的事情,但是,如果没有掌握薪酬发放的方法和技巧,小问题也会引发大麻烦,薪酬管理工作也就无法圆满完成。

通常情况下,企业薪酬发放需要做好四个阶段的工作:①做好前期准备工作;②确定发放过程;③确定发放形式;④做好跟踪反馈。

薪酬发放也是一种策略,良好的薪酬管理有助于企业突破传统做法,取得良好的成果。当企业遭遇业绩下滑,薪酬总量出现下降的时候,就需要对薪酬支付做出战略性调整。很多时候,企业必须坚持"二八"原则,薪酬在业绩不利的情况下,更加偏向于重点员工和业务骨干。例如,A企业遇到业绩下滑后,开始调整年度薪酬方案:高层员工采用高于市场平均值的增长率;对中层员工和业务骨干采用平均市场增长率;对一般员工则保持薪酬不变。尤其是对一些创业型科技类公司,这种做法非常有效。

(2)企业薪酬调研

薪酬调查,是现代薪酬管理的重要内容和技术,也是衡量一个社会发达水平的重要指标。[32]作为薪酬管理的重要组成部分,薪酬调查通过科学的方法,获得全面且准确的市场薪酬信息,结合企业的自身状况设计出合理的薪酬体系,有助于构建企业竞争优势。

现代企业薪酬调查是一个系统性的调研体系,是指企业通过搜索信息来判断其他企业所支付的薪酬状况的系统过程,这种调研能够向实施调查的企业提供市场上的各种相关企业(包括自己的竞争对手)向员工支付的薪酬水平和薪酬结构等方面的信息。[33]

如果一家企业想全方位了解行业薪酬情况,只是依靠支离破碎的信息,或者是道听途说的一些信息,无法满足企业薪酬管理的要求。只有通过标准、规范和专业的薪酬调查方法,对市场上各职位进行分类、汇总和统计分析,才能形成客观反映市场薪酬现状的调查报告,为企业提供薪酬设计方面的决策依据及参考。

政府每年4月份都会公布去年的薪酬福利情况,主要涉及企业的人工成本情况、调薪情况、部分岗位的薪酬情况等。虽然说这些调查数据有一定的参考价值,但是对企业具体的人力资源工作来讲,并不能满足数据分析的要求。因此,很多专业的人力资源咨询公司开展专门调研,为企业提供更为详细的薪酬数据报告。

企业在制定薪酬水平时,需要通过外部的薪酬福利调查,了解劳动力市场的需求状况,掌握企业所需要人才的价格行情,制定正确的薪酬策略。

(3)企业薪酬调整

企业薪酬调整是人力资源管理者每年必须要面对的重要课题。通过薪酬调整可以让员工分享到公司的经营成果,增强凝聚力,为公司留住内部骨干人员和优秀人才。[24]

为了适应企业的发展,企业需要根据市场薪酬发展现状、趋势、企业具体情况,以及企业发展战略,对薪酬体系做出调整,同时,根据岗位变化、员工绩效、能力等因素,调整员工薪酬水平。总体上来看,薪酬调整主要包括薪酬水平、薪酬结构和薪酬构成(参见图7-29)。

①调整薪酬水平。薪酬水平调整主要是对企业整体薪酬、部门薪酬或员工个人薪酬做出调整。具体的调整方式可以按比例来调整,也可以按具体的金额进行调整,或者是通过对等比例调整和等额式调整的优点进行综合考虑,进而提出综合调整方式,对同职等岗位进行相同幅度的调整,对于不同职等岗位按照不同的幅度进行调整。

②调整薪酬结构。当企业发展战略做出调整时,薪酬结构也会相应做出调整,比如说,组织架构扁平化趋势下,管理岗位层级减少,相应的管理岗

```
┌─────────┐    ┌─────────┐    ┌─────────┐
│   ①     │    │   ②     │    │   ③     │
│ 薪酬水平 │    │ 薪酬结构 │    │ 薪酬构成 │
└─────────┘    └─────────┘    └─────────┘
```

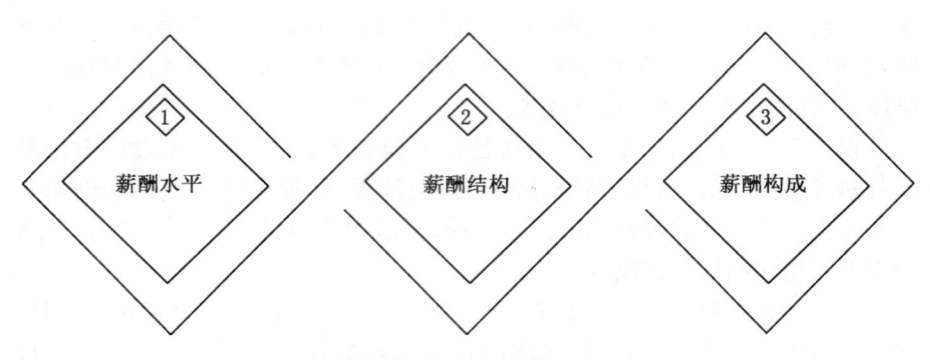

图7－29　年度薪酬调整内容

位减少,进而带来薪酬结构的变化。另外,受到劳动力市场供求变化的影响,企业不同层级、不同岗位的薪酬也会出现变化,需要有针对性地调整薪酬结构。通常情况下,调整薪酬结构主要包括设计薪酬职等数量、职等薪酬增长率、薪级数量以及薪级级差等。[35]

企业进行调薪时,应该保证薪酬调整策略与企业薪酬战略的有效性与统一性。

③调整薪酬构成。调整薪酬构成主要是指调整固定工资、绩效工资、奖金、津贴的比例关系。比如说,企业调整津贴补贴项目,取消那些没有理由的或无效的津贴项目,抑或是根据企业经营情况、人力资源市场价格等,调整奖金数额。

资料链接7－3:高管薪酬"不差钱",缺少的是制度和规则

……

高管薪酬与其说是道德问题,不如说是规则制度问题,我们要拷问导致这些问题的背后所存在的"游戏规则"是不是出了问题。中国的市场改革已经推进有些年头了,但是在企业治理结构方面,要素市场的建设规范方面,以及收入分配制度方面都还存在大量问题,要么没有规则,"摸着石头过河",要么规则不合时宜,"老革命碰到新问题",导致社会经济生活运行的"潜规则"盛行,多利益角度冲突,引发社会公平问题的诉求,当前对高管薪酬的热议恰恰是这一问题的反映。

……

从这几年来公布的高管薪酬情况,确实存在着不合理,透露出背后"游戏规则"的许多问题。这里面重要的是存在两个不平衡,一个是垄断性行业的高管薪酬与竞争性行业的高管薪酬不平衡,垄断性行业的

高管薪酬明显偏高,这些行业在享有国家垄断保护的条件下,高管却享有与国际接轨,甚至超过国际水平的薪酬收入,这明显透露出我们收入分配政策的不公与苍白。另一个不平衡就是高管薪酬与投资人回报、员工收入之间存在着不平衡,改革开放以来这些年,高管薪酬与员工收入、投资人回报之间的差别越拉越大,这势必影响企业内部各方的利益关系,引发矛盾和对立,最终影响企业发展。

高管薪酬问题,实际上是反映了其背后的收入分配体系和政策制度的问题,在改革开放走过二十多年的今天,确实需要我们反思,我们要从社会经济运行内在价值创造的主导因素变化的基础上,及时地、不断地修改完善法律、政策、制度,从本质上解决收入分配不公的问题,而不能仅仅靠所谓的"限薪"这种治标不治本的行政方法来个"难言之隐一洗了之"。

资料来源:吴晓辉.高管薪酬"不差钱"缺少的是制度和规则[N].证券日报,2009-5-6.第C02版。

注释:

[1]丁国振,蒋晓波.科学的薪酬管理是企业发展的基石——交通企业薪酬管理的实践与思考[N].江苏经济报,2011-7-4,第B02版.

[2]唐倩倩.国有企业战略性薪酬体系研究[J].现代企业文化,2011(14):118-119.

[3]张培.提高员工薪酬满意度搞好薪酬管理[J].中小企业管理与科技旬刊,2013(10):32-33.

[4]杨敏,常兴.现代企业薪酬管理初探[J].江苏商论,2012(26):178.

[5]尹涛.浅析现代企业薪酬设计与管理[J].经营管理者,2015(22):154.

[6]韩嵩,殷晓风,王福森,谢明.基于"相对竞争力"理念的薪酬绩效管理体系构建研究[J].中国人力资源开发,2015(4):64-68.

[7]柯昌华.中小企业薪酬管理的完善对策[J].企业改革与管理,2008(12):58-59.

[8]彭江蓉,杨琦.当代薪酬管理的思考[J].时代金融旬刊,2013(30):97.

[9]韩钰茜.浅谈企业战略性人力资源管理模式[J].商,2015(42):38.

[10]范大良,曾军.薪酬体系设计[J].管理工程师,2006(3):52-53.

[11]杜春江,武耀平.企业战略性薪酬管理体系构建初探[J].现代经济信息,2011(11):11.

[12]李昱.初探企业战略性薪酬管理的策略研究[J].前沿,2013(24):94-96.

[13]陈青.对企业薪酬管理模式的创新思考[J].经营管理者,2011(3):408.

[14]姚德超.企业薪酬设计与管理的核心理念[J].湖北社会科学,2009(9):95-97.

[15]李昱.初探企业战略性薪酬管理的策略研究[J].前沿,2013(24):94—96.

[16]谢礼珊.战略薪酬制度设计[J].上海企业,2002(4):27—30.

[17]张国祥.公司开了,你该这样管理[M].广州:广东经济出版社,2014:239.

[18]黄颖,王菲.职位分析的应用性探讨[J].东南大学学报(哲学社会科学版),2006(S2):79—81.

[19]周仁俊,杨战兵,李勇.管理层薪酬结构的激励效果研究[J].中国管理科学,2011,19(1):185—192.

[20]联商.沃尔玛利润分享计划大获成功[N].中国商报,2003—12—12.第5版.

[21]欧阳进.股票期权在企业激励机制中的应用[J].四川职业技术学院学报,2016(3):33—35.

[22]李君实.浅议企业年薪制的酬薪设计与激励效应[J].企业导报,2016(3):150.

[23]胡顺荣.宽带薪酬管理综述[J].经济研究导刊,2012(6):128—129.

[24]王莉英.构筑员工福利体系 促进企业发展[J].天津社会保险,2010(4):25—26.

[25]夏雪梅.弹性福利对企业福利竞争力的影响[J].人力资源管理,2014(2):66—67.

[26]孙柳亚,张智利.企业战略性薪酬管理研究——以德邦物流公司为例[J].科技创新与生产力,2016(9):30—32.

[27]张茜琳.浅析企业战略性薪酬策略[J].经济与管理,2006,20(12):51—54.

[28]王丹.国有企业薪酬总量管控机制探析[J].中外企业家,2011(16):103—104.

[29]H Mehran.Executive compensation structure,ownership,and firm performance[J].Journal of Financial Economics,1995,38(2):163—184.

[30]谢延浩,孙剑平,申瑜.薪酬特征的个人—组织匹配与薪酬满意关系实证研究[J].江苏大学学报(社会科学版),2012,14(6):58—64.

[31]王吉鹏.薪酬发放的艺术[J].企业管理,2014(1):29—30.

[32]孙健敏.国内薪酬调查的现状及存在的问题[J].人力资源,2003(3):26—27.

[33]潘琦芳,段志强.论薪酬调查结果的合理使用[J].科技情报开发与经济,2007,17(10):233—234.

[34]刘春力.年度薪酬调整的策略与方法[J].中国劳动,2014(1):34—36.

[35]谢术凯.浅析薪酬调整[J].中小企业管理与科技,2014(2):76—77.

第8章
成功的绩效管理

"组织不能依赖于天才。因为天才稀少如凤毛麟角。考察一个组织是否优秀,要看其能否使平常人取得比他们看来所能取得的更好的绩效,能否使其成员的长处都发挥出来,并利用每个人的长处来帮助其他人取得绩效。"

——现代管理学之父彼得·德鲁克

良好的绩效管理以企业经营战略为出发点,运用平衡计分卡(BSC)、关键业绩指标(KPI)等理念,构建或优化绩效管理体系,既有利于实现战略目标,又有利于约束和规范员工行为,最终全面提升企业的市场竞争力。

一项针对美国968家企业的调查表明,管理者有效推进绩效管理能够取得如下业绩:(1)年度员工离职率降低超过7%;(2)年度人均利润增加3 814美元;(3)年度销售额增加27 044美元。[1]

实践中,无论是企业界还是理论界,对绩效管理都有着深刻的认知和实践,绩效管理工具层出不穷,管理理念也是精彩纷呈。无论是传统的PDCA、KPI、SMART、标准化管理,还是当前流行的平衡计分卡(BSC),都可以发挥出巨大的能量,其实,绩效管理工具旨在解决具体的问题,没有最好的工具,只有适用的工具,企业在不同阶段,不同情况下,都可以选择适用的工具,没有必要花大力气追求时髦。

总而言之,企业要通过成功的绩效管理解决如下关键问题:(1)绩效管理与企业战略实践脱节问题;(2)合理确定各级管理者在绩效管理中的职责;(3)实现企业绩效、团队绩效、个人绩效的联动;(4)抓住绩效考核关键指标,提升企业绩效,引导员工行为;(5)使企业绩效管理关注点放到企业发展上;(6)成功开展绩效管理,提升员工能力和潜力。

绩效管理是企业发展的动力源

人力资源管理的目的是提升企业员工的绩效水平和组织绩效水平,其中,绩效管理涉及人力资源管理的各个方面,包括了很多管理技巧,因此,它是整合企业人力资源管理的有效手段和方式。[2]缺乏科学的绩效管理,会使员工缺乏积极性,企业停滞不前,无法实现可持续发展。

作为一种现代化的管理工具与手段,绩效管理是全面开发企业和个体的潜能,提高员工的素质和绩效,促使企业不断成功的管理方法[3],成功的绩效管理能够帮助企业达成使命,创造高绩效。

如何实施有效的绩效管理,是现代人力资源管理的一个核心问题。在企业发展过程中,绩效管理、薪酬激励、信息技术是管控和支撑体系的三大支柱(参见图8-1)。

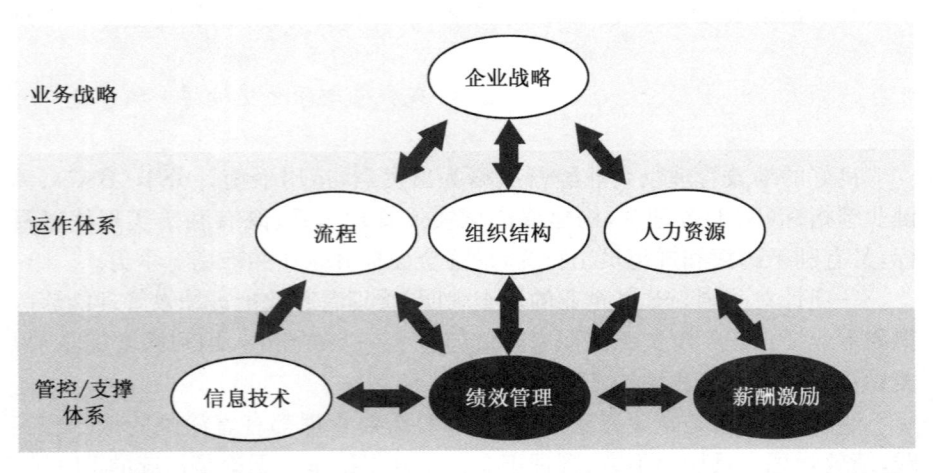

注:绩效管理、薪酬激励是人力资源管理的重要组成部分,是企业发展的重要保障。

图8-1 绩效管理是企业发展的动力源

人力资源工作中,无论是员工的招聘、培训,还是员工职位调整和薪酬激励,都以绩效管理作为依据,因此,企业应该适应新形势和新情况,树立现代绩效管理理念(参见图8-2)。

第 8 章
成功的绩效管理

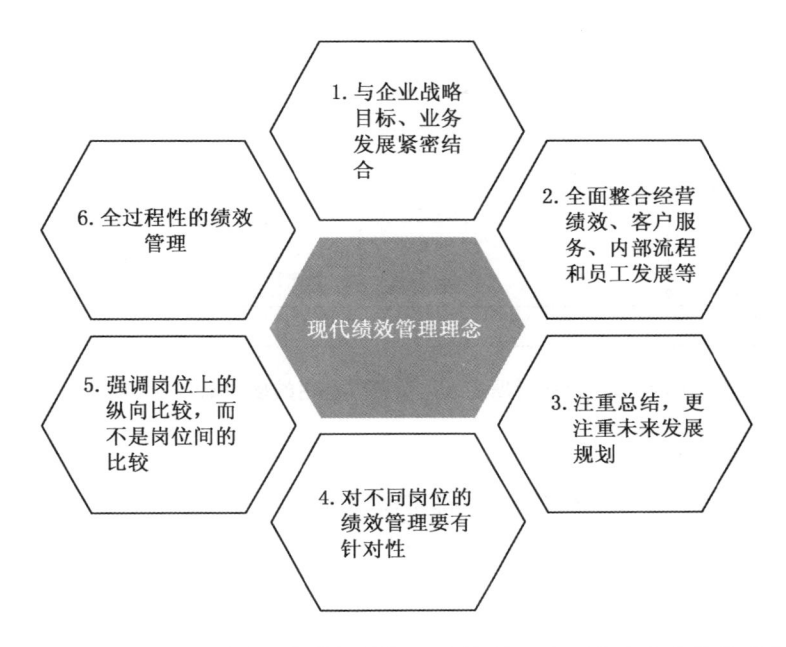

```
        1. 与企业战略目标、业务发展紧密结合
6. 全过程性的绩效管理                    2. 全面整合经营绩效、客户服务、内部流程和员工发展等
              现代绩效管理理念
5. 强调岗位上的纵向比较，而不是岗位间的比较              3. 注重总结，更注重未来发展规划
        4. 对不同岗位的绩效管理要有针对性
```

注：企业持续发展需要建立现代绩效管理理念，该理念要符合企业价值观和业务发展。

图 8—2　现代绩效管理理念

绩效管理是一个循环过程

有效的绩效管理能够最大限度地激励员工，加强并促进企业良好的沟通，同时还能客观公正地评价企业、部门和员工的业绩。

现代绩效管理有很强的战略性；也就是说，企业希望通过绩效管理，较为有效地实现企业发展战略目标。通常的逻辑是，员工绩效驱动部门绩效，部门绩效驱动企业绩效，企业绩效的完成情况是发展战略的关键成果。在这个逻辑环中，员工居于最为核心的位置，是企业发展的动力之源，因此，现代企业越来越重视人力资源管理。

作为企业的一个有机系统，人力资源管理的各个环节紧密相连，其中，绩效管理在这个系统中占据核心的地位，发挥着至关重要的作用（参见图 8—3）。

通常情况下，绩效管理是一个循环，包括绩效目标制定、绩效辅导沟通、绩效分析评价、绩效结果应用、绩效目标提升五个关键环节，这几个环节首

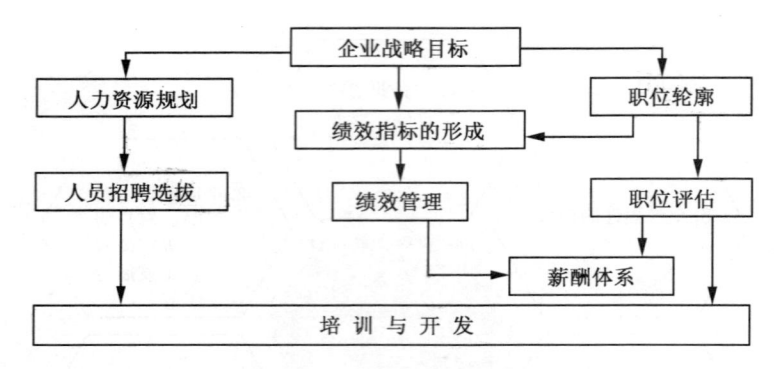

图 8—3　绩效管理在人力资源体系中的核心地位(示意)

尾相连,相辅相成(参见图 8—4),缺少了任何一个环节,都将使绩效管理彻底失败,任何一个环节没有做好,都将使绩效管理大打折扣。

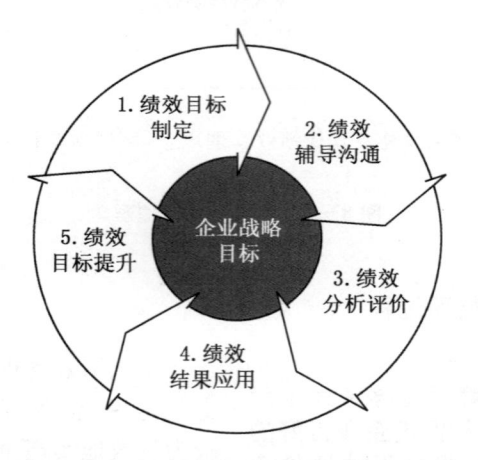

图 8—4　绩效管理是一个持续循环的过程

(1)绩效目标制定。企业需要在现代绩效管理理念指导下,依据企业发展战略和年度经营计划,结合具体经营业绩情况,明确年度绩效管理目标。对于大中型企业来讲,还需要将绩效目标分解到各职能部门和业务单元,结合各自的经营特点和实际情况,制定绩效管理要素、指标及要素权重。

总之,绩效管理可以有效地将企业战略目标与员工个人目标紧密结合在一起,通过细化分解和逐步落实,把企业的目标变成每一个部门每一个员工每年、每个季度及每个月的目标。[4]

(2)绩效辅导沟通。从本质上来看,绩效管理是一种企业管理沟通的工具,可以让管理者和员工知道什么是自己最重要的工作,以及如何高效地完成这些工作。企业明确了绩效目标后,应该保持与各职能部门和业务单元管理层的双向沟通,帮助他们理清工作思路,并在必要的时候提供资源支持。

人力资源部门应针对企业经营者的绩效薄弱环节进行培训,从而有效提高企业的盈利能力及技能水平,为完成绩效目标提供各种支持。

(3)绩效分析评价。企业需要更加科学、公正地分析和评价绩效,根据具体情况,选择恰当的分析指标和要素,构建合理的评估体系。通过绩效分析评价,能够了解各部门和各业务单元的绩效情况,发现绩效周期内存在的问题,以便及时纠正,保证实现有效的绩效管理。

(4)绩效结果应用。根据年度绩效考核结果和相关奖惩标准,兑现薪酬,考核的结果要及时进行绩效沟通和绩效反馈,激励员工,提高绩效。另外,绩效结果直接挂钩人力资源规划和开发,通过对绩效结果的正确有效运用,将会提升员工对企业的信心和对绩效管理的重视。

(5)绩效目标提升。根据年度绩效反馈结果,对整个绩效管理过程需要进行系统性分析,制定下一年度绩效管理改进方案,对企业在知识、技能和经验等方面存在的不足,在下一年度中加以改进和提高,从而实现绩效管理的螺旋式上升。

绩效管理关注发展,而不是工资!

绩效管理涉及企业的方方面面,是一项系统工程。目前,中国式绩效管理以偏求全的现象比较严重,突出表现在:(1)考核内容只管结果不管过程;(2)考核方法为评估式,而非发展式。[5]之所以出现这种情况,源于很多企业对绩效管理的误解,实际上,可以从四个角度来理解绩效管理:(1)绩效管理关注行为和过程,但重点在于审核最后的成果;(2)绩效管理强调全员管理沟通,旨在辅导员工,提升工作绩效;(3)绩效管理的根本不在于绩效评估,而是绩效改善;(4)绩效管理主要关注绩效能力的提升,目的是为了提升企业核心竞争力。

通过深入理解绩效管理,就会发现企业最为关注的绩效考核只是绩效管理中的一个组成部分(参见图8-5)。然而,绩效管理并不是以得出绩效考核结果为主要目的,而是应将改进绩效管理作为企业的最高目标。

绩效评估矩阵

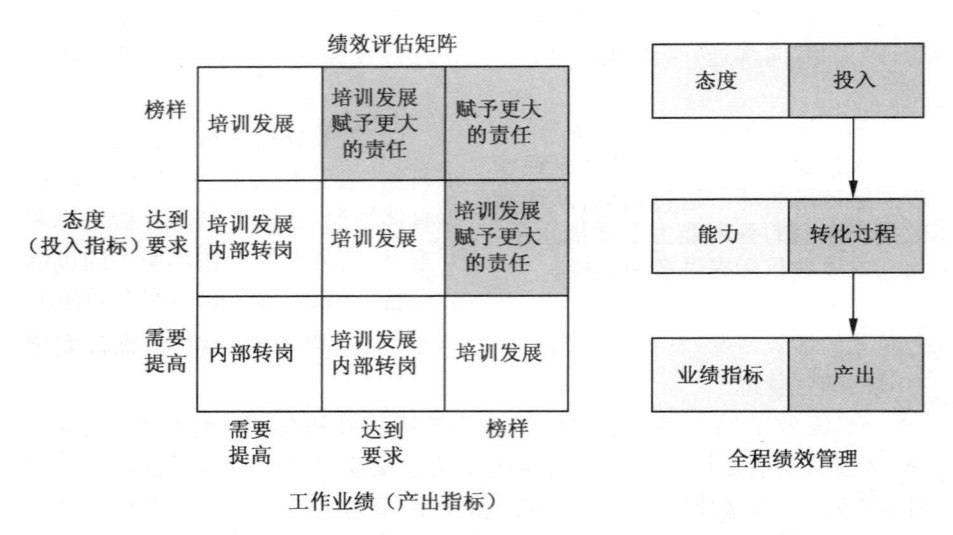

态度（投入指标）		需要提高	达到要求	榜样
榜样		培训发展	培训发展 赋予更大的责任	赋予更大的责任
达到要求		培训发展 内部转岗	培训发展	培训发展 赋予更大的责任
需要提高		内部转岗	培训发展 内部转岗	培训发展

工作业绩（产出指标）

全程绩效管理：态度 → 投入；能力 → 转化过程；业绩指标 → 产出

注：绩效管理贯穿整个企业管理过程，绩效考核只是其中重要的组成部分。

图 8-5 绩效考核只是绩效管理中的组成部分

无论企业处于何种发展阶段，绩效管理对于提升企业的竞争力都具有巨大的推动作用，进行绩效管理都是非常必要的。

从实践来看，无论员工知识多么丰富、技能多么高超、工作态度多么端正，没有绩效，或者说绩效水平低下，都无法说明企业管理成功，也不能因此获得更多的经济效益。通过科学的绩效管理，有助于充分发挥其核心功能（参见图 8-6），帮助企业提升竞争力。

激励功能：激励功能是绩效管理的核心功能。高效的绩效管理能够提高员工对企业的责任感，发挥员工的能力和潜力，实现员工自我价值，促进员工成长

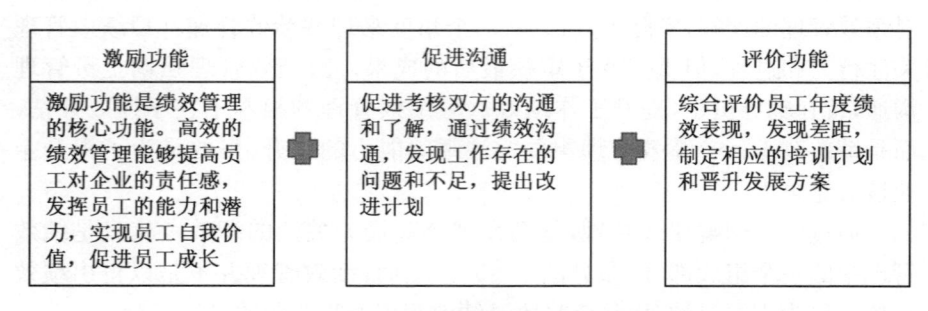

促进沟通：促进考核双方的沟通和了解，通过绩效沟通，发现工作存在的问题和不足，提出改进计划

评价功能：综合评价员工年度绩效表现，发现差距，制定相应的培训计划和晋升发展方案

图 8-6 绩效管理的三个核心功能

如今，企业管理者越来越认识到绩效管理核心功能的重要性，希望通过绩效管理提高员工绩效、管理绩效和战略绩效。然而，对于不同的行业，不

同的企业,要根据实际情况制定关键绩效目标,在实际工作中,"牵牛要牵牛鼻子",绩效管理工作要有所侧重,抓关键环节和关键点。通常情况下,绩效管理的几个关键点在于:(1)系统地关注投入—产出、过程和最终成果。(2)重视可测量和可评估性。绩效管理关注结果的测量以及评估指向,作为行动基础的目标的实现过程。"如果你不能测量它,你就不能管理它。"(3)强调持续性改善和发展。企业文化中,要鼓励员工从成功和失败中学习。(4)强化管理沟通。创造高效沟通氛围,最大限度发挥信息的价值,全员共享企业使命、价值观、战略目标等信息。

> 日常绩效管理工作中,企业高层管理人员不仅仅要关注对员工绩效的评价,还应当把目光重点放在如何提高员工与部门的绩效及如何实现企业的战略目标。

总之,正确的绩效管理思维是:关注发展,而不是工资!

设计科学的绩效管理体系

玛丽·凯·阿什说,"一家公司的好坏取决于公司的人才,而人才能量释放多少就要取决于绩效管理了"。绩效管理是将企业的战略目标分解到各个业务单元,进而分解到每个员工,因此,对每个员工的绩效进行管理、改进和提高,就能够提高企业整体的绩效,由此也能够获得企业竞争优势。

从管理者角度来看,其绩效包括三层的含义:(1)管理者本人的绩效;(2)管理者所辖员工的绩效;(3)管理者所辖部门的绩效。

其中,核心是部门的绩效,管理者应通过改进绩效管理以实现部门绩效改进。良好的绩效管理循环是呈螺旋式上升的,建立在上一个循环基础上的同一内容的绩效目标,应该高于原有目标,这样的目标才具有挑战性,才能更好地起到引导员工行为的作用。

现代绩效管理体系通过设立员工个人绩效目标,为员工具体工作指明了方向,促使员工努力工作实现绩效考核目标。通过这种安排,可以极大地提升员工自我管理、自我完善的能力。当整个绩效体系相当完善之时,甚至可以达到一种员工无需督促、管理者无为而治的状态。[6]通常情况下,完整的绩效管理体系的内容包括:绩效管理理念/原则、KPI体系、绩效管理流程与绩效管理报表和工具(参见图8—7)。

从绩效管理实践来看,尽管大多数企业都在强调绩效管理的重要性,并且参照标杆企业,抑或是根据自己的实际情况制定了相应的绩效管理体系和制度,但是,能够建立起现代绩效管理体系的企业还不是很多。实际上,

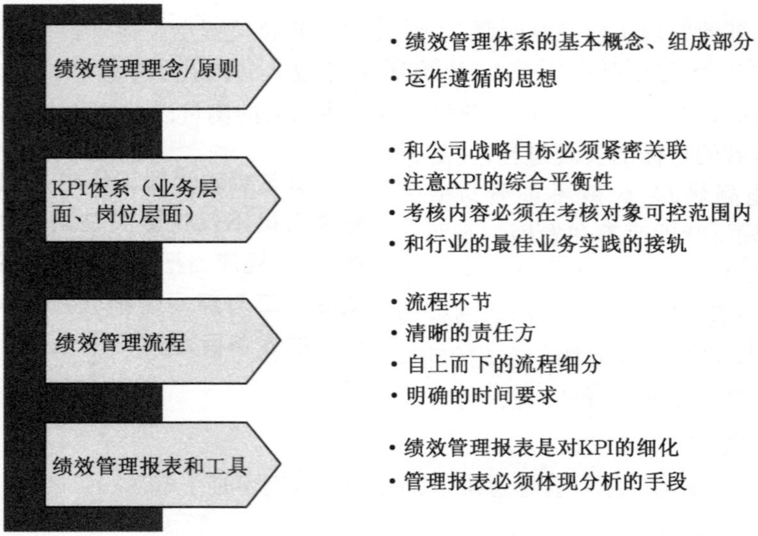

绩效管理理念/原则
- 绩效管理体系的基本概念、组成部分
- 运作遵循的思想

KPI体系（业务层面、岗位层面）
- 和公司战略目标必须紧密关联
- 注意KPI的综合平衡性
- 考核内容必须在考核对象可控范围内
- 和行业的最佳业务实践的接轨

绩效管理流程
- 流程环节
- 清晰的责任方
- 自上而下的流程细分
- 明确的时间要求

绩效管理报表和工具
- 绩效管理报表是对KPI的细化
- 管理报表必须体现分析的手段

图 8—7　完整的绩效管理体系内容

科学的绩效管理体系涵盖企业、部门和岗位三个层面（参见图 8—8），企业在设计绩效管理体系的时候，必须把企业战略目标和绩效管理体系紧密地扣在一起。

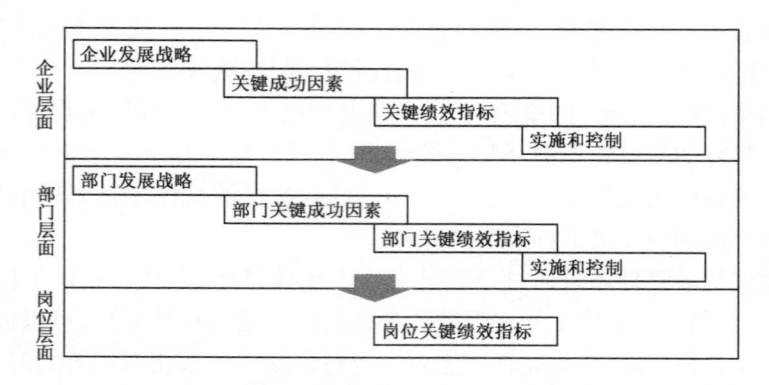

企业层面： 企业发展战略 → 关键成功因素 → 关键绩效指标 → 实施和控制

部门层面： 部门发展战略 → 部门关键成功因素 → 部门关键绩效指标 → 实施和控制

岗位层面： 岗位关键绩效指标

注：科学的绩效管理体系设计思路是从企业发展战略开始，通过关键成功因素分析，构建 KPI 体系，把目标分解到部门和岗位，从而把部门目标、岗位目标和企业目标有机结合在一起。

图 8—8　科学的绩效管理体系涵盖企业、部门和岗位三个层面

事实证明，建立现代绩效体系是构筑企业核心竞争力的一个重要方面，也是企业发展壮大并走向辉煌的重要推动力。企业在实际绩效管理体系

时,必须扫清关键"障碍"(参见图8—9)。

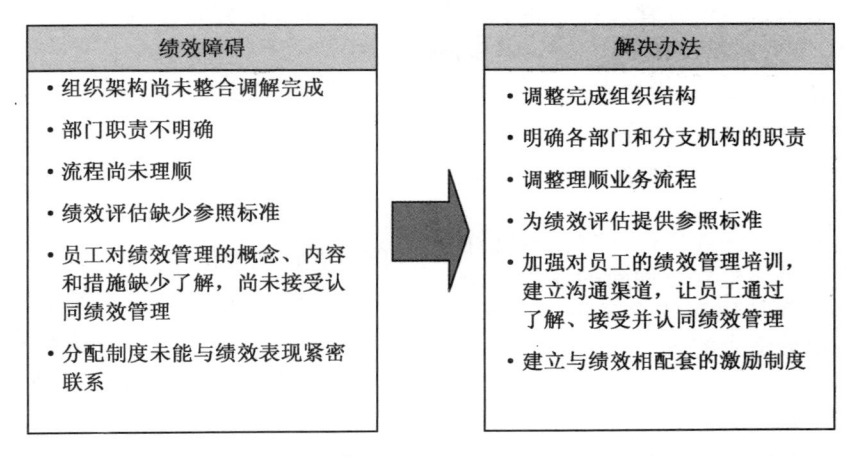

绩效障碍	解决办法
• 组织架构尚未整合调解完成 • 部门职责不明确 • 流程尚未理顺 • 绩效评估缺少参照标准 • 员工对绩效管理的概念、内容和措施缺少了解,尚未接受认同绩效管理 • 分配制度未能与绩效表现紧密联系	• 调整完成组织结构 • 明确各部门和分支机构的职责 • 调整理顺业务流程 • 为绩效评估提供参照标准 • 加强对员工的绩效管理培训,建立沟通渠道,让员工通过了解、接受并认同绩效管理 • 建立与绩效相配套的激励制度

图8—9 企业实施绩效管理体系必须扫清六大"障碍"

科学的企业绩效评估

绩效评估(performance appraisal)是通过系统的方法、原理来评定和测量员工的工作行为和成果。绩效评估是企业管理者与员工之间的一项管理沟通活动,其结果可以直接影响薪酬调整、奖金发放及职务升降等诸多员工的切身利益。正是由于其重要性,所以绩效评估是一项全方位的评估过程(参见图8—10)。

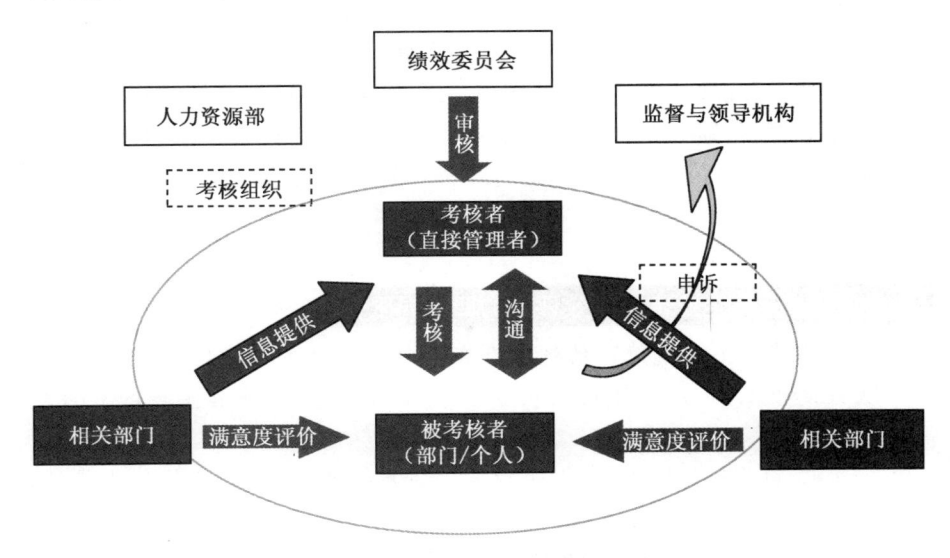

图8—10 企业绩效评估关系(示意)

在绩效管理体系中,绩效评估处于核心环节,通过有效的绩效评估,既可以促进人力资源管理各个组成部分的体系化,又能够充分调动员工的积极性,极大地发挥其工作潜能,提高企业经济效益。

通常情况下,构建有效的绩效评估体系,需要涉及以下主要内容:先进的绩效评估理念、准确的绩效评估原则、合适的绩效评估方法、科学的绩效评估程序以及恰当的绩效评估主体等。

> **对企业绩效评估而言,最关键的问题不是去建立一种新的评估方法,而是如何从现有的众多评估方法中选择出最适合的方法。**

传统的财务绩效评估主要为企业的事后管理提供相关信息,并且易导致企业的短期行为,并不能适应现代企业的管理要求。例如,企业采购部为了控制采购成本,避免超支,会选择采购相对低廉的材料,相对应的情况是质量较低,进而导致产品质量的下降;生产制造部为了完成生产预算而片面地增加产量,导致产品的积压;销售部为了完成销售预算只愿意接受大笔订单而忽视了中小客户,导致了产品销售市场的萎缩……企业部门之间为了完成各自的预算目标,只顾及自身利益而缺乏各部门之间的协调与合作,导致企业难以实现全局目标,更不用说战略目标的实现。

为了解决财务绩效评估的缺陷,20世纪80年代后,对企业经营绩效的评估开始形成了以财务指标为主,非财务指标为补充的绩效评估体系。美国的许多公司,包括跨国公司已意识到过分强调短期财务绩效是美国公司在与欧洲和日本企业竞争时处于不利地位的重要原因,于是他们把着眼点更多地转向企业长期竞争优势的形成和保持上。[7]

另外,传统绩效评估往往局限于人力资源管理领域,但是,随着企业管理的需求和发展,绩效评估已扩展至企业管理的各个环节。作为现代企业管理的核心环节,绩效评估对企业绩效影响的重要程度已为企业界普遍关注。

资料链接 8—1:企业传统绩效评估的四大局限性

传统的企业绩效评估的重点在于财务方面的绩效,对非财务绩效关注度很低,无法全面反映出企业资源和实力,总结其主要的局限在于:

1. 重视短期财务结果,企业管理者急功近利,短期投机行为盛行,企业不愿进行可能会降低当前盈利目标的资本投资去追求长期战略目标,以致企业在短期绩效方面投资过多,在长期的价值创造方面投资过

2. 传统财务评估着眼于过去,强调以投资提高企业经营能力及改善与客户的关系,但是在信息时代,企业经营和管理的重点在于客户、供应商、雇员、工艺、技术和革新等多个层面,只有这样,企业才有可能创造未来价值。

3. 传统绩效评估无法有效评估企业的无形资产,但对现代企业而言,以知识为核心的无形资产成为企业构建核心竞争力的关键所在,信息时代要求企业拥有无形资产价值和实力提高长期竞争力。

4. 传统绩效评估忽视非财务指标的不可直接计价因素。然而,当竞争环境越来越需要经理们重视和进行经营决策,像市场占有率、创新、质量和服务、生产力以及雇员的培训这类的非财务计量应该在绩效计量方面起更大的作用。

资料来源:刘守伟. 企业绩效评价方法的特点与局限性[J]. 中国内部审计,2007(2):46—47。

回顾绩效评估近百年的发展历程,其间出现了许多评估思路和评估方法,但是总体思路是由单一指标向综合指标发展,由注重财务指标转向财务指标与非财务指标相结合的方向发展。同时,绩效评估的重心从事后评估转到为实现企业战略经营目标服务,把绩效评估工作纳入战略管理的全过程。

实际上,企业绩效评估是动态的,这种动态表现在两个方面,一是随着企业内外部环境的变化,绩效评估要适应战略发展要求做出相应的改变;另一方面,企业在不同的发展阶段,绩效评估侧重点也会有所不同(参见表8—1)。

表8—1　　　企业在不同发展阶段,绩效评估侧重点是不同的

期间目的	人事决策	培训计划目标	职业发展反馈	指标合理性检查	组织问题诊断
创业期	◆			◆	
成长期	◆	◆	◆	◆	
成熟期	◆	◆	◆	◆	◆
衰退期	◆				

总体上看,通过绩效评估,能够把企业战略目标转化为阶段性的、具体的、可操作的并为大多数人所理解的目标,使绩效评估指标体系融入战略管理的

全过程,通过利益驱动,鼓励员工主动出击,实现公司共同的战略目标。

灵活的绩效管理工具

随着现代企业管理水平的不断提高,传统的以"德能勤绩"为核心指标的绩效管理工具,被越来越多的先进工具所代替。尽管每个企业采用的绩效管理工具不尽相同,但是主要的绩效管理工具还是得到了大多数企业的认可和采纳。

(1)目标管理法(Management by Objectives,MBO)

1954年,彼得·德鲁克提出了目标管理的概念。目标管理法是依据组织预定的管理目标,对组织领导人及其员工的绩效进行检查、考核、评估的方法。在实际运用中,需要由员工与管理者一起制定每一工作阶段的绩效考核目标,并及时考察绩效目标完成情况的一种绩效考核体系。[8]

目标管理法重点考察员工工作的成效和劳动的结果,并根据结果决定奖励或处罚。其特点是,绩效管理中,管理者从裁判者身份转换为顾问和教练身份,员工也从旁观者角色转换为参与者角色,这会增强员工的主动性、积极性和创造性,促进工作目标和绩效目标的实现。

采用这种方法时,不能只关注目标实现的结果,更应关注绩效目标达成的过程,否则容易误导员工将精力更多地放在短期目标的达成上,而忽视企业长期战略目标的实现。通常情况下,企业需要将目标管理法和关键业绩指标法(KPI)相结合,明确操作流程(参见图8—11)。

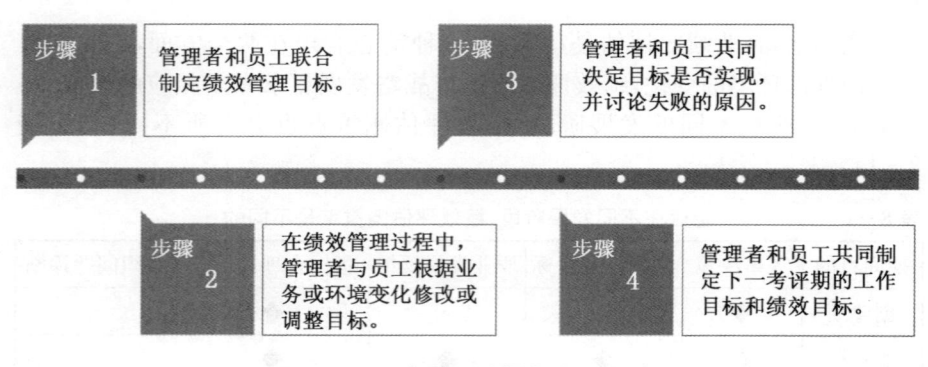

步骤1	管理者和员工联合制定绩效管理目标。	步骤3	管理者和员工共同决定目标是否实现,并讨论失败的原因。
步骤2	在绩效管理过程中,管理者与员工根据业务或环境变化修改或调整目标。	步骤4	管理者和员工共同制定下一考评期的工作目标和绩效目标。

图8—11 目标管理法操作流程(示意)

(2)360°绩效考评法

20世纪90年代以来,360°绩效考评法成为跨国公司进行人力资源管理与开发的重要工具之一,例如,在1994年美国《财富》杂志所评选出的"最受欢迎的32家企业"中,有22家采用了360°绩效反馈体系,在1996年底《财富》杂志所评选出的世界500强企业中,70%以上采用了该体系。2007年,在《财富》杂志评选出的排名在前1 000位的企业中,有近90%已将360°绩效考评法用于人力资源管理和开发,如IBM、摩托罗拉、诺基亚、福特、迪士尼、美国联邦银行等。[9]

360°绩效考评法是指由员工自己、主管领导、直属下级、部门内同事,甚至包括顾客和供应商等,从不同角度对员工进行全方位的绩效评价(参见图8—12),主要包括沟通协调能力、人际交往技巧、领导组织能力、计划决策能力等。[10]

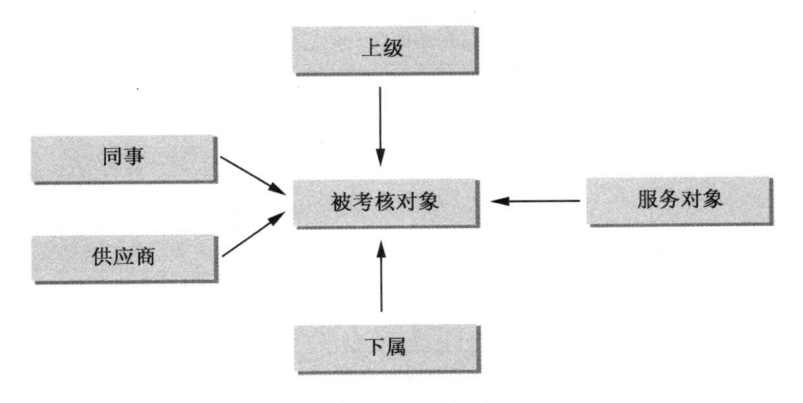

注:360°绩效考评法强调从与员工发生关系的多方主体那里获得该员工的信息。

图8—12 360°绩效考评法(示意)

运用360°绩效考评法,员工的工作行为信息是来自他(她)周围所有的人,包括员工本人、他(她)的上级、下属和同事及内外部客户,通过多种角度获得信息反馈,从反馈的信息中清楚地知道自己的缺点与不足、优点与长处,为员工不断提升绩效打下坚实基础。

在具体实施过程中,360°绩效考评法由相关考核主体(如同事、上级、下属及客户等)填写考核某人的调查问卷表,然后用计算机系统对所有的反馈信息进行系统汇总加以分析,得出考评结果。正是由这种方法的特色,其需要收集的信息量很大,所以投入的时间和费用都会比较多。

(3)平衡计分卡

1992年,美国学者罗伯特·S.卡普兰(Robert S. Kaplan)和大卫·P.诺顿(David P. Norton)在《哈佛商业评论》发表的文章《平衡计分卡——提高业绩的衡量方法》,首次提出了平衡计分卡的概念;2000年,出版合著《战略中心型组织:平衡计分卡的制胜方略》,平衡计分卡的应用和研究取得了重大突破;2004年,出版《战略地图——化无形资产为有形成果》,代表平衡计分卡理论形成了一套逻辑严密的体系。如今,平衡计分卡应用广泛,已经逐步走向全世界,对企业战略管理和绩效评价做出了极大的贡献。

平衡计分卡考核法的核心思想是:将绩效考核分为财务、客户、内部运营、学习与成长四个维度(参见图8—13)。平衡计分卡体系是现代企业不可或缺的管理手段,通过使用平衡计分卡能够从财务、客户、内部运营、学习与成长等方面进行企业长期价值增长驱动因素衡量和考核,大大降低了完全依靠过去的财务报表进行评价的风险,改变了以往财务指标评价体系的缺点。

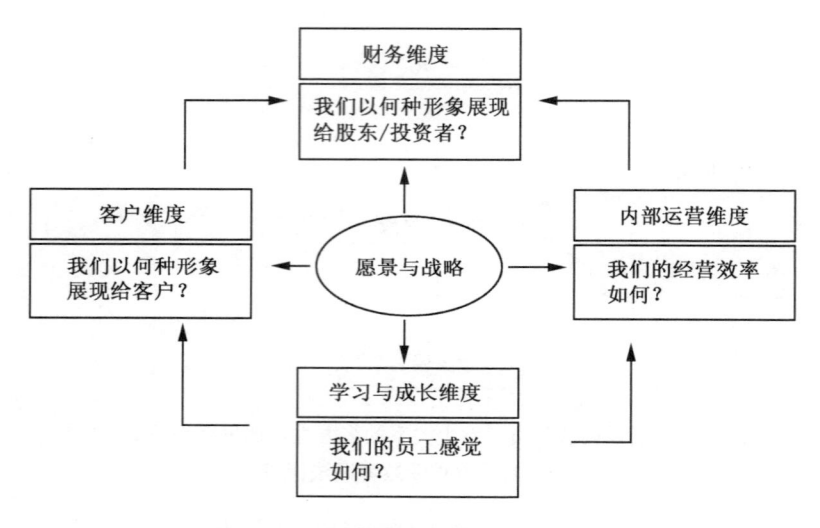

图8—13 平衡计分卡基本结构(示意)

平衡计分卡的财务、客户、内部运营、学习与成长四个维度之间具有一定因果关系,是从结果开始对构成原因进行层层分解而来,找出企业发展驱动因素。财务指标属于结果指标,为了实现其结果指标需要从结果来源、价值创造过程、资本支撑等方面进行投资和管理,从而驱动企业实现其战略目标。

平衡计分卡首先是在美国的很多企业中应用实施,现已推广到全球很多国家的企业中,并得到全球企业界的广泛认同和接受,越来越多的企业在应用平衡计分卡后其绩效得到明显提升。福特、杜邦、IBM、菲利浦、西门子,这些全球知名的公司都在应用平衡计分卡。受到跨国公司的影响,国内越来越多的企业开始导入了平衡计分卡作为战略绩效管理工具,光大银行、中国工商银行、华润、苏泊尔、东软、万科等公司都正在应用平衡计分卡来执行战略和管理业绩。

为了充分发挥平衡计分卡的作用，必须将平衡计分卡的实施结果与激励机制挂钩，注意对员工的奖励与惩罚。

总体上看，平衡记分卡既强调了绩效管理与企业战略之间的紧密关系，又提出了具体的指标框架体系：财务维度、客户维度、内部运营维度、学习与成长维度。其精要在于，将各部门在日常工作中需要考虑的包括财务指标在内的所有最重要的因素都列为考核的内容，并且给出它们各自的一个最低可接受绩效；在所有的指标都达到最低可接受指标基础上，根据加权计算的结果来确定这个部门的绩效。[11]

（4）关键业绩指标（KPI）

关键业绩指标（Key Performance Indicator，KPI）是一种重要的绩效考核工具，它突出了对企业战略目标的实现起到直接控制作用的关键性领域、岗位职责、过程、因素、方法等的考核，抓住了重点、关键。它结合了目标管理和量化考核的思想，通过对目标层层分解的方法使得各级目标（包括团队目标和个人目标）不会偏离组织战略目标，可以很好地衡量团队绩效以及团队中个体的贡献，起到很好的价值评价和行为导向的作用。

KPI目的是建立一种机制，将企业战略转化为内部过程和活动，从而不断增强企业的核心竞争力和持续地取得高效益，使得考核体系不仅成为激励约束手段，更成为战略实施工具（参见图8－14）。

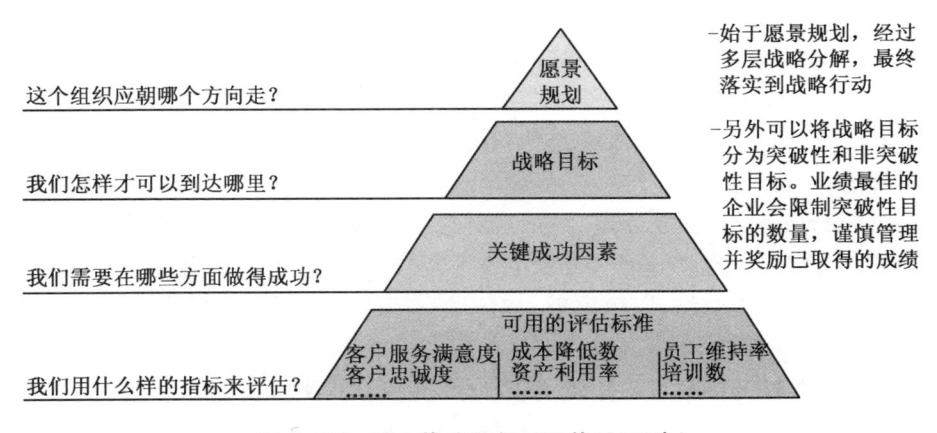

图8－14 建立战略导向KPI体系（示意）

KPI体系不仅成为企业员工行为的约束机制，同时发挥战略导向的牵引作用。通过员工的个人行为、目标与企业的战略相契合，KPI体系有效地阐释与传播企业的战略，成为企业的战略实施工具。战略导向的KPI体系是对传统绩效考核理念（以控制为核心）的创新，在评价、监督员工行为的同时,强调战略在绩效过程中的核心作用。

KPI 的精髓是把企业绩效指标与战略相挂钩,某种意义上来讲,"关键"两字的含义是指在企业某个阶段的主要战略性问题。

总之,关键业绩指标可以把企业的战略目标分解为可运作的愿景目标,是企业绩效管理的基础,其主要特色表现在三个方面:①员工的绩效管理指标的设计不仅仅是岗位功能所决定的,而是基于公司的整体战略目标;②将员工的工作、个人愿景与企业愿景、战略以及所在部门的战略任务结合起来,使每一名员工的个人绩效和部门绩效与企业的整体效益直接挂钩;③将员工的工作绩效与内外部客户管理相结合,努力增值客户价值。[12]

(5)PDCA 循环绩效管理法

只有当绩效管理循环是一个封闭的环时,它才是可靠的和可控的,同时也是不断提升和改善的保证。因为只有连续不断地控制才会有连续不断地反馈,而只有连续不断地反馈才能保证连续不断地提升。[13]戴明博士的 PDCA 理论正是对持续改进、螺旋式上升规律的一种科学的总结,可以广泛地应用于企业绩效管理的每一个管理环节中。

PDCA 可以有效帮助企业动态系统地实现绩效的持续改进,使企业绩效进入良性循环的过程(参见图 8-15),其中 P、D、C、A 四个字母所代表的意义如下:

P(plan)计划,包括方针和目标的确定以及活动计划的制定。

D(do)执行,就是具体运作,实现计划中的内容。

C(check)检查,就是要总结执行计划的结果,分清哪些对了,哪些错了,明确效果,找出问题。

A(action)行动(或处理、纠正),对总结检查的结果进行处理,成功的经验加以肯定,并予以标准化,或制定作业指导书,便于以后工作时遵循;对于失败的教训也要总结,以免重现。对于没有解决的问题,应提给下一个 PDCA 循环中去解决。

PDCA 循环绩效管理法既可以加强企业沟通,又可以促使企业绩效管理体制由结果型管理转变为过程型管理。将 PDCA 循环运用在绩效管理领域时,其重点在于绩效计划、绩效实施、绩效评估和绩效反馈。实际上,绩效管理循环的过程,就是人们在认识问题和解决问题过程中,不断螺旋式上升地提高员工和组织绩效的过程。绩效管理系统所具有的特点也决定了可以运用 PDCA 循环;其对绩效的改进也正是通过 P、D、C、A 四个环节的不断循环来实现的(参见图 8-16)。

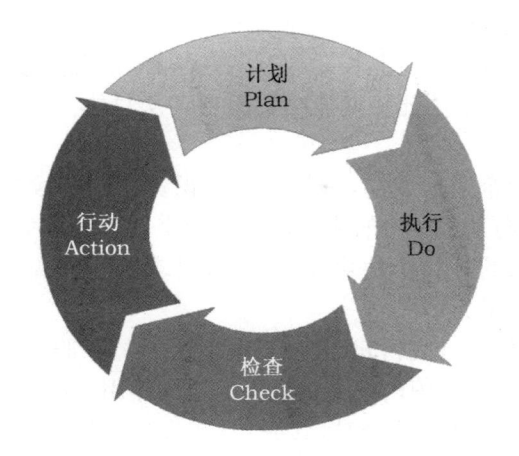

图 8－15　PDCA 循环(示意)

图 8－16　基于 PDCA 循环的绩效管理流程

PDCA 是一个不断学习与改进的循环,与绩效管理工作的实际需要十分符合,可以为企业有效地进行绩效管理工作提供新的思路。通过 PDCA 循环来发现管理中的不足及影响绩效的组织系统因素和员工个人因素,使管理者与员工的综合能力得到逐步提高,在共同发展过程中,明确目标,及时发现问题、找出原因,提出解决问题的方法,使员工在实现组织目标的同时,实现个人价值目标。[14]

平衡计分卡

信息时代,企业对信息的需求日益庞大,注重过去经营结果的业绩管理方法无法满足企业发展的需要,企业需要在利益相关者、自身价值创造、人为资本等方面投资,增加企业长期利益。在某种程度上,预测未来比评估过去更重要,持续发展能力比短期业绩更重要。从总体上讲,信息时代的特点可以归纳如下:

(1)信息时代企业的成功,依赖于对知识资产的持续投资和管理,依赖于从职能专业化向基于客户的流程运作的转变。

(2)客户需求的日趋个性化和多样化,要求不断提高系统的柔性、快速响应、创新和优质服务水平。

(3)产品与服务的创新和改进将日益取决于员工职业化技能的提高,先进信息技术的应用和组织内部关键流程的协同作用。

(4)当企业实施这一转变时,其成功(或失败)是不能用传统的、短期性的财务指标衡量的,由此产生了建立平衡计分卡的必要性。

企业内外部环境迅速变化,能否适应环境,发现机遇,是企业生存发展的先决性条件。

在此背景下,企业必须构建一套科学的、追求实效的绩效管理体系,与战略紧密地契合在一起,有效地改善传统上基于财务指标的绩效管理。构建既有财务指标又有非财务指标的平衡计分卡绩效管理体系,不仅强调最终的财务结果,而且能对其过程进行监控和评价。[15]

通过平衡计分卡,能够有效地将企业的愿景、使命和战略目标与绩效管理联系起来,把使命和战略转变为具体的、可衡量的绩效目标和指标。

前瞻性的非财务指标有助于企业主动控制和采取预防性措施,还能提高管理者的分析能力。

平衡计分卡是一套综合评价系统

如前文所述,平衡计分卡是一种完善的绩效管理体系,其绩效评价指标来源于组织的愿景和战略战略目标。平衡计分卡不仅包含财务指标,同时还包括了客户、内部运营、学习与成长三个维度的指标,它不仅衡量企业已采取行动所产生的效果,同时还关注了对客户满意度、内部业务流程及创新和改进活动、未来发展潜力等方面的评价,从而使企业各个层级的管理者能够从财务、客户、内部运营和学习与成长四个角度来审视企业的执行绩效[16],正是因为这种优势增加了其成为战略管理工具的可能性。

(1)财务维度

平衡计分卡认为:企业在不同的发展阶段,其财务目标也是不同的。例如,企业在成长期通常会发生大规模投资,从而可能出现负现金流量;在维持期,企业主要目标是维持既有的市场占有率、适度的成长,投资目的在于消除瓶颈,扩大产能,不断改进;在收获期,公司的目标转为回收前段投资,所以倾向于维持目前产能设备,而不再扩大产能。

(2)客户维度

客户是企业的重要资产,显然,如何确认、增加和保持这项资产的价值,这对于竞争优势的获取和保持都是非常重要的。客户维度核心指标包括客户满意度、客户保持率、客户获得率、客户盈利能力和目标市场的份额等。

创造客户、让客户满意是企业赖以生存最核心可能也是唯一的要素。

(3)内部运营维度

传统绩效衡量系统只关心监督和改进流程成本、品质和时间。平衡计分卡则是从外界客户和股东的期待,衍生出内部流程的绩效要求。平衡计分卡认为,在为企业内部流程设计绩效衡量指标之前,应先分析企业的价值链,即从创新流程、营运流程及售后服务流程三个方向思考如何满足客户的需求,并建立各种可以达成此目标的衡量指标。

(4)学习与成长维度

学习与成长定义了一个组织必须建立的创新长期成长能力的框架。激烈的全球竞争要求公司持续提高其为客户与股东创造价值的能力。组织的学习与成长来自三个方面:人员、信息系统、组织运作程序。

平衡计分卡存在着明显的因果关系,不仅存在于四个维度之间(参见图8—17),而且存在于各维度的内部指标之间。以客户维度为例,获得较高的市场占有率必须能够留住现有客户,还要不断吸引新客户加入到为组织创造价值的行列中来,这些工作的业绩反映在客户保持和忠诚、客户获得这两项指标上,要想有效地完成这个项指标,必须通过为客户创造价值,提升客户满意度。

总之,平衡计分卡关键在于"平衡","平衡计分卡反映了财务与非财务衡量方法之间的平衡,长期目标与短期目标之间的平衡,外部和内部的平衡,结果和过程平衡。"[17]具体主

平衡计分卡反映了财务与非财务衡量方法之间的平衡,长期目标与短期目标之间的平衡,外部和内部的平衡,结果和过程平衡。

要体现在:从四个维度得出的信息,可使经营收入等外部考核指标与新产品的开发等内部考核指标之间达到平衡,同时,可以根据企业战略发展的实际确定不同指标的合理权重。另外,平衡计分卡强调以客户为中心,是面向客户的以客户或市场为中心而调整的企业评估体系。

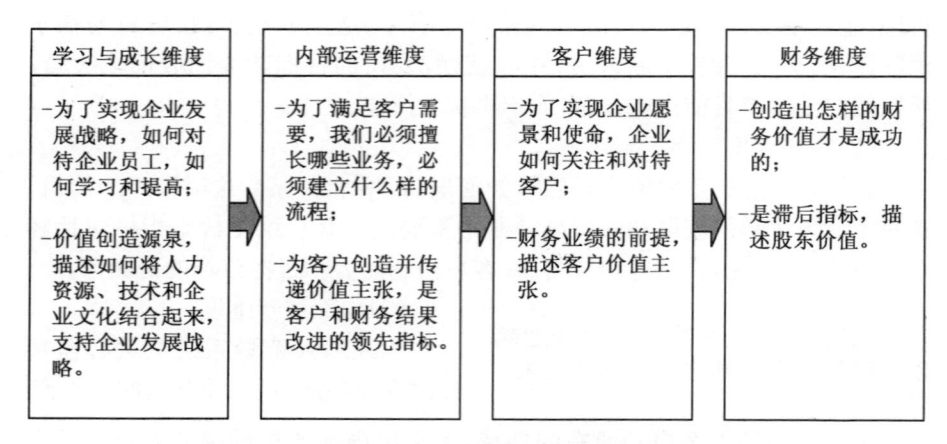

学习与成长维度	内部运营维度	客户维度	财务维度
-为了实现企业发展战略，如何对待企业员工，如何学习和提高； -价值创造源泉，描述如何将人力资源、技术和企业文化结合起来，支持企业发展战略。	-为了满足客户需要，我们必须擅长哪些业务，必须建立什么样的流程； -为客户创造并传递价值主张，是客户和财务结果改进的领先指标。	-为了实现企业愿景和使命，企业如何关注和对待客户； -财务业绩的前提，描述客户价值主张。	-创造出怎样的财务价值才是成功的； -是滞后指标，描述股东价值。

图8—17 平衡计分卡四个维度的因果关系(示意)

平衡计分卡的关键优势

企业的成功来源于多种资源的优化配合，其核心竞争优势的形成与保持同样是由多个因素决定的，因此，影响企业战略经营成功的重要因素，应该在绩效管理指标中得到充分体现。

平衡计分卡以企业战略为核心和出发点，将财务指标与非财务指标进行有机结合，构建了科学的绩效评估指标体系，实现了企业经营绩效的综合、全面评估，为绩效评估指标体系的创新做出了重要贡献。

(1)有效对接战略管理和绩效管理。平衡计分卡可以将企业战略目标通过绘制战略地图，对目标进行层层分解，最终分解为多项绩效指标，并分解给每一个职工，同时，还能够将实现指标的行动与指标连接在一起，并为行动配置资源，确保行动、指标与战略目标的实现。

(2)能够指导企业构建合理的薪酬体系。传统的薪酬体系只是将薪酬与财务指标挂钩，而财务指标不是衡量业绩的唯一因素，也应该考虑员工的创新能力、合作能力、学习和成长能力等，在衡量业绩时加入这些非财务指标，能充分调动员工工作与学习的积极性与主动性，让员工更加关注企业运营的过程，更注重企业各方面的协调和个人综合素质的提升。

(3)有效提升企业内部运营效率。企业是一个整体，部门最优对企业未必是最好的方案，平衡计分卡通过因果关系链来协调各部门的目标，旨在综合效益最优。通过平衡计分卡的评价系统，企业管理者能够及时、连续地对所控制的项目进行跟踪，能够及时发现问题、解决问题。同时，平衡计分卡中引进的非财务指标具有直接性，可以明确是哪一个指标出现了问题。例如,若从接受订单到发出产品的时间过长,导致客户的不满,客户就会寻找能提供更快捷服务的公司,致使公司订单下降,财务利润减少。

平衡计分卡一方面考评企业的产出(上期的结果),另一方面考评企业未来成长的潜力(下期的预测);再从客户角度和从内部业务角度两方面考评企业的运营状况参数,充分把公司的长期战略与公司的短期行动联系起来,把愿景目标转化为一套系统的业绩考评指标。

> 平衡记分卡能够始终将企业整体的战略目标作为核心,具有完善、明确的指标体系,可以促进组织学习和企业文化的改善。

设计平衡计分卡的绩效指标

平衡计分卡"不是为制定战略而是为了实施战略而提出来的",强调绩效目标与战略和经营活动的衔接,通过识别和监控各个层级的关键衡量标准,整合战略与运营层面的活动,以因果关系为纽带实现战略。

> 仅仅依靠平衡计分卡,很难取得成功,企业管理者应该根据企业战略、价值定位以及具体目标,进行集体讨论,进而设定出企业平衡计分卡绩效指标。

从本质上看,平衡计分卡是面向战略的绩效管理体系,它可以而且必须基于企业战略,这样才能真正促进组织绩效,进而帮助战略的实施与愿景的实现。通过平衡计分卡,能够有效地把企业战略转化为具体的工作任务(参见图8-18)。

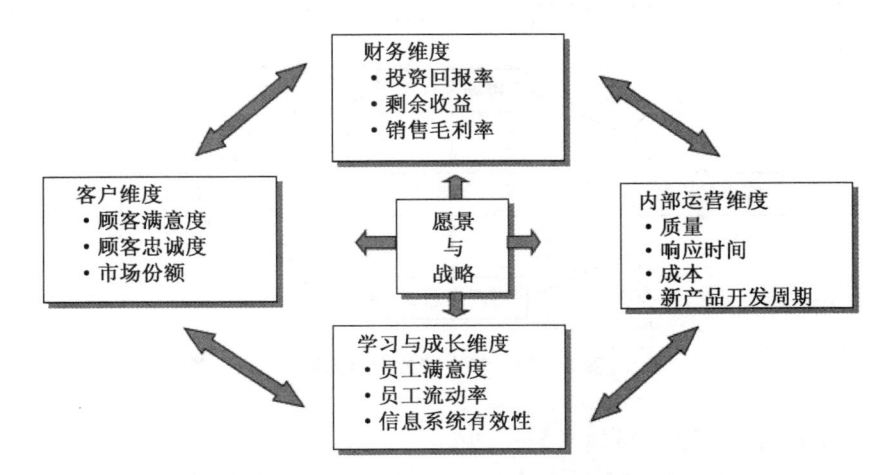

图8-18 平衡计分卡可以把企业战略转化为具体工作任务

(1) 财务绩效指标

在平衡计分卡中,财务评价系统是其他几个评价方面的出发点和落脚点。平衡计分卡的每项评价手段都要与财务目标相联系,最终结果是提高财务效绩。企业应该思考:要在财务维度取得成功,我们需要向股东展示什么? 即什么样的财务结果是企业希望建立的核心战略?

通常情况下,衡量财务维度绩效状况的指标包括:销售收入、营业利润、成本收益、资金周转率、现金流等。

科学的平衡计分卡应该从长远的财务目标开始,同一系列行动相联系(包括财务、客户、内部运营、学习与成长各个方面),最终实现长期经营目标。

企业在不同行业、不同发展阶段,配合企业发展战略,其财务绩效指标都要有所侧重。同时,在企业内部不同的业务单元之间,可能处于不同的生命周期阶段,因此,财务指标也会出现很大的差异。

(2) 客户绩效指标

在客户维度,企业思考的是:目标客户是谁? 在目标客户中所占的份额是多少? 客户满意度情况如何? 如何留住客户? 如何提高客户利润率? ……

通常情况下,客户绩效指标包括市场占有率、客户获得率、客户盈利能力、客户满意度和客户保持率,这五项指标构成了相辅相成的客户绩效指标体系(参见图8—19)。为了发挥其最大效用,企业应对不同的客户群加以区别,把重点放在那些能使企业获得最大增长和利润的客户。

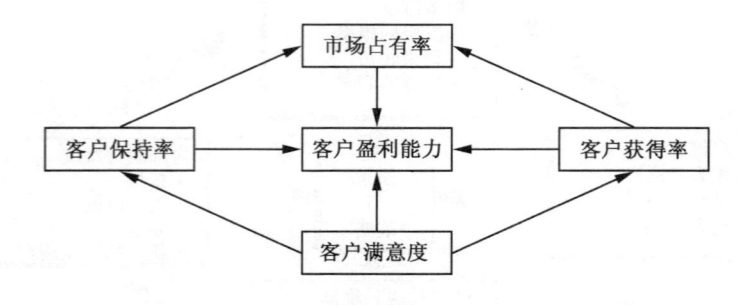

图8—19 客户绩效指标体系

(3) 内部运营绩效指标

内部业务运营的重点是未来吸引并留住目标市场的客户,企业应该思考的是,为了吸引并留住目标市场的客户,并满足股东财务回报率的期望,企业必须在哪些流程上表现得卓越？因此，内部运营指标重点关注对客户满意度和完成组织财务目标有重大影响的流程。

一般情况下，企业内部流程包括六个关键环节：①明确客户需求；②确定市场和所能提供的服务；③开发产品、服务；④对产品、服务展开营销？⑤为客户提供服务；⑥售后服务（参见图8-20）。

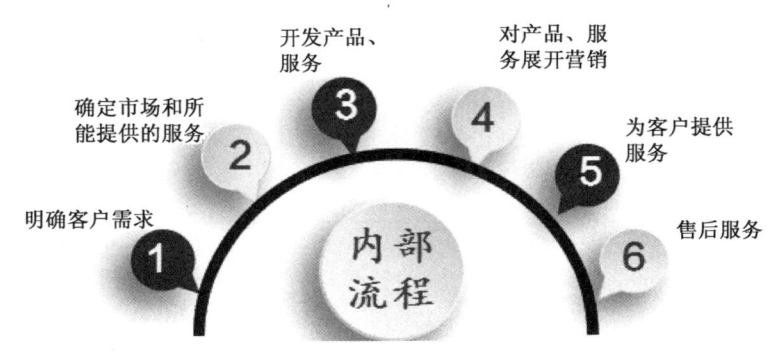

图8-20 企业内部流程简图（示意）

通常情况下，企业先制定财务和客户方面的目标与指标，之后，才制定企业内部运营维度的目标与指标，这样使企业能够抓住重点，专心衡量那些与股东和客户目标息息相关的流程。

(4) 学习与成长绩效指标

学习与成长绩效指标为其他三个维度获得卓越绩效提供了强大动力。面对激烈的全球竞争，企业今天的技术和能力已无法确保其实现未来的业务目标。削减对企业学习与成长能力的投资虽然能在短期内增加财务收入，但由此造成的不利影响将在未来给企业带来沉重打击。

在学习与成长维度，企业应当思考，哪些能力、知识和品质可以增加企业价值，如何围绕战略使员工、团队的能力日益增强从而实现价值增值。因此，企业重点关注的是员工能力、团队管理效率、信息系统的能力以及激励授权。

> 评估指标选择的正确与否会影响到公司战略目标的实现，因此，需慎重选择各项评估指标，并随着企业策略目标的不同而不断进行调整。

总之，平衡计分卡把企业的战略转化成四个维度的指标体系（参见表8-2），引入平衡计分卡之后，在保留财务指标的同时，引入了非财务指标，可以对公司的业绩进行全面评价。员工会清楚地认识到自己所做的工作对企业实现战略的重要性，这样员工才能在评价指标的引导下努力工作,实现企业的长远发展。[18]

表8-2　　　　　　企业平衡计分卡指标体系及目标值(示例)

维度	评价指标	目标值
财务维度	净利润率 资本周转率 盈余现金保障倍数 资金周转率	6.5% 1.5 1.1 2.5
客户维度	市场占有率 客户盈利比率 客户保持率 客户满意度	30% 80% 85% 90%
内部运营维度	总成本费用 风险损失 研发投入比率 新产品收入比重	较上一年度降低0.1% 较上一年度降低3% 大于3% 大于50%
学习与成长维度	人均培训次数 员工流动率 企业文化满意度 战略认知度	大于2次 小于18% 90% 90%

成功实施平衡计分卡的路径

实施平衡计分卡首先表现出的是成本的增加而非利润的增长,有时甚至会出现企业的短期财务成果减少。更为严重的是,利润的增长往往会滞后很多时间,使投入与产出、成本与效益之间出现了时间差。[19]"只要找对了路,就不怕路远",企业引入平衡计分卡,首先要明确自己的愿景、使命、价值观和战略目标,只有这样,才能保证企业经营和管理活动围绕使命和战略这个中心展开。通常情况下,成功实施平衡计分卡的企业都是成熟型企业,即无论是管理模式还是资本结构,都具有完善的管理,只有基本功扎实的企业,其平衡计分卡才能发挥其强大作用。

实施平衡计分卡的必要条件包括全面预算管理、内部流程优化、明晰组织架构与职位职责、任职资格体系建设及内部人员的支持和理解。

通过对成功实施平衡计分卡企业的调研和座谈,归纳出其成功实施的关键路径如下:

(1)制定明确、科学的企业发展战略。以战略为逻辑起点和核心的平衡计分卡体现了企业的发展战略,以平衡计分卡为基础的企业绩效评价

第 8 章
成功的绩效管理

本身就是一种激励导向。在实施平衡计分卡时,必须根据战略制定目标从而使战略具体化,将目标转换成关键成功因素和关键业绩指标,用关键成功因素和关键业绩指标指导战略的有效实施并对战略实施效果进行评价。[20]

(2)构建严格规范的管理体系。顺利实行平衡计分卡,要有与之相适应的规范、全面的制度,以制度来推进平衡计分卡的有效运行。[21]缺乏科学严格的管理系统的企业,引入平衡积分卡进行绩效管理效果可能不佳。因此,企业如果想成功应用平衡计分卡,首先就要规范企业内部的管理体系。

(3)企业高管积极支持和推进。在实施平衡计分卡的过程中,高层管理人员的有力支持是必不可少的。实际上,高层管理人员对平衡计分卡项目的认同感是真正决定平衡计分卡项目成功的因素,如果高层管理人员对平衡计分卡的支持只是肤浅和随意的,那么他的态度会迅速地向全体员工转达一种信号,即他们不值得为平衡计分卡项目付出时间和精力,从而导致平衡计分卡实施的失败。

企业高管应当充分、积极地推广平衡计分卡,这种推广不应仅仅书面倡导,还应该有具体的行动,以行动来证明他们对这次管理变革的重视程度。通常情况下,高管的主要行动包括:主动建设以平衡计分卡为工具的绩效管理体系;明确界定公司战略目标;在过程中积极参与、大力支持和时时督导;合理地授权,使这场管理变革拥有足够的资源和权力;主动与下属沟通交流,做好员工的思想工作。

(4)加强企业员工沟通,获得中层管理者和基层员工的理解和支持。实施平衡计分卡需要得到全体员工的支持和配合,其中,企业中层的参与也是这场管理变革成功的重要保证。中层管理者应该掌握平衡计分卡与绩效管理的原理、方法与工具的使用,使企业能够成功引进平衡计分卡。另外,平衡计分卡的推广自上而下,涉及企业的每个部门和每个员工,因此,需要加强企业员工沟通,让员工接受并支持平衡计分卡。

(5)组建平衡计分卡实施团队。在企业中建立平衡计分卡是一项复杂的技术工作,需要专门的团队对其进行研究、控制和实施。实施团队应该拥有建立有效的平衡计分卡所需的战略、市场、竞争等知识的专业人员,团队中的核心人物最好是高层管理人员,这是因为高管的影响力比较大,容易实现跨职能跨部门的合作。另外,团队要与各部门经常沟通,确保各部门理解和支持平衡计分卡。

(6)完善企业信息管理系统。平衡计分卡的成功实施需要健全的信息系统的支持。如果信息系统不够灵敏,则无法满足企业使用平衡计分卡来客观、公正评价各项业绩指标的信息需要,那它会成为这个系统的致命之处。[22]在完善信息系统时,应关注信息系统与战略的联系,使信息系统反馈的信息具有战略性。

总而言之,实施平衡计分卡,企业不仅必须对其现行策略、流程及目标客户进行重新确定,还要排除可能遭遇的企业经营及内部文化发展中产生的严重阻挠。同时,企业需要根据自己的发展现状、管理水平等客观情况,在实施过程中,不断地对平衡计分卡进行调整。

资料链接8—2:平衡计分卡在万科公司应用及启示

万科作为我国房地产业的领军企业,其在制度和流程管理上拥有健全和成熟的企业系统,并善于不断创新,在企业内部形成了"忠实于制度""忠实于流程"的价值观和企业文化。在众多房地产开发商中,万科以品牌、服务和规模获取高价值。万科之所以能够取得如此成就,与其重视企业战略管理、积累管理能力有着重要的关系,特别是万科采用了平衡计分卡的方式提升企业管理,以完善的企业管理制度为基础,契合企业自身价值与理念,平稳持续地提升万科的管理能力。万科在结合战略规划的基础上,从企业财务、客户、内部运营、学习与成长四个层面全面绘制企业战略规划,实现目标客户的管理以及企业价值最大化目的。

万科通过成功地运用平衡计分卡,使得公司明晰了战略发展模式、准确地定位了战略路线、量化了企业的绩效考核方式、增强了企业核心竞争力,并提高了企业的管理能力。万科之所以能够借助平衡计分卡全面改善公司的业绩,取得管理能力的持续提升,主要是由于万科在全球化竞争过程中,始终秉承"以人为本"的公司管理理念,重视企业文化建设,不断完善各项管理制度,使得平衡计分卡能够契合公司的发展理念等,为平衡计分卡进入和应用到万科提供了基础和条件。同时,万科在引入平衡计分卡的过程中,并没有采取完全照搬和照抄,而是通过把平衡计分卡与企业战略、业绩评价系统联系起来,采取循序渐进、逐步引入、逐层改进的模式,逐渐使得万科能够整体地与平衡计分卡融合在一起。因此,通过万科成功地运用平衡计分卡的案例,能够得到以下启示:

1. 企业应具有明晰的战略规划,注重管理能力的提升。随着企业外界环境的不断变化,企业将面对越来越大的竞争压力,企业需要具有明确的战略发展规划,拥有明晰的管理理念,充分考虑和平衡企业短期发展与长期规划之间的关系、当前利益与长远利益之间的关系、结果指标与驱动指标、财务指标与非财务指标之间的关系，制定出既符合市场发展趋势，又结合企业未来战略发展的需求，从而促使企业提高管理能力，提高核心竞争力。

2. 重视企业管理方法的选择，不能生搬硬套。万科之所以能够成功地应用平衡计分卡，与其内外部的环境、市场发展、公司战略定位、公司管理基础等有着较大的关系。对于万科而言，其能够有效地把平衡计分卡融入企业战略和业务管理当中，与万科完善的战略管理、人力资源管理以及全面的质量管理体系有着密切的关系，并且万科已经具备了应用平衡计分卡的条件，所以其他企业不能够生搬硬套地把适合万科的方法应用到自己企业身上，而是需要从公司战略的层面进行企业管理方法的选择，只有符合自己的才是最好的。所以，企业在发展过程中需要重视管理方法的选择，做到有机结合。

3. 客观对待企业战略管理方法，认清其利弊。任何企业战略管理方法都是有其利弊的，企业不能够由于该方法能有效解决企业战略发展的某个问题而不对其进行全面的评估，应客观、全面、系统地对待方法的利弊。所以，企业在选择和应用某种方法的过程中，需要充分结合该方法的优势，提高企业价值、增加利润，同时也应清晰地认识该方法的弊端，可以从企业的制度、文化、组织结构等方面有效地规避该方法的缺陷，从而全面发挥该方法的作用。

4. 有效平衡公司价值最大化与满足客户需求的关系。对于企业的发展而言，既需要最大限度满足客户的需要，同时又需要实现价值的最大化，二者之间是有机统一的整体，之所以会产生这种分歧的根本原因是二者的观察视角不同；但是，对于实现企业的战略发展目标而言，其既需要增加企业的经营利润，又需要能够满足客户的需要。同理，对于企业的组织部门和营销部门而言，两者也只是从自身的角度和立场看待问题，这是没有任何问题的。企业组织部门属于公司的业务部门，其主要目标和战略定位就是最大限度实现公司价值的最大化；而对于营销部门而言，其主要战略定位则是满足客户的需要，扩大市场，其最终的目标也是实现公司价值的最大化。因此，企业的市场营销部门满足了客户的需要，能够持久合作，同时组织部门通过经营或者运作，也有效地实现了其组织部门的价值最大化目标。

资料来源：付翔刘星．平衡计分卡在万科公司应用及启示[J]．合作经济与科技，2016(12)：82—83。

关键业绩指标

关键业绩指标（KPI）是现代企业中备受重视的业绩考评方法，可以使部门主管明确部门的主要责任，并以此为基础，明确部门员工的业绩衡量指标，使业绩考评建立在量化的基础上。[23]

> 基于关键业绩指标对绩效进行管理，就可以保证真正对企业有贡献的行为受到鼓励。

全面理解 KPI 的特征

KPI 是建立在目标管理基础上的一种绩效管理方法，通过把企业战略目标逐层分解到每个员工，然后对员工在努力实现这些目标过程中的关键绩效进行考评。尽管道理很简单，但是在实践中，只有全面理解 KPI，才能在构建 KPI 体系时做到有的放矢，高效地推进设计和实施工作。

全面理解 KPI，要关注了解如下关键特征：

(1) KPI 的层次性。通常情况下，企业 KPI 分为三个层次：整体层、部门层和基层（参见图 8—21）。其中，整体层和部门层的 KPI 一般只用在年度考评中，或在一个生产周期结束时，而基层 KPI 考评时间相对灵活，可进行年度考评、季度考评或特定情况时的考评。

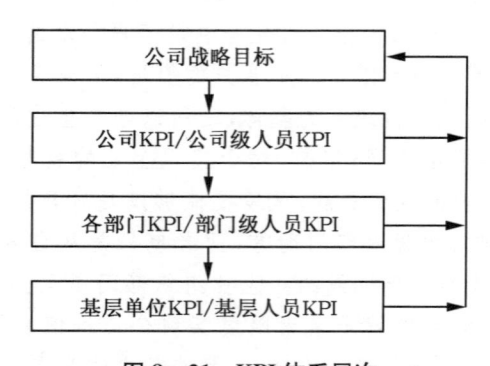

图 8—21　KPI 体系层次

(2) KPI 关注核心要素。KPI 重点关注企业发展过程中关键的过程、行为、因素、结果，直接反映了企业的战略目标，把企业既定的奋斗目标作为绩效考核和管理的起点。通过绩效考核指标体系使企业的战略目标转化为阶段性的、具体的、可操作的并为大多数人所理解的目标，使绩效考核指标体系融入战略管理的全过程，真正体现为企业战略管理服务的思想。

（3）KPI具有动态变化性。KPI需要根据部门实际情况、管理水平，做出相应的设计或变革。当某一项工作经过努力达到很好效果并没有上升空间时，它将不再作为考核的重点或是不再对它进行考核，要将考核重点转入到其他相对薄弱、有上升空间的指标。同时，企业应根据经营环境的变化适时对各个部门的考核内容做出相应的调整。

（4）KPI强调对企业管理过程的有效监控。KPI不仅有财务指标，而且有过程性目标。而这些过程性目标，例如与客户的满意程度相联系的指标内容，能够及时、客观地监控、反映企业发展过程中出现的问题，及时地给企业提出"预警"信号，促使企业对其相应的工作做出适当的调整，使企业的各项工作得以顺利实施，有利于战略目标的实现。

（5）关注定量化和行为化。KPI是一个标准体系，必须是定量化的，如果难以定量化，那么也必须是行为化的。如果定量化和行为化都无法满足，就是不符合要求的KPI。

关键业绩指标 SMART 原则

关键业绩指标不是凭空捏造的，也不是管理者主观想出来的，它的来源主要有两个，一是来源于职位要求，通过工作分析确定各岗位的主要职责和关键任务；二是来源于企业战略，通过目标分解将组织的整体战略融合在关键业绩指标当中（参见图8－22）。

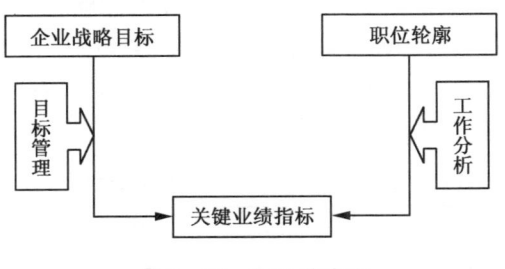

图8－22　KPI的来源

KPI绩效管理的首要任务就是，确定科学、系统的指标体系，抓住关键指标，也就是说强调主要任务。如果挑选了过多的指标，往往会造成评价结果混乱，因为无法突出重点；当然，如果挑选的指标过少，往往会遗漏关键指标，使整个绩效评价失去意义。

因此，设计KPI需要遵循SMART原则，其具体含义如下：

S——具体（Specific），指绩效考核要切中特定的工作指标，不能笼统。如：减少客户投诉，过去客户投诉率是3%，把它减低到1.5%或者1%。

M——可衡量(Measurable)，指绩效指标是定量化或者行为化的，验证这些绩效指标的数据或者信息是可以获得的。制定人与考核人有一个统一、标准、清晰可度量的标尺，杜绝在目标设置中使用形容词等概念模糊、无法衡量的描述。

　　A——可实现(Attainable)，指绩效指标在付出努力的情况下可以实现，避免设立过高或过低的目标。目标设置要坚持员工参与、上下左右沟通，使拟定的工作目标在组织及个人之间达成一致。既要使工作内容饱满，也要具有可达性。

　　R——相关性(Relevant)，有两层含义：一是上级目标必须在下级目标之前制定，上下级目标保持一致性，避免目标重复或断层；二是员工的KPI需与所在团队尤其是与个人的主要工作职责相联系。

　　T——有时限(Time-bound)，注重完成绩效指标的特定期限。指标设置要具有时间限制，根据工作任务的权重、事情的轻重缓急，拟定出完成目标项目的时间要求，定期检查项目的完成进度，及时掌握项目进展的变化情况，以方便对下属进行及时的工作指导，以及根据工作计划的异常情况变化及时地调整工作计划。

设计关键业绩指标的关键点

　　KPI是现代企业中受到普遍重视的业绩考评方法，对绩效管理的最大贡献，就是指出企业业绩指标的设置必须与企业的战略挂钩，同时强调要抓住企业运营中能够有效量化的指标，提高了绩效考核的可操作性与客观性。

　　通过科学设计KPI(参见表8-3)，提炼出最能代表绩效的若干关键指标体系，就能够抓住关键的过程、关键的因素、关键的方法进行绩效管理。

表8-3　　　　　绩效管理体系中的关键业绩指标设计(示例)

维度	关键成功因素	关键业绩指标	指标定义/公式	评估对象	评估频率	目标值	数据来源
财务	增加来自新客户的销售收入	新客户销售收入	本期新客户销售收入	销售部	月度	—	SAP销售报告
		新客户销售收入贡献率	本期新客户销售收入/本期销售收入总额×100%	销售部	月度	—	SAP销售报告
	增加来自老客户的销售收入	老客户销售收入	本期老客户销售收入	销售部	月度	—	SAP销售报告
客户	发展新的符合条件的经销商	新的符合条件的经销商数量	新争取的符合条件的数量合计	销售部	月度	—	SAP销售报告
	保持和提高A级经销商比例	A级经销商比例比例	A级经销商数量/经销商总量×100%	销售部	月度	—	SAP销售报告

续表

维度	关键成功因素	关键业绩指标	指标定义/公式	评估对象	评估频率	目标值	数据来源
内部运营	—	—	—	—	—	—	—
学习与成长	—	—	—	—	—	—	—

通常情况下,设计 KPI 的关键点归纳如下:

(1)以价值创造为出发点,并符合企业不同阶段的战略目标,企业应当是价值驱动的,而不是成本驱动的。基于价值的管理看重改进,而基于成本的管理看重控制。

(2)KPI 必须是被考核对象所能够影响的,能够测量的或具有明确的评价标准。

(3)KPI 必须能够促进短期财务业绩及与企业战略相符合的行为。

(4)KPI 必须有有效的业务计划及指标设置程序的支持。

(5)客户认为最重要的东西就是最关键的 KPI,是需要进行测量的东西。

总的来说,正确设计和实施 KPI,有助于提高企业的效率,精简机构、流程和系统,使企业组织架构更加简洁。[24] 对企业高管来讲,通过 KPI,能够更清晰地了解对创造价值最关键的经营操作情况,高效关注关键业绩驱动因素的变化,及时诊断经营中的问题,并制定有针对性的措施。

通过关键成功因素设计 KPI

麻省理工学院信息管理学者丹尼尔(Daniel)最早于 1961 年提出"关键成功因素"(Key Success Factors, KSF)概念,他认为,大多数产业都有 3～6 个对企业能否成功起到决定作用的因素,如果一个企业想要取得成功,就必须把这些能够决定成功与否的关键工作做好。

关键成功因素是进行产业竞争分析和决策的时候最应该优先考虑的因素,会随着环境变迁,因产业不同、时间的变化而有所改变。

关键成功因素法,是一种基于企业愿景与战略的 KPI 设计方法,作为一种自上而下的方法,关键成功因素法在中小企业被广泛采用。通常情况下,通过关键成功因素设计 KPI 时,必须厘清如下基本问题:(1)我们的企业发展战略是什么?(2)我们企业的关键成功因素是什么?(3)什么是企业的关键业绩?(4)如何处理好绩效考核中的基本矛盾?(5)企业应该建立什么样的管理体制和组织架构?

在明确地回答了上述问题之后,通常情况下,企业就会确定关键成功因素,进而在此基础上设计KPI(参见图8—23)。

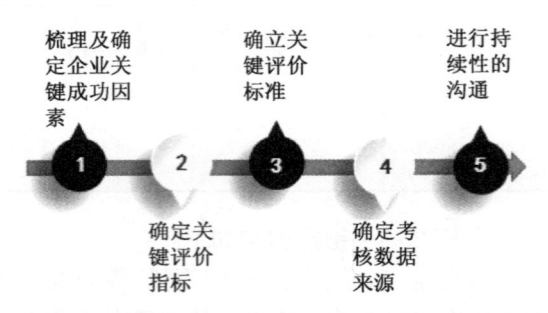

图8—23 运用关键成功因素设计KPI的流程

(1)梳理及确定企业关键成功因素

企业关键成功因素往往需要基于发展战略,实际上,在制定发展战略过程中,需要进行全方位的分析,比如说,环境分析、行业分析、产业结构分析、竞争分析、企业内部分析、行业标杆企业分析、黑天鹅事件分析等。通过一系列的分析,有助于企业确定关键成功因素。

美国管理学大师彼得·德鲁克认为,一般企业的关键成功因素表现为:市场地位、企业创新、生产率、金融资产、利润、管理人员的表现和培养、工人表现和态度、企业公共责任感八个方面,具体到某个企业来讲,应根据自己的行业特点、发展阶段、内部状况因素来确定个性化的关键成功因素。

有时,企业也可以采用群体讨论的形式,把专家、学者以及参与者的意见汇集在一起,根据相对重要性给每个变量进行主观的赋值,根据赋值结果来决定变量的优先权,进而确定企业关键成功因素。

(2)确定关键评价指标

通过提炼和归纳企业关键成功因素,确定关键评价指标,通常情况下,企业采用"SMART"原则来确定KPI体系,这也是对关键成功因素的具体化和定量化处理的结果,是根据不同的关键成功因素制定出来的考核指标体系。[25]

(3)确立关键评价标准

关键评价标准是评价关键评价指标的衡量尺度,通常需要有机结合等级制或分数制两种方式,这样,关键评价标准既有分数制评价标准明了、精确的特点,又能够兼顾等级定性与定量结合的特点。依据员工绩效评估的具体分数,确定最后评价等级(参见表8—4)。

表 8-4　　　　　　　　　　绩效工资系数考核(示例)

综合评定等级	A级 A+	A级 A	B级 B+	B级 B	C级	D级	E级	F级
考核成绩	≥100分	90～100分	86～90分	80～86分	70～80分	<70分	40分	0
部门绩效工资系数（季度）	1.15	1.10	1.05	1.02	1	0.98	0.8～0.9	0～0.7
年终奖金	按照人力资源部现有制度执行							发生1次 奖金系数0.6	发生2次以上 奖金系数0	0

注1：季度考核时,若评为E级当期得分为40分,若为F级当期得分为0分；
注2：试行期间"考核成绩"分数区间经绩效管理委员会批准可作适度调整。

(4)确定考核数据来源

为了确保绩效管理的公正性和科学性,必须通过有效途径获取客观数据,以此作为KPI的一种制度。通常,采用的收集数据方法包括:原始记录法、抽查法、关键事件记录法、360°评价法。

(5)进行持续性的沟通

通过关键成功因素确定了KPI之后,实施过程中,保持经常性的有效沟通至关重要。实际上,这种沟通应该是一种全过程沟通,有助于员工对关键业绩指标的理解和认可,进而演变成员工共同参与并与管理者达成共识。

通过标杆管理法设计 KPI

标杆管理自1976年施乐公司实施以来,取得了良好绩效,之后通用、福特、杜邦等相继采用了标杆管理法。标杆管理的实质是学习和借鉴标杆企业的管理方法和先进经验,通过在企业的应用和实践,赶超标杆企业,当一个标杆被赶超后,企业将继续寻找下一个标杆,重复学习和模仿的过程直至企业达到最优。

在设计KPI时,可以借鉴标杆管理法,企业将自己的关键业绩指标与最强的竞争企业或那些在行业中领先的、最有名望的企业的关键业绩指标进行评价和比较,分析这些标杆企业的绩效形成原因,在此基础上建立企业可持续发展的关键业绩标准及绩效改进的最优策略的程序与方法(参见图8-24)。

通常情况下,利用标杆法设计企业KPI需要经过六个步骤:

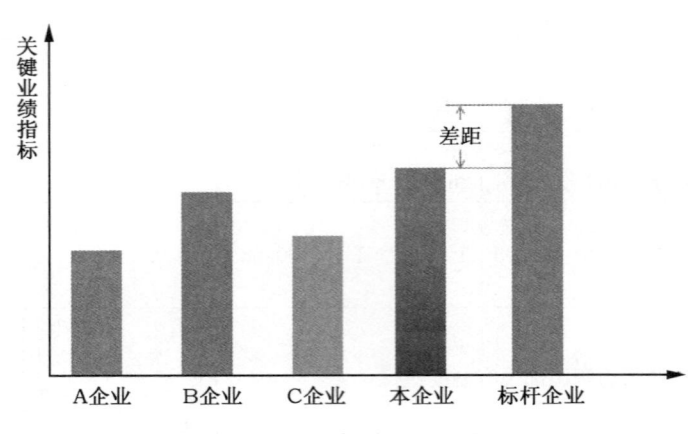

图 8—24 标杆基准法(示例)

(1)明确标杆指标。确定企业发展战略,全面了解和梳理核心流程,确定核心流程的关键环节,发现企业发展瓶颈点所在,进而确定需要进行标杆比较的指标。

(2)确定标杆企业。分析所在行业中的优秀企业,通过比较,最终确定标杆企业。其中,主要依据两个标准:①标杆企业应具有卓越的业绩,通常是行业中具有最佳实践的领先企业;②标杆企业应该与本企业有相似的特点,标杆企业的选择一定要具有可比性并且管理实践是可以模仿的。

选择标杆企业的范围首先是竞争对手及其他有潜力的公司,也可以是同一行业或跨行业企业中一个相近的部门。

(3)收集标杆企业的资料和数据,深入分析标杆企业的经营模式,从系统的角度剖析与归纳其竞争优势的来源,总结其成功的关键要领。通常情况下,相关资料和数据分为两类:①标杆企业的绩效数据以及最佳管理实践,即标杆企业达到优良绩效的方法、措施和诀窍;②标杆瞄准活动的企业(或部门),反映他们自己目前的绩效及管理现状。

标杆企业资料数据可以来自单个的标杆企业或部门,也可以来自行业、全国乃至全球的某些样本。

(4)与标杆企业进行比较与分析,找出绩效管理差距。借鉴其成功经验,确定适合本企业的能够赶上甚至超越标杆企业的关键业绩标准及其最佳实践。在分析差距和确定绩效标准时应考虑以下因素:①经营规模的差异以及规模经济成本的效率差异;②企业发展阶段的管理实践与业绩差异;③企业文化理念与管理模式的差异,如集分权、资源共享程度以及内控程度的特点；④产品特性及生产过程的差异；⑤经营环境与市场环境的差异。

（5）加强员工管理沟通。将标杆法的推进与员工进行有效沟通，取得员工理解和支持。此外，还要征询具有建设性的意见和建议，拟定绩效目标，提出改善方案。

（6）制定相关的行动方案。制定具体的计划，实施绩效管理，同时，将标杆法作为一个持续的循环过程，每个阶段都要进行总结、提炼，发现新的情况和问题及时进行改进。

关键业绩指标的核心问题

作为一种绩效管理体系设计的基础，KPI是用于考核和管理员工的可量化的指标体系，通过KPI达成的承诺，员工与管理者就可以进行工作期望、工作表现和未来发展的沟通。要想科学地设计和实施KIP绩效管理，必须明确以下几个核心问题：

（1）KPI是基于战略而不是基于岗位职责

KPI是从企业战略目标入手，从企业的总目标分解而来。从总目标分解出第一层的KPI，第二层从第一层分解而来，第三层从第二层分解而来，依此类推，每一层都导向上一层，最终导向企业的总目标，由此形成了KPI体系的战略导向。[26]

通过KPI体系，战略目标最终会落实到每个岗位上，成为该岗位上员工的绩效考核指标。实践中，很多企业基于这些KPI与相关负责人设定绩效目标，签订绩效合同（参见图8-25）。

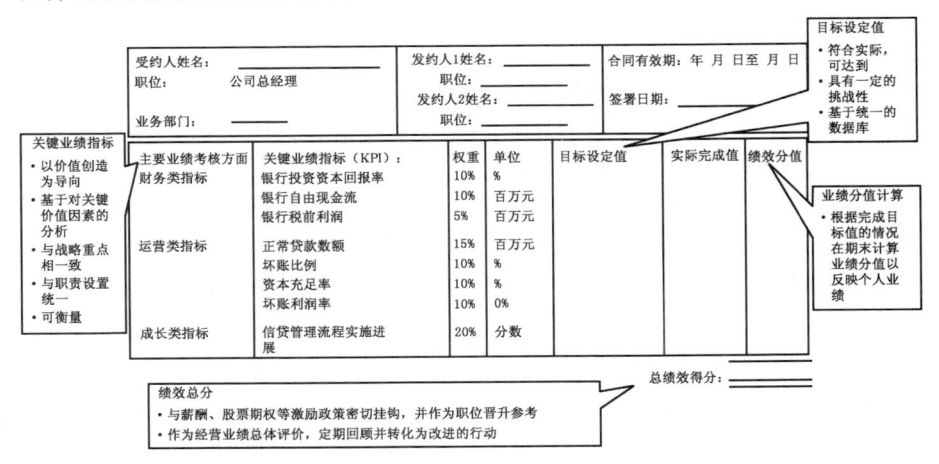

图8-25 设定绩效目标，签订绩效合同（示例）

(2)科学的KPI必须匹配相应的激励机制

科学的KPI强调抓住企业关键的重要指标，同时，也要体现KPI的动态性，比如，企业内外部环境出现变化，或者企业处于不同的发展阶段，其KPI都需要相应地做出改变。更为关键的是，KPI还要具有敏感性，能够准确区分出绩优与绩劣，这样才能公平、有效地激励人员完成目标。

当某些关键业绩指标无法定量描述时，有必要合理选取定性指标，将获得的事实或行为的结果与预期的结果进行比较，而预期的结果即被定义为绩效标准，也是以事实或行为的形式来表述的。

无论是定量指标还是定性指标，都必须能够通过事实或数据来提供支撑，具有可测量性。同时，绩效考核的结果必须匹配相应的激励机制（参见图8－26）。

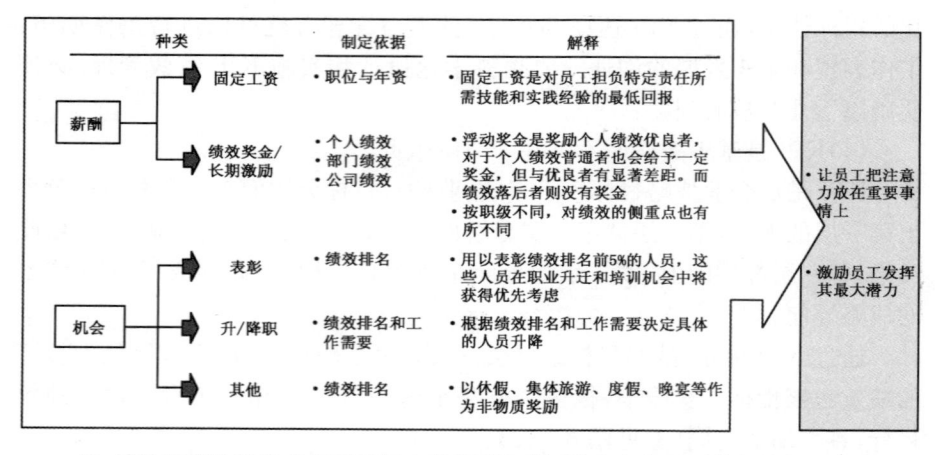

薪酬/机会	种类	制定依据	解释	
薪酬	固定工资	·职位与年资	·固定工资是对员工担负特定责任所需技能和实践经验的最低回报	让员工把注意力放在重要事情上
薪酬	绩效奖金/长期激励	·个人绩效 ·部门绩效 ·公司绩效	·浮动奖金是奖励个人绩效优良者，对于个人绩效普通者也会给予一定奖金，但与优良者有显著差距。而绩效落后者则没有奖金 ·按职级不同，对绩效的侧重点也有所不同	激励员工发挥其最大潜力
机会	表彰	·绩效排名	·用以表彰绩效排名前5%的人员，这些人员在职业升迁和培训机会中将获得优先考虑	
机会	升/降职	·绩效排名和工作需要	·根据绩效排名和工作需要决定具体的人员升降	
机会	其他	·绩效排名	·以休假、集体旅游、度假、晚宴等作为非物质奖励	

注：绩效考核的结果必须匹配相应的激励机制，激励内容可以依据不同的奖惩制度而更加多元化。

图8－26 绩效考核结果必须匹配相应的激励机制

(3)科学编制部门KPI执行文件

如前所述，企业KPI分为三个层次，相应的，KPI执行文件也要针对三个层次。企业级KPI通常是财务指标，如净利润、销售收入、资金回笼、新产品比率、市场占有率等及当年的重点战略实施目标。这些KPI主要集中于企业高管层级，但最为关键的还是部门KPI和岗位KPI。进行绩效管理，最重要的是让员工知道，企业的要求是什么，以及他将如何开展工作和改进工作，工作报酬会是什么样的。上级主管回答这些问题的前提是，他本人清楚地了解企业对他的要求是什么，对所在部门的要求是什么，说到底，也就是了解部门的KPI是什么。

通常情况下,KPI执行文件主要包括部门KPI文件和岗位职责说明书两部分。

部门KPI控制在5～7个,要求这些指标能够涵盖该部门的最主要工作成果,每个指标的权重均为5%的整数倍,合计总权重为100%(参见表8-5)。

表8-5　　　　　　　　　A企业人力资源部KPI(示例)

部门	考核项目	考核指标	权重	指标值
人力资源部	产能	550万/月(1 650万/季度)	10	≥100%
		人员招聘及时率	30	≥95%
	质量	员工流失率控制10%	30	≤10%
		培训计划达成率	10	≥90%
	成本	办公用品费用控制率	5	≤2%
		招聘、培训成本	5	≤3%
	现场管理	安全(治安、消防、盗窃检查)	5	≥100%
		5S管理	5	≤1%

其中,部门KPI可分为定量指标和定性指标两类:①定量指标,即可以根据客观书面资料或数据计算的指标,定量指标总权重应该在60%以上;②定性指标,即很难用数据衡量,而是由总经理或相关副总直接评分的指标。

(4)编制岗位职责说明书

企业内包含很多个岗位,每个岗位职责可以由一个或多个任职人来承担,一个任职人也可以同时承担多个岗位职责。

企业内包含很多岗位,岗位描述了任职人在此岗位上所从事任务及活动的组合,也明确了对在此岗位上的任职人的技能、素质及知识要求。通过编制岗位职责说明书,能够明确地指明:企业期望员工做些什么、员工应该做些什么、应该怎么做和在什么样的情况下履行职责。

岗位职责说明书基于企业愿景和战略目标分解而来,相对独立,同时它们又为了共同的目标而相互配合。它将为员工个体相对独立发展指明方向,也将为个体间主动积极的团队合作创造条件,从而最终为组织逐步转化到规范良好运作打下基础。[27]

在具体编制岗位职责说明书过程中,最好是根据企业的具体情况,文字简洁、通俗易懂,同时,内容要越具体越好,避免形式化、书面化。岗位职责说明书的格式可以是多种多样的,关键是要在使用了统一格式的岗位说明书后,应该将关键内容加以表述,以便形成规范、准确、使用方便的管理文件(参见表8-6)。

表8—6　　　　　　　人力资源总监岗位职责说明书(示例)

职位名称	人力资源总监	职位代码		所属部门	
职　　系		职等职级		直属上级	总经理
薪金标准		填写日期		核准人	

职位概要：
　　规划、指导、协调公司的人力资源管理与组织建设，最大限度地开发人力资源，促进公司经营目标的实现和长远发展。
工作内容：
　　—全面统筹规划公司的人力资源战略；
　　—建立并完善人力资源管理体系，研究、设计人力资源管理模式(包含招聘、绩效、培训、薪酬及员工发展等体系的全面建设)，制定和完善人力资源管理制度；
　　—向公司高层决策者提供有关人力资源战略、组织建设等方面的建议，并致力于提高公司的综合管理水平；
　　—塑造、维护、发展和传播企业文化；
　　—组织制定公司人力资源发展的各种规划，并监督各项计划的实施；
　　—为公司主管以上的管理者进行职业生涯规划设计；
　　—及时处理公司管理过程中的重大人力资源问题；
　　—完成总经理临时交办的各项工作任务。

任职资格：
　　教育背景：
　　◆人力资源、管理或相关专业本科以上学历。
　　培训经历：
　　◆受过战略管理、战略人力资源管理、组织变革管理、管理能力开发等方面的培训。
　　经　　验：
　　◆8年以上相关工作经验，3年以上人力资源总监或人力资源部经理工作经验。
　　技能技巧：
　　◆对现代企业人力资源管理模式有系统的了解和实践经验积累，对人力资源管理各个职能模块均有较深入的认识，能够指导各个职能模块的工作；
　　◆具备现代人力资源管理理念和扎实的理论基础；
　　◆熟悉国家、地区及企业关于合同管理、薪金制度、用人机制、保险福利待遇、培训等方面的法律法规及政策；
　　◆熟悉办公软件及相关的人事管理软件；
　　◆较好的英文听、说、读、写能力。
　　态　　度：
　　◆具有战略、策略化思维，有能力建立、整合不同的工作团队；
　　◆具有解决复杂问题的能力；
　　◆很强的计划性和实施执行的能力；
　　◆很强的激励、沟通、协调、团队领导能力，责任心、事业心强。

工作条件：
　　工作场所：办公室。
　　环境状况：舒适。
　　危险性：基本无危险，无职业病危险。

直接下属_____　　间接下属_____
晋升方向_____　　轮转岗位_____

建立匹配的绩效激励机制

企业管理的精义在于优化配置资源,其中,采取有效的手段和措施,最有效地激发员工的活力和创造力,是企业创造财富的关键所在。科学、有效的绩效激励机制,不仅可以有效管控企业人力资源的数量和质量,而且可以有效控制人力资源各个环节(招聘、配置、培训、绩效、薪酬管理等)的成本。

从发展角度来看,企业必须充分合理地利用人力、物力和财力资源,才能实现生存,求得发展,而物力、财力资源的充分利用离不开员工积极性的调动,离不开对员工行为的有效激励。[28]

通过绩效激励机制,可以有效激发企业员工的潜力,形成强大的团队战斗力,进而为企业的健康、良好、可持续发展提供强大保障。

美国通用食品公司前总裁弗朗西斯说:"你可以买到一个人的时间,你可以雇到一个人到指定的工作岗位,你可以买到按时或按日计算的技术操作,但你买不到热情,你买不到创造性,你买不到全身心的投入,你不得不设法争取这些。"[29]国内大多数企业习惯以薪酬作为主要的激励方式,但是,伴随着企业员工的个性化需求不断增加,这种传统的、单一化的薪酬激励方式难以收到良好的效果。

对于现代绩效激励而言,激励不仅包括一般的工作优秀的奖励,更有关于激发员工之间的竞争意识,为企业创造更大的价值,因此,企业需要构建以物质激励为主、以精神激励为辅的激励机制。

建立绩效激励机制的关键原则

哈佛大学的詹姆斯教授在对激励问题进行了专题性研究后提出,如果没有激励,一个人的能力仅能发挥20%~30%,如果受到充分的激励,则可发挥到80%~90%,其中50%~60%的差距是激励的作用所致。[30]

美国律师路易斯·凯尔索提出的员工持股计划(ESOP)理念被称为是"静悄悄的革命"。目前美国的员工持股公司遍布各行各业。美国职工所有制中心曾经对实行了员工持股的公司和没有实行员工持股的公司进行了一次对比调查,结果表明,前者的经济效益增长率较后者高8%~10%。另一项调查表明,对员工拥有10%以上股权的公司进行投资,收益率要比一般投资的平均收益率高出1倍以上。据资料统计,在美国推行员工持股计划的企业比一般企业的销售额增长幅度高出46%,劳动生产率增长幅度高出52%,平均工资高出25%~60%。[31]

可见，激励在企业管理和员工潜能发挥方面具有举足轻重的作用，通过建立合理的激励模式可以鼓舞员工士气，即使在同样的设备和环境条件下，也会取得难以想象的巨大效果。

实践证明，构建科学的员工绩效激励机制，是提升企业竞争力最有效和最快捷的方法，通过绩效激励，可以激发企业员工的主动性、积极性和潜能，提高经营效率，完成管理目标。

在构建企业激励机制过程中，需要关注三个关键原则。

(1)坚持以员工为本，积极开展员工需求调查。绩效激励的目的是，通过企业目标与个人目标的有机结合，形成最大合力，实现企业与个人的双赢。在此过程中，必须坚持以员工为本，基于员工需求，制定激励机制。由于企业员工需求存在多样性，这决定了企业必须采用多种激励方式，根据员工需求，采取不同的激励方法和策略，更好地解决企业发展的动力问题。以跨国企业对外派人员为例，企业通过全面精心照顾其家属，免去了其后顾之忧，就极大地增强了员工的工作热情。

(2)物质激励和精神激励相结合。现代人力资源观点认为，员工不仅有物质上的需求，更有精神上的需求。相应的，企业绩效激励包括物质激励和精神激励，其中，物质激励主要通过奖金、津贴、福利等物质层面的手段进行激励，但是物质激励时间长了效用会递减；而精神激励是在较高层次上调动工作积极性的有效手段，两者结合，激励效果更加理想(参见图8—27)。

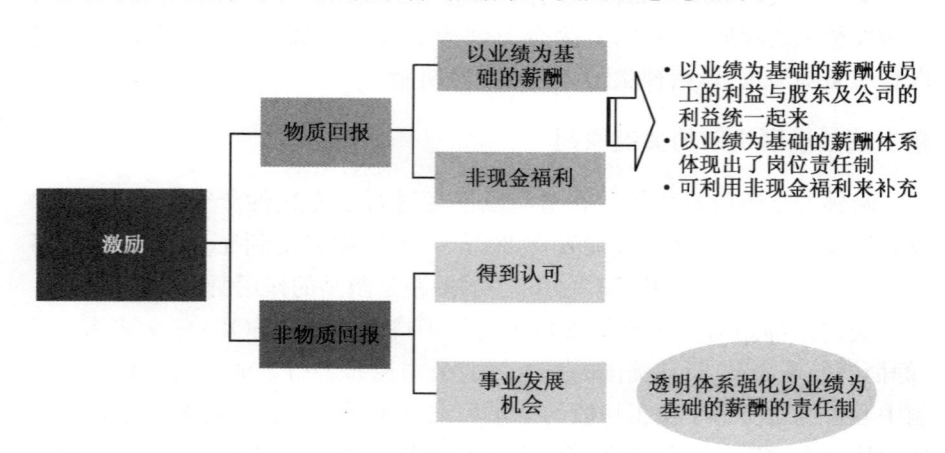

图8—27　企业绩效激励(示例)

鲍勃·纳尔逊[①]在畅销书《1001种奖励员工的方法》中说:"在恰当的时间从恰当的人口中道出一声真诚的谢意,对员工而言比加薪、正式奖励或众多的资格证书及勋章更有意义。这样的奖赏之所以有力,部分是因为经理人在第一时间注意到相关员工取得了成就,并及时地亲自表示嘉奖。"

(3)正向激励和负向激励相结合。正向激励是对员工符合企业目标的行为进行奖励,能够对员工产生榜样作用,鼓励其他员工更加积极主动工作;而负向激励是对员工违背企业目标的行为进行惩罚,以防止和克服员工绩效低下的行为,具体手段包括纪律处分、经济处罚、降级、降薪、淘汰等。奖罚结合的激励方式才能充分保障激励策略稳定可靠地发挥作用。

> 实践中,负向激励问题一直较为敏感,因此,其标准、操作一定要明确、公开,减少争议,避免产生负面影响。

构建公平合理的绩效激励体系

构建现代企业绩效激励体系,往往会从"以人为本"的企业文化开始,结合员工发展意愿及企业战略目标来确定个人的工作计划、目标,然后才是绩效评估,而且这种绩效评估应是经常性、制度性的,最后是将评估结果作为激励和发展的依据。

这里,绩效评估仅是进行绩效管理的基本内容之一,既不包括前端的理念贯彻,也不包括后端着眼于未来的发展战略。同时,科学的绩效评估体系建立在对现状的准确诊断基础上(参见图8-28)。通过全面的现状梳理与诊断,企业可以明确回答如下问题:绩效管理考核什么?如何考核?如何应用考核结果以及如何管理考核体系这些关键问题?

总体上看,构建公平合理的绩效激励体系,需要从以下几个方面来着手:

(1)构建积极的企业文化。当企业文化真正融入员工的价值观时,他们才会把企业的目标当成自己的奋斗目标,用文化来管理员工,能够为企业的长远发展提供充足动力。是否把"员工放在核心位置",是否把人才作为第一资源去开发,决定着人才对企业的忠诚度,决定着企业核心竞争力的强弱,也是能否建立起良好和谐的企业文化的关键因素。

(2)体现公正、公平合理的原则。美国管理学家汤姆·彼得斯(Tom Pe-

[①] 鲍勃·纳尔逊博士,一名有实践理论的经理、学者和畅销书的作者,写了许多有关管理和业务技能方面的书籍,包括《通过委派对员工授权》《决策点》《我们这样开始开会:成功业务会议管理指南》等。

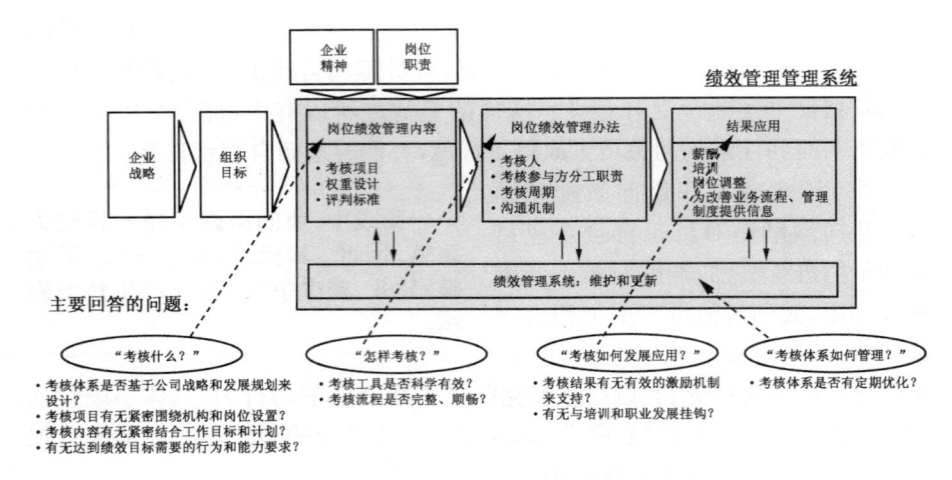

新常态下的人力资源管理
Human Resource Management in the New Norm

图 8—28　企业绩效管理体系现状诊断（示意）

ters)[①]指出："重赏会带来副作用，因为高额的奖金会使大家彼此封锁消息，影响工作的正常开展，整个社会的风气就不会正。"现代绩效激励体系需要体现在公平、公正、合理的原则，准确把握每一个员工的积极性，分析、搜集和绩效激励有关的信息，全面了解员工的需求和工作质量的好与坏，全面制定针对每一个员工每一个岗位的不同的绩效激励体系，充分体现绩效激励体系的科学性与合理性。

（3）建立配套的相关制度。企业管理是一个系统工程，管理的各个环节是相互依存和相互影响的。比如，激励机制与分配制度和考核制度有直接的联系，若没有合理的分配制度和考核制度，就不可能有合理的激励机制。再如，激励机制与约束机制是不可分割的。

（4）重视员工职业生涯规划。现代企业应特别重视对现有人才的培训和开发，使他们的技术与知识的更新速度走在行业前列，以期长久保持企业的人才优势，进而形成并维持企业的整体竞争优势。企业唯有重视员工的职业生涯规划，充分了解员工的个人需求和职业发展意愿，为其提供适合要求的上升道路，使员工的个人发展与企业的可持续发展达到最佳的结合，员工才有动力为企业尽心尽力地贡献自己的力量，与企业结成长期合作、荣辱与共的伙伴关系。[32]

---

① 汤姆·彼得斯在美国乃至整个西方世界被称为"商界教皇"，顶级商业布道师，《财富》杂志把汤姆·彼得斯评为"管理领袖中的领袖"，代表作《追求卓越》被称为"美国工商管理圣经"，在福布斯杂志新近评选出的 20 本最具影响力的商业图书中排名第一。

(5)保持恰当的激励强度。激励强度并不是越大越好,凡事物极必反,激励也是这样。过度的激励会给员工过度的压力,当这个压力超过员工承受力的时候,容易出现巨大的负面结果,比如富士康事件,2010年1月23日~11月5日,富士康员工连续出现14起跳楼事件,引起社会各界乃至全球的关注。恰当的激励强度,有助于让优秀的员工充分发挥他们的才智,最大化地激发员工的积极性。

> 在激烈的竞争面前,企业要取得生存、实现发展,就必须适应形势的要求,把握机遇,实施人才战略,在企业内部建立起有效的激励机制、竞争机制,全面提高企业的核心竞争能力。

资料链接8—3 好的制度可以让坏人做好事

18世纪末,英国原始资本主义"贫富两极分化"的弊端越来越突出。一些贫民甚至成为到处流浪的"流民"。其中有些"流民"以一些极端方式报复社会,最后被政府抓起来,变成了犯人。为了惩罚这些犯人,英国政府决定把他们发配到澳大利亚去。

从英国到澳大利亚,遥遥万里。英国政府为了方便省事,便把运送这些犯人的工作"外包"给私人商业船只,由一些私人船主承包从英国往澳大利亚大规模运送犯人的工作。

刚开始,英国政府在船只离岸前,按上船的犯人人数支付船主运送费用,船长则负责途中犯人的日常生活,负责把犯人安全地运送到澳大利亚。

当时,那些运送犯人的船只大多是由一些破旧货船改装的,船上设备简陋,也没有多少医疗药品,更没有医生。船主为了牟取暴利,尽可能地多装人,致使船舱拥挤不堪,空气浑浊。私人船主在船只离岸前就按人数拿到了钱,对这些犯人能否远涉重洋活着到达澳大利亚并不上心。有些船主为了降低费用,追逐暴利,千方百计虐待犯人,甚至故意断水断食。

几年后,英国政府惊讶地发现,运往澳大利亚的犯人在船上的平均死亡率高达12%,其中有一艘船运送424个犯人,中途死亡158个,死亡率高达37%!

鉴于犯人的高死亡率,英国政府决定向每艘运送船只派一名政府官员,以监督船长的运送行为,并给随行官员配备了当时最先进的勃朗宁手枪。同时,还对犯人在船上的生活标准做了硬性规定,甚至还给每艘船只配备了一名医生。

上述措施实施的初期,船主的虐待行为受到了遏制,政府官员的监督好像有效。但是,事情很快就发生变化了。长时间远洋航行的险恶环境和金钱诱惑,诱使船长铤而走险。他们用金钱贿赂随行官员,并将不愿同流合污的官员扔到大海里。据说,有些船上的监督官员和医生竟然不明不白地死亡。面对险恶的环境和极具诱惑的金钱,随行官员大多选择了同流合污。于是,监督开始失效,船长的虐待行为越发变本加厉。

据说,英国政府还采取了道德教育的新办法。他们把那些私人船主集中起来进行培训,教育他们不要把金钱看得比生命还重要,要他们珍惜人的生命,认识运送犯人的重要意义(即运送犯人去澳大利亚,是为了开发澳大利亚,是英国移民政策的长远大计)。但是情况仍然没有好转,犯人的死亡率一直居高不下。

后来,英国政府发现了运送犯人的制度弊端,并想到了巧妙的解决办法。他们不再派随行监督官员,不再配医配药,也不在船只离岸前支付运费,而是按照犯人到达澳大利亚的人数和体质,支付船长的运送费用。

这样一来,那些私人船主为了能够拿到足额的运费,必须在途中细心照料每个犯人,不让犯人体重少于出发前。若是死了一个犯人,或者犯人的体重减轻,英国政府都会少支付一些运费。

据说,有些船主主动请医生跟船,在船上准备药品,改善犯人的生活条件,尽可能地让每个犯人都能健康地到达澳大利亚。有资料说,自从实行"到岸计数付费"的办法以后,犯人的死亡率降到了1%以下,有的船只甚至创造了零死亡纪录。

案例分析点评:

在这个案例中,我们看到了不同制度安排带来的不同结果:

第一种制度安排,采用预付款的方式。其结果是:船长唯利是图,草菅人命——由普通商人变成了坏人。

第二种制度安排,采用行政监督的形式。其结果是:官员被收买,官商勾结,合谋图财害命——普通官员变成了腐败官员。

第三种制度安排(道德教育),苍白无力,无济于事。

第四种制度安排,将船长的利益与"犯人安全到达"的政府需要相结合,利用利益联动机制,将"唯利是图,草菅人命"的船长,变成了好人——制度学意义上的好人。

资料来源:马加力. 犯人船理论[J]. 时事报告,2010(2):73.

第 8 章
成功的绩效管理

绩效激励需要体现差异性

科学的绩效激励,既能解决企业员工的基本生活需要,给员工创造良好的外部环境,同时又能激发员工内在潜能,让对工作充满激情,而且还要满足员工个性化的需求。其中,物质性激励是基础,没有它,其他激励做得再好也只是空中楼阁;非物质性激励是关键,通过它,让员工满足自我实现的需要,而个性化激励则是在两者满足基础上的升华。

> 有效的绩效管理,不仅能确定每个员工对组织的贡献,更为人力资源管理提供了决定性的依据,是为了实现企业目标,以激励员工积极性和创造性的一种现代管理工具。

之所以强调激励的差异性,是因为影响员工积极性的因素有很多,比如说工作性质、领导行为、个人发展、人际关系、报酬福利等,另外,这些因素对于企业产生影响的排序也是不同的。

在这种情况下,企业绩效激励要重点考虑到不同类型的员工要制定不同的员工绩效激励方案,要重视这种差异性。以年轻员工为例,通常情况下,年轻员工自主意识比较强,对工作条件方面的考虑往往比较多,所以跳槽的现象也比较明显,而随着年龄的增长,安于现状的情况会比较多,这些都是企业制定员工绩效激励体系应该参考的意见。

随着国内人口红利的消失以及知识时代的来临,很多企业为了留住优秀的人才,提供丰厚的薪酬,但从实际情况来看,尽管这种做法增加了企业的人力成本,给企业利润造成较大压力,但是留人效果并不是特别明显。

> 绩效考核与薪酬、职位升迁、培训、福利等紧密挂钩,让奖励重点体现出绩效,减少因资历、搞关系、巴结上司等行为而产生的激励。

由于当前人才市场的透明性,优秀人才受到众多企业的争抢,只有制定合理的薪资标准以及个性化的绩效激励方式,才能够有效留住人才,发挥其能力,激发其潜力,为企业创造更高的价值。

提升绩效激励的技巧

如前所述,现代企业员工需求出现多样化趋势,并且随着时代的变化而出现动态性发展,因此,企业不能采取单一的激励手段或激励策略,应该熟练掌握多种激励方法和技巧,有针对性地对员工进行不同程度的激励。通常情况下,提升绩效激励的技巧有如下几个:

(1)充分发挥薪酬激励的作用

新常态下的人力资源管理
Human Resource Management in the New Norm

早在20世纪80年代,夏皮罗和斯蒂格利茨(Shapiro and Stiglitz)就指出,工作积极性取决于职工对各种物质与精神报酬的期望和评价,因此薪酬能影响工作积极性进而影响企业绩效。目前,绝大多数企业都会采用薪酬对员工进行激励,但是,实际的情况是,绩效薪酬并没有取得明显的成效。

通过实践观察发现:企业普遍存在着"马后炮式"绩效薪酬,指向模糊,激励意义不大。归纳薪酬激励效果不佳的原因在于:①缺乏战略层面的分析和思考;②忽略企业的发展阶段;③薪酬方案的激励性不足;④岗位评价不切合实际;⑤薪酬改革的目标不明确。

实际上,激励效应不仅依赖于工资奖金、住房条件以及工作强度等显性激励,同样也依赖于人际关系、认可度以及个人价值体现等隐性激励。

企业要想发挥薪酬激励的实际效果,必须借鉴国内外先进的薪酬激励经验,创新现有的薪酬激励手段和方式。[33]通常情况下,可以考虑从如下几个方面来着手:①引用宽带薪酬模式,在吸引和保留核心员工的同时,促进企业内部的人力资源流动,提升员工绩效水平;②适应时代发展变化要求,薪酬分配制度倾斜的对象应该是企业的重点岗位和重点人员;③针对中高层管理者,实施协议薪酬,强调个性化,并突出价值贡献;④加强薪酬调查,关注长期的员工激励计划。

(2)惩罚强调即时性,而不是在绩效考核时的重点

有人力资源专家曾提出:"如果绩效管理要实现其发展的目标,就最好将绩效管理与任何惩罚措施脱离。"这种观点确定有一定的道理,绩效管理的任何一个环节,都要以"发展"和绩效改善为着眼点(参见图8-29),强调以解决问题为导向,即便是员工惩罚,也只是一种手段,而不是目的。伟大的企业要以培育员工为出发点,这也是提高员工满意度和忠诚度的策略。

但是,实践中,确实有员工的行为不仅给企业造成了损失,还影响了团队的协作和发展,必须依据惩罚程序采取惩罚行为,其中的关键点在于:应当在不恰当的绩效或行为发生的时候就立即施加,而不应当等到进行绩效回顾的时候再采取惩罚措施。

(3)从定量和定性两个方面抓绩效管理

企业是一种资源优化配置的组织,在这个组织中,单个的员工所发挥的作用是有限的,更加强调的是部门和团队的力量,比如说,从单个员工的角度来看,其绩效非常出色,但是作为一名团队成员、上级或下属,抑或是同事,可能就是失败的。因此,要想发挥出绩效激励的效果,必须从定量和定性两个方面来加以筹划和思考。

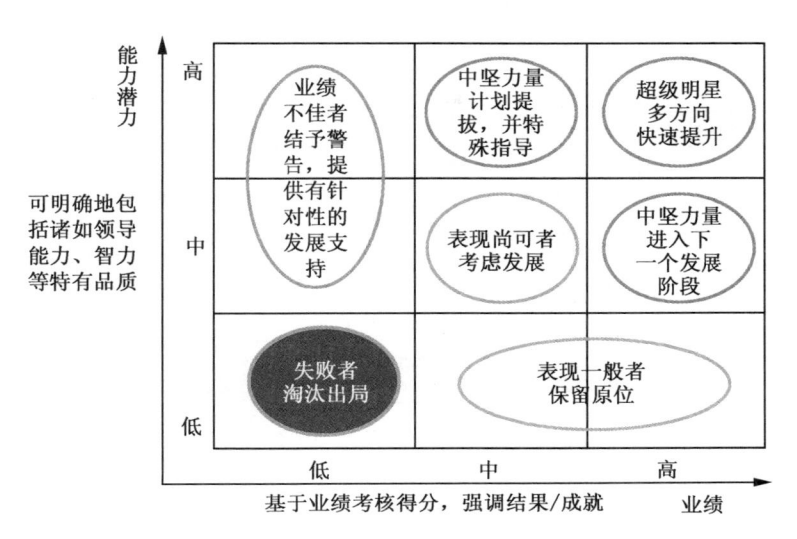

图 8-29 绩效改善矩阵

实际上，在企业管理中，定量管理和定性管理并非是截然分开的，而是相互配合的。如果企业片面地关注定量化管理，由于企业管理的复杂性，就会把很多无法测量的部门忽视掉，而这些往往是非常重要的内容，反之亦然。

通常情况下，企业各层次人员行为指标权重在整体考核指标中所占比例分为：高层管理人员，行为指标权重10%，业绩指标权重90%；中层管理人员，行为指标权重20%，业绩指标权重80%；基层员工，行为指标权重30%，业绩指标权重70%。当然，根据行业的不同，指标权重存在较大的差异性。

（4）成功执行比复杂科学系统更重要

对很多企业来讲，不缺乏好的绩效管理方案，也不缺乏优秀的考评工具，最缺乏的是执行力，如果没有强有力的执行，再优秀的方案，花再多的时间，也只能流于形式。

要提高绩效管理的执行力，企业高层应该重视绩效管理工作，应充分认识到，提高企业在绩效管理中的执行力，既是企业内建立"执行文化"的坚实基础，也是衡量一个企业"执行力"高低的具体指标。[34]在高层的支持和推动下，企业中层管理者掌握绩效管理的必要技巧，深入了绩效评估的科学应用（参见图8-30），在实际管理中加强运用，提升绩效管理水平。

在此过程中，企业要根据实际情况综合运用各种绩效激励机制，把所能运用到的绩效激励机制运用到位，把绩效激励手段和目的紧密结合起来。

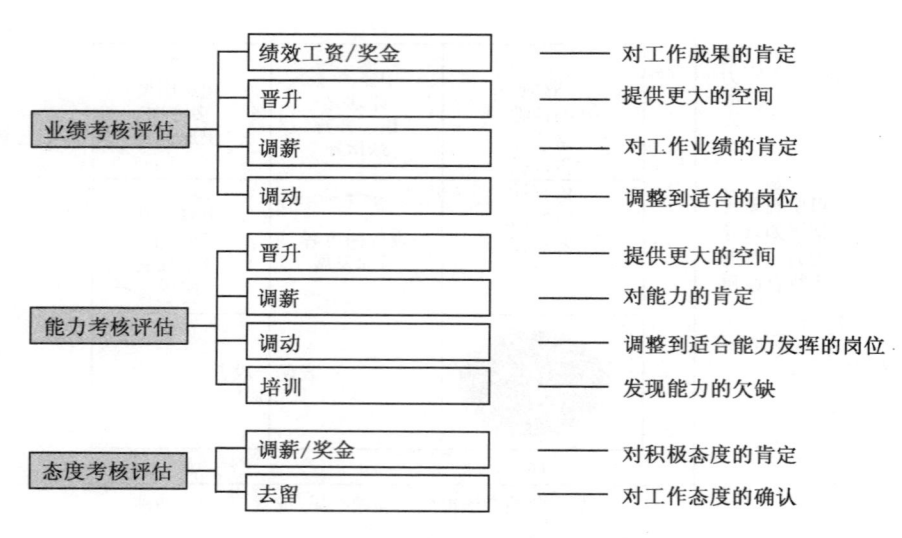

```
                    ┌── 绩效工资/奖金 ──── 对工作成果的肯定
      业绩考核评估 ──┤── 晋升 ──────────── 提供更大的空间
                    ├── 调薪 ──────────── 对工作业绩的肯定
                    └── 调动 ──────────── 调整到适合的岗位

                    ┌── 晋升 ──────────── 提供更大的空间
      能力考核评估 ──┤── 调薪 ──────────── 对能力的肯定
                    ├── 调动 ──────────── 调整到适合能力发挥的岗位
                    └── 培训 ──────────── 发现能力的欠缺

      态度考核评估 ──┬── 调薪/奖金 ─────── 对积极态度的肯定
                    └── 去留 ──────────── 对工作态度的确认
```

图 8—30　绩效评估的科学应用（示例）

资料链接 8—4：精准选择企业高管激励标准

企业高管天价薪酬近年来成为一个社会问题，不但效益好的企业高管要高薪，一些效益不好或者亏损企业的高管也要高薪，更有甚者，一些公司甚至顶风用政府救助款项发放高薪大奖。这激起了公众的普遍不满，诟病和斥责高管的贪婪和薪酬乱涨之声不绝于耳，高管薪酬激励陷入前所未有的正当性危机。

1. 以企业价值最大化作为激励目标

激励是管理的一项基本职能，激励可以提高生产率。有专家对80项评价激励方式及其对个人生产率的影响研究发现，以金钱作为刺激物使生产率水平提高程度最大，达到了30%，而其他激励方法仅能提高8%~16%。有关比较货币薪酬与其他潜在薪酬相对重要性的每一项研究均表明，货币薪酬是非常重要的，在各种薪酬方式中，它始终处于前五位。薪酬在激励要素中无疑具有显而易见的重要地位。

……那么，高管薪酬激励的价值目标何在呢？从表面上看，各种理论众说纷纭，其实这些理论都具有内在一致性，无论是节约交易费用，或是调动高管监督的积极性或者人力资本的能动性，还是鼓励高管创新或者承担风险，都是服务于一个目标，那就是企业价值最大化，也就是通常所说的将企业做大做强。

2. 激励标准必须合理化

薪酬机制如何才能实现这一激励目标呢？激励性的合理化乃是关键，比如，激励标准必须合理化。

何种激励路径才能促进企业价值最大化呢？选择适宜的激励标准是企业高管薪酬激励性合理化的首要任务，这是因为激励标准决定了激励路径，只有激励标准合理，才能促使企业高管为企业价值最大化而不懈努力。

……这就意味着，企业高管与其说是按劳取酬，毋宁说是按绩取酬，薪酬应随绩效而变动：绩优则薪酬高，绩劣则薪酬低；绩效上升，才能涨薪，而绩效下降，则应降薪。由此可见，企业高管薪酬能上不能下，甚至逆势上涨，显然是不符合薪酬激励逻辑的。

3. 充分发挥相对绩效标准的作用

问题是，企业高管的管理服务并不能直接产生绩效，只有通过团队生产才能形成经营绩效。也就是说，绩效并非完全属于高管个人能力和努力程度的结果，还有许多不可控因素的影响，包括团队生产、宏观经济环境、市场环境等。绩效好坏以及绩效上升或降低可能是企业高管不可控的因素造成的，也可能是两者共同作用的结果。那么，如何过滤掉这些不可控的因素呢？

……要充分发挥相对绩效标准的作用，取得较好效果的关键在于：一是选择可比的参照企业。参照企业应具备行业相似、地区相同、规模相近的特点，符合要求的企业越多，其平均绩效水平越能剔除共同面临的系统风险；二是构建客观、全面的综合绩效指标体系，既要能体现出高管的可控制性原则，使其不必为不可控的风险承担责任，又要满足动态可调整性，将更有效的计量指标保留在指标体系中，而将信息含量低的指标剔除。1999年6月，我国由财政部等四部委联合颁布并实施的《国有资本金效绩评价规则》均属于很好的尝试。

……由此看来，企业应通过绩效路径对高管进行薪酬激励，而要使得激励更为可靠，就应采用综合绩效指标体系和相对绩效形式，以过滤掉企业业绩中的高管不可控因素和高管人为操纵因素的影响。

资料来源：朱羿锟．精准选择企业高管激励标准[N]．中国联合商报，2015－2－2，第B03版。

新常态下的人力资源管理
Human Resource Management in the New Norm

绩效管理技巧

绩效管理关乎着员工工作效率,全面提高绩效管理效率可以极大地促进企业发展。绩效管理是一个强调全体员工参与的自下而上的过程,每一个员工都应该设计好自己的绩效目标,同时,在中高层管理者的支持和参与下,由企划、财务、人力资源管理和一线业务等部门的管理者具体负责,才能提高企业绩效管理的有效性。[35]

绩效管理强调全过程沟通

事实上,我们大多数人每天花费 50%～75% 的时间以书面、谈话或电话形式进行沟通。可以这样说,沟通无处不在、无时不有,是我们每天都要做的事情,也是生活和工作中必不可少的部分。然而,我们在实践中发现,很多企业的关注点在于结果,而不是过程,通常情况下,我们可以听到如下的评论:

"对我来说,我是为考评分数而工作。评分制度使我的工作目标被改变了,我感觉工作本身的意义越来越微不足道。"

"从小到大读书是这样,工作了还这样,我厌恶这种事情。"

"为什么李文和张武得到那个评级 A,而我却得到这个评级 C?"

"不同的经理有不同的期望。当我的绩效完全相同时,我原来的经理可能喜欢我的风格,给我比较高的评价;而另一名可能就不喜欢便给我较低的评价。"

"每次考核评估,都是一场不对称的斗争。"

"我觉得用简单的数字来概括人,是很愚蠢的事情。"

……

之所以出现上述情况,关键在于绩效管理过程中缺乏充分的沟通,从而无法实现绩效管理的目的。仅仅关注结果,往往是在行动上造成管理滞后,要想实现绩效管理的目的,必须建立良好的沟通机制,及时掌握绩效信息。

绩效沟通就是考核者与员工就绩效考评反映出的问题以及考核机制本身存在的问题展开实质性的沟通,并着力寻求应对之策,试图在下一阶段工作中,提升或改善员工绩效。良好的绩效沟通能够及时消除绩效管理障碍,更大限度地提高员工、部门和企业的绩效。

实际上,作为绩效管理灵魂和核心的绩效沟通,是整个绩效管理过程中耗时最长、最关键、最能产生效果的环节,它包括绩效目标沟通、绩效辅导沟通、绩效反馈沟通和绩效改进沟通,总之,在绩效管理的整个过程中,都离不开沟通(参见图8—31)。

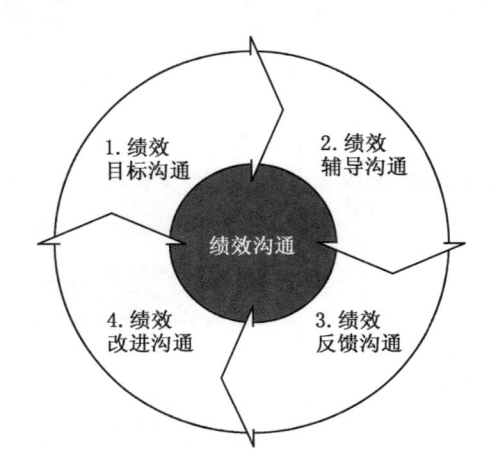

图8—31 绩效沟通贯穿绩效管理的全过程

某种程度上可以说,绩效管理是企业上下级间就绩效目标的设定及实现而进行的持续不断双向沟通的过程,其间,上下级从设定绩效目标开始,直到最后的绩效改进,都必须保持持续不断的沟通,任何单方面的决定都将影响绩效管理的有效开展,降低绩效管理体系效用的发挥。[36]

通过有效的绩效沟通,管理者和员工有可能会达成如下共识:(1)完成什么样的工作;(2)怎样完成它;(3)怎样使工作有计划地向期望的结果推进;(4)在付出努力后,是否实现了达成共识的计划。

绩效沟通绝不是为了沟通而沟通的,沟通必须要明确的目的性,并且应该以制度的形式固化下来。

良好的沟通机制应该是多角度、双向、多级的,既需要业务方面的多层次沟通,也需要个体之间、群体之间加强沟通;既需要传递日常的工作业务信息,又需要重视企业的经营理念,做好文化方面的沟通。[37]对于高效绩效沟通来讲,其沟通形式有很多种,但是有效的绩效沟通必须是经过认真计划的,通常情况下,要求部门应当建立绩效沟通例会和定期汇报。

对于绩效沟通例会来讲,要基于正确的绩效管理目的,将绩效提升与员工成长发展相结合,设计操作性较强的绩效沟通会议流程(参见图8—32)和制度,使员工积极参与绩效管理,学习成长与发展。通过绩效沟通例会制度,能够实现过程绩效沟通的规范化,落实定性工作的标准和要求,同时还能为员工绩效水平提升、培养可持续支撑企业发展的核心人才队伍提供平台。

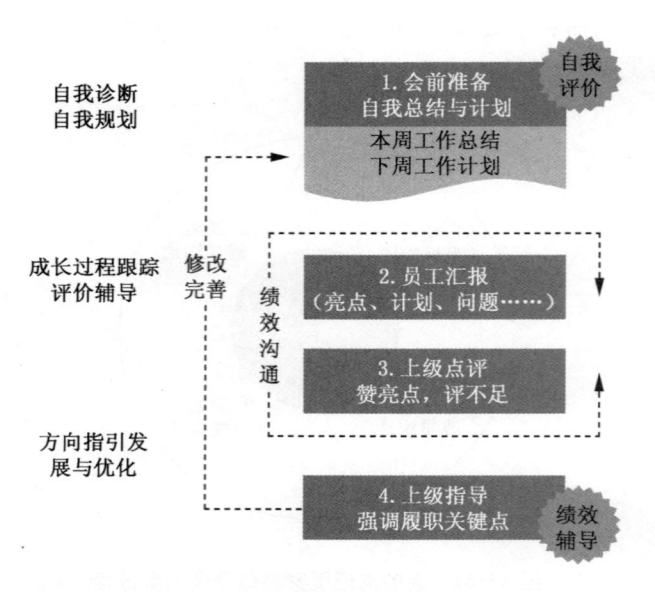

```
    自我诊断           ┌─────────────────┐  自我
    自我规划           │ 1. 会前准备      │  评价
                       │ 自我总结与计划   │
              ────────▶│ 本周工作总结     │
                       │ 下周工作计划     │
                       └─────────────────┘
                              │
    成长过程跟踪      修改    ┌─────────────────┐
    评价辅导          完善    │ 2. 员工汇报      │
                      绩     │（亮点、计划、问题……）│
                      效     └─────────────────┘
                      沟              │
                      通     ┌─────────────────┐
                             │ 3. 上级点评      │
                             │ 赞亮点，评不足    │
                             └─────────────────┘
                                     │
    方向指引发         ┌─────────────────┐  绩效
    展与优化           │ 4. 上级指导      │  辅导
                       │ 强调履职关键点    │
                       └─────────────────┘
```

资料来源：余顺坤，王巧莲．绩效沟通例会[J]．企业管理，2013(10)：66—68。

图8—32　绩效沟通例会流程(示意)

对于定期汇报制度来讲，员工需要通过文字或者表格的形式，定期向主管报告计划工作的进展情况、遇到的问题、需要的支持以及计划的变更、问题分析等。报告的形式包括周进度表、工作日志、月报表、问题处理记录，甚至出差记录等多种形式。为了提高工作效率，部门或团队应该根据工作的性质和对信息的需求，设计简化的书面报告格式或结构化的表格形式（参见表8—7），由汇报人直接填写。

表8—7　　　　　　　　　员工绩效汇报表(示例)

被考核人姓名		所在部门			
被考核人岗位		考核周期			
考核自评得分		填写时间	年	月	日
提示：						
本人总结(不少于900字)						

续表

序号	最满意的三件事项	结果/指标
1		
2		
3		
序号	最不满意的三件事项	改进措施
1		
2		
3		
序号	相关信息	
1		
2		
3		
被考核人签字		

另外,作为报告制度的补充,管理者和员工的直接面谈或电话沟通等其他非正式的沟通方式也非常必要。

> 在一个人的智慧中,专门技术经验只占成功因素的 15%,而 85% 取决于有效的人际沟通。

建立 360°绩效反馈制度

研究人类行为的心理学家发现,反馈是使人产生优秀表现的最重要的条件之一,如果没有及时、具体的反馈,人们都会表现得越来越差。同时,管理实践表明,缺乏具体与频繁的反馈是绩效不佳的最普遍原因之一。通过对员工在绩效考核周期内绩效状况的反馈,员工可以了解到自己做出的工作成果以及存在的问题,从而确保员工可以对自身进行明确定位。[38]

绩效管理要形成真正的闭环,达到目标激励的有效目的,企业必须健全绩效反馈制度。传统绩效考评通常由上级进行考评,存在诸多不足,比如公平性差、评价指标单一、忽视员工发展等。为了使绩效反馈更科学、更全面,360°绩效反馈法(360 degree feedback)便应运而生,成为绩效考核中的常用方法,其评价主体包括:考评者自身、上级领导、同事、下属和利益相关者(客户、股东等)(参见图 8-33)。

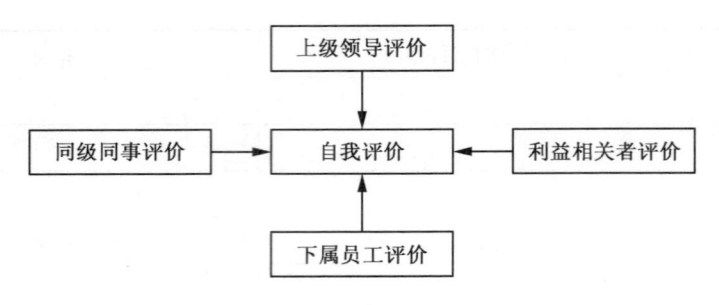

```
                    ┌──────────────┐
                    │  上级领导评价  │
                    └──────┬───────┘
                           ↓
┌──────────────┐    ┌──────────────┐    ┌────────────────┐
│  同级同事评价  │──→│    自我评价   │←──│  利益相关者评价  │
└──────────────┘    └──────┬───────┘    └────────────────┘
                           ↑
                    ┌──────────────┐
                    │  下属员工评价  │
                    └──────────────┘
```

图 8—33　360°绩效反馈法(示意)

在企业实践中,360°绩效反馈并不适用于所有的绩效评估,通常情况下,较为适用于以发展为导向的评估,例如职位晋升调整、职业生涯规划等。另外,当某些考核指标难以量化,必须采用定性评价时,才考虑选择应用 360°绩效反馈法。

360°绩效反馈法通过互动式的共同交流营造和谐的工作氛围,但是要想真正发挥其优势,需要企业整体人力资源管理各项职能的协调运作。

客观上,360°绩效反馈法也存在着比较大的缺陷,一个是评估者的责任心问题;另一个是被评估人对反馈的认可问题。此外,企业文化、管理风格、被考核人身份、情景差异以及考核目标等因素,都会影响绩效反馈结果。因此,企业在引用并实施 360°绩效反馈法时,要注意企业的适用性,同时,也要抓好如下几项工作:

首先,注重培育良好的企业文化和制度,为 360°绩效反馈提供良好的"软"环境和"硬"环境:(1)构建"平等、全员参与、客观公正"的企业文化,通过培训让员工能够认识到绩效考核是帮助组织基业长青和员工个体发展实现双赢的重要工具;(2)完善和规范的管理制度,才能有效实施 360°绩效反馈。

其次,制定清晰的考核指标和评价标准。推广应用 360°绩效反馈之前,必须要将考核指标和考核标准这两项基础工作做好,应结合企业、部门、个人的具体经营范围、工作职责等方面科学合理地选择能够真实反映员工工作情况的评价指标,避免评价与实际脱节,可以通过管理者和员工共同参与制定考核指标、合理沟通确定考核标准的办法来减少矛盾。[39]

再次,做好考核反馈工作。360°绩效反馈不仅要对评价的结果进行反馈,还要使员工清楚得出这一评价结果的原因在哪里,应当如何进行改进才能避免问题的再次出现。因此,绩效反馈的最佳途径应该是平时有记载,季度有测评,年终有评价。比如说,在季度考核时,主管领导对下属的工作提出改进意见,应该及时向当事员工反馈情况,以便于及时调整和修正工作中的不足和缺憾。

反馈可以采取书面报告和面谈相结合的方式,让受评者清楚自己的优缺点,同时还要制定相应的培训提升计划,帮助员工找出解决当前问题的方法,提高员工能力。

最后,注意综合平衡操作。360°反馈需要结合企业的实际情况,基于不同考核指标和考核目的,选择不同的考核主体进行评价,使考核反馈在公司的价值创造中发挥牵引和激发作用,让考核评价真正成为企业内部成员价值分配客观、合理的依据。

加强绩效信息管理

所有企业管理行为都离不开信息,绩效管理也不例外,如果缺乏充分有效的信息,企业则无法了解员工工作进展情况,也无法了解员工在工作中所遇到的问题,进而导致绩效评估缺乏依据,绩效管理循环出现中断,无法达到帮助员工发展和实现企业目标的效果。因此,绩效信息管理是绩效改进的关键所在,只有获得可靠、有用的绩效信息,才能更高效地达到绩效管理的目的。

绩效信息管理是连接标准与结果的桥梁,绩效指标没有绩效数据的支撑,就无法反映出指标背后的工作价值,因此,建立科学、有效的绩效信息管理制度显得至关重要。具体到某个部门来讲,要实现有效的绩效管理,管理者必须关注绩效数据收集和管理工作,通过分析员工绩效的相关数据,提升管理的有效性。

企业绩效管理是一项长期、复杂的工作,其中,绩效信息管理是一项基础性的重要工作。

通常情况下,绩效信息管理工作包括三项关键任务:收集绩效信息、分析和传达绩效信息、使用绩效信息(参见图8-34)。这就意味着,如果企业想实现有效的绩效管理,首先需要收集有用且可靠的绩效信息;其次分析绩效信息,整合有效信息,传达到信息需求方;最后,充分发挥绩效信息的作用,形成与企业目标、决策、管理过程的有机整合。

(1)收集绩效信息

根据绩效信息来源不同,绩效信息可以分为来自业绩记录信息(如工作目标或工作任务完成情况的信息)、管理者观察到的信息(如工作绩效优异或低下的突出行为表现)以及来自其他人评价的信息(如客户反馈的积极或消极信息)等。为了使绩效数据收集制度化,可以由人力资源部门汇总各部

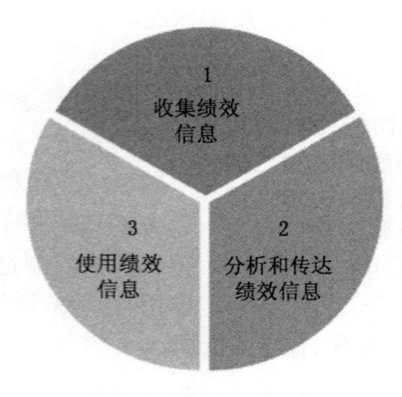

图 8—34　绩效信息管理工作的关键任务

门应该提供的考核指标信息,提交给相关部门,在绩效期末,相关部门应及时提供相关信息,保证绩效考核的顺利进行。

对于大中型企业来讲,人力资源部门应该建立可靠绩效信息采集渠道,一方面可以通过企业日报、周报、月报、季报、年报、财务报表和非财务报表,收集绩效数据。另一方面,可以利用 PDCA 和财务分析,进行动态绩效信息的分析和反馈。

在企业的实际操作中,收集员工绩效行为的方法多种多样,比如行为事件访谈法、工作分析法、焦点访谈法、关键事件法、专家小组讨论法、问卷调查全方位评价法、专家系统数据库和观察法等,这些方法各有优缺点(参见表 8—8)。

表 8—8　绩效数据收集方法比较

方法	操作过程	优点	缺点
行为事件访谈法	对一组绩效优秀者和绩效普通者进行访谈,请他们描述工作中成功和失败的三件事例,再利用胜任力词典,区分两组样本的胜任力指标,以确认胜任力模型	建立绩效与影响绩效的胜任力联系;可信性和有效性也得到了研究结果的支持	操作烦琐;误差难以掌握;费时费力;无法大规模进行
关键事件法	让访谈者描述导致其有效工作和无效工作的一些关键事例,并将其分解为许多具体的行为,最终确定出该工作所需的胜任力要素	覆盖范围广,能挑选出非常规的、非例行的关键行为	费时;未事先区分绩效优秀者和绩效普通者,因此无法推测出谁能把工作做得最好

续表

方法	操作过程	优点	缺点
工作分析法	可以通过观察、访谈或采用岗位分析问卷来描述工作,从而归纳出相关的任务和产量,最重要的是能总结出个体所展示出来的知识和技能	能系统地梳理相关工作信息	操作复杂;费时费力;不能与时俱进
专家小组讨论法	通过一定数量专家之间的当面交流或者采用头脑风暴法,从而获得大量相关信息	集大量专家智慧于一处,获取信息时间相对较短	专家的经验和知识的一致性问题得不到保证,结果会导致一定的偏差;可获得的专家人数偏少
问题调查法	通过查阅文献、结果访谈,以及编制调查问卷等方法,对足够大的样本进行调查,最后通过对回收的问卷进行数据分析来得到信息	大量数据可以快速且便利地收集到,有助于开发胜任力水平的测量工具	需要专业的测量与统计知识及丰富的行业经验;费时

在数据收集和记录的过程中,管理者除了本人平时注意跟踪员工计划进展外,还应当注意让相关人员提供相关数据。[40]此外,在数据收集和记录中,管理者必须清楚记录和收集的重点一定是以绩效为核心的,应当注意收集能够反映员工绩效优秀或较差的事实依据,而且是对管理者和下属共同找到问题或分析问题产生原因有帮助的数据。

在绩效信息收集过程中,不可能将员工所有的绩效表现都记录下来,应该确保所收集的信息与关键业绩指标密切联系。

(2)分析和传达绩效信息

收集的绩效信息可以采用两种处理方式,一是直接把绩效信息及时、完整、准确地传达需求方;二是对绩效信息进行分析和提炼,为绩效管理提供依据和支撑。

通常情况下,通过绩效报告,能够有效地传达绩效信息,该项工作由一系列原始绩效信息加工处理而成,是反映企业活动、结果与成绩的主要信息来源,是绩效信息的有机集成与集中展示。绩效报告能否满足接收者及使用者的需求,取决于所提供的信息、对信息的描述及使用者的感知状况。[41]

撰写绩效报告,通常要把握三个要点:①绩效报告应提供完整数据信息,以及对潜在决策具有重要影响的信息,并且要保证所提供信息的相关性与可靠性;②绩效报告强调横向和纵向、内部和外部的比较数据,通过将结果与其他相似的组织或项目进行比较,能够使绩效信息更具有解释力和说服力;③需要选取适合的技术和形式报告绩效,报告的频率和途径主要取决于绩效管理系统的特定目的。

（3）使用绩效信息

绩效信息的使用是实现有效绩效管理的关键所在。通过使用绩效数据信息，能够发现绩效管理存在的优势和劣势，为企业管理决策提供支持。

依据现有绩效信息使用的实践，可从三个方面着手促进绩效信息的使用：①取得企业中高层的支持，通过培训和沟通，加强员工的认识，提升员工的知识和技能；②帮助企业全面审视自身综合情况，合理设置绩效目标，明确绩效信息与行动的关系，促进绩效管理作用的发挥；③将绩效管理与战略结合起来，通过战略管理的持续性、全局性、整体性视角形成绩效管理及信息使用的一致性框架，将绩效管理嵌入到企业结果、过程和文化中，最大限度地发挥绩效信息的作用。

绩效面谈是现代绩效管理的重要环节

绩效面谈是在绩效考评结束之后，管理者与员工就绩效考核的过程和结果进行面对面的交谈，以使员工明白自己的绩效水平，做出改进绩效的行为，它是绩效反馈的重要形式。[42]在绩效考核过程中引入绩效面谈（参见图8－35），通过面谈双方间的沟通来实现管理目标，充分利用人的主观能动性，注重激励和反馈。绩效面谈，一方面能够让管理者和下属更好地发现工作中的优势及不足，并制定相应的改进方案；另一方面，能够让员工参与绩效评价，提升对年末薪酬分配和绩效管理的满意度。

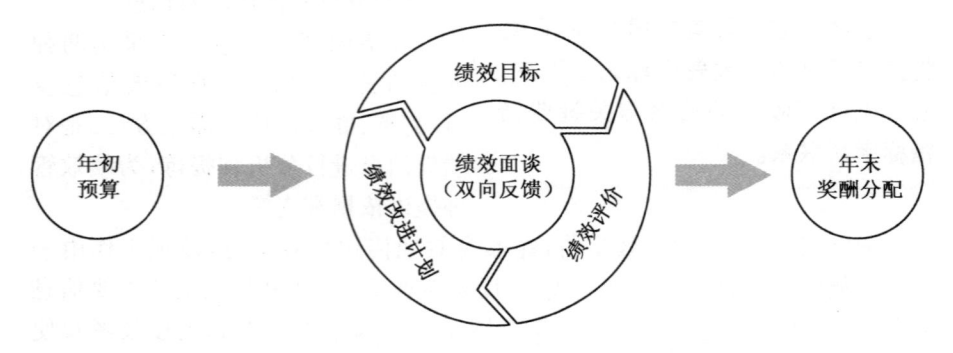

资料来源：夏经霖，占小军．引入绩效面谈的绩效考核新模式探究——以 AB 公司为例[J]．中国人力资源开发，2016(6)：63－67。

图8－35 绩效考核引入绩效面谈

实践中，建立以采纳为目标的绩效优化面谈机制（参见图8－36），能够让员工清晰地认识到管理者对自己绩效的看法，在一个绩效管理循环即将结束的时候,员工通过相关的绩效反馈信息,有助于改进绩效、提高技能。此外,员工也能够就一些具体问题或自己的观点和想法与管理者进行交流,通常情况下,企业员工在努力工作后,希望得到对自己绩效水平公正客观的评价。

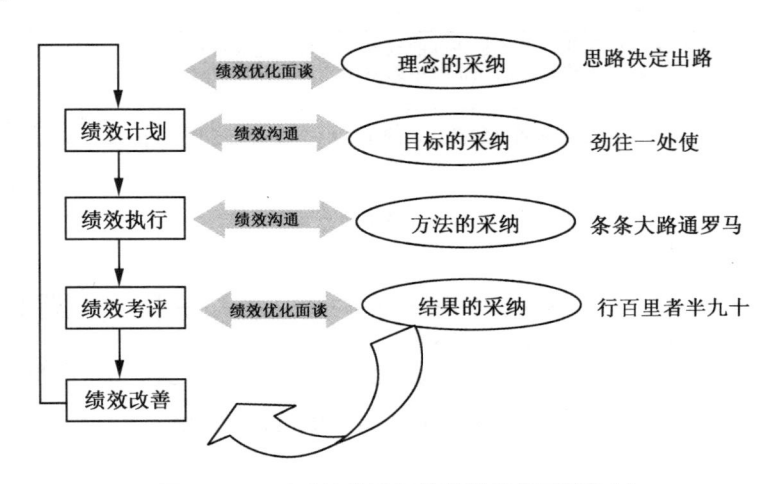

```
绩效计划 ⇄ 绩效优化面谈 ⇄ 理念的采纳    思路决定出路
绩效计划 ⇄ 绩效沟通       ⇄ 目标的采纳    劲往一处使
绩效执行 ⇄ 绩效沟通       ⇄ 方法的采纳    条条大路通罗马
绩效考评 ⇄ 绩效优化面谈 ⇄ 结果的采纳    行百里者半九十
绩效改善
```

图 8−36　以采纳为目标的绩效优化面谈机制

对于管理者来讲,绩效面谈着重于工作的优化,面谈重点通常集中在以下问题上:(1)企业下一阶段的工作目标是什么?(2)部门职责和关键任务是什么?(3)部门职责和关键任务如何与企业发展目标相联系?(4)完成任务存在的困难和挑战是什么?(5)部门员工如何支持部门工作?(6)部门员工对完成部门任务有什么具体建议和意见?

尽管现在很多企业建立了较为完善的绩效管理系统,但是绩效面谈却往往流于形式,缺乏执行力度,大大影响了绩效管理在人力资源管理体系中的贡献。由于绩效面谈是管理者和员工双方工作沟通的一项重要任务,有助于明确下一绩效管理周期内的目标和改进方向,因此,高效完成绩效面谈工作,需要坚持"七原则"和"FOSS"原则(参见图 8−37)。

管理者和员工就绩效结果和改进点达成共识之后,需要共同确定下一绩效管理周期的绩效目标和改进点,由于绩效管理是一个往复不断的循环,因此,绩效面谈可以衔接下一绩效循环的计划环节。

进行绩效面谈时,关键把握如下要点:

(1)充分的绩效面谈准备。选择什么时间对于绩效面谈非常重要,通常情况下,选择双方都有空闲的时间,时间不要过长,避免在该时间段内受其他安排的干扰。面谈场所应尽量选择不受干扰的场所。最好是封闭的,一

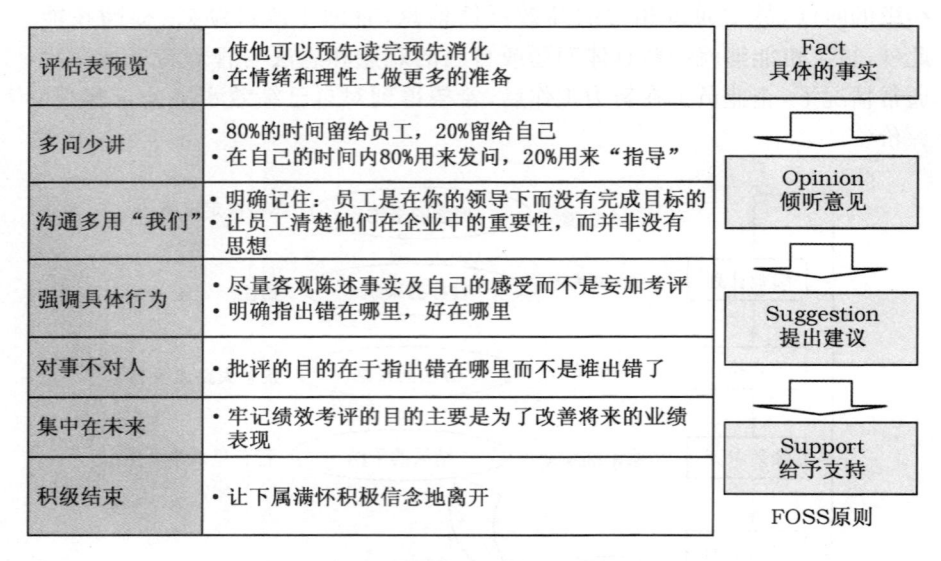

评估表预览	• 使他可以预先读完预先消化 • 在情绪和理性上做更多的准备	Fact 具体的事实
多问少讲	• 80%的时间留给员工，20%留给自己 • 在自己的时间内80%用来发问，20%用来"指导"	
沟通多用"我们"	• 明确记住：员工是在你的领导下而没有完成目标的 • 让员工清楚他们在企业中的重要性，而并非没有思想	Opinion 倾听意见
强调具体行为	• 尽量客观陈述事实及自己的感受而不是妄加考评 • 明确指出错在哪里，好在哪里	Suggestion 提出建议
对事不对人	• 批评的目的在于指出错在哪里而不是谁出错了	
集中在未来	• 牢记绩效考评的目的主要是为了改善将来的业绩表现	Support 给予支持
积极结束	• 让下属满怀积极信念地离开	FOSS原则

图 8—37 绩效面谈"七原则"和"FOSS"原则

般开放的场所可能使双方谈话时有一定的顾虑，不利于交流和沟通。绩效面谈前，管理者最重要的准备工作应当是相关数据和分析的准备。面谈前一定要进行绩效诊断，在与员工面谈的时候，要求管理者不能仅仅是告诉员工一个考核结果，更重要的是要告诉员工为什么产生这样的绩效，应该如何避免出现类似的问题。

(2)重视绩效面谈的过程控制。清楚地说明面谈的目的和作用，对于沟通氛围的营造也会起到非常重要的作用。因此，管理者应当在开始的时候花一点时间讲清楚面谈的目的和具体议程，这样会有助于消除双方的紧张情绪，同时，也便于双方控制面谈的进程。高效的交流者，懂得审时度势地调节自己讲与问的平衡。要能够充分调动对方参与讨论的积极性，注意倾听被考核者的个人意见，让被考核者感到自己也享有一定的权力和主动。通过倾听被考核者的意见，有利于考核者全面了解情况，印证自己的判断，把握交流的基调。

建立双方的信赖关系是绩效面谈成功的首要前提，而营造良好的沟通氛围有利于建立并维护彼此的信赖感。

(3)确定绩效改进计划。面谈的一个重要内容就是确定下阶段改进重点和改进计划，在绩效面谈中，双方在讨论绩效产生的原因时，对于达成的共识应当及时记录下来，那么这些问题可能就是员工在下一期需要重点关注和提高的地方,实际上双方在面谈过程中,同时也对下一阶段绩效重点和目标进行了计划,这就使整个绩效管理的过程形成一个不断提高的循环。

(4)重视面谈记录。面谈结束后,双方要将达成共识的结论性意见或经双方确认的关键事件或数据,及时予以记录、整理,填写在考核表中。对于达成共识的下期绩效目标也要进行整理,形成下期的考核指标和考核标准。

(5)以积极的方式结束面试。通常情况下,企业管理者应当首先肯定员工在绩效考核周期内取得的成绩,再指出员工绩效表现中的不足之处并询问原因,结束时提出建设性的改进建议,在表扬与肯定中使员工意识到自己的问题,以改进绩效。[43]无论如何,在绩效面谈结束时,都需要尽量向员工传递激励的正面信息,双方共同制定下一个绩效考核周期的发展目标与执行计划,争取实现企业和员工的"双赢"局面。

定期开展绩效会议

绩效会议是企业经营活动中的一项重要会议,既是企业月度、季度或年度工作完成情况的总结,又是组织绩效、个人绩效沟通、改进提升的过程,也是绩效管理工作新一阶段工作的开始。

高效绩效管理离不开高效的绩效会议,开展绩效会议要注意如下关键环节(参见图8-38)。

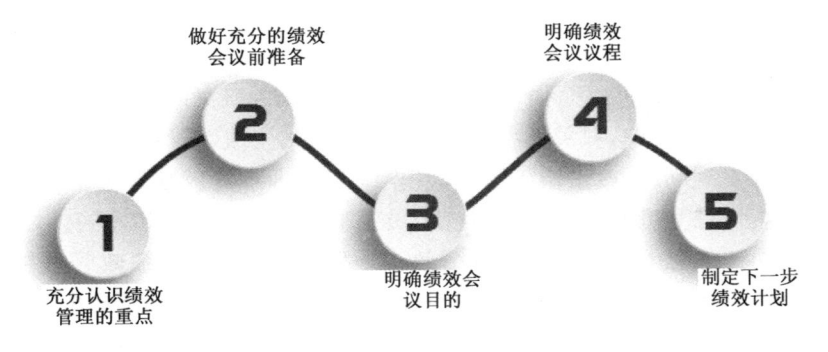

图8-38 绩效会议的关键环节

(1)充分认识绩效管理的重点。绩效管理的核心思想是要不断提升和改进企业、部门和员工三个层面的绩效,考核、扣罚或嘉奖都是激励形式,归根到底是要改进绩效。因此,作为管理者来讲,必须深刻思考几个核心问题:①为提升绩效,你有什么计划?你为下属提供什么支持、创造什么条件?②你将如何发现下属能力和绩效的进步,并如何激励下属?③你将如何检查下属能力和绩效的退步或停滞不前,并如何鼓励他们,在必要时如何惩戒下属?

管理者要想回答好以上问题,必须做好"绩效沟通",通过有效的绩效沟通,可以实现四个目标:①可以帮助下属提升能力;②能及时有效地掌握员工的工作情况和工作心态,发现问题解决问题,确保员工工作方向和工作结果的正确;③能客观公正地评价员工的工作业绩;④能提高员工的参与感、工作积极性和满意度。

(2)做好充分的绩效会议前准备。主要的绩效会议工作包括:部门绩效数据和总结、会议议程、会议通知、会场布置、多媒体等。

(3)明确绩效会议目的。让与会者有着明确的会议目的,提高会议效率,构建一个分析问题、讨论问题、解决问题、总结经验的沟通平台。

(4)明确绩效会议议程。通常情况下,会议议程包括三部分核心内容:①人力资源部汇报各部门绩效数据情况,通过分析、比较,发现问题和不足;②各部门讨论分析,对问题和不足理由进行说明,找出根本原因所在,提出改进意见;③高层管理者对绩效会议进行总结。

绩效会议的重点在于找出工作中不足及问题的成因,理顺部门关系,协调矛盾,改进工作,不断提升管理者及广大职工的工作素质和工作能力。

(5)制定下一步绩效计划。与会人员根据绩效会议的意见,补充完善绩效计划,制定下一步绩效计划。

建立员工绩效档案

实践中,很多企业片面强调绩效考核,甚至认为绩效管理就是绩效考核,在绩效管理过程中,只关注考核的结果,而不关注绩效管理过程,无法通过绩效考核发现问题,改进员工绩效,甚至绩效管理本身就缺乏公平性和公正性,在这种思想的影响下,企业忽视了员工绩效档案的建立和发展。

缺乏员工绩效档案,就会造成绩效沟通障碍,无法实现绩效管理的目的。比如说,企业为给员工的某一项指标确定一个考核等级,由于没有绩效档案可供依循,只能靠估计和印象,这使得整个绩效管理都会失灵。

员工绩效档案是以随时记载企业员工的绩效表现为基础的,内容较为全面,由此得出的绩效评价结果更科学,能够作为员工奖惩的依据,并且与后续工作密切挂钩。

建立员工绩效档案后,人力资源部门、各相关管理者以及员工本人都可以自由查阅绩效档案,能够让组织和员工系统地认识和了解员工培训、升迁、奖励和惩罚的依据,高效地服务于企业人力资源工作。

第 8 章
成功的绩效管理

在员工的绩效档案中,至少应该包括以下几方面的内容:(1)绩效周期内的工作目标;(2)关键绩效行为;(3)成果衡量标准;(4)成果评判来源;(5)各项关键工作成果所占的权重;(6)受约人、管理者的签字;(7)绩效档案的完成时间。

企业通过建立员工绩效档案纪录表(参见表 8—9),能对员工的能力、素质、业绩进行全面、综合的分析,为企业绩效管理决策的合理性和科学化提供有力保证。另外,通过考察绩效档案中员工工作业绩记录,以致实现优胜劣汰,知人善任,根据职员的技能安排不一样的岗位,从而实现人力资源的优化配置。当员工绩效档案在实施过程中发生变更时,应填写绩效档案变更表,最终的绩效评估以变更后的绩效档案为准。

表 8—9　　　　　　　　员工绩效档案记录(示例)

_____岗位　　　　　　　　时间:
被考核人:　　　　　　　　　　　考核人:

序号	考核事项	工作要求	评分标准	绩效行为记录	预评分	备注
1						
2						
3						
4						
合计						

综上所述,绩效档案通过员工真实可靠的工作绩效信息,能够有效保证企业人力资源绩效管理决策的合理化和科学化,并且能有效促进人力资源的优化配置。[44]实践中,建立员工绩效档案时,应该把握如下几个关键点(参见图 8—39)。

(1)提高员工参与绩效档案的积极性。通常情况下,员工绩效档案包括考核事项、工作要求、评分标准、绩效行为记录等内容,档案所记录的内容需要员工和管理者双方签字,要始终强调员工的参与积极性。只有员工参与到绩效计划的制定过程中,并且公开签字,才能最大限度保证他们认可并执行这些计划。

(2)明确关键业绩指标。业绩指标解决的是我们需要评估"什么"的问题,业绩标准解决的是要求员工做得"怎样"、完成"多少"的问题。企业界定了业绩指标之后,设定业绩的评估标准就会相对简单。对于数量化的业绩指标,设定的评估标准通常是一个范围;对于非数量化的业绩指标,在设定绩效标准时往往从客户(即接受工作产出的对象,包括组织的内部客户和外

277

```
        关键点1：提高员工参
           与绩效档案的积极性


                    绩效
                    档案


  关键点3：确定业              关键点2：明确
   绩指标评分标准                关键业绩指标
```

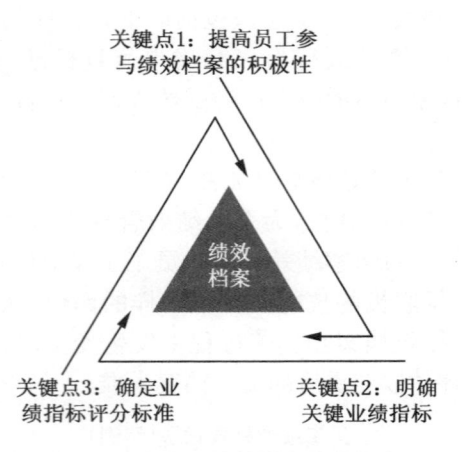

图8-39 员工绩效档案的关键点

部客户)的角度出发,需要回答这样的问题:"客户期望员工做到什么程度?"

(3)确定业绩指标评分标准。实践中,业绩指标的重要程度是不一样的,主要受三个因素影响:①企业发展的战略重点目标;②员工最重要的工作职责;③哪项绩效目标如果完成不了影响会比较大。由于业绩指标的标准不一样,比较容易完成的任务所占的标准低,而较为困难的任务所占的标准高,那么即使员工在那些容易完成的任务上做得再好,标准高的目标没有完成好,最终绩效评估结果也不会太好。

资料链接8-5:"互联网+"背景下的绩效变革

……当下,互联网已经成为热点,且热了好久,出现了云计算、大数据、工业4.0、云备份、+互联网、互联网+等很多新网红名,其实,"互联网+"是两化融合的升级版,代表的是一种新的经济形态,就要从原有的工业化思维向互联网思维转变,那么,"互联网+"背景下,企业的组织和人力资源管理究竟有哪些变化?绩效考核又在朝着什么样的趋势发展?从这两个方面,我们一起探讨与判断。

……华为任正非提出了"让听得见炮声的人做决策"后,迅速成为业界的管理热点,许多企业比照华为的EMT经营管理团队,成立一些类似的跨界管理团队、电商运营管理团队、阿米巴经营团队等小组织,针对这种情况,绩效考核应如何改变呢?

1. 绩效已由人力资源管理体系中的一个模块提升为企业组织管理体系范畴

第 8 章
成功的绩效管理

人力资源是企业创造利润的主要资源，具有一定的战略性，韦尔奇说过"选对了一个人就选对了一个战略"，人的能动性需要被激励与开发，才能产生绩效。……互联网企业也好，制造型企业也好，管理的信息化、设备的智能化及商业模式的平台化，正在改变着企业上承战略、下接人才的人力资源组织管理模式，所以，企业组织结构在随企业战略调整、产业结构升级的过程中，也会发生商业模式转型，或企业组织结构再造。企业一手抓管理，一手抓利润，作为组织运营中的绩效评估，自然不能单纯作为人力资源体系中的一个模块来进行管理，特别是规模以上企业，管理手段多样化后，应该将其提升到企业组织管理流程中加以规划。

2. 在全员绩效的基础上向组织绩效转变

不管是关键业绩指标，或是战略管理系统，也就是平衡计分卡，在组织发生转型的过程中，首先调整的是组织目标，其组织中直接领导者因管理范围发生变化，随之关键业绩指标也会调整，所以，在遵循组织原则的基础上，组织绩效的考核重要性大于全员绩效，组织绩效承接企业战略目标，使战略融入企业实际运营生产中，深入每个员工的日常工作中，如果组织绩效无法保障，个人绩效往往无法体现绩效考核的最终目的。

3. 由短期绩效向长期绩效转变的考核周期变化

由于工资发放周期是一个月，为了体现绩效考核的及时激励作用，绩效考核往往与工资发放周期挂钩，也实行月度绩效考核，这样的好处是使被考核者月月关注自己的关键指标。当某一指标当月结果不能完全说明工作实绩时，就会使被考核者产生怀疑，这就需要设计考核方案时，注意考核周期不能统一设置为月，或统一设置为季，要视指标具体情况而定，可以将组织绩效周期延长，而个人绩效考核周期维持按月不变。

……互联网思维，利用互联网改变运营流程，把绩效考核与企业运营流程中研发、产品、市场、销售与客服等环节都对接起来，通过互联网传递信息和获取数据，最终实现企业创利的目标。人力资源变革也呈现出从组织管控到合伙机制，从绩效激励到分享机制，从人资管理到人才开发的趋势，这才是企业组织调整后，绩效变革带来的真实价值。

4. 人力资本优先引导绩效考核关注高价值目标

互联网时代，最核心的本质是大数据，互联网思维是一种立体的网状思维，不管是"＋互联网"还是"互联网＋"，没有网络，拿什么＋？绩效考核也一样,有了指标,有了目标,没有大数据,凭什么知道有价值?企业的大数据分析,正在改变着管理者,使其由注重财务分析转变为经营分析,从而以高价值测量指引绩效管理,所谓测量就是在掌握大量的数据之后,经过分析得到信息,然后可以预测未来可能发生的事,最后帮助决策。

......华为大家都很熟悉,《华为基本法》中有一句话"人力资本增值的目标,优先于财务资本增值的目标",可见,一个企业的战略人力资源管理是为了实现组织的长期目标,从而保证组织获得竞争优势和最优绩效,具体体现在财务资本的增值上。以价值管理为目标的绩效考核体系,体现在个人价值、组织价值和企业价值上,根据不同的层级需要,把握企业创新的原动力,设定不同的人力资本激励方式,如产权激励、人力资本的地位激励及企业文化激励,这才是未来人力资本管理的核心。

5. 借用信息化的人力资源管理平台变革绩效管理

在互联网全球化时代,互联网思维的变革带来绩效管理上的变革,劳动力变得更加多元、更加稀缺、流动性更强,而人力资源管理也需要相应变革,借助各种技术,应对新型人力资源管理的挑战。企业的流程信息化管理越来越成熟,人力资源信息化管理工具也越来越多,从管理层面讲,需要做的是帮助 HR 从琐碎的事务型工作中解放出来,借助信息化工具不断提升管理的效率。

......

资料来源:马同华."互联网+"背景下的绩效变革[OL]. 三茅人力资源网,2016—11. http://www.hrloo.com/rz/14056080.html。

注释:

[1]张念萍. 构建企业以战略为导向的绩效管理指标体系[J]. 中国市场,2005(32):50—51.

[2]邢立波. 浅析人力资源管理中绩效管理的问题与对策[J]. 现代企业教育,2012(10):31.

[3]石燕蓉. 绩效管理理念的精髓[J]. 企业管理,2009(12):24—25.

[4]武欣. 绩效管理实务手册[M]. 北京:机械工业出版社,2005:19—20.

[5]廖建桥. 中国式绩效管理:特点、问题及发展方向[J]. 管理学报,2013,10(6):781—788.

[6]于晶.试论企业绩效管理中存在的问题及对策[J].水利科技与经济,2007,13(9):634.

[7]李育珠.对国有企业绩效评价的思考[J].财经界:学术版,2016(24):56.

[8]李传裕.企业知识型员工的激励探讨[J].企业经济,2006(3):39—40.

[9]中国就业培训技术指导中心.企业人力资源管理师(二级)[M].北京:中国劳动社会保障出版社,2007.

[10]孙健.360度绩效考评[M].北京:企业管理出版社,2003.

[11]杜军,杜勇,鄢波.基于BSC和KPI的绩效考核人员绩效测评指标体系的构建[J].中国管理信息化,2010(9):99—102.

[12]宋啸尘.实施关键业绩指标的绩效管理探析[J].知识经济,2012(14):136—137.

[13]刘敬孝,解秀丽.提高企业绩效管理有效性的思路与方法[J].人才资源开发,2015(16):59—60.

[14]曹书民,杜清玲.PDCA循环在企业绩效管理系统中的运用[L].价值工程,2008,27(6):103—106.

[15]丁红霞,邢亚楠.基于EVA和平衡计分卡的央企业绩评价探讨[J].中国市场,2015(12):62—63.

[16]颜虹.以战略为导向激活绩效管理[J].人才资源开发,2007(7):80—81.

[17]王咏梅.平衡计分卡在企业绩效管理中的应用分析[J].会计之友,2015(2):67—71.

[18]司玉娟.以S公司为例谈平衡计分卡绩效评价体系的构建[J].商业会计,2015(1):68—69.

[19]王强,李艳杰.平衡计分卡存在的问题及对策[J].江苏商论,2012(29):166.

[20]么娆.平衡计分卡应用中存在的问题及对策分析[J].财会通讯,2011(26):56—57.

[21]陈艳平.基于平衡计分卡的家电企业绩效评价体系构建——以A集团公司为例[J].企业改革与管理,2017,(4):50.

[22]高凤岩.中国企业实施平衡计分卡问题探悉[J].价值工程,2008,27(2):110—112.

[23]徐振亭,刘怫翔.论KPI绩效考核体系的构建[J].中国管理信息化,2010(17):70—72.

[24]王丹宇.基于KPI的企业绩效管理体系设计[J].发展,2013(12):83—84.

[25]陈丹红.构建关键业绩指标体系的流程分析[J].商场现代化,2006(4):131—132.

[26]顾英伟,李娟.关键业绩指标(KPI)体系研究[J].现代管理科学,2007(6):79—80.

[27]贺萍.建立岗位职责说明书体系,提升组织运作能力[J].企业家天地下半月刊(理论版),2007(10):228—229.

[28]周建玲.论实行激励机制的必要性[J].丝绸之路,2009(16):105—107.

[29]蒋雪湘,胡久刚.基于马斯洛需求层次论对企业员工激励的探讨[J].湖南师范大

学教育科学学报,2008,7(5):121-123.

[30]陈红.有效激励:降低人力资源成本的重要途径[J].管理现代化,2004(1):13-15.

[31]同上。

[32]盈芳.论现代企业员工激励机制[J].经营管理者,2013(3):67-69.

[33]张瑜.浅析我国现代企业中的几种创新薪酬激励模式[J].改革与开放,2009(10):55-56.

[34]黄亨煜.提高企业在绩效管理中的执行力[J].中国人才,2005(19):54.

[35]向丽丽.企业实现绩效管理的方法与技巧[J].中国高新技术企业,2011(15):100-101.

[36]陈美茹,柴绍鹏.建设绩效沟通机制的几点思考与实践[J].经济,2016(12):289.

[37]古琦.浅析企业管理沟通存在的问题及对策[J].中外企业家,2017(1):87.

[38]张家杰.探讨绩效反馈在绩效考核体系中的运用[J].经营管理者,2014(2):166.

[39]仇勇,张耕墨,李征.360度绩效反馈的本土实践困境与应用对策——基于不同指标和目的的考核主体选择[J].中国人力资源开发,2014(18):25-29.

[40]王俊.论企业员工业绩考评体系的构建——以某公司为例[J].商业经济,2007(11):48-50.

[41]董静.论政府绩效信息的全程管理——导向绩效管理有效性的提升[J].东北大学学报(社会科学版),2015,17(2):175-180.

[42]刘婕,刘翠.绩效面谈中存在的问题及对策研究[J].经营管理者,2015(3):189.

[43]彭诗敏.员工绩效反馈面谈的沟通艺术[J].经营管理者,2012(2):229.

[44]李锋.论职工绩效档案在人力资源管理中的应用[J].江苏商论,2014(14):103-104.

第 9 章
组织能力与员工培养

"办公司就是办人。人才是利润最高的商品,能够经营好人才的企业才是最终的赢家。"

——联想集团柳传志

如何在竞争激烈的市场环境中保持企业竞争优势,实现可持续发展,是企业必须思考的重要问题。回顾历史,我们会发现中国有很多"烟花企业",它们能在短期内凭借创始人的敏锐直觉和运筹帷幄的能力抓住商机、调动资源迅速崛起,但是这些企业却难以持续成功,它们缺乏的不是别的,正是扎实的组织能力。

从本质上来看,组织能力是一个组织通过使用组织资源,执行一系列互相协调的任务,以达到某个具体目标的能力。[1]企业提升组织能力,能够带来良好的绩效(参见图9—1)。如果企业忽视组织能力的构建,就会导致运营效能变差,运作成本增加等,最终会使企业难以生存和发展。

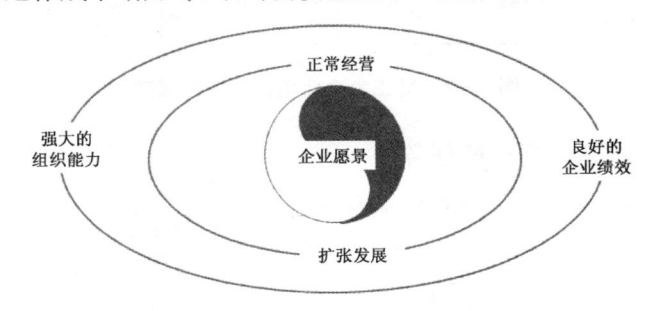

图 9—1 强大的组织能力与良好的企业绩效

通常情况下，提升组织能力，培养员工素质，需要明确如下关键问题：(1)企业可持续竞争力的来源在哪里？(2)人力资源是引入还是培养？哪个更重要？(3)影响员工价值创造的关键因素究竟是什么？(4)如何寻找产生高绩效的员工，提高员工的适岗率？(5)企业晋升什么样的员工？(6)如何才能组建高绩效的团队？

组织能力是基业长青的基础

早在1997年，阿里·德赫斯[①]（Arie de Geus）就在其著作《长寿公司》（*The Living Company*）中提到：过去的20年里，那些一度被《财富》杂志评选出来的世界500强企业，其平均寿命低于50年，而其中存活下来的幸运者中，至少有45%的企业每10年会遭遇一次毁灭性的打击。分析它们能够生存下来的原因，主要是在追求商业利润的同时，能够重点通过建设企业文化和企业精神来增强企业的组织能力。

在某种意义上来讲，企业是一个有机生命体，每一个员工都是企业中的一个有机组成分子。 成功的管理要坚持"以员工为本"，深入研究和思考企业员工的积极性、创造力和综合素质，通过团队建设，构建企业凝聚力与向心力，形成强大的组织能力，进而创造出良好的企业绩效（参见图9—2）。

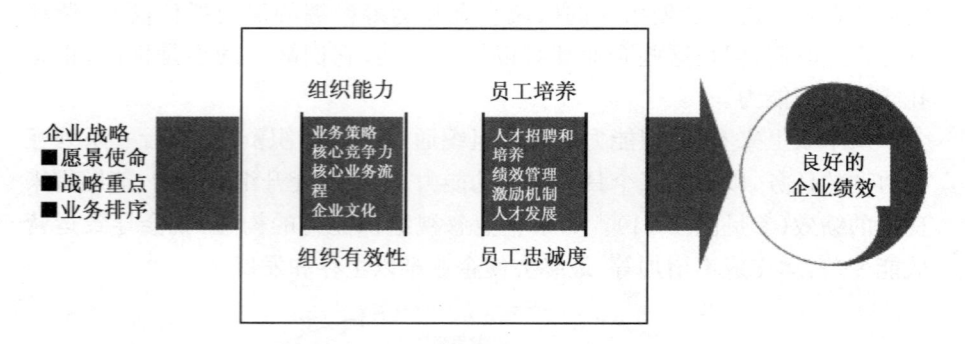

图9—2 员工为企业创造良好的绩效

组织能力构建是一项长期任务

实践中，有一些企业忽视组织能力建设，过分追求多元化经营、过分强

[①] 阿里·德赫斯是长寿公司模式的创造者，"学习型组织"概念的重要创始人，他认为未来公司唯一可持续的优势可能就是其学习能力。

第 9 章
组织能力与员工培养

调低成本扩张、贪大求快,盲目地进行外部扩张,最终结果是出现资源利用的分散性和不经济性,现有资金优势、管理优势和技术优势被稀释,最终导致购并方和被购并方同时陷入困境。[2]

对于企业发展的不同阶段来讲,其所关注的组织能力也是不同的(参见图9—3)。企业要想获得竞争优势或提高其盈利绩效,一个重要的决定因素是企业必须在各成长阶段具备特定的组织能力或独特的能力体系。凭借独特的能力体系,企业就可以选择有利的竞争市场,有效地组织和整合企业内外的各种资源,构造快速的创新和应变能力,形成强大的文化推动力,并能有效地防范和抵御来自企业内外的各种风险和阻力,从而在其不同的成长阶段获得持续的竞争优势和高盈利绩效。[3]

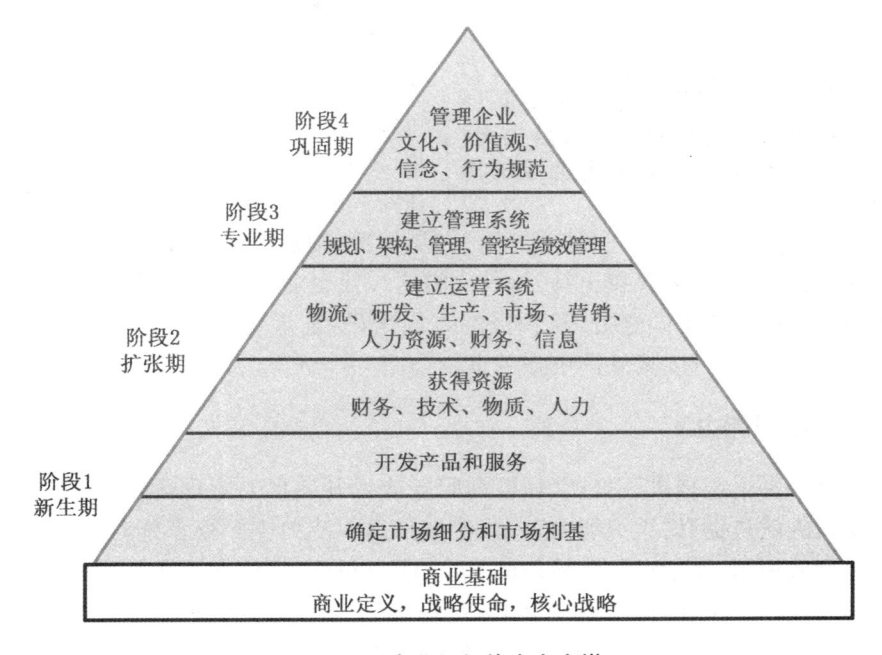

图 9—3 企业组织能力金字塔

很多企业高管都认为,与战略相比,组织能力的高低,更能决定企业可否持续地取得成功。[4]之所以出现这种情况,是因为企业战略的重新制定常常需要高层领导团队的参与,快则几周,慢则数月,新的战略便可出炉,但是组织能力的打造却要数以年计,并且需要全体员工的投入才会见效。因此,很多企业管理者认为,现代企业发展离不开组织能力的升级(参见图9—4)。

遗憾的是,企业领导人的兴趣和工作重点通常集中于讨论公司战略,往往把提升组织能力的难题交给人力资源部门去解决。事实上,任何变革措

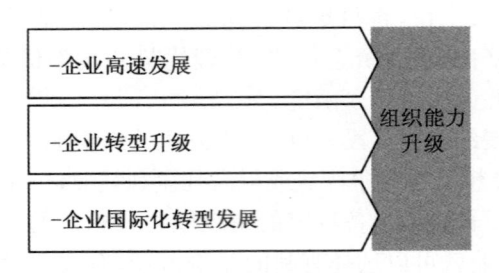

图 9—4　企业发展离不开组织能力的升级

施,如果没有公司最高领导层的支持和推动,人力资源部门很难取得实质性成果,因此,遏制企业发展的主要瓶颈是组织能力,而不是战略。

> 企业也越来越意识到组织能力是基业长青的基础。绝大多数高层管理者相信与企业的宏伟战略相比,组织能力的高低更能决定企业的持续性成功。

组织能力是企业竞争优势的基础,不同组织能力的集合会形成企业间竞争的差异化。企业要想领跑行业、领跑全球,必须要根据战略发展和商业模式创新的需要,审视自身发展情况,构建相匹配的组织能力。从某种意义上讲,如果要找出马云、马化腾这一代企业家与从事制造业的第一代企业家最大的不同之处,从积极的方面来讲,前者更敏感,他们所建立的企业组织的可变性、柔软性更强一点。[5]

什么是组织能力?

对很多企业来讲,引进管理咨询服务或者开展提升管理活动,其中一个重要目的就是提升"组织能力"。那么什么是组织能力呢?很多学者基于不同的角度或视角,比如竞争优势角度、运营能力角度、组织变革角度,提出了不同的观点和看法,但从实践中来看,组织能力是指企业团队的综合能力,是一个团队(或组织)竞争力的 DNA,而不是员工的个人能力。

通常情况下,组织能力具备三个特征(参见图 9—5)。

(1)具有独特性、深植于组织内部。企业所在行业不同,所在细分市场不同,需要独特的组织能力。比如说,戴尔电脑最初的成功源于其直销模式,与之匹配的组织能力是速度和定制;联想电脑采用的是分销模式,与之匹配的组织能力是则是效率和低成本。短期来看,企业可以在具有高超能力领导的带领下,迅速成长,但就长期来看,企业的持续成功不能依赖少数个人,而是要培养出自己的组织能力,它深植于组织内部,是整个团队的战斗力,并且是可持续的。

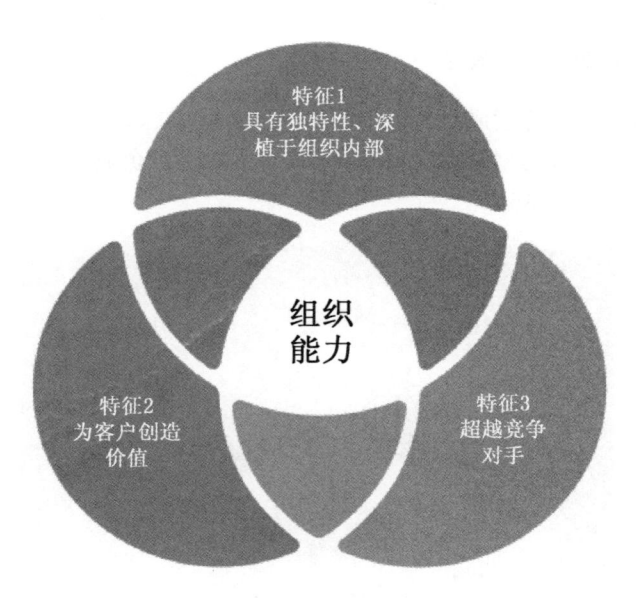

图9-5 企业组织能力的特征

（2）为客户创造价值。组织能力必须能够为客户创造价值并得到客户认可。美国西南航空公司的目标客户是短途、高频率飞行的客户，它为客户提供的价值是"低成本、速度和快乐"。同样，海尔凭借服务也能够在国内脱颖而出。假如企业具备的能力很独特，但不是客户所需要的，这些能力不能算是真正制胜的优秀组织能力。

（3）超越竞争对手。企业的组织能力必须超越竞争对手。格力能成为中国空调行业唯一的"世界名牌"，凭借的是质量。而在微波炉领域，格

> 组织能力也不是集中在几个人身上或几个部门内部，它必须是全员行动，是整个组织所具备的能力。

兰仕以低成本制胜。优秀的公司往往在两三个方面展示出众所周知的组织能力。打造组织能力时必须配合战略，需要专注于两三项。另外，在不同产业中，同样的组织能力所创造的绩效也是不同的，例如，在制造业中，创新能力的培育比营销能力的培育更加重要；而在服务业中，营销能力的作用则更为重要。对处于制造业服务化过程中的企业来讲，这个发现具有重要意义。在转型过程中，随着服务化程度提升，企业需要逐步加大对营销能力培育的投入，这更有利于维持企业绩效的增长。[6]

企业持续成功的"飞机模型"

企业如何才能持续成功,我们经过多年实践中探索,总结出企业持续成功模型,又称"飞机模型"(参见图9—6)。我们认为,企业持续成功=战略体系×组织能力×资本运作。

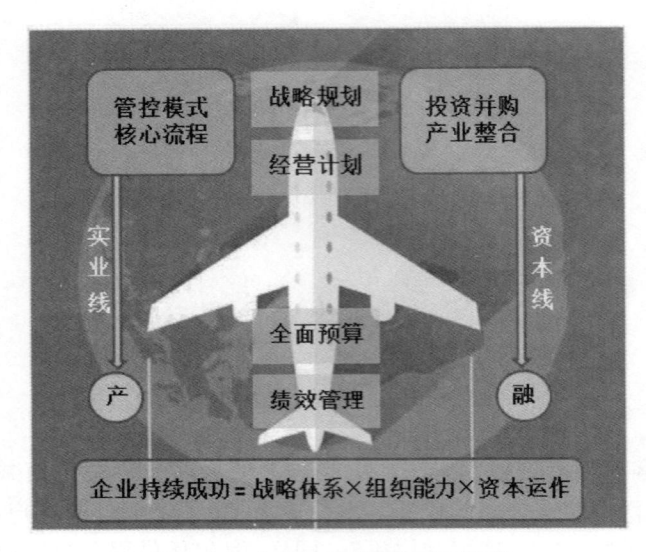

图9—6 企业持续成功"飞机模型"

飞机模型的左翼是集团管控模式以及核心管理流程,可以比作金刚钻,也就是企业组织能力;飞机的右翼是企业对外投资、兼并收购、产业整合,就好比是瓷器活儿,你有多强的金刚钻,方可揽多大的瓷器活儿,飞机的翅膀大小不重要,重要的是同样大小,能力匹配!

企业要实现发展,取得持续成功。首先要制定科学的发展战略规划,从时间上来看,战略规划可以是3年,也可以是5年,通常情况下,国有企业的战略规划是5年,这主要与政府的周期相关;而对于民营企业来讲,建议制定3年战略规划,因为中国是一个飞速发展的国家,计划不如变化快,如果能准确预测3年后的市场情况,并有针对性地制定战略,已经很不错了。这部分工作对应的责任人是董事会/董事长。

接下来是年度经营计划,现在很多企业的年度经营计划,都是集团总部和子公司利用不对称的信息经过多轮博弈得出的一个中间值,但真正的年度经营计划,是把三年战略规划的第一年进行细化和分解。这部分工作对应的责任人是经营层/总经理。

再接下来是全面预算管理体系,从财务的视角、用财务的语系,对年度经营计划进行翻译、分析和解读。这部分工作对应的责任人是财务总监。

最后是绩效管理体系,对应的是人力资源总监,把全面预算管理体系当中的量化指标(经营类指标),加上管理类指标以及关注类指标,共同组成KPI考核体系。从高高在上的战略到员工完成这些指标,能拿多少钱,叫作战略落地体系。

资料链接9—1：华为有一种扎根于中华文明DNA的组织能力

华为是一个伟大的组织,任正非是一个伟大的组织者。在这个领域,华为能够脱颖而出,赢得世界的尊敬,只有一个恰当的理由,这就是组织的强大。

组织,说到底,就两件事情,一是劳动关系,二是利益关系。如何把两者关系处理好,说起来容易,做起来难。

……

华为有效地破解了这个组织难题,在高度专业化分工的基础上,对每一个知识劳动者及其实际贡献做出有效的评估。所以华为人可以自豪地说,华为的成功,一言以蔽之,钱分得好。

华为破解这个难题的基础工作,就是IPD(集成产品研发体系)。华为差不多花了5年时间,15亿元的代价,建成了这个体系。华为在这件事上,可谓破釜沉舟、背水一战。借用《华为基本法》中的话说,要么彻底成功,要么彻底失败,没有中间道路可走。徐直军把所有相关部门的一把手,调集起来进入项目组,与IBM专家对接。并直截了当地告诉这些部门一把手,这件事情如果做不成,你们只能回家。你们现在的工作,全部由副手接盘。我认为,理解华为的组织能力,应该从IPD的建设开始。

IPD依靠经验数据库,有效地解决了知识劳动者之间的劳动关系和利益关系。具体言之,就是依据实际经验,把产品研发的全过程,分解为流程、阶段、任务和活动。再把每一个活动规范化,包括明确每个活动的投入与产出,明确每个活动的工作内容、工作量,以及使用的工具、方法或程序,明确每个活动的责任者与检验者,等等。这样,华为就把产品研发的全过程,细分为2 500多个规范化的活动。确保每一个知识工作者,能够依据经验数据库,明确自己承担哪项任务,从事什么样的活动。以及知道自己应该从哪儿干到哪儿,干到什么程度合适,遇到麻烦应该请教什么人,等等。

……可以说，华为的组织结构完全扁平化，战略决策和战术执行完全分离。华为已经能够做到，依靠各环节的专家或专业人士，确保流程的畅通，并使价值创造的流程统一于客户。这样，我们就能理解华为敢于喊出这样的口号，让听得见炮声的人呼唤炮火。

华为在组织上的成就不仅如此。随着IPD的持续应用与发展，使每一个知识劳动者的专业技能和职业素养获得持续的提高。这不仅提高了IPD的运行效能，而且为其他管理系统的发展奠定了基础，如计划与运营管理系统，成本控制系统，财务管理系统，安全管理系统，以及资格认证系统。可以想见，离开了IPD这项基础的管理系统，其他管理系统的生成是不可能的。

我认为，华为真正强大的，不是它的产品，不是产品背后的技术，而是它的组织能力。这是一种让全球商界领袖们为此担忧的组织能力，一种扎根于中华文明DNA的组织能力。

资料来源：包政. 华为有一种扎根于中华文明DNA的组织能力[OL]. 管理智慧（自媒体），2016—3—14. http://mt.sohu.com/20160314/n440506508.shtml.

员工发展是绩效管理的核心

现代企业中，尤其是知识型企业中，员工越来越重视自己的个人发展和价值的实现，他们在追求高薪酬的同时也更加重视在工作中获得的成就感和归属感，这种成就感和归属感来自员工知识和能力的提高、潜能的发挥、明确的职业生涯规划等。

因此，现代企业必须"以人为本"，关注人性的发展，把关心企业员工和调动员工积极性等管理理念，进一步升华为人才开发理念，构建人才发展体系，推动企业员工培养、发展、激励和保留（参见图9—7）。

| 1 人才规划 | 2 人才发展沟通 | 3 人才配置计划 | 4 人才培养和发展 | 5 人才激励和保留 |

图9—7　企业人才发展体系

以"员工发展"为核心

员工的工作能力及其潜能开发已经成为企业经营成功的关键,但是,传统绩效管理强调对员工的控制,而不是帮助他们成长,与目前所倡导的以人为本理念相背离,往往遭到员工的抱怨和抵制。实际上,员工在职业生涯的不同阶段,都有着不同的任务(参见表9-1),只有科学地研究了员工的需求,才能够有针对性地制定员工发展方案。

表 9-1   企业员工职业生涯阶段(示意)

年龄阶段	生涯阶段	主要任务
16～22岁	拔根期	多数人离开父母,争取独立自主,力求寻找工作,实现经济上的自我支持。
23～29岁	成年期	寻找配偶,建立家庭,做好工作,搞好人际关系。
30～32岁	过渡期	进展不易,忧虑较多,很多人改变工作和单位,以求新的发展。
33～39岁	安定期	有抱负希冀成功的人,将专心致志地投入工作,以求有所创新,取得成就。
40～43岁	潜伏的中年危机期	对大部分人来说,工作变动性降低,意识到年轻时的抱负很多没有完成,希望获得生涯进展和改变方向的机会已经不多了。
44～59岁	成熟期	当生涯之重大问题已经满意时,往往会满足于现状,希望安定下来,抱负还有,但水平不及中年高了;有的现实情况出现事与愿违,在组织内部关系上,还能得到发展和加深。

为了更科学地制定员工发展规划,企业往往以员工发展为核心,用一套正式、结构化的制度,全面衡量、评估、分析和引导与工作绩效相关的员工工作行为、特征、结果,这样,就可以有效地提高员工知识和技能,发挥员工个人潜能,实现员工个人发展和企业发展的双赢格局。

同时,还可以把"以员工发展"为核心,导向于培训与开发、员工职业发展规划中(参见图9-8)。使绩效管理真正关注员工能力的提高和未来的发展,将在员工职业发展管理中扮演重要角色。

从企业角度来看,以"员工发展"为核心带来四个主要的价值点:①提供了企业与员工之间交流的平台,使企业和员工可以顺畅地进行沟通与交流;②实现员工的自我管理;③通过对员工的开发,提升人力资本,形成企业的核心竞争力;④可以一定程度上检查企业管理中存在的问题。

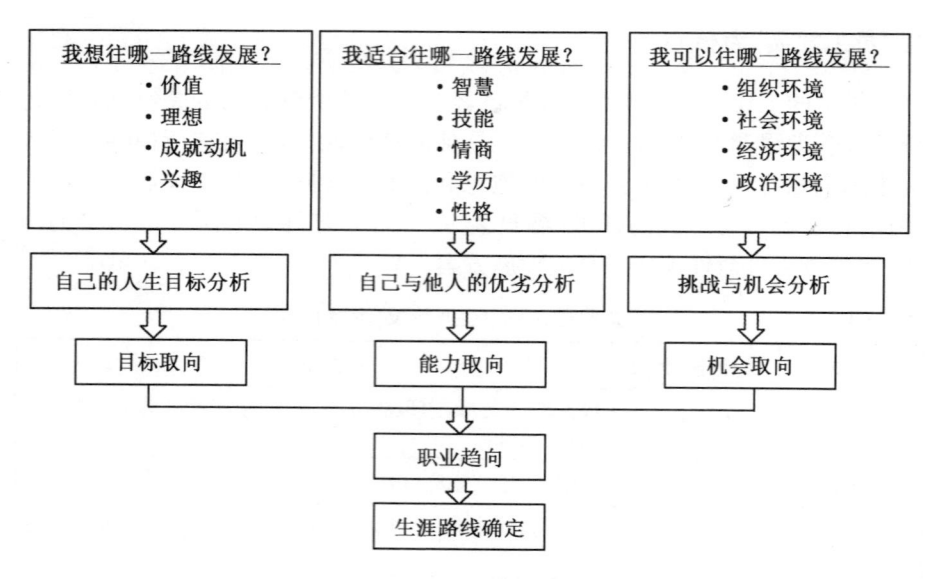

```
我想往哪一路线发展?        我适合往哪一路线发展?      我可以往哪一路线发展?
• 价值                    • 智慧                    • 组织环境
• 理想                    • 技能                    • 社会环境
• 成就动机                 • 情商                    • 经济环境
• 兴趣                    • 学历                    • 政治环境
                         • 性格
        ↓                        ↓                        ↓
 自己的人生目标分析        自己与他人的优劣分析         挑战与机会分析
        ↓                        ↓                        ↓
     目标取向                   能力取向                    机会取向
                                ↓
                              职业趋向
                                ↓
                            生涯路线确定
```

图9—8　企业员工职业生涯路线（示意）

构建基于能力素质的晋升体系

调查显示：仅有21%的员工因为薪酬而离职，50%以上的离职是由于员工对职业发展不满意。职业晋升是企业通过建立规范合理的晋升通道，采取资格评价标准等方法，进行资格评价的管理工作。一套完善合理的职业晋升体系能大大提高员工工作的积极性，降低离职率，激发员工潜能，打开职业生涯发展通道，为员工提供充分展现才华的空间，推动企业与员工的共同成长。[7]

依据成就激励理论①，企业员工拥有良好职业发展的意愿，但是，很多企业职业发展体系设置不科学，要么形同虚设，要么渠道狭窄，无法发挥出激励效果。具体表现就是：一方面，企业对员工个人的职业生涯发展缺乏应有的指导，没有良好的岗位分析和交流体系；另一方面，缺乏科学的职业体系设计，员工发展通道狭窄，受传统思想影响，企业和员工都以"官本位"为中心来确定其价值。

---

① 成就激励理论根据人的需求和动机，把高层次需求归纳为对成就、权力和友谊的需求。该理论认为，具有强烈的成就需求的人渴望将事情做得更为完美，提高工作效率，获得更大的成功，他们追求的是在争取成功的过程中克服困难、解决难题、努力奋斗的乐趣，以及成功之后个人的成就感。

第9章
组织能力与员工培养

科学、规范的员工职业晋升管理与健全的员工职业晋升体系是实现企业内部员工有序晋升的重要保障。

科学的晋升体系,无论是对员工还是对企业,都会带来积极的影响。

从员工角度来看,员工获得晋升是其自我价值的提升在组织中的具体体现,是员工个人素质和能力增强的自我认定。职业晋升对员工的影响包括:①职位晋升,员工所得报酬增加;②员工职位的晋升能够实现其自我价值,激发员工的积极性;③受到企业重视和关心的员工,会增加对企业文化的认同。

从企业角度来看,晋升既可以为有能力的员工在职业发展过程中找到适合发挥自己特长的岗位,又可以为企业各个岗位寻找合适的人选。综合来看,对企业的影响有:①促进企业内部岗位与员工能力更好地结合,实现能力和职位的匹配;②提高组织的人力资源利用率;③使企业充满发展和竞争的活力。

科学的员工职业晋升管理,需要建立多种员工晋升通道(参见图9-9),将岗位需求与人才职业发展进行有机结合,只有这样才能实现晋升管理的有效性。

通常来讲,在企业职级体系中,职级越高,对岗位任职者的要求也就越高,同样,任职者对企业的影响也就越大。因此,企业在做出晋升决策的时候,应该以岗位任职能力为参考(参见图9-10),综合评估员工是否具有更高级岗位所需的素质,而不能仅仅参考该员工在现有岗位的表现。

在企业实践中,经常使用两种经典的能力素质模型:冰山模型和洋葱模型。其中,冰山模型将能力素质划分为动机、特质、自我认知、社会角色、技能和知识六个层次,水上部分包括知识和技能,水下部分包含自我认知、社会角色、特质和动机等,这才是区别高绩效者与一般绩效者的关键因素(参见第6章)。美国学者理查德·博亚特兹(Richard Boyatzis)提出了另外一种胜任力模型——"洋葱模型"(参见图9-11),其把能力素质描述为由内到外,一层包含一层的结构。其中,动机和个性是洋葱模型的核心,然后向外依次展开为:自我形象与社会角色、知识与技能。该结构表明:能力素质越靠外层,越容易观察与评价,同时也容易培养和发展;越靠内层,观察和评价起来也就越困难,同样,也就越难通过外界培养和发展。

通过能力素质模型,可以了解员工与岗位的匹配程度,这项工作涉及动机、特质、自我形象、态度、价值观、知识、技能等特征。采用潜力和绩效两个维度,建立岗位能力素质匹配九宫格(参见图9-12),分为发展区、匹配区和优秀区三个层次:①发展区包括格2和格3,该区间中,岗位的工作要求相对

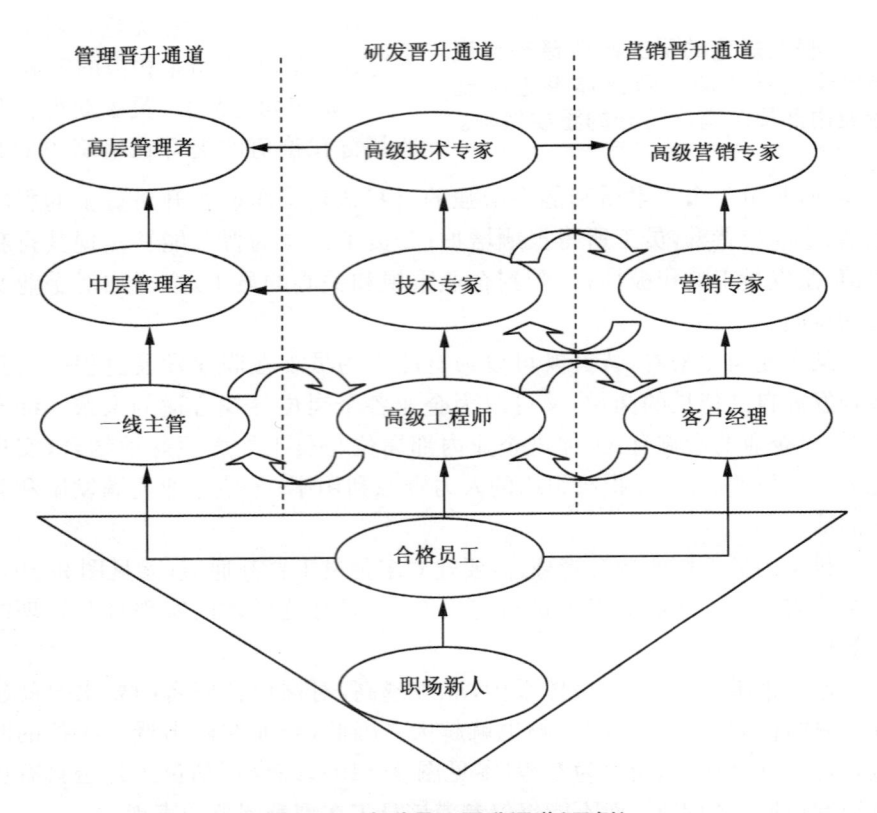

```
管理晋升通道          研发晋升通道         营销晋升通道

    高层管理者    ←    高级技术专家    →    高级营销专家
        ↑                  ↑                    ↑
    中层管理者    ←     技术专家      ←→      营销专家
        ↑                  ↑                    ↑
     一线主管    ←→    高级工程师    ←→      客户经理
                          ↑
                        合格员工
                          ↑
                        职场新人
```

图9—9 多种员工晋升通道(示例)

于该员工的能力还具有挑战性,员工仍在逐渐适应和学习该岗位的要求以及正在培养该岗位所需具备的能力;②匹配区包括格4、格5和格6,该区间中,员工的能力能够匹配该岗位的工作要求,员工已经掌握了该工作岗位所要求的大部分能力,能及时正确地完成该岗位的工作;③优秀区包括格7和格8,该区间中,员工的能力和业绩均非常优秀,持续保持高绩效。

科学的晋升流程,能够保证企业选拔程序公正、公平和公开,真正实现"把合适的人放在合适的岗位上"这一晋升目的。通常情况下,企业晋升操作流程主要包括绩效陈述、管理者培训、性格测评和后续发展计划等环节(参见图9—13)。

具体流程包括:(1)横向组织推荐的应聘者需知会应聘者直接上级,递交集团人力资源部。(2)经理及以上由集团统一组织晋升评价会。高级主管、主管人员晋升不统一组织晋升评价会议。(3)因原管理岗位人员离职或者调岗,急需提升现有人员,经集团人力资源部评估后,可单独组织评价。

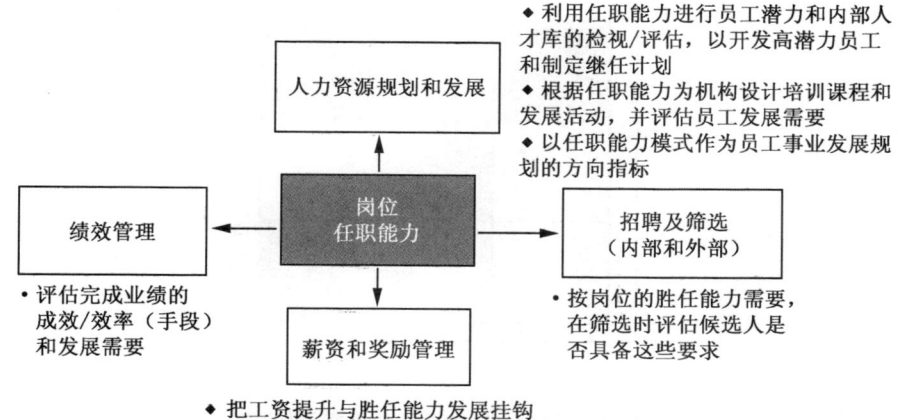

图 9—10 岗位任职能力是人力资源管理的基础

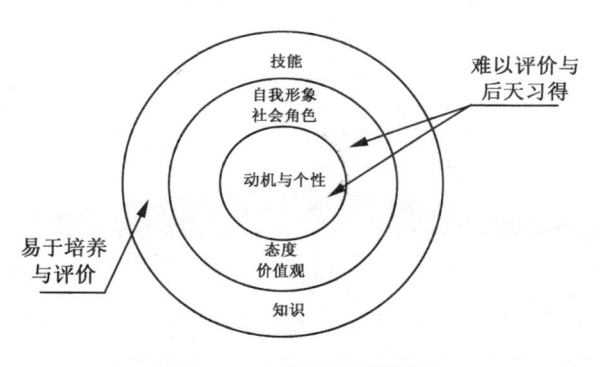

图 9—11 胜任力洋葱模型

（4）管理层级晋升任命发布后设置三个月试岗期，经审批后转正。

建立科学的人才退出机制

"外疾之害，轻于秋毫，人知避之；内疾之害，重于泰山，而莫之避。"很多企业也容易犯类似的错误，对于内部人才管理缺乏足够清醒的认识，片面强调引才，而忽视了企业人才的流动性。我们考察成功的企业，会发现企业人才引进和人才退出是同样重要的工作，都是人力资源管理的重要工作。

企业人才退出机制是企业根据业务发展战略的需要，在企业中持续实现人岗匹配、能力与绩效、绩效与薪酬的匹配，以定期的绩效考核结果为依据，对那些达不到要求的人员依据程度的不同采取降职、调岗、离职培训、解

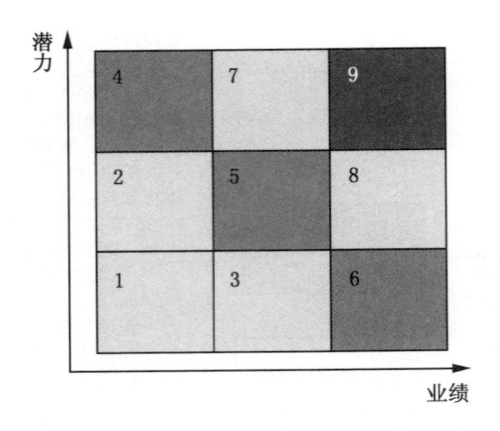

新常态下的人力资源管理
Human Resource Management in the New Norm

图 9-12 岗位能力素质匹配九宫格（示意）

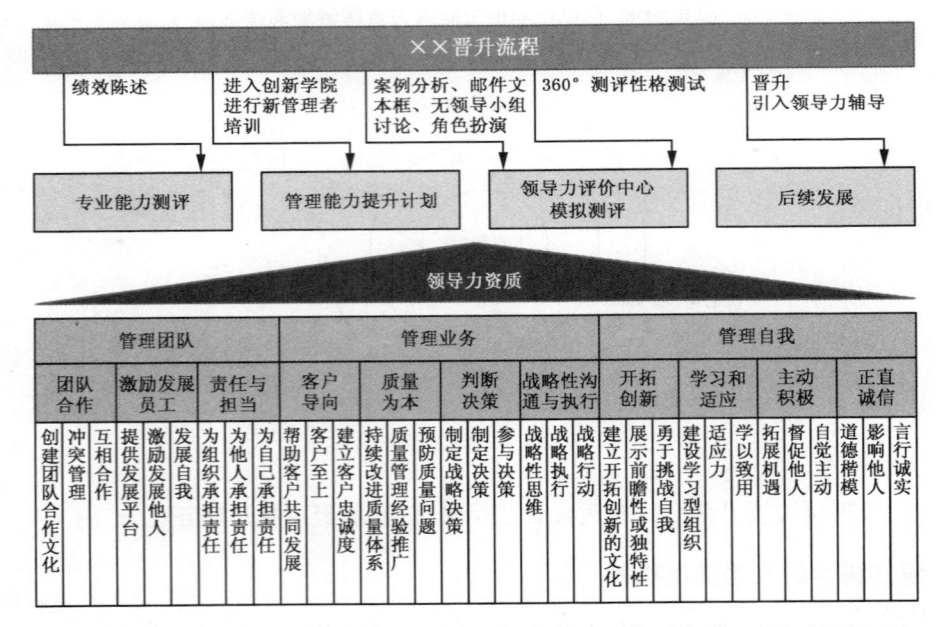

图 9-13 企业员工晋升流程（示例）

注：建立前瞻性的人才选拔体系，利用领导力评价中心（借鉴第三方公司自行开发"邮件文本框、无领导小组讨论、角色扮演"），对于不同的层级制定不同的评估标准。

雇和退休等的一种人力资源管理方式。[8]

实施人力资源退出机制，是为了保证企业人力资源精干、高效和富有活力，实现人力资源的优化配置和战略目标。完整的退出机制是一个连续的动态过程，以企业战略为出发点，制定考核目标，结合工作目标和考核标准，制定出绩效考核的标准，通过定期或不定期的绩效考核，通过结果与考核结果的对比，进行结果分析，对那些达不到企业要求的员工，采取降职、调职、离职培训、解雇等措施（参见图9—14）。通过退出机制更好、更持续地促进人员与岗位、能力与绩效、绩效与薪酬的匹配。[9]

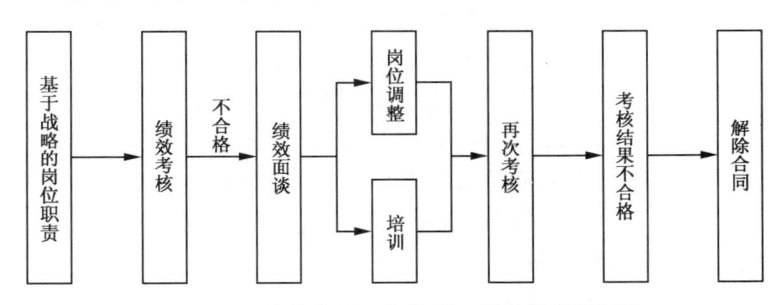

基于战略的岗位职责 → 绩效考核 → 不合格 → 绩效面谈 → 岗位调整／培训 → 再次考核 → 考核结果不合格 → 解除合同

图9—14 绩效考核不合格员工退出流程（示例）

良好的人才退出机制，需要多个环节的有效匹配，包括如下几个关键点：

（1）人才退出的关键依据是绩效管理结果。通过定期的绩效考核，对员工的工作表现进行审核和评价，之后，以绩效管理的结果为依据做出相应的人力资源决策，如降职、降薪、调岗、退休甚至解雇，保持企业中人员与岗位、岗位与能力的匹配。

（2）重视人才退出流程管理。依据"刚性裁员，柔性操作"原则，企业在裁员的操作中要具有一定的柔性，即在理性的基础上采取柔性化方式。[10]对企业来说，裁员过程中很重要的一项内容就是要降低员工的心理失衡，降低裁员成本。而要做到这一点，就必须根据企业的战略转型制定系统的裁员计划，把裁员程序化、规范化、制度化，以柔性化和人性化的实施方式保证裁员的良好成效。

（3）加强退出员工管理。目前大多数跨国公司都建立了一套完善的离职员工管理方法，尤其是对于掌握核心技术和营销管理的高级人员，更有严格的离职管理方法。[11]可口可乐公司的高层员工离职都有严格的保密协议。除了"封口"协议，成熟企业也通过各种友好方式将离职过程做得更具人性。比如，朗讯在2000~2003年间裁员时，被裁员工除了3个月的高额补偿金外，如果员工3个月内还找不到新工作，公司还提供免费的就业培训机会。

> 现在很多公司越来越重视招聘离职员工重回公司的方法，关注那些流失人才也开始成为人力资源部门、甚至CEO直接的工作之一。

（4）构建多种人才退出通道。对现有人员的状况（组织层级、年龄、学历、工作业绩等）进行分析，制定相应政策，并建立应急预案。给员工提供多次机会，多次选择，逐步将退出人员的预期降低，逐步将退出人员的关注重点集中到自身是不是适合新的岗位要求上来，转移原有的裁员矛盾。其途径包括：内部创业制度、自愿离职计划、提前退休计划等。

（5）关注与人力资源相关的法律法规。在与员工签订劳动合同时，应该注意相应的解除合同条款，避免在裁员时出现违法现象。在解除劳动合同时要按相关法律和公司规定给予员工相应的经济补偿，避免由此引发争端。①退出方法要根据相关法律的规定制定，必要时要向当地劳动部门咨询，甚至可以把退出方法到当地劳动部门进行备案，确保退出方法的合法性；②要有书面材料记录员工相关行为，使人力资源退出具有充分证据；③在人力资源退出时，要和劳动部门做好沟通，解释裁员原因，取得劳动部门的支持，按照劳动法规定，确定补偿金额。

有效建设企业人才梯队

战略性人力资源管理理念中一个非常重要的主张就是人才的更新迭代和循序培养。企业建设人才梯队，在现有人才正在发挥作用的同时做好人才储备，当现有人才出现变动时，能及时将储备人才补充上去，推动企业专业化、规范化、高效化的发展，保证企业永续经营（参见图9-15）。

人才梯队建设的目的就是通过制定人才计划（包括关键岗位继任者计划、岗位轮换计划、后备人才甄选计划）和对人才的培训开发（包括内部兼职、在职辅导、在职培训等）合理地开发培养后备人才队伍，构建起专业匹配、层次清晰的人才梯队，为企业可持续发展提供人才保障和智力资本支持。

> 企业性质不同，发展的阶段不同，实际的情况不同，其人才梯队建设的方法也应该有所不同。

理想的人才梯队建设，能够明确企业现阶段及未来所需人才种类，合理地从社会和企业内部引进、培养和储备人才，并定期进行评估管理，调整、安排好人才职务，发挥人才最大潜力（参见图9-16）。

要想实现理想的人才梯队，企业需要构建人才梯队资源库，通过人才区分机制、人才培养机制、人才选拔机制和人才发展激励机制[12]，持续动态地

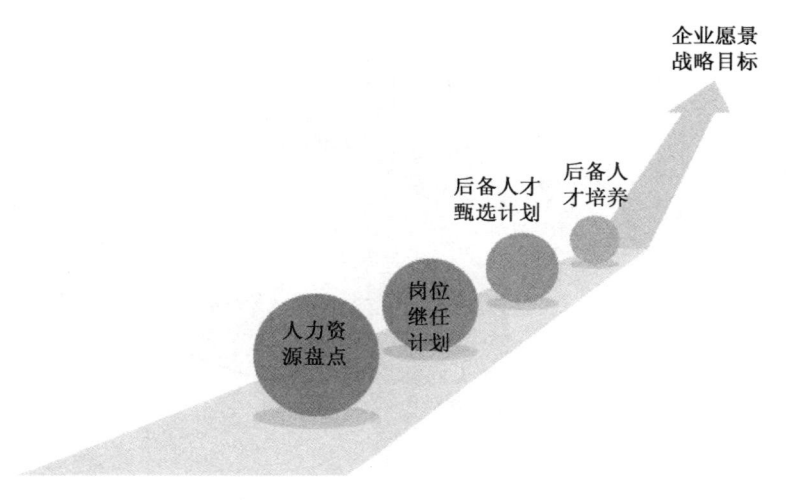

图 9—15　企业人才梯队战略（示意）

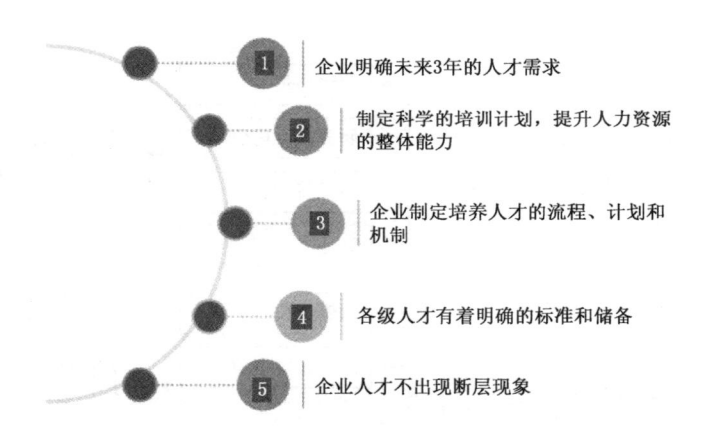

图 9—16　理想的人才梯队建设

1. 企业明确未来3年的人才需求
2. 制定科学的培训计划，提升人力资源的整体能力
3. 企业制定培养人才的流程、计划和机制
4. 各级人才有着明确的标准和储备
5. 企业人才不出现断层现象

优化人才梯队资源库，使之保持着数量和质量优势（参见图 9—17）。

企业人才梯队资源库是将每一名经过各项人才测评后的员工，放入人才库进行管理，并按专业序列、能力等级等进行排序。通常情况下，企业人才资源库分为高层人才库、中层人才库、基层人才库三个层次，构成简单的梯队。另外，为了更有效地实现"人才与岗位"的匹配，人才梯队资源库还要按职位类别建立，例如营销类、研发技术类、质量管理类等（参见图9—18）。

这样，按照级别和职位类别，人才梯队分成了若干个模块，管理上就会更有针对性。从原则上讲，每个职位类别、每个层级都可以建立一个人才子

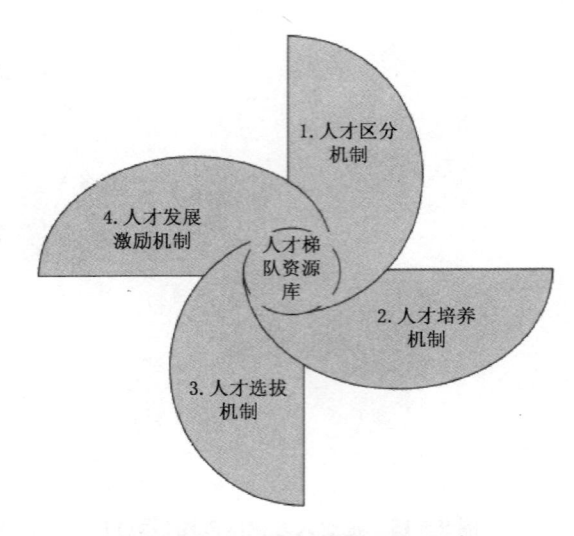

图9—17 人才梯队体系建设(示意)

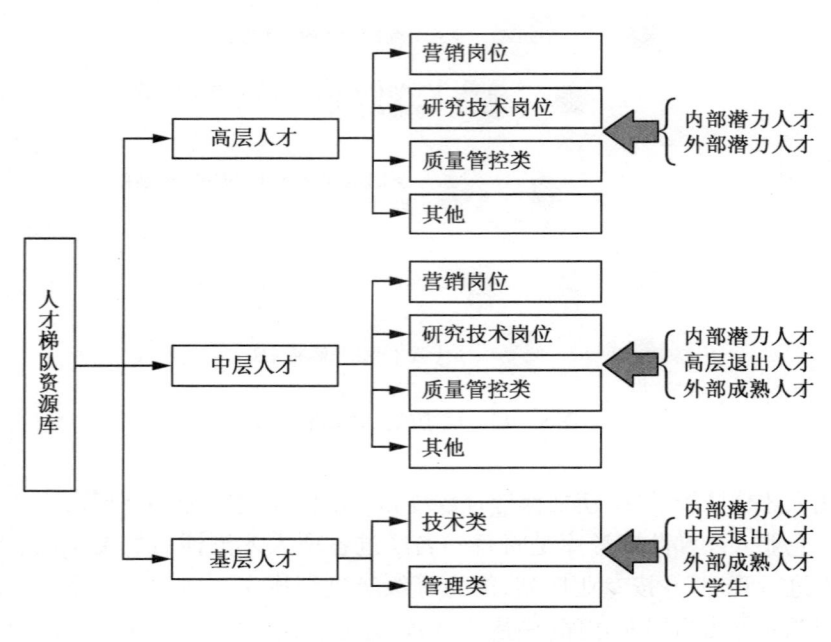

图9—18 人才梯队资源库构成

库,但在实践中,企业通常要关注重要的、高层次的人才资源库。

通过人才梯队资源库,企业岗位出现空缺时,能够立即补充,最大限度地保证该工作的延续性和一致性,同时,还可以让在岗的员工具有一定的危机感,进而激发其工作的热情、强化其责任感和对工作创新变革的动力。

此外,人才梯队可以采用外部引入和内部培养两种模式,对大多数企业来讲,最有效的方式是"内部培养为主,外部引进为辅"的策略。对企业来讲,人才使用要依次开展,人才是从基层开始成长的,只有经过多岗位、多层级的锻炼,才可能进入高层团队。

> **人才库应该是一个动态的库,可以帮助企业的人才梯队不断补充、提拔有潜力、有能力的员工,适应企业不断发展的人才需求。**

构建企业人才梯队资源库,需要明确人才的标准,通过人才区分机制,优选人才。实践中,需要对进入人才资源库的员工进行测评,运用素质测评方式,通过量表、评价中心技术、观察评定等多种手段综合对被测评者的思想品格、知识、能力、个性、职业倾向、潜能等素质进行测评,以全面了解人才。只有具备某个类别、某个级别任职资格(或胜任力要求),且达到一定绩效水平的员工,才能够进入资源库。

> **企业要有意识地引入和培养与梯队知识互补、能力互补、性格互补、年龄互补、关系互补的人才。**

人才梯队资源库是一个开放、包容、宽进严出的系统,强调的是能力素质匹配,通过不断地优化淘汰,保证人才不断地进步,这样,才能为企业提供优秀的人才,助力企业进一步发展(参见图9—19)。

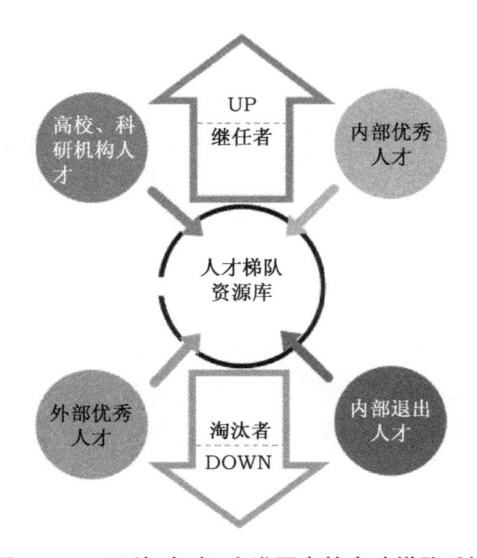

图9—19　开放、包容、宽进严出的人才梯队系统

对企业来讲,根据企业发展实际情况,有针对性地开展员工培训是必不可少的一项任务,这不仅关系到员工的个人发展,也关系到企业未来的发展。企业也必须关注员工的发展潜力,员工适合什么工作,把员工安排到适合他的位置,实现集体的效用最大化。

为了激励中高层管理者对人才的培养,可以采取以下措施:(1)将人才梯队资源库建设的结果作为管理者/专业骨干年度综合评价的一项指标;(2)人才的培养和选拔,可以作为管理者/专业骨干任职资格标准的一项内容,而且级别越高,其在任职资格标准中所占的权重就越大;(3)借鉴IBM、华为等业界优秀企业的做法,梯队建设任务未达标者,不能得到提拔;(4)为了激励人才梯队资源库建设,企业可以设定一些单项奖,例如"育才奖"和"伯乐奖"等,每年评选出优秀的部门和个人给予专项奖励。

资料链接9-2:上海大众:员工发展自己做主

……

上海大众已成为国内生产规模最大的现代化轿车生产基地,产品包括两大品牌的六大系列几十个品种。事实上,作为中国改革开放后第一家轿车合资企业,上海大众不仅是一家汽车制造企业,更是承担了中国现代汽车工业开拓者的历史使命,领跑中国现代汽车工业多年。上海大众人力资源经理黄玉寅认为,人才是制胜的原动力和基石。正因为人才对企业发展的关键性作用,上海大众在招聘员工时十分严格而且谨慎。

……

上海大众的员工都知道公司有一个"人力资源管理八原则",其中原则三是:"员工是个人发展的主体,人才的发展是一个循序渐进的过程。"原则六则为:"人人都有多元化的发展。"联系起来理解,意思就是,每个人都拥有多元化发展的平等机会,个人发展自己做主。

上海大众针对不同特点的岗位、不同风格的员工,设计了三条发展道路,即管理道路、专家道路与技能师道路。这样可以让员工根据自己的特长与个性充分发展,而不必都去挤进入领导层的"独木桥"。"三条发展道路对每个员工都是敞开的,而且所有的标准、台阶也都是公开和透明的,员工可以选择自己的发展道路,"黄玉寅表示,三条发展道路为所有员工开辟了自主选择、个性化发展的职业生涯通道。在三条发展道路上,公司为处在各个层面的员工提供相应的体系化的培训,让员工实现企业能力、社会能力和个人能力不断提升。

第 9 章
组织能力与员工培养

"薪资只是留住人才的一个方面,更重要的是能为员工们提供个人发展空间,让他们看到发展的希望。"黄玉寅认为。在上海大众,进入到技能师行列的一线工人,其收入完全可以达到管理层的水平。
……

资料来源:薛亚芳. 上海大众:员工发展自己做主[N]. 人才市场报,2006—12—23. 第 A10 版。

基于绩效目标的企业培训体系

企业要想实现发展目标,需要激发员工积极性,让他们愿意为企业战略目标而努力,这只是解决了员工态度或意愿问题,但仅仅这样还是不够的,企业还要关注员工的能力,也就是说,员工能不能满足企业发展需要,能不能满足构建核心竞争力的需要。

如何在公司内部培养和发展人才,提升整个企业的组织能力,进而达成战略目标是每位企业领导者所关注的焦点。莫扎特曾说:"我每天用 8 小时练琴,人们却用'天才'埋没我的努力。"对大多数员工来讲,"比你更优秀、更出色的人还那么努力,你凭什么还给自己找借口"。

学习型组织认识到持续培训与开发对绩效具有重要意义,它们采取适当的行动提供培训与开发活动,把培训看作"战略性投资",而不是一种企业成本。

依据彼得原理,一些由于在现在的岗位上工作绩效优秀,所以就将被晋升到更高的岗位;如果继续胜任,他将被进一步提升,最终达到某个他所不能胜任岗位为止。我们由此可以推论:在很多企业中,很多岗位最终都将被一个不能胜任该岗位要求的员工所占据。因此,培训成为员工发展和企业发展的助推器。

全面准确认识培训

20 世纪 90 年代,彼得·圣吉[①]提出,现代企业迫切需要构建学习型组织(参见表 9—2)。许多企业开始更加注重对现有员工的培训,纷纷在企业内部开展建立学习型组织的各项活动。通过学习型组织,提升了学习和培训

---

① 彼得·圣吉是美国麻省理工学院(MIT)斯隆管理学院资深教授,国际组织学习协会(SOL)创始人、主席,被称为是继彼得·德鲁克之后,最具影响力的管理大师。

在企业中的地位,变被动适应企业发展的培训为主动提供企业的核心竞争力。

表 9—2 学习型组织的特征

特 征	具体描述
持续学习	雇员们共享学习成果并把工作作为知识应用和创造的基础
知识创造与共享	开发创造、获取和分享知识的系统
严格的系统化思维	鼓励雇员用新的方式思考,找出联系和反馈渠道,并验证假设
学习文化	公司的管理人员和公司目标明确对学习的奖励、促进和支持
鼓励灵活性与实践性	雇员可自由承担风险,不断革新,开创新思路,尝试新过程,并开发新产品和服务
珍视雇员价值	系统和环境注重对每位雇员的培训开发和福利

此外,还将培训活动从生产经营的一个辅助环节上升到贯穿于企业的整个生产活动,拓展了培训的意义和作用,并成为企业经营理念的一部分,为培训战略的制定与实施开拓了新境界。对现代企业来讲,培训不是一次次单个的项目,而是一种科学的系统(参见图 9—20)。

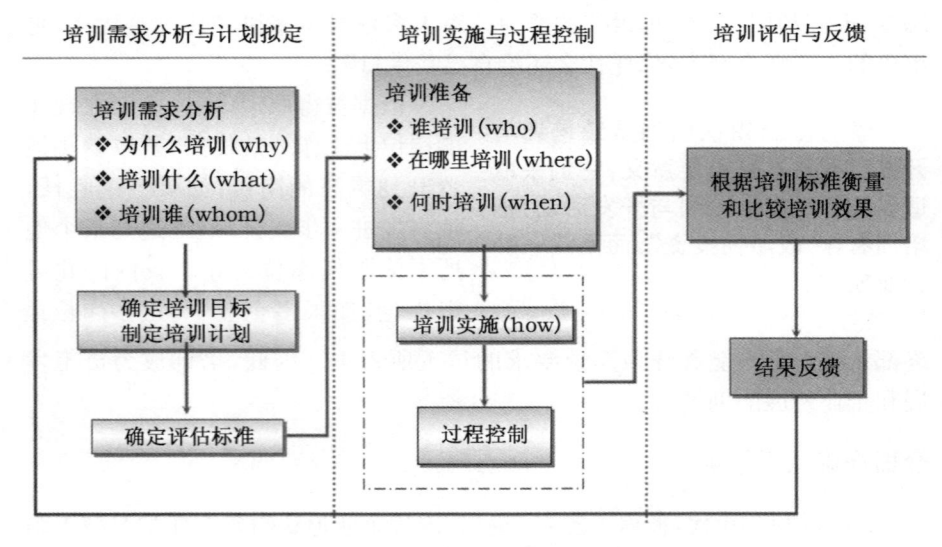

图 9—20 现代企业开发系统

什么是培训?鉴于培训实践的复杂性和该领域变化的快速性,很难给其下一个确切的定义。一般意义上讲,可以认为:培训是有计划的、用来帮助员工提高技能的、要改变行为的、与工作相关的活动。

优质的培训是高效管理之母,企业发展离不开长期有效的培训,培训是批量制造企业所需人才的最好方法之一。

从企业员工培训的内容来看,处于企业不同层次、不同岗位的员工,培训的内容、侧重点、方式都不同(参见表9-3)。另外,培训必须根据企业的业务特点、工作岗位要求和受训员工的特点及能力来开展。培训课程里不仅要讲解理论知识,还要传授能解决企业发展中存在的实际问题的技能。

表9-3　　　　　　　　　　　培训的类型

培训类型		含义	特点
按在职情况分	岗前培训	又叫新员工培训,是帮助新员工熟悉公司的业务、工作流程以及规章制度,尽快融入公司的企业文化	以通用内容为主;以内部资源为主
	在职培训	又叫在岗培训,是在工作中有计划地进行培训,使员工具备有效完成工作所需的知识、技能、态度	内容针对性强;培训资源可以来自内部、外部;投入较少
	非在职培训	又叫脱产培训,是指员工暂时离开现职,脱产到有关学术机构或学校以及别的组织参加为期较长的培训	时间长;培训的内容系统;培训以外部资源为主;投入较大
按集中情况分	正式培训	一般是指将受训员工集中到一起来,主要形式是课堂培训	时间较短;内容针对性强;投入较大
	非正式培训	一般不必将受训员工集中到一起来,可以在工作中进行,也可以面谈形式进行等	形式很多,安排灵活;投入较少
按培训需求分	岗位类培训	按岗位对员工的要求组织培训	内容针对性强
	职能类培训	按专业对员工的要求组织培训	内容针对性强
	课题类培训	按岗位/专业中某个课题组织培训	内容针对性强

现代企业培训以"员工发展"为中心,一方面,通过培训,让员工获得目前工作所需要的知识和能力,以便完成好当前的工作;另一方面,通过培训使员工获得未来所需要的知识和能力。从很多方面来讲,基于绩效目标的企业培训体系与传统的培训体系和其他的培训理论相比较,应该说体现出了不少的优点(参见表9-4)。以TCL"海鹰特训营计划"为例,2015年,TCL在公司内部专门挑选一批年轻有潜质的人才,用100天的拓展训练来进行培训,以充实海外业务。这种针对国际化人才的专门培训,为TCL国际化战略的推进提供了很大的助力。

表 9—4　　　　　基于绩效的培训体系与传统培训体系的差异

基于绩效的培训模式	传统的培训模式
· 以提高绩效为导向 · 有全局观、整体观 · 以团队为核心 · 理论是围着应用转 · "学"和"用"互动 · 强调角色的转换 · 以学员为核心 · 强调培训技能的跟踪运用 · 重视工作氛围的改进	· 以提高个人知识技能为导向 · 注重从个人、局部考虑 · 以个人为核心 · 应用是围着理论转 · 先"学"后"用" · 单向说教为主 · 以老师为核心 · 没有培训的跟踪运用 · 培训独立于业务、工作

如果公司管理层,特别是高层管理者,不重视培训,没有他们的参与,就是有再好的培训体系、培训工作者,培训也难以达到成效。

培训应该与绩效紧紧地联系起来,才能让所有管理者、员工参与到培训中来,使培训得到从战略层面上的重视。

培训带给企业的价值

人力资本的差异性、复杂性、稀缺性及创造性是难以被竞争对手模仿的,是企业提高核心竞争力的着力点。[13]越来越多的企业认识到对培训投资的价值和培训的战略意义。统计数据表明,对员工的投资,尤其是骨干员工的投资,价值是很大的。比如说,美国人力资本专家舒尔茨曾估算:物力投资增加 4.5 倍,利润相应增加 3.5 倍;而人力投资增加 3.5 倍,利润将增加 17.5 倍。

培训的使命是:引导新员工、改善绩效、提升员工价值、开发高层领导技能。

现代企业培训的投入虽然增加了成本,但也是企业的一种人力资源投资,其回报则是形成企业的核心优势。完整、有效的培训系统只有在符合企业业务发展战略和长期发展目标的前提下,才能真正获得培训对员工个人、岗位及企业业务发展等方面较为满意的收益。[14]对新员工来讲,培训能够让他们对企业环境进行深入了解,进而调整自己去适应企业文化、企业战略、企业制度等,同时能够尽快地掌握岗位技能;对老员工来讲,培训可以提升自己的专业技能。

更为重要的是,培训不仅能够为企业的管理创造多种有利的工作条件和营造和谐的工作氛围,并满足员工的物质和精神文化需求,而且能够推进企业的组织变革,增加企业的价值。

此外,企业还要注意,不同层面的学习对企业发展的贡献是不一样的。在最初时期,个人学习是有效的,团队学习、组织学习没有组织好,可能不能显示出它们的效果。随着企业的发展,有组织的团队学习、组织学习的效果就会表现出来,这也给培训管理者以启示:在注重个人知识、技能提升的同时,更应该组织好团队学习、组织学习(参见图9—21)。

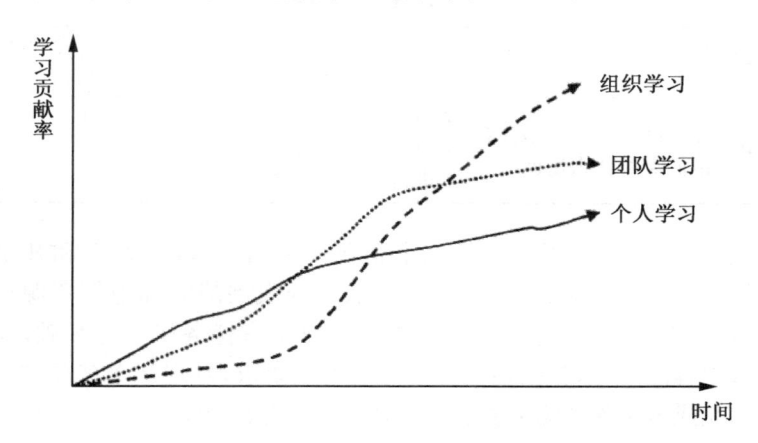

图9—21 不同类型学习对企业发展的贡献率(示意)

最后,企业要深刻地认识到,培训是一个系统工程,人员的培养和成长不是一朝一夕就能完成的,必须要把它当作长期的工作、经常性的工作来抓才行。企业的管理者或培训部门应该清楚员工需要学习什么、何时需要、怎样学习能解决什么问题。

培训需求评估

现代培训活动的首要环节是需求评估,它既是确定培训目标、设计培训方案的前提,也是进行培训评估的基础。通过培训需求评估表,找出员工在知识、技能或能力方面的不足,然后就能对员工进行有针对性的培训[15],使企业的培训开发活动不再是盲目的,而是一种有明确目标的活动,这样可以迅速提升员工素质,使员工得到发展。

对大多数企业来讲,培训需求评估可以采用"三种分析法",即组织分析、任务分析、人员分析(参见表9—5)。

表 9—5　　　　　　　　　　　　培训需求分析

分析	目的	具体方法举例
组织分析	决定组织中哪里需要培训	• 考察组织长期目标、短期目标、经营计划来判定知识和技术需求 • 将实际结果与目标进行比较 • 制定人力资源计划 • 评价组织环境
任务分析	决定培训内容应该是什么	分析个人工作的业绩评价标准、要完成的任务、成功完成任务所需的知识、技术、行为和态度
人员分析	决定谁应该接受培训和他们需要什么培训	• 通过业绩评估,分析造成差距的原因 • 收集和分析关键事件 • 进行培训需求调查

具体来讲,组织分析是指从整个企业战略出发,确定培训和开发的范围,通过组织分析,可对企业所处的环境、企业发展战略和组织资源进行检查,以确定培训范围和重点;任务分析是指以工作任务研究为基础,来确定培训项目内容的过程,包括核查工作说明书及要求,发现从事某项工作的具体内容和完成该工作所需要具备的各项知识、技能和能力;人员分析包括弄清工作绩效不令人满意的原因是源于知识、技术、能力的欠缺与培训有关的事宜还是属于个人动机或工作设计方面的问题;明确谁需要培训,让雇员做好接受培训的准备。

通常情况下,由于组织分析与培训是否适合公司的战略目标及公司是否愿意在培训上投入时间与资金的决策有关,因此,首先进行组织分析,而任务分析和人员分析常常是同时进行的。

实践中,企业全面开展组织分析、任务分析和人员分析,往往面临着工作量大,人手不足等问题,因此,很多企业通常只做人员分析,对组织分析和任务分析大多"点到为止"。培训需求评估从公司的业务分析、公司经营目标及其与人力绩效的关系等入手,确定期望的绩效标准来分析人力绩效是否满足业务需要、是否存在差距,再进行绩效差距根本原因分析,最后确定是采用何种绩效干预方案,从而培训的需求也就确定了(参见图 9—22)。

导致人力绩效差距的原因很多,有知识、技能、公司的激励政策、组织的资源、组织的结构与流程、是否有足够的信息、员工生理及心理是否健康等。只有找对了根本原因,才能选择合适的绩效干预方案。人力绩效差距如果是因为员工的知识、技能,培训就可能是一种比较好的解决方案。

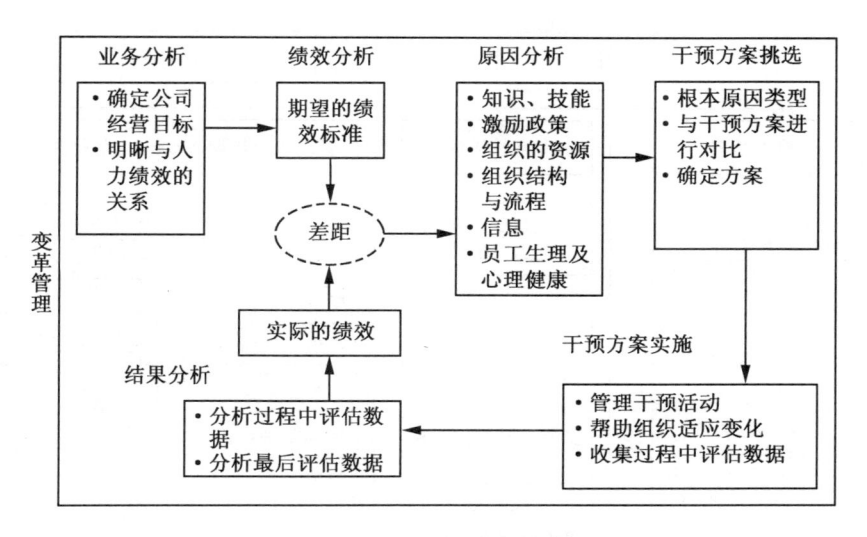

图 9—22　人力资源绩效提升模型

培训项目设计

培训项目设计是贯穿整个培训流程的纽带,其目的是从企业战略出发,在全面、客观的培训需求分析基础上,制定科学的培训方案,为评价培训效果和监管培训过程确定标准。[16]

培训项目设计工作由专门从事培训项目设计工作的人力资源管理专家或人力资源管理人员负责。

培训项目设计需要根据企业现状及发展目标,系统制定各部门、岗位的培训发展计划。培训部门必须对培训的内容、方法、教师、教材和参加人员、经费、时间等有系统的规划和安排。主要任务包括:明确培训目标、确定培训内容、选择讲师、制定课程方案、选择培训方法等。

培训内容的选题、难易、繁简均可极大地影响培训的成效,因此,设计合理而适宜的课程体系,应该满足课程完整性、动力性、联系性和平衡性等特性(参见图 9—23)。

除了以上的课程分类之外,培训体系分为工作技能类、创新能力类、团队建设类等。其中,工作技能培训是针对提高员工的工作能力而采用的提高该岗位工作技能的培训,一般以内训为主,采用在职培训的形式;创新能力培训来源于企业员工创新能力的形成,主要目的是提高人的思维能力和基本素质,很难量化各种指标,其培训方式以外部培训为主;团队精神培训

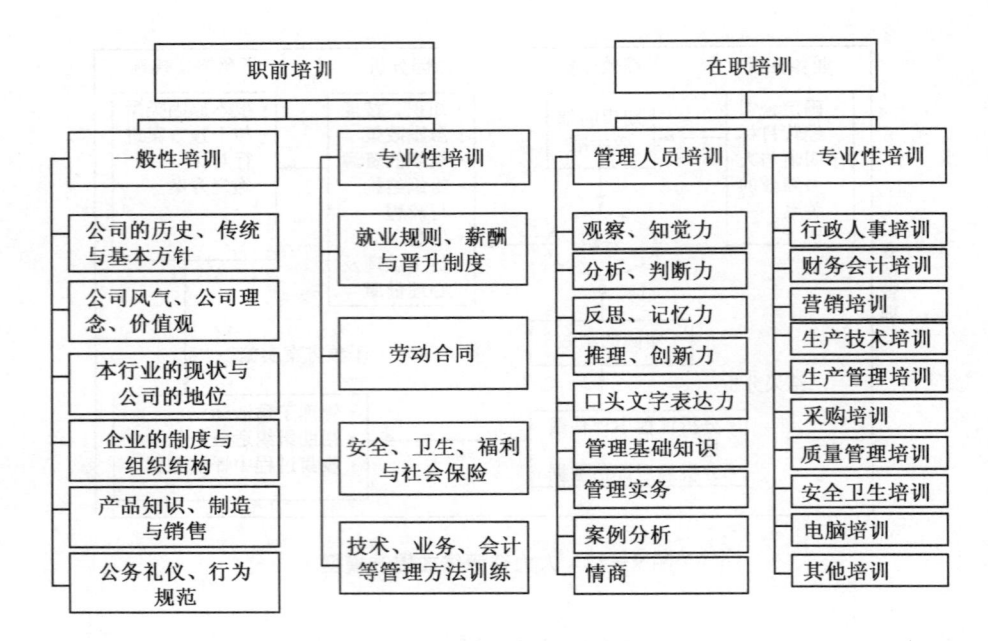

```
                 职前培训                              在职培训
        ┌──────────┴──────────┐             ┌──────────┴──────────┐
      一般性培训              专业性培训        管理人员培训            专业性培训
   ┌───────────┐         ┌───────────┐     ┌───────────┐       ┌───────────┐
   │公司的历史、传统│         │就业规则、薪酬│     │观察、知觉力  │       │行政人事培训 │
   │与基本方针   │         │与晋升制度  │     ├───────────┤       ├───────────┤
   ├───────────┤         ├───────────┤     │分析、判断力  │       │财务会计培训 │
   │公司风气、公司理│         │            │     ├───────────┤       ├───────────┤
   │念、价值观   │         │劳动合同    │     │反思、记忆力  │       │营销培训    │
   ├───────────┤         │            │     ├───────────┤       ├───────────┤
   │本行业的现状与 │         ├───────────┤     │推理、创新力  │       │生产技术培训 │
   │公司的地位   │         │安全、卫生、福利│     ├───────────┤       ├───────────┤
   ├───────────┤         │与社会保险  │     │口头文字表达力│       │生产管理培训 │
   │企业的制度与  │         ├───────────┤     ├───────────┤       ├───────────┤
   │组织结构    │         │技术、业务、会计│     │管理基础知识  │       │采购培训    │
   ├───────────┤         │等管理方法训练 │     ├───────────┤       ├───────────┤
   │产品知识、制造 │         └───────────┘     │管理实务    │       │质量管理培训 │
   │与销售     │                           ├───────────┤       ├───────────┤
   ├───────────┤                           │案例分析    │       │安全卫生培训 │
   │公务礼仪、行为 │                           ├───────────┤       ├───────────┤
   │规范      │                           │情商       │       │电脑培训    │
   └───────────┘                           └───────────┘       ├───────────┤
                                                              │其他培训    │
                                                              └───────────┘
```

图 9—23　培训内容体系（示例）

通过集体性活动，使培训者在共同生活、共同学习、协同解决问题的过程中，提高团队凝聚力，其培训的表现形式主要有挑战训练、团队组织活动、建立学习型组织、帮助在企业内部建立非正式组织等。

亨利·明茨伯格（Henry Mintzberg）[①]对课堂教学提出以下原则：不要把课时塞满，即它要求用一半的时间让参与培训者按照他们的议程安排来进行学习；少传授，参与培训者需要从彼此身上学到的东西，至少和他们要从教授或讲师那里学到的东西一样多；做到灵活机变，让良好的讨论持续下去，如果有必要的话，删掉那些被认为是"表面上的"东西。这些原则将极大地帮助参与者在课堂上对照经验进行反思，使培训的效果最大化。

实践中，训练容易见效果，比如说技能训练、管理技能训练等，通过一段时间的训练，可以明显看到员工技能方面的提高。

现代企业培训方法多种多样（参见表 9—6），具体选择哪种培训方法，取决于培训目标和培训对象。通常情况下，由企业人力资源部根据培训对象和培训课程，结合具体师资人

[①] 亨利·明茨伯格是全球管理界享有盛誉的管理学大师，是最具原创性的管理大师，对管理领域常提出打破传统及偶像迷信的独到见解，是经理角色学派的主要代表人物。

选,选择合适的培训方法,无论如何,培训的出发点都是希望提高培训转化率,产生更好的培训效果。

表 9-6　　　　　　　　　　培训方法比较

	演示法		传递法								团体建设法		
	讲座	录像	在职培训	自我指导学习	师带徒	仿真模拟	案例研究	商业游戏	角色扮演	行为示范	冒险性学习	团队培训	行动学习
学习成果													
言语信息	是	是	是	是	是	否	是	是	否	否	否	否	否
智力技能	是	否	否	是	是	是	是	是	否	否	否	是	是
认知策略	是	否	否	是	否	是	是	是	是	是	是	是	是
态度	是	是	否	否	是	否	否	否	是	是	是	是	是
运动技能	否	是	是	否	是	是	否	否	否	是	否	否	否
学习环境													
明确的目标	中	低	高	高	高	高	中	高	中	高	中	高	高
实践机会	低	低	高	高	高	高	中	中	中	高	中	中	中
有意义的内容	中	中	高	中	高	高	高	中	中	中	低	高	高
反馈	低	低	高	中	高	高	中	中	高	高	高	高	高
观察并与别人交流	低	中	高	中	高	高	高	高	高	高	高	高	高
成本													
开发成本	中	中	中	高	高	高	中	高	中	中	中	中	低
管理成本	低	低	低	中	高	中	低	低	中	中	中	中	中
效果	对言语信息来讲效果好	一般	有组织的OJT效果好	一般	好	好	一般	一般	一般	好	差	一般	好

近年来,随着互联网的发展,越来越多的新技术培训方法,如在线培训、远程学习等以互联网为基础的培训,开始越来越多地出现在企业培训中。尽管新技术培训方法比较适合提高言语信息、智力技能、认知策略等学习成果,但是,传统的培训方法并没有退出历史舞台,也有着自己的优势。

实践中,单一的培训方法往往很难达到理想的效果,因此,现代培训往往采用多种培训方法,比如在职学习、师带徒、仿真模拟、行为示范、行动学习等(参见图 9-24)。

```
讲座
为了概念性的灌输

案例
为了拓宽了解的范围        反思
                      为了解释所有经验      ⇒  对学习的应用
                          的意义

行动学习
为了获得新的经验           自然的经验
```

图 9—24　培训方法的融合

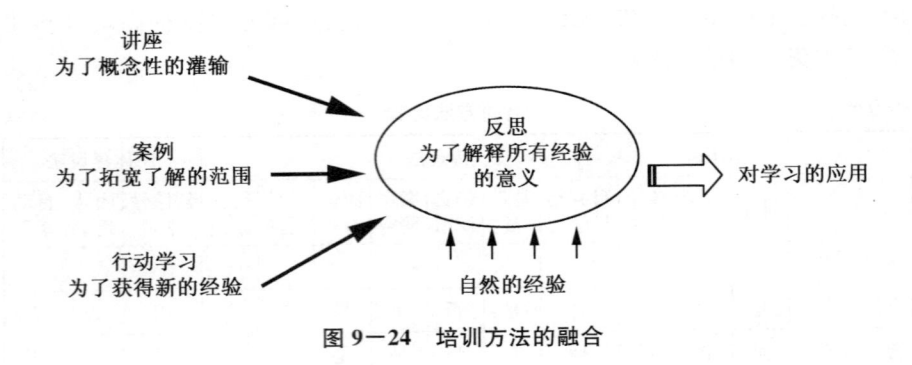

培训项目成果转化

在传统的培训模式下,培训部门最主要关注员工通过学习学到了什么知识、学会了什么技能或技能提高了多少,而有关企业培训的研究表明,一般的企业培训只有 10%～20% 的转化率,即 80%～90% 的培训资源和成果都被浪费了。

为了提升培训项目成果转化率,产生更大的绩效,培训部门需要了解影响学习成果转化的障碍(参见表 9—7),针对这些障碍,采取有针对性的措施,最终关注员工通过学习,有没有改变行为,学习成果对绩效目标的达成有多大贡献。

表 9—7　　　　　　　　影响学习成果转化的障碍

排序(从高到低)	组织中的障碍
1	缺乏在工作中的强化
2	工作环境的干涉
3	组织结构的不支持
4	学员认为培训不实用
5	学员认为培训与工作不相关
6	学员对改变不适
7	培训结束后学员不再与讲师联系
8	糟糕的培训设计或/与实施
9	同事反对改变

培训学员采用新的技术和行为模式,存在一个由知到行、知行合一的过程,这需要一段时间的适应、习惯和坚持。另外,学习成果要成功转化,需要

相当一段时间,是一个过程,不是单个人、单个条件就能促成的(参见图9—25)。这不仅需要了解培训学员的特点、制定良好的培训方案以及完善的配套设施,而且需要在培训中确实获得学习成果并保存,最后在工作中应用推广和维持。

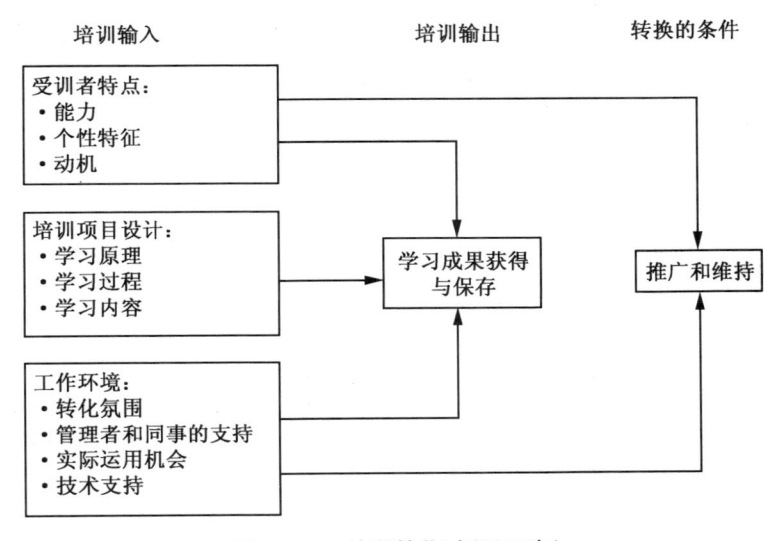

图9—25 培训转化过程(示意)

实践中,企业可以采取很多种方法,促进培训项目成果转化,主要方法包括:活动转化法、深化转化法、绩效挂钩转化法和业务结合转化法(参见图9—26)。此外,还包括管理层的支持和参与对培训成果转化率的影响。实践证明,管理层对培训的支持度越高,培训成果转化为绩效的程度就越高。

企业的培训成果转化为生产力之后,必然会带来各种变化,比如员工业绩的提升、企业整体绩效的提高等,这也正是培训的最终目的。企业发展需要永续的绩效提升,推进培训成果转化的常态化需要建立完善鼓励进步、激励创新的管理机制。[17]

培训效果评估

实际工作中,企业对培训效果的评估依然停留在员工满意度调查、员工培训作业完成等培训过程阶段,而很少将对培训的评估融合到实际工作中,造成培训与实际工作脱节,培训与员工实际工作"两张皮"的现象严重。[18]科学的培训评估对于企业了解投资的效果、界定培训对企业的贡献、证明员工培训所做出的成绩非常重要。

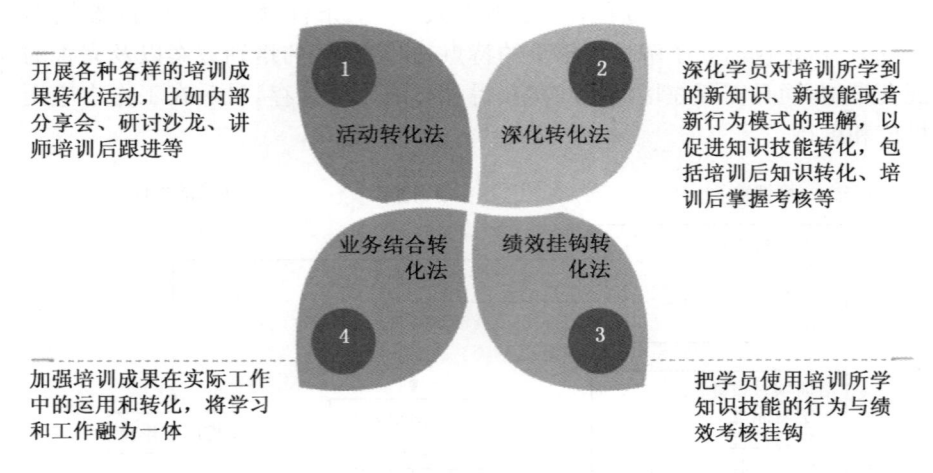

```
                    ┌─────────────────────────────────────┐
开展各种各样的培训成      1              2        深化学员对培训所学到
果转化活动，比如内部                              的新知识、新技能或者
分享会、研讨沙龙、讲   活动转化法    深化转化法    新行为模式的理解，以
师培训后跟进等                                    促进知识技能转化，包
                                                  括培训后知识转化、培
                      业务结合转    绩效挂钩转    训后掌握考核等
                        化法          化法

加强培训成果在实际工      4              3        把学员使用培训所学
作中的运用和转化，将学习                           知识技能的行为与绩
和工作融为一体                                     效考核挂钩
```

图 9－26　培训项目成果转化方法

培训效果的评估研究最早可以追溯到 1959 年，美国威斯康星大学柯克·帕特里克（Kirk Patrick）在其博士论文中进行了培训效果评估方法研究，之后发表了一系列的文章，详细阐述了培训评估的 4 层次模型的思想和方法。如今，柯克·帕特里克的 4 层次评估模型仍然是最常用的培训评估模型。该模型从评估的深度和难度将培训效果分为 4 个递进的层次：反应层、学习层、行为层、结果层（参见表 9－8）。

表 9－8　　　　　　　　柯克·帕特里克培训效果评估模型

层次	主要内容	可询问的问题	衡量的方法
反应层	观察学员的反应	学员喜欢该培训课程吗？课程对自身是否有用？对培训人员和设施等有何意见？	问卷调查 访谈
学习层	检查学员的学习结果	学员在培训中学到了什么？在培训前后，学员的知识及技能有多大程度的提高？	笔试 绩效考核
行为层	衡量培训前后工作表现	培训后，学员的行为有无改变？学员工作中是否用到了培训所学到的知识？	由上级、同事、下属进行绩效考核
结果层	衡量公司经营业绩变化	行为改变对组织的影响是否积极？组织是否因培训而经营得更好？	事故率、生产率、流动率、产品质量、员工士气

反应层评估是指学员对讲义、师资、设施、方法和内容等的看法，采用的主要评估方法是问卷调查，即在培训结束时，收集学员对培训效果和有用性的反应，学员反应对于重新设计或继续培训项目至关重要。

学习层评估主要是评估学员对原理、事实、技术和技能的掌握程度,评估的方法包括笔试、技能操练和工作模拟等。培训组织者可以通过笔试、绩效考核等方法来了解学员在培训前后,知识及技能方面有多大程度的提高。另外,强调对学习效果的评价,也有利于增强学员的学习动机。

行为层评估需要衡量学员工作表现的变化,通常情况下,行为层的评估往往发生在培训结束后的一段时间,由上级、同事、下属观察学员的行为在培训前后是否有差别,是否在工作中运用了培训所学的知识和技能,该评价方法要求培训部门建立起与职能部门之间的良好关系,以便获得员工的行为信息。

结果层评估需要衡量培训是否有助于公司业绩的提高。如果培训达到了让员工改变工作态度的目的,就需要考察这种改变是否对提高公司的经营业绩起到作用,使结果层评估上升到组织的高度,即组织是否因培训而经营得更好。这可以通过一些指标来衡量,如事故率、生产率、员工流动率、产品质量、员工士气等。

针对评估结果,重要的是采取相应的纠偏措施并不断跟踪,而不仅仅是评估本身的结果。

培训评估非常复杂,需要通过多种方法来收集信息(参见表9-9),评估过程需要培训主管部门、学员单位、培训实施部门等的协调配合,因此,必须加强评估中的系统合作,强化评估过程的监督和控制,同时培训结果要在学员、单位领导、培训主管部门、培训实施单位等之间进行反馈和交流,保证评估结果的公正、客观,同时利于对培训工作的改善和引起主管领导对培训评估工作的重视。[19]

表9-9　　　　培训评估信息收集方法

方法	具体的过程	优点	缺点
1. 访谈	与一个或多个人进行交谈,以了解他们的信念、观点和观察到的东西	• 灵活 • 可以进行解释和澄清 • 能深入了解某些信息 • 私人性质的接触	• 引发的反应在很大程度上是回应性的,成本很高 • 面对面的交流障碍 • 需要花费很多人力 • 需要对观察者进行培训
2. 问卷调查	用一系列标准化的问题去了解人们的观点和观察到的东西	• 成本低 • 匿名的情况下可提高可信度 • 可以在匿名的情况下完成 • 填写问卷的人可以自己掌握速度 • 有多种选项	• 数据的准确性可能不高 • 如果是在工作中完成问卷填写的,那么对这个过程很难进行控制 • 不同的人填写问卷的速度不同 • 无法保证问卷回收率

续表

方　法	具体的过程	优　点	缺　点
3. 直接观察	对一项任务或多项任务完成过程进行观察和记录	·不会给人带来威胁感 ·是用于测量行为改变的极好的途径	·可能会打扰当事人 ·可能会造成回应性的反应 ·可能不可靠,需要受过训练的观察者
4. 测验和模拟	在结构化的情景下分析个人的知识水平或完成某项任务的熟练程度	·代价低 ·容易记分 ·可迅速批改 ·容易施测 ·可大面积采样	·可能会带来威胁感 ·也许与工作绩效不相关 ·对常模的依赖可能会歪曲个人的绩效 ·可能有文化带来的偏差
5. 档案记录分析	使用现有的信息,比如档案或报告	·可靠 ·客观 ·与工作绩效关系密切	·要花费大量的时间 ·对现实进行模拟往往很困难 ·开发成本很高

资料链接 9—3:现代企业引入传统"师徒制"

　　传统的"师徒制"(或称"导师制")是种很好的培训方法。应该在各个岗位和层级进行不同时段、内容与方式的细化设计。这种师徒制的益处是首先具有实时性和连贯性,避免了课堂培训造成的短效弊病;其次,这种制度还可以极大地稳定员工的工作情绪,师傅就是老师,是长辈,他们对徒弟的影响很大,也很了解徒弟的性格、爱好、价值观,做思想工作就会比人力资源部容易得多。

　　师徒制本身是一种传统的传承方式,也是一种非常有效的方式。近年来,由于培训方式和教育方式的更新,很多企业逐渐摒弃了学徒制。但是"师徒制"不仅具有以上优点,还具有一定的社会意义,特别是对于大学刚毕业,初次接触社会的新员工来说,通过师傅的带领,尽快掌握自己立足立身的本领,学习更多的工作和社会经验,缓解初入社会面临的各种压力和困惑,对其更好地融入社会有着巨大帮助。

　　"师徒制"能够让新来的员工更快、更好地融入公司,以及让后进的员工及时跟上团队的步伐,形成团队的"梯队建设",也能让"师傅"体验到更多的职业成就感,也有效锻炼了师傅的领导力。

　　资料来源:周辉.传统"师带徒"的新实践——导入成长路径图[J].培训,2012(5):103—106。

培训与发展管理

教育培训是人力资本投资的过程,是人力资本形成和积累的过程,是人力资本存量提升的过程。通过培训、学习,能够提升员工素质能力,确保其价值观念正确、工作态度端正、工作行为适当,在自己现岗位或拟任岗位上创造出更大的价值。

人力资源部作为员工培训和发展的归口管理部门,需要根据企业经营发展战略、企业生产经营的要求和员工素质水平等因素,分析和预测员工职业培训的需求,制定企业培训和发展体系(参见图 9—27),加强培训实施的管理,做好每次培训的效果评估,不断总结经验,使公司人力资源工作不断优化。

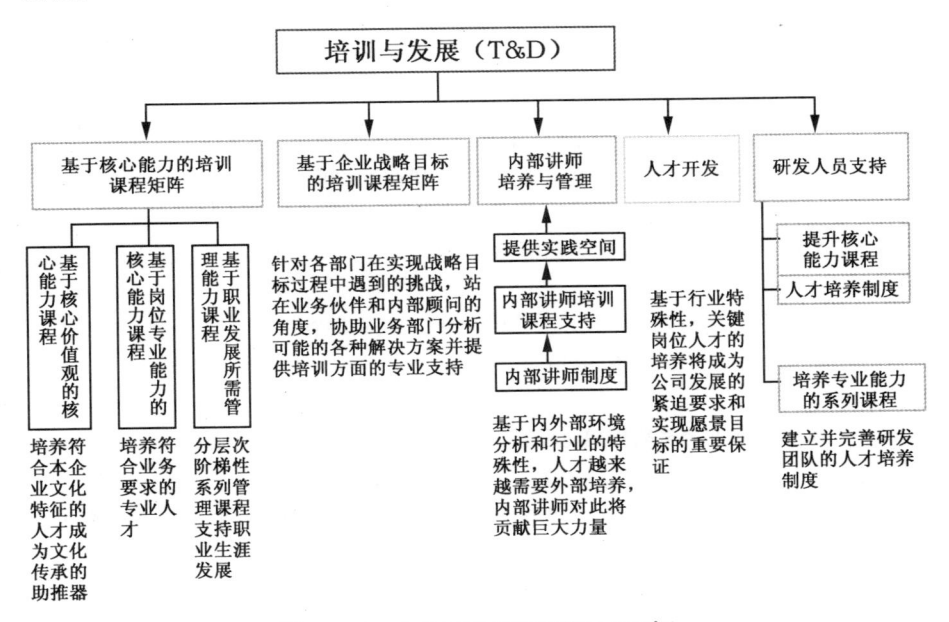

图 9—27 企业培训与发展体系(示意)

随着"中国制造 2025"和"互联网+"等政策的提出,中国的市场竞争更加激烈,为了应对市场的变化,企业需要更加完善的人力资源培训体系,培养出更多的优秀人才来支撑企业的发展。然而,当前企业发展的主力军"80后""90后",对企业人力资源管理提出了更高的要求。企业培训是让年轻员工融入企业员工队伍,浸染企业文化的重要一环,在开展企业培训管理工作中,兼顾员工个性需求和企业经营发展,已成为一个重要课题。[20]

培训组织者应当具有超前意识,考虑到企业的发展和未来的需求,变被动的培训为主动的培训,通过培训使员工提高技术创新和革新的能力,随时迎接未来的挑战。

注释:

[1]张肖虎,杨桂红.组织能力与战略管理研究:一个理论综述[J].经济问题探索,2010(10):65—69.

[2]李洋升.台湾电子厂商核心专长与竞争战略之研究[D].花莲:台湾东华大学国际企业管理研究所,2000.

[3]王建优.成功企业各成长阶段组织能力探析[J].企业管理,2012(5):103—105.

[4]杨国安.组织能力的杨三角:企业持续成功的秘诀[M].北京:机械工业出版社,2010(1):2.

[5]吴晓波.未来中国有可能产生伟大的世界级企业[J].中国品牌,2014(6):54—55.

[6]袁喜娜,王世伟.论战略导向对企业组织能力的影响[J].厦门大学学报(哲学社会科学版),2013(3):50—58.

[7]程功.职业晋升体系评估[J].企业管理,2011(3):80—82.

[8]李文武.企业人才退出机制的构建[J].兰州商学院学报,2007,21(5):97—100.

[9]司曙光.企业的人才退出机制研究[J].现代商业,2009(2):99.

[10]彭剑锋.刚性裁员 柔性管理[J].人力资源,2004(5):20—22.

[11]吴斌,马新建.企业员工利己情结与博弈——一个分析的例子[J].生产力研究,2007(23):3—4.

[12]王香芬.如何有效进行人才梯队建设[J].人力资源管理,2013(12):146—148.

[13]张颐.论基于人力资本的企业核心竞争力[J].宁波教育学院学报,2008,10(5):87—90.

[14]林枚.立足业务战略构建企业员工培训体系[J].中国人力资源开发,2009(03):17—20.

[15]何斌,孙笑飞.基于胜任力的培训需求分析及其应用[J].企业经济,2004(1):66—67.

[16]石油化工管理干部学院.以能力建设为基础的现代培训[M].北京:中国石化出版社,2007.

[17]靳连文.基于绩效的企业培训成果转化方法探索[J].人力资源管理,2011(3):62—63.

[18]陈妙香.员工培训效果评估的误区及对策分析[J].漳州职业技术学院学报,2016(3):69—73.

[19]张毅.培训效果评估的理论和研究[J].企业技术开发,2006(1):47—48.

[20]江帆.国有企业员工培训管理发展探析[J].中国培训,2016(11):40—41.

第 10 章
人力资源管理关键思考

"自始至终把人放在第一位,尊重员工是成功的关键。"
——IBM 创始人托马斯·沃森

舒尔茨认为,国际竞争的关键是人力的竞争,即劳动者技能、智能、科学知识、管理水平、信息量的竞争。企业之间的竞争已经发展成为人才之间的竞争,而人力资源管理则是实现人才合理规划的重要环节。

新常态背景下,企业如果只是凭借自身经济效益的增加就想在市场中占有一定的地位是不现实的,企业必须不断完善自身的管理能力,特别是人力资源管理能力,才能在当前乃至以后的发展中立于不败之地。

通过人力资源管理的关键思考,可以有效解决如下问题:(1)提升人力资源在企业的地位;(2)培育职业化员工,从个人优秀到团队优秀,再到组织优秀;(3)通过多种方式构建学习型组织;(4)把握人力资源的未来趋势。

新常态下,企业需要根据自身情况以及未来发展目标,重新构建科学合理的人力资源管理体系,引入先进的人力资源管理理念和科学的管理手段,提升员工素质能力以及职业道德,构建核心竞争力。

任职资格管理推进员工职业化

任职资格是从事某一工作的任职者所必须具备的知识、经验、技能、素质和行为的总和,它是在特定的工作领域内对工作人员工作活动能力的证明。任职资格强调工作对任职者个人素质能力的要求,符合要求的任职者才是合格的任职者,不符合要求的任职者应该调换工作岗位或继续学习。[1]

任职资格管理将传统的以事为中心,转向以人为中心的管理,在企业关乎"人"的各个管理方面,都离不开任职资格管理。

构建任职资格管理体系,既可以与企业战略实现有效联系,又有利于员工个人进行职业生涯规划和发展。通过任职资格的牵引,企业员工能够知道怎样做才能做好,怎样才能达到岗位的要求,同时,任职资格体系的建立,能够规范企业员工的职业化行为(参见图10—1)。

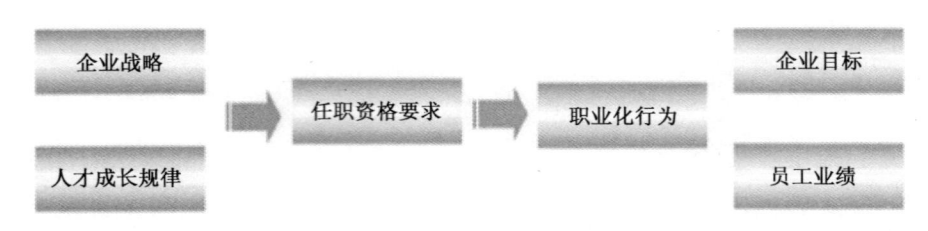

图10—1 任职资格与职业化行为

职业化管理

从某种意义上来讲,任职资格管理是一种标杆式管理工具,需要企业对每个职位的从业人员所需要的关键能力(知识、技能、能力素质)、绩效贡献都做出具体、明确的标准与要求,指引员工不断提升工作活动能力,将工作行为职业化。

企业职业化管理是整个人力资源的基础性工作(参见图10—2),也是实现企业良性、高效运行的法宝,但是职业化不能仅仅停留在概念层面,而是重在实践。

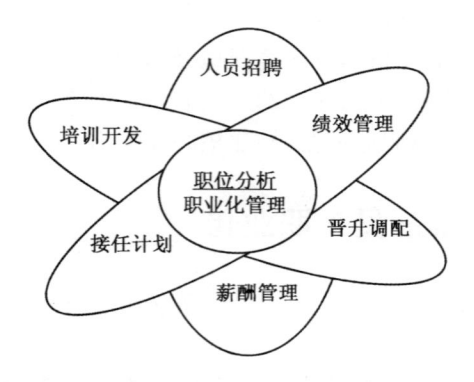

图10—2 职业化管理是人力资源的基础性工作

通过员工职业化管理，可以有效地引导企业员工行为：(1)作为工作的指南针，让高谈阔论的人脚踏实地，让埋头苦干的人抬头看路，指引员工去正确地做事；(2)开放多种职业通道，避免千军万马过独木桥，强化员工激励，留住人才并充分挖掘员工潜力，使得每一业务领域都有优秀人才，形成职业梯队；(3)通过分析员工的职业化行为能力差异，建立分层分类的培训体系，从而大大提高了培训的针对性和有效性；(4)明确业务工作对员工行为的职业化要求，用职业化标准来指引自我学习与提高，通过职业化资格论证促使员工终身学习，实现员工在企业内的可持续发展，从而促进企业可持续发展。

职业化管理的落脚点在于员工，就是最大限度地激发企业各类员工的效率，使之最大限度地为企业做贡献，从而达到人力资源利用效率的最大化。

以华为的职业化发展管理为例，华为实施职业发展"五级双通道"制度。"五级"是将专业通道纵向划分出五个能力等级，如技术通道就由助理工程师、工程师、高级工程师、技术专家、资深技术专家构成。"双通道"是管理和专业技术两个基本通道，将专业通道按照职位划分的原则进行细分，划分出技术、营销、服务与支持、采购、生产、财务、人力资源等子通道。

任职资格管理是一种长期的激励机制

任职资格管理基本思路是根据企业的战略目标及业务策略结合企业内部员工成长需求，形成某类岗位人员的素质能力标准和专业能力标准，并以此标准来培养员工的职业化行为，提升员工的技能，改进员工的绩效，最终实现企业的战略目标。

事实上，任职资格管理使员工在为企业目标努力的同时，也为个人目标的实现积累经验和能力，把企业目标和个人目标紧密地结合和统一起来，充分调动员工的主观能动性，最终实现优秀的绩效成果（参见图10-3）。

企业要以任职资格标准为依据（参见图10-4），解决"人从何处来"的问题，制定出人才的甄选、培养、开发等具体方案与措施。按照任职资格标准的要求选人、用人、育人、留人，让符合企业战略要求的人才进入合适的岗位，这样企业才能真正发挥自己的核心能力和核心竞争力，不断地改进绩效，实现企业经营战略和可持续发展。

任职资格管理体系设计流程

任职资格体系的建立和运作是企业人力资源管理的核心内容之一，其

新常态下的人力资源管理
Human Resource Management in the New Norm

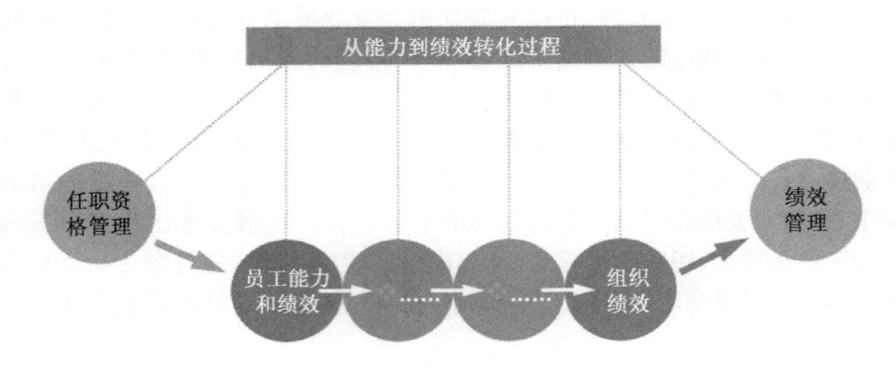

注：人力资源工作从传统的人事管理，走向任职资格管理，以达成更好的绩效。

图10—3　从任职资格管理到绩效管理

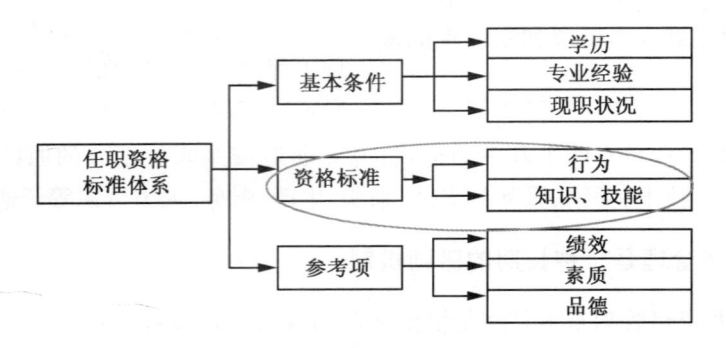

图10—4　任职资格标准体系结构（示意）

和企业职位体系、绩效管理体系、薪酬管理体系结合紧密。通过员工任职资格管理体系，能够源源不断地为企业提供所需的人力资源，支持企业持续良好的发展。通常情况下，设计任职资格管理体系包括8个关键环节（参见图10—5）。

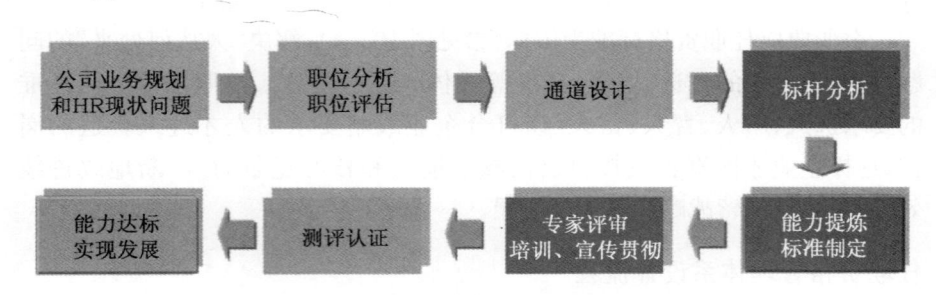

图10—5　任职资格管理体系设计流程（示意）

任职资格体系设计从分析企业战略开始,明确企业未来的战略及目标,进而分解出企业战略对"人"的要求,尔后进行职位分析和评估,即对职位相关信息的收集、加工和处理的过程,要确保该职位的职位信息与任职者的实际工作情况相符合,之后,依据企业未来战略对各类组织或业务系统的核心能力要求,划分职位族和职类,明确它们在未来战略中的价值排序和参与外部竞争能力要求,为相似发展轨迹的职位族或职类建立职业发展通道,并为职业发展通道中各层级进行任职资格等级与角色定义,划分各级别角色任职资格等级标准,建立任职资格管理制度。

职位梳理、职位分类以及职业发展通道设计是为了明确企业需要哪些类别的员工,哪些员工有比较趋同的职业发展方向。任职资格标准设计则是为了衡量员工的能力达到哪个能力层次,需要设计评价的标准,在此过程中,业务分析对任职资格标准设计起到非常关键的作用。在任职资格等级标准设计好了以后,就需要设计任职资格管理制度,确定如何来对员工进行任职资格等级的认证以及相应的操作流程,确定如何解决人员进入任职资格体系,如何进行任职资格升降、转换等问题。

对企业来讲,需要将任职资格体系与人力资源管理其他体系融合成为一个有机的整体,才能发挥企业人力资源管理体系的整体作用。

任职资格体系的主要应用包括员工职业发展规划,人才培养和人才梯队建设、竞聘上岗、在职培训、薪酬管理以及绩效管理等多个方面。此外,任职资格管理体系作为人力资源管理体系的一个模块,与人力资源管理的其他几大模块——组织与职位体系、绩效管理体系、培训与开发体系、招聘与调配体系、薪酬管理体系等——都有系统的联系。

资料链接 10—1:构建任职资格管理体系推进期货公司升级转型

构建规范、科学、系统的任职资格管理体系,将员工个人诉求和公司发展目标结合起来,是发挥全体员工积极性和主动性的内在要求,是打造学习型、专业型和创新型团队的有效途径,是提高期货公司核心竞争力、实现可持续发展的重要举措。

2009年以来,国投中谷期货……循序渐进地构建任职资格管理体系,推进公司管理向精细化转型。在建立健全任职资格管理体系的过程中,国投中谷期货先行先试,通过资格管理制度规范人才的培养和选拔,激励员工不断提高专业胜任能力,推动公司持续健康快速发展,在建立任职资格标准、进行任职资格评估、推动任职资格应用等方面进行了有益的探索。

......

任职资格测评的结果,在国投中谷期货人力资源规划与招聘、业绩考核、培训与发展、领导力发展、组织发展、职业发展规划、知识管理等方面得到了广泛的应用。

一是服务于人才战略和规划。人才战略和规划的出发点和落脚点都是为企业实现其发展战略提供人才保证。国投中谷期货实施任职资格管理,为公司的人才发展战略和规划提供了数据来源、依据支持和目标控制。首先它可以准确地分析现有人员的素质与能力现状;其次可以精确地预测实现战略需要多少人和需要什么样的人;然后可以清晰地刻画出现有人员的素质及能力与目标的差距;最后可以具体地提出解决上述问题需要制定的人才招聘引进、培训开发、绩效激励等具体的方案措施。

二是建立全面规范的考核机制。结合任职资格测试的结果,国投中谷期货将其纳入年度考核的范畴。相对于传统单凭业绩的考核机制而言,任职资格管理体系借助面谈、取证评价、述职评审等一系列方法,综合评价胜任能力、行为标准和贡献能力等。此外,运用任职资格评价结果,还可以为员工晋升与薪酬调整提供决策依据。

三是拓宽期货公司员工发展空间。在传统的公司薪酬体系中,员工薪酬与管理岗位密切相关,所有员工只能沿着管理岗位的阶梯前进,这既不利于充分发挥员工的专业能力,又不利于调动员工的积极性和主动性。通过科学构建任职资格管理体系,国投中谷期货确立了专业岗位和管理岗位双重晋升渠道。

四是强化管理人员和技术骨干的培养。任职资格管理体系运行后,国投中谷期货利用任职资格帮助员工树立学习标杆,通过内部培训不断提升员工的专业技能,然后根据任职资格标准对其成长与进步进行评价和认可,并将评价结果与其任用和薪酬挂钩,这有利于激发员工培训热情,建立长效激励机制,形成良性的人才循环。

......

资料来源:高杰. 构建任职资格管理体系推进期货公司升级转型[N]. 期货日报,2011—3—17. 第2版。

第 10 章
人力资源管理关键思考

创建现代化企业大学

企业大学兴起于美国,其英文表述是"Corporate University"、"Corporate Academy"以及"Learning Center",又称企业学院、公司大学或企业商学院。1927年,通用汽车设计和管理学院成立,标志着世界上第一所企业大学的诞生;1956年通用电气公司(GE)成立"克罗顿维尔"(学院);自20世纪80年代开始,企业大学逐渐在世界范围内迅速发展起来。

企业大学迅速发展

目前,美国已有企业大学2 000多家,世界500强企业中,超过80%的企业建立了自己的企业大学,其中,表现最为突出是通用电气和摩托罗拉为代表的企业大学,它们系统地组织学习和发展规划,构建详细的学习路径,发展专业化的内部培训师团队,高效地开展培训运营管理,甚至为供应商和外部企业提供专业培训和咨询服务,贡献颇多。

1993年摩托罗拉将企业大学的概念首次引入中国,1998年海信和春兰分别创建了自己的企业大学,2013年,中国企业大学的数量已超过2 000所,近5 000万人接受了企业大学的教育。国内企业大学虽然在数量已经超过2 000家,发展速度比国外要快,其中也不乏海尔大学、海信学院等这样的优秀企业大学(参见表10-1),但整体而言,在质量上与国外同行存在一定的差距。

表10-1　　　　　　　　　　国内典型的企业大学

年份	名称	所属公司名称	所在地
2001	伊利奶粉商学院 梅山马利集团学习中心 威克多企业商学院	激励集团 梅山马利集团 威克多公司	北京 广州 北京
2002	金蝶大学 保诚大学 首旅学院	金蝶国际软件集团 英国保诚集团亚洲总部 首旅集团	北京 上海 北京
2003	蒙牛商学院 中宏保险大学 泰康大学	蒙牛集团 中宏保险公司 泰康保险公司	北京 上海 北京
2005	国美管理学院	国美集团	北京

续表

年份	名　称	所属公司名称	所在地
2006	王府井商学院 平安金融培训学院 奥康大学	王府井商学院集团 平安保险公司 奥康鞋业公司	北京 深圳 温州
2007	腾讯大学	腾讯公司	北京
2008	中国电信学院	中国电信	上海
2010	长征学院 苏宁大学	中国运载火箭研究机构 苏宁集团	北京 南京

企业大学的客户群不仅包括公司员工和管理者，还包括公司外部的利益相关者，如供应商、客户等。企业大学能提供更广的培训项目和课程，企业一些重要的文化和价值观也将在培训课程中更加受到重视，也可以更好地保证在公司某一部门内部开展的有价值的培训活动在整个公司进行传播，还可以通过开发统一的培训实践与政策来控制成本。

随着教育消费主义的兴盛，教育的提供应该由市场来导向、决定。企业大学一方面提供新的资源配置方式以满足客户兴趣，另一方面也为企业的发展变革带来新的支点和创造力。

企业大学产生的时代背景

无论是自主创建型企业大学还是合作型企业大学（企校合作型企业大学、企企合作开发型企业大学、企咨合作开发型企业大学），企业大学都被认为是企业发展战略系统的重要组成部分，是企业实现职业培训和终身学习的重要支撑平台，是支撑企业发展的知识、人才及各种后备力量的补给系统，是对有关资源进行扩展的战略性工具，也是新时期实施企业人力资本战略、打造企业核心竞争力的主要工具。企业大学是适应时代发展的产物，有着深厚的时代背景（参见图10－6）。

（1）组织扁平化。为了适应竞争以及快速变化的内外部环境，组织扁平化成为众多企业的选择，如今，企业组织架构更加扁平，层级更少，管理幅度更宽，这种扁平化、柔性化的组织结构具有决策权分散，灵敏度高的特征。在这种情况下，企业特别强调构建学习型组织，注重员工学习能力的开发。

（2）知识周期缩短。正如福特汽车公司的首席技术官路易斯·罗斯曾对一群学生说"在你们的职业生涯中，知识正变得像一盒牛奶，它的保质期就印在上面。大学学位的保质期不到两年，所以如果你们每隔三年不更新

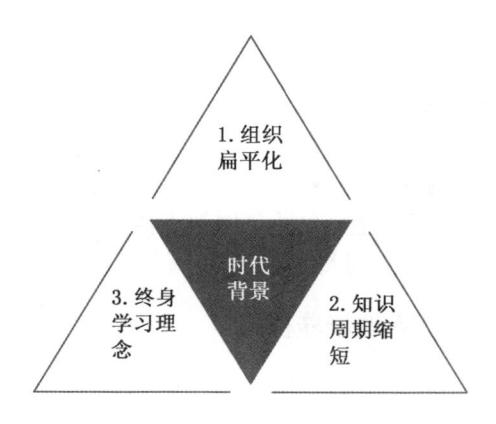

图 10-6 企业大学的时代背景

自己所拥有的知识,那么你们的职业生涯就会像那盒牛奶一样变质"。知识经济要求持续学习,从而培育更广泛的技能,要求企业增加其学习和教育的投入。

(3)终身学习理念。终身学习的理念是保持技术领先和全球竞争能力的一种方法。现代企业员工要求持续地学习,在一生中不断增加自己的知识。在很多行业,如计算机软件、健康护理、公共事业、电信,甚至培训和开发中,工作和学习是互相重叠的。这就意味企业员工必须不断补充知识和技能,以参与全球知识经济下的竞争。另外,越来越多的企业已经开始认识到,它们需要将培训和企业教育活动的焦点从一次性培训活动转向建立持续学习的文化。

企业大学塑造"学习型组织",以企业中高层管理和技术等核心人才为重心,构建国际化、信息化、高效化人才培训体系。

传统的企业培训部门投资较大,方式单一,缺乏系统思考和整体设计,其培训服务的对象通常只针对本企业内部的员工,包括需求调研、组织实施、师资管理、效果评估等内容。而企业大学是企业的一个教育机构或者教育实体,也是一种战略发展平台。企业大学为每一个岗位量身打造一系列与企业战略有关的学习与解决方案,它独立运营,对企业的内部员工和外部学员都可以提供培训服务。

企业大学发展战略是当今企业发展的关键战略之一,是企业的建设发展及转型升级的重要手段,是企业文化传播和文化变革的支撑平台[2],

企业大学是一个教育的实体,同时作为一个战略工具协助企业完成战略任务。

也是企业实施知识管理、开展学习型组织建设的有效途径。2001年,科技巨头惠普应客户和合作伙伴的需求成立了惠普商学院,并开始对外提供培训服务。2002年,摩托罗拉大学建立对外合作部,把自己的培训推广到供应链的上下游,并为其他企业建立企业大学提供解决方案。至此,企业大学的服务范围得到了扩展和延伸,也真正成为"综合性大学"。企业高层管理者敏锐地意识到企业大学的重要性,在平台构架上给予企业大学很高的地位,将企业大学置于战略的高度来对待。

企业大学是有效的创新人才培养模式

知识经济时代,企业竞争更多地体现在员工素质和学习能力的竞争,强化员工培训是构建学习型企业的必由之路。客观上,传统的教育体系,其知识供给无法满足复杂多变的市场经济环境的需要,另外,"人才"本身就是一个动态的概念,随着时间的推移及环境的变化,今日的"人才"可能会变成明天的"包袱",所谓学习如逆水行舟,不进则退,知识老化的速度和环境变化的速度同样是很快的。

正在推进的经济转型升级、产业结构调整使得人才资源成为转型发展的"第一要素"和"第一动力"。

马克·艾伦(Mark Allen)认为,企业大学是一个教育的实体,同时作为一个战略工具协助公司达成战略任务,他将组织学习、知识管理等管理理念融入企业大学。而有的专家则认为企业是一个学习型组织,而企业大学重在学习新文化氛围的营造。从本质上看,企业大学是支撑企业发展的知识、人才及各种后备力量的补给系统,是对有关资源进行扩展的战略性工具,也是新时期实施企业人力资本战略、打造企业核心竞争力的主要工具。实践中,可以从教育、人力资源、战略三个角度来认识企业大学,但最根本的还是要从战略角度来认识(参见图10—7)。

企业大学作为企业专门的教育培训机构以其特有的人才培养模式为企业及时培养出各种急需的具有创新精神和实践能力的高级专门人才。[3]

企业大学不仅要与企业的价值链成员成为伙伴,而且要将培训价值链成员作为其重要的战略目标。

此外,企业大学离不开实践,必须依据内外部环境的变化而出现相应变革,在某种程度上,企业大学既要受自身规律的推动,还要受企业管理理念的影响。因此,企业大学的发展各种各样,但是成功的企业大学系统通常离不开战略定位、管控和运营以及企业文化氛围塑造三个层面(参见图10—8)。

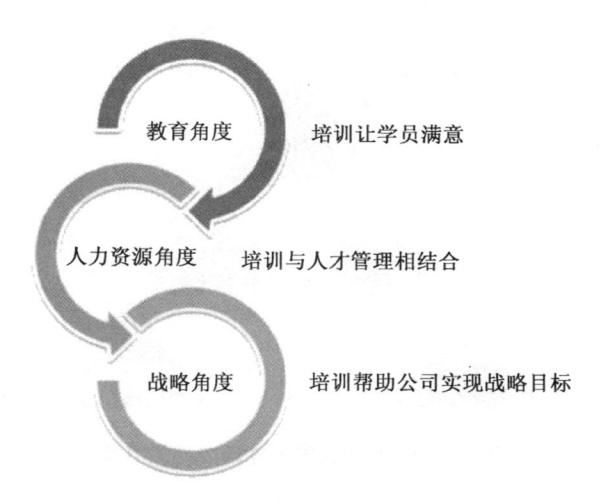

图 10－7　从战略角度认识企业大学

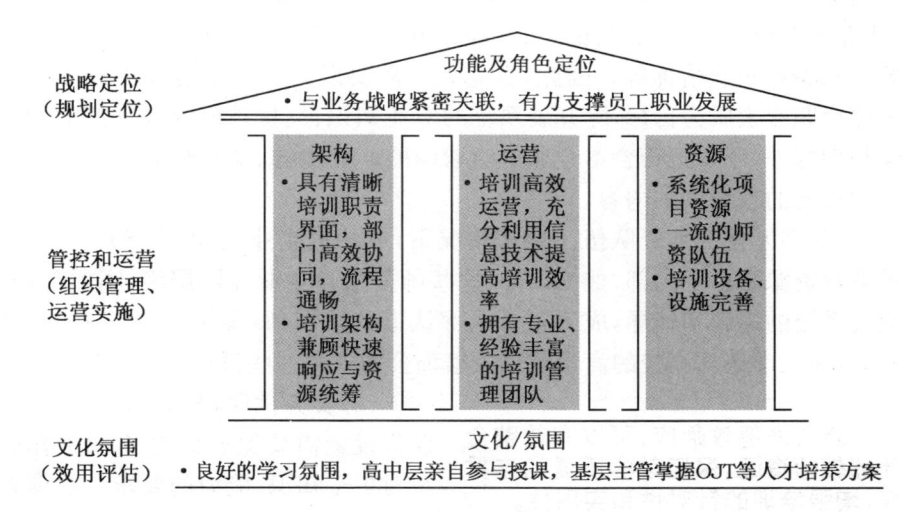

图 10－8　成功的企业大学系统

企业大学人才培养关键点

企业大学是一项"软投资",尽管回收期长,但回报率高。摩托罗拉公司一个简单的经济账是"每投入 1 美元的培训费,就会产生 30 美元的产值"。企业大学不仅要具备培训管理体系,还应具备知识管理体系、创新管理体系、组织运营体系等完整的企业大学体系,通过科学的体系,能够促进企业人才的培养,真正发挥企业大学的完整功能(参见图10-9)。

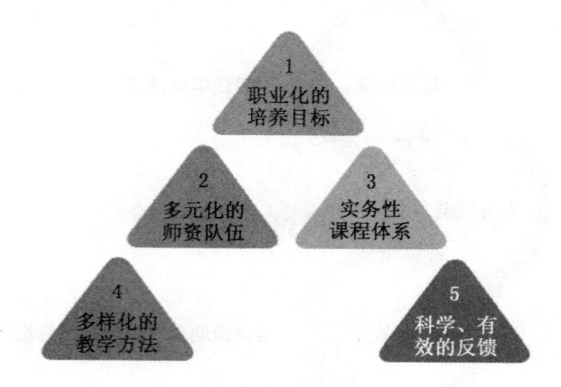

```
         1
      职业化的
      培养目标

   2              3
多元化的          实务性
师资队伍          课程体系

4                      5
多样化的               科学、有
教学方法               效的反馈
```

图10-9　企业大学人才培养的关键点

(1)职业化的培养目标。"职业化"不仅要求企业员工具备良好的知识和技能,而且要求其具有良好的职业价值观和行为操守,它既包括作为一个"职业人""企业人"所必备的学识、技术和能力,更重要的还包括工作态度、职业意识和职业精神等。因此,企业大学需要以培养员工胜任工作的能力和综合职业素质为目标,除开展系统的专业知识、岗位技能等硬性技能的教学和训练外,还要把符合本企业价值取向的职业道德、文化理念等软性技能作为重要的教育培训内容。

(2)多元化的师资队伍。通常情况下,成熟的企业大学,有60%～70%的教师资源来自于内部,如GE等,这些师资来自企业不同层级、不同部门,通过系统的培训和辅导,成为企业内部认证的培训师(参见图10-10)。此外,企业大学还从高校的商学院以及培训公司外聘一些教授和培训师。

建立外部教师库,可以有效整合外部教师资源,保证教学质量的连贯性,增强培训的针对性和实用性。

(3)实务性课程体系。企业大学课程设置需要紧密结合不同工作岗位对员工知识、能力的要求。在课程内容的安排上,企业大学非常重视珍妮·梅斯特在《企业大学:为企业培养世界一流员工》一书中提出的3C原则:企业公民、环境框架和核心职场能力。"企业公民"是指向员工反复灌输企业文化、价值观、传统和愿景;"环境框架"是指让员工准确评价企业的业务、客户、竞争对手和其他企业的最佳实践;"核心职场能力"包括作为一名职业人士应具备的学会学习、沟通与合作、创造性思维与解决问题、技术能力、全球化经营能力、领导能力和职业生涯自我管理能力等。企业大学需要根据自己的实际情况,把这些能力模块有机地融合在一起,构建独特、有效、

第 10 章
人力资源管理关键思考

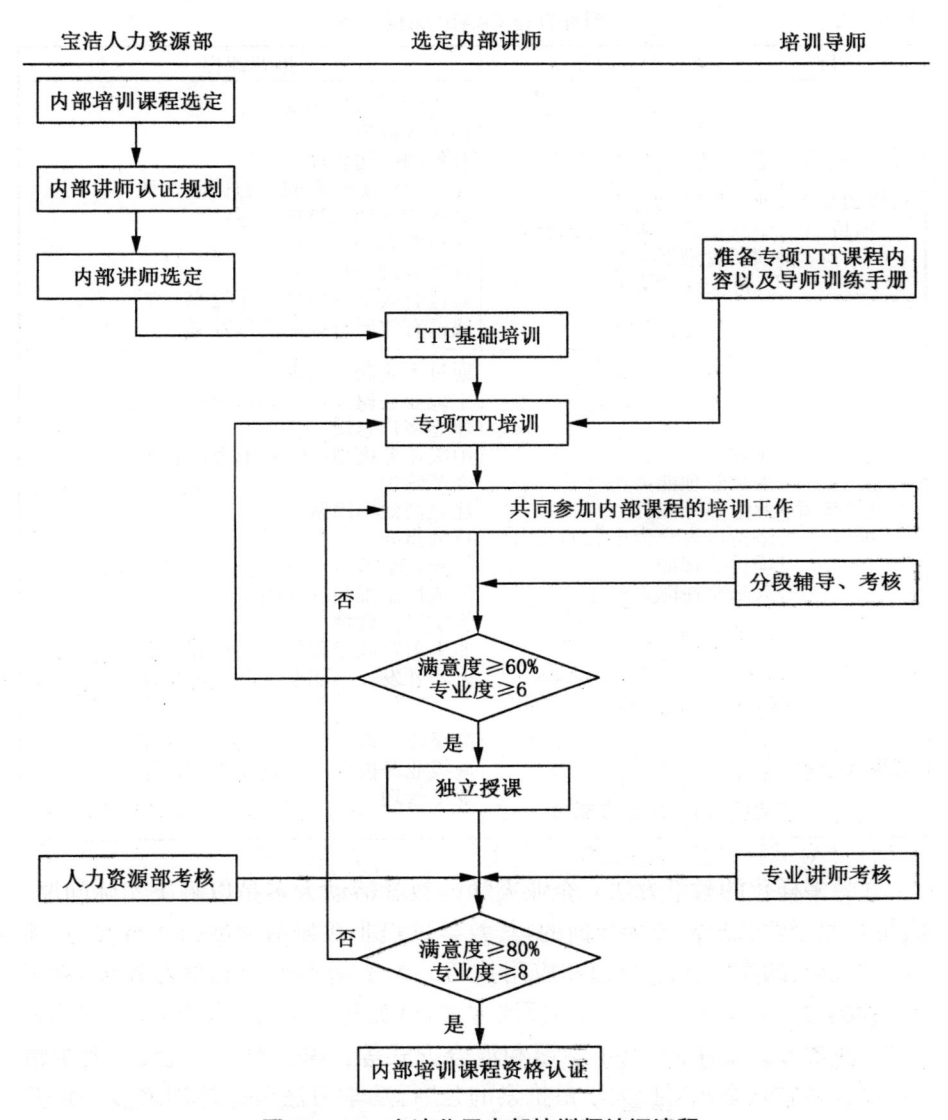

宝洁人力资源部	选定内部讲师	培训导师
内部培训课程选定 → 内部讲师认证规划 → 内部讲师选定	TTT基础培训 → 专项TTT培训 → 共同参加内部课程的培训工作 → 满意度≥60% 专业度≥6 （否则返回）→ 是 → 独立授课 → 满意度≥80% 专业度≥8 → 是 → 内部培训课程资格认证	准备专项TTT课程内容以及导师训练手册 → 分段辅导、考核
人力资源部考核		专业讲师考核

图 10-10　宝洁公司内部培训师认证流程

科学的课程体系(参见表 10-2)。

表 10-2　　　　　　　　　摩托罗拉 CAMP 课程体系

项　目	核心领导力要素	推荐课程
初级领导者项目	领导能力 人员管理能力 业务熟练能力 坚持以客户为中心的能力 项目管理能力 人际交往能力	初级管理人员精要 初级业务模拟 有效的时间管理 非人力资源经理的人力资源管理 高效能管理人员核心习惯 项目管理 有效宣讲技巧 通过有效会议提高工作效率 通过有效聆听提高工作效率
中级领导者项目	领导能力 人员管理能力 业务熟练能力 坚持以客户为中心的能力 项目管理能力 人际交往能力	通过下属获得成果 中级业务模拟——无形资产管理 建立客户忠诚 中级业务模拟——有形资产管理 变革管理 建立高效率团队 行为指导 体验式学习 创造性思维与理性决策 教学项目设计 非人力资源经理的人力资源管理 人才开发——职业生涯管理与开发
高级领导者	战略管理能力 变革管理能力 企业家创业能力 全球/国际化思维能力	高级业务模拟——企业运营管理 高级业务模拟——企业战略管理 变革管理

（4）多样化的教学方法。企业大学的教学活动大多是以解决实际问题、满足企业经营管理需要为导向的，其教学过程非常强调学员的亲身参与，注重培养学员的实际操作能力和应用技巧。为了达到最佳的学习效果，除了传统教学方式外，还采用不同的授课方式，例如行动学习、体验学习、教练式训练、回馈方式度评估、电子学习和混合方式等。哪一种较为合适，要视情形而定。例如，摩托罗拉大学最推崇的是"行动学习法"，即培训之后一定要做项目，通过项目把在课堂上所学习的知识和技能应用到工作上，将学到的内容用到实践中去。

企业大学培养出来的人才比由外部教育机构培养而来、不熟悉企业业务、对企业文化没有真正认同的"空降兵"更具责任感。

（5）科学、有效的反馈。企业大学的学员在学习过程中与自己的工作实践密切联系，其学习结果是以工作中的反应来评价学习效果。根据对多方面反馈的数据分析，及时发现制定的学习内容、提供的学习方法中存在的各种问题,通过这些综合因素的反馈和评估,制定和调整培养目标和计划。另外,通过学员反馈,对培训师资进行优化,用学员反馈去改进教师们的课程,年终选出师资库中最好的 10% 和最差 10%,对最差部分进行解聘,补充更优秀的师资。

企业大学能更好地提高企业的效益、提高企业文化的建设力以及由此带来的企业凝聚力。

资料链接 10—2:2016 年度中国最佳企业大学——华润大学

2012 年 6 月,华润大学正式成立,其使命是:构建传播文化、分享实践、创新思想的学习发展平台,成为华润员工成长的摇篮,为集团实现战略目标,成为世界一流企业提供人才支持。华润大学与集团发展战略紧紧相扣,是华润管理实践总结传播的中心、华润经理人传承文化经验的平台、华润中基层关键岗位人才培养的摇篮、华润对外交流学以致用的窗口,以培养拥有跨行业视野的专业化管理人才为目标。

华润大学分为河北白洋淀、广东惠州南北两个校区,下设万家、雪花啤酒、电力、置地、水泥、燃气、健康、金融八个专业学院,华润大学和专业学院共同负责中基层员工的培训工作,推出了"华润文化""华润管理之道""业务发展之道""学以致用"等课程。

华润大学注重学以致用,将学习、研究的成果和业务发展紧密结合。以解决实际业务问题为学习目的,以行动学习、主题任务、管理实践为项目设计方法和工具,并借鉴行业最佳实践开阔视野,提升能力。

华润大学的发展分为三个阶段:2011~2012 年依托北校区,成立华润大学及专业学院;2012~2015 年建立南校区,完成关键岗位员工的轮训;2015~2018 年形成完整的知识管理体系。

资料来源:http://cru.crc.com.cn/aboutus/dxjj。

人力资源服务外包

随着以全球化和信息技术为特征的新经济时代的到来,企业面临着越来越激烈的竞争。为了节约成本、降低经营风险,企业不断地进行着管理创新的实践,资源外包就是企业为了适应快速变化的环境而采取的一种灵活、扁平化的组织管理与运营形式。

20 世纪 90 年代初,许多欧美公司发现,人力资源管理者用于人事服务等日常事务性工作的时间占到了整个工作时间的95%,远远达不到人力资源部至少需要20%的时间从事开发、创新等开拓型的工作的要求。在这种情况下,越来越多的公司将精力专注于核心业务,逐渐把一些重复性高、附加值低的工作转移到组织外部更具有成本和专业优势的其他企业,内部的人力资源工作者只负责控制与监督。

人力资源服务外包的含义

依据企业核心理论,能够给企业带来长期竞争优势和超额利润的能力和专长,才是企业的核心能力,这是成功企业长期保持竞争优势的原因所在。对于企业而言,不管是大企业,还是中型企业,抑或是小企业,对核心能力的要求是集中于擅长的某一点或某几点,充分发挥这一点或几点的优势,从而获得超额利润。

对于现代企业人力资源管理来讲,逐渐从事务型的人事服务转变为战略型的人力资源管理,开始扮演着战略合作者的角色,其主要的功能之一就是为企业整体战略的构建、实施、实现提供专业建议。在这种情况下,人力资源管理必须将有限的资源集中于增值效应大的管理环节,而一些事务性的人事服务工作则可以外包给专业的外部组织来执行,即采取人力资源服务外包战略。

> 人力资源管理的不同职能对企业的意义不同,外包程度也不同,其中工资发放、福利、培训是三种常见的外包职能,而人力资源信息系统与薪酬则较少外包。

总之,人力资源服务外包产生的动因既来自外部,也来自于内部(参见图10—11),在某种意义上是时代发展的必然产物。理论上说,人力资源管理的各项职能都可以外包,即企业既可以把包括招聘、考核、培训、薪酬等事务性、社会性的人力资源管理业务外包出去,也可以将人力资源战略、人力资源规划等高难度、高专业化的职能外包出去。[4]

从定义上来看,人力资源服务外包(HR Outsourcing Management Service)是指企业的人力资源管理者将人力资源管理过程中增值效应低或不具有竞争优势的环节委托给专门的外部机构来进行,以降低人力成本,实现效率最大化,是一种全面的、高层次的人事代理服务。如今,人力资源服务外包已经渗透到企业内部的所有人力资源管理环节,包括人力资源规划、制度设计与创新、人力资源招聘、流程整合、工资发放、保险福利、管理员工满意度调查、薪资调查及方案设计、档案管理、员工培训、劳动争议仲裁、员工关系、企业文化设计等方方面面。

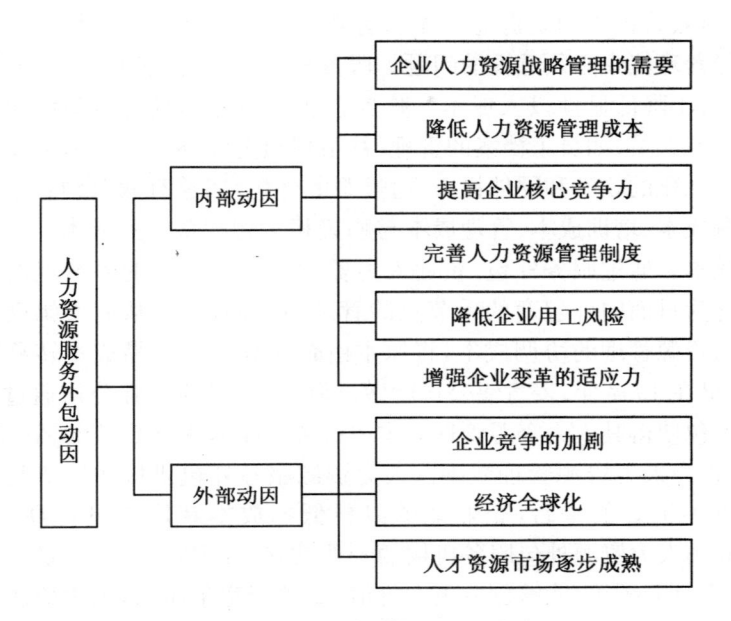

图 10－11　人力资源服务外包的动因

人力资源服务外包的价值

人力资源服务外包能够发挥人力资源部门在企业中的战略合作者的作用，从人力资源角度增强企业的核心竞争力，综合来看，通过人力资源外包，能够为企业提供三大价值（参见图 10－12）。

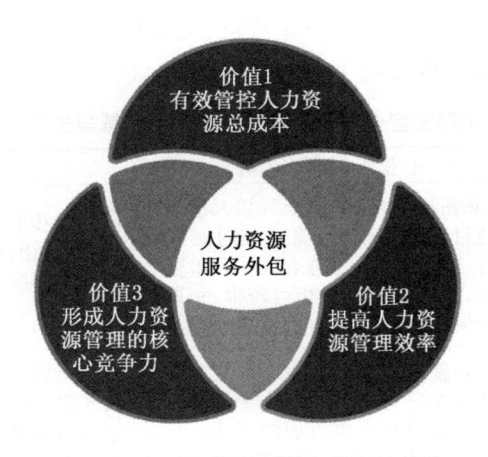

图 10－12　人力资源服务外包的价值

(1)有效管控人力资源总成本。有效地控制与降低成本是企业在竞争激烈的经营环境中必须重视的问题。服务外包对人力资源管理总成本的影响体现在:①降低显性投入成本。减少企业处理并不具有增加价值的工作所需要专职人员,如员工档案的管理、社会保险的缴纳等,此外,减少人力资源管理信息化的软件和硬件投入,通过服务外包,能够有效节约相应管理人员的薪酬成本、培训成本、管理成本与购置相关管理系统的成本。②降低隐性协调成本。通过服务外包,企业人力资源管理者面临的多节点的协调工作便简化为只面向外包商的单节点的管理与控制工作,从而大幅度地节省企业人力资源管理的协调成本,将原本由企业承担的交易成本转移到外部组织。[5]早在1997年,麦肯锡公司就做过调研,世界500强公司通过人力资源服务外包使得其人力资源管理成本中仅劳工成本就降低了20%～30%。

(2)提高人力资源管理效率。人力资源服务外包机构的兴盛与发展为企业提供了很好的平台,企业能够以更低的成本获取质量更高的服务。①企业利用人力资源外包服务机构的专业技能,如保险的缴纳、员工数据库的管理、人员分析等,能够创造更大价值;②源于竞争压力,人力资源外包服务商不断提升服务质量,客观上增强了企业人力资源服务的能力;③增强企业快速响应能力。企业通过合约来对人力资源服务外包服务商的反应能力做出规定与要求,甚至可以根据企业的需要变更外包商,从而增强企业人力资源服务外包的快速响应能力,为员工提供及时而又优秀的管理服务。

(3)形成人力资源管理的核心竞争力。不同类型的企业,人力资源服务外包需求不同,面临着各自的优势和劣势(参见表10-3)。企业将不具有优势的人力资源管理环节外包给更具有专业技能的外部组织,集中自身的管理资源,更多地投入于更具有本企业特色、更能促进企业文化形成的人力资源管理环节,进而促进核心竞争力的发展。

表10-3　　　　不同类型企业人力资源服务外包优势与劣势

企业类型	企业所面临的劣势	人力资源外包的优势
新成立的公司	①"麻雀虽小,五脏俱全";②人事工作的项目和难度依旧,需要及时圆满地运行HR工作;③资金、人手和精力有限,且人事事务量相对较少,短期内企业无法考虑在人事上过多地投入。	只需要少量的费用,在最短的时间内,由熟练的人事操作人员专业而圆满地完成人事业务操作。
快速发展的公司	①公司新发展地区的人事政策和操作方式与总公司有不少差异;②一时无法在各地增加人事方面的人手;③总部人事主管,不得不奔波在旅途,费时、费力、费钱。	①可选择在当地有分支机构的人才机构,方便人事管理;②对应一名服务专员,办理全国的企业人事工作;③免除差旅之苦。

续表

企业类型	企业所面临的劣势	人力资源外包的优势
大中型成熟公司	①现代企业和社会的发展对人事提出新的要求；②现代人事需要专注于企业策略发展和变革，凸显人事的重要性；③人事工作范围和胜任力出现新的变化，以适应日益激烈的竞争。	①提供全球最先进的人事运作经验、模式和技术；②人事社区为专业人员提供交流、学习和进步的平台；③帮助工作人员跨越自我，为企业提供更多增值服务。

企业人力资源外包流程

人力资源服务外包可以使企业实现优势互补，专注于自身具有核心竞争力的项目和事务上，进一步赢得竞争优势。

人力资源服务外包是一种复杂的系统，在明确外包内容的前提下，选择适当的外包形式，按照一定的模式运作，才能实现人力资源管理的高效运行（参见图10－13）。

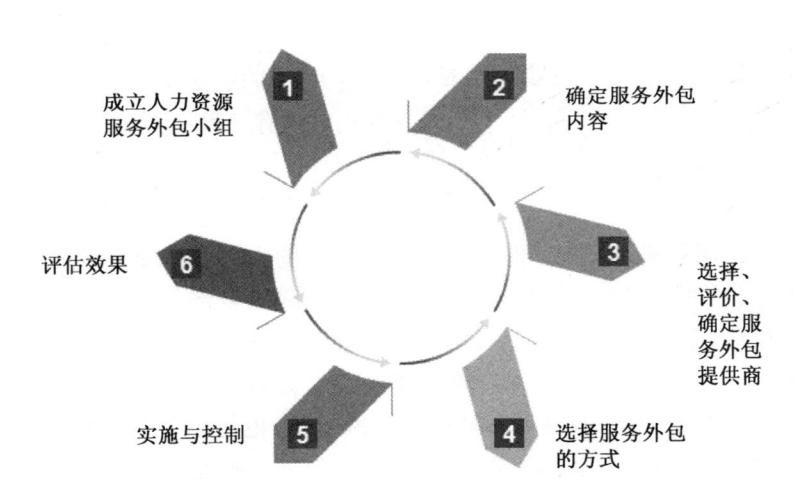

图10－13 人力资源服务外包流程

（1）成立人力资源服务外包小组。该小组是人力资源服务外包的管理和决策机构，通常情况下，由企业高管和人力资源、财务、生产、销售、采购、市场等部门负责人组成，同时，为了提供专业的咨询和指导，还会聘请外部专家参与。

（2）确定服务外包内容。对于人力资源管理来讲，工作分析与岗位描述、员工招聘、薪酬、福利、劳动关系、培训与发展、人力管理信息系统等工作是可以考虑进行外包的。企业在实施外包之前,首先必须界定清楚,哪些职能适宜外包。对于企业而言,最初要考虑的是安全性,尽量外包非核心业务,如养老保险、医疗保险、失业保险、住房公积金等事务性工作。之后,在企业确定外包内容的前提下,拟定详细的外包计划,其中包含进度安排、财务预算、人力资源外包的活动类型、人员安排及对外包机构的要求,以及预期要达到的效果等。

（3）选择、评价、确定服务外包提供商。在外包计划制定后,需通过有效的平台和途径发布招标信息,使外包机构高效、便捷、准确地了解企业外包需求。从企业角度来讲,最终确定两家以上服务外包商提交的合作方案,主要包括服务项目、外包模式、服务项目流程和报价及相关的各种法律文本、服务质量监控参考指标、服务奖惩措施和意外补救措施等。确定合作的外包服务机构时,要考虑三个方面的因素:①服务外包商的实力与信誉,其之前的业绩状况、目前的财务状况等能否对外包业务提供相应的支持;②服务外包商与企业的匹配情况;③服务外包商的方案是否切实可行,能否帮助企业在市场竞争中取得优势,降低运行成本。

人力资源部门要广泛收集信息,对预合作外包机构进行考察,并提出初步的评价意见,为企业人力资源外包组织决策提供依据。

（4）选择服务外包的方式。企业实施人力资源服务外包可供选择的方式主要有三种:①部分业务外包方式,即将某一项完整的人力资源管理职能工作的其中一部分外包给专业的人力资源服务机构,剩余部分继续由本企业的人力资源部门负责。②整体业务外包方式,即将一项完整的人力资源管理工全部外包给一家人力资源服务机构,企业的人力资源管理部门仅仅作为联络者、协调者和受用企业的代表。③复合业务外包方式,即将多项人力资源管理工作外包给企业外部的人力资源服务机构,既可以外包给一家机构,也可以分别外包给不同的机构;同时外包的既可以是全部职能,也可以是部分职能。

（5）实施与控制。通过服务外包,企业可以使自身将精力集中于核心业务,但是,企业应该持续监控和评估外包服务机构的工作进度和工作质量,以使其按协议要求不打折扣地办事,从而达到预期的目的。在此过程中,人力资源部门作为主要执行部门,要及时将实施中的信息反馈给本企业服务外包小组,以便实时采取有效措施对人力资源外包机构加以协调和管理。

（6）评估效果。通过效果评估,随时调整外包活动进程与方向。调整至少包括三个方面:①企业服务外包业务可能需要改变,如以前外包的业务需要内部化,又或出现新的外包业务;②企业减少服务外包业务;③企业选择

第 10 章
人力资源管理关键思考

与其他人力资源外包机构合作。

资料链接 10－3：数据化背景下人力资源外包模式创新

……

数据化使人力资源的管理模式发生了巨大的变化，同时也给人力资源外包公司的商业模式变革带来了巨大的机遇和挑战。人力资源外包公司在充分挖掘和分析企业信息和数据的基础上，对企业真实需求的甄别与判断，个人信息的筛选和描述，互联网时代个人学习和组织学习的跟踪反馈，都为企业的战略目标实现给出更准确的判断依据，在此数据挖掘基础上的优化和创新，将是人力资源外包公司的服务模式创新基础和商业模式创新与设计的方向。

1. 精准信息对接模式：企业信息与个人信息的深入挖掘与分析

传统招聘网站上的企业信息不透明，因为这些信息都是企业人力资源部门提供的，不够客观。如今人们能够通过网站发布与获得更多企业内部员工对企业的评价，更加真实可靠，是寻求信息对等和雇主与雇员之间信息沟通的渠道。可以借鉴的模式主要有玻璃门（Glass Door）、分智、轻松雇佣（Simply Hired）和呈上简历（Resum Up）等，这几家人力资源外包公司都提供工龄、企业评价、评级、薪水报告、面试问题、招聘启事等信息。玻璃门的核心产品是提供包括公司内部情况、薪酬、公司内幕和工作环境之类的信息。在这里注册的应聘者资历通常较深，因此更愿意推广自己，并展示自己给企业带来的利益。与脸书（Facebook）整合后，玻璃门还可以告诉你应该结识一家公司中的哪些人，由于 98% 的玻璃门用户都与脸书账户进行了关联，该网站还可以帮助雇主通过社交数据确定应聘者适合的职位，从而实现精准定位。分智核心产品可以提供薪水查询服务，提供详尽的工资待遇信息、工作地点、所在公司、工龄、工作时间以及工作职位。轻松雇佣将谷歌（Google）地图、薪酬研究网站 PayScale.com、社交网络社区领英（LinkedIn）、我的空间（My Space）等机构提供的内容整合在一起，借助社交网络的便利，提供查看某公司内部资讯、查看某公司内部"是否有自己认识的人"，甚至能够查看某公司对职工婚姻状况是否存在"潜规定"等特色内容。呈上简历的核心功能是个人的职业规划，提醒个人用户如果想得到某个职位，便要按照呈上简历提供的一个步步高升（Step-By-Step）职业路线图去奋斗。用户看后会清楚地知道如果想得到更好的晋升机会，他们需要做什么、需要学习哪些知识、提高哪些技能等。

呈上简历的数据来源于脸书和领英,就产品设计角度而言呈上简历解决方案的特点是从根本上简化了用户体验。

2. 精准雇员筛选模式:个人信息的深入挖掘为企业选聘目标清晰

传统的招聘网站上的个人信息不透明,都是应聘候选人自己编辑上传的文字,如今大数据技术可以实现从社交网络上来查询并深入挖掘应聘候选人的信息,让企业更清晰地了解应聘候选人的情况。大数据时代,有效的数据收集和分析工具在人们获取数据时是至关重要的。

可借鉴的模式是人才箱(Talent Bin)公司提供针对社交网络的职业搜索引擎服务,它收集应聘者在社交网络上的信息,整理编辑出一个以人为中心的数据库,想招聘某种人便可以去人才箱搜索。识别公司提供基于脸书的职业搜索引擎,对企业提供服务,可以对应聘者进行打分,它的核心功能是通过工作经历、教育背景和社交网络三项指标信息给人们打分,这些信息都来自脸书,用户还可以添加更多信息。识别类似于谷歌网页排序(Google PageRank)的人物版本。

3. 精准人才测评模式:采集候选人与职位数据真正做到人岗匹配

招聘过程的最根本诉求是解决企业职位与应聘候选人之间匹配的问题,而大数据技术恰恰能更高效精准地完成这个匹配过程。从用户上传的简历和社交网络上提取候选人的总量数据,然后用大数据技术进行分析,通过考察数千个数据点,给应聘者和空缺职位的匹配度评分,分值越高则匹配度越高。

可借鉴的模式主要有辉煌(Bright)和呈上简历,他们提供对空缺职位和应聘者的匹配度评分的服务。辉煌能帮助企业和应聘者有效缩短应聘时间,为他们提供更好的服务。Path.to 网站的用户需要输入他们所擅长的工作,或者从领英导入自己的工作经历,而且还要回答一些关于他们喜欢怎样工作的问题。之后 Path.to 通过独特算法完美匹配员工与雇主,这一点与辉煌相似,Path.to 的商业模式就是算法,算法是它的竞争优势。通过 Path.to 网站寻找职位是免费的,但是企业发布职位信息则要收取一定的费用。

这些基于数据挖掘和数据分析的人力资源外包增值模式对很多有成功欲望的企业有很大的吸引力,他们将不增值或常规性的事务会逐步外包给数据挖掘和分析能提供独特价值和服务的人力资源外包公司,以增加企业自身的竞争力,而这种人力资源外包也会达到双赢的目的,这也是数据化人力资源外包的价值和魅力所在。

……

资料来源:孙连才.数据化管理趋势下人力资源外包模式创新[J].中国人力资源开发,2015(7):22—27。

注释:

[1]吴春波.华为的素质模型和任职资格管理体系[J].中国人力资源开发,2010(8):60—64.

[2]张雷.以战略为出发点 高效建设企业大学[J].培训,2014(2):123—125.

[3]张珊.中国企业大学人才培养模式探索[J].现代经济信息,2011(18):92—93.

[4]林代欣.提升人力资源服务外包发展水平[J].浙江经济,2012(8):44—45.

[5]于天.企业人力资源管理者如何面对"外包"的挑战[J].中国培训,2003(11):31—32.

第 11 章
HR 管理实例问答

如何权衡外部人才薪酬与内部薪酬体系不匹配的问题

提出问题

××公司隶属服装行业,产品为中高端定位,客户目标人群为30～50岁成熟女性。公司目前在 VIP 客户管理和吸引的能力上与同行业同等水平的竞争对手相比较低,因此 2016 年 VIP 客户的开发与维护将会是重点工作。公司现有一名 VIP 主管,其主要职责是一些日常的事务性工作,在高度和眼界上还达不到公司的要求,因此计划外部引进一名 VIP 经理。经过一段时间的面试与沟通,筛选下来符合公司要求的应聘者在目前人才市场上的年薪约为 27 万元,公司内部的经理级人员年薪约在 20 万元,因此两者薪酬水平有一定的差距,可能会引起公司薪酬体系的失衡。公司计划将这个 VIP 经理职位设置在视觉企划部,向视觉企划总监汇报。视觉企划部的主要职责包括了陈列、推广、客户培训等,因此 VIP 管理工作可以较多地借用视觉企划的相关资源和帮助。

分析问题

A:VIP 经理的主要职责是什么?
答:提升 VIP 销售占比;降低 VIP 流失率;新 VIP 的开发。
B:是否做过同类职位在人才市场上的薪酬调研?

答:并未做详细的调研,但是在招聘的过程中,与大量应聘者沟通大致了解到同行业、同资历应聘者的薪酬水平。

C:VIP业务是否是今年的重点发展工作?

答:是的。

D:VIP客户群是已有的还是需要新开发?

答:已经有了,今年要做的是更好地维护这种关系,提升重复购买率。

E:目前的VIP主管能力欠缺在哪些方面?

答:活动策划、礼品选购等,资源调配的能力,且这些能力都是短期内无法培养的。

F:VIP经理与其他经理岗位相比区别在哪?相比难度如何?

答:更加稀缺,市场上对口的人才很少,但是难度无法做明确的区分。

G:为何这个职位会放在视觉企划部?

答:相近资源较多,可以共享。

群策群力

1. 若该应聘者为公司迫切需要人才,则无论花费何种代价都需要将其招聘录用。

2. 有三个建议:(1)大量沟通行业应聘者,了解行业信息和岗位信息,让视觉企划总监梳理,带教下属快速学习并提升。(2)既然VIP管理是明年的重点工作,就将这个职能单独拉出,成立一个与视觉企划部平行的独立部门,向更高层级的领导汇报,则VIP管理岗位的层级可以设置得更高一些,这样薪酬水平有所倾斜也未尝不可。(3)设计录用的薪酬结构,实施责任书制,在完成任务目标时可以给额外的奖金。

3. 同意2的第三个建议,对薪酬结构进行设计。另外将公司内部的薪酬区间拉大。

4. 同意2的第二个建议。

5. 若这个人是我们公司确实需要的人才,即使招聘预算已经定了,我们也要把了解到的市场信息拿去和老板谈,改变老板的想法。

专家解读

这是一个常见的问题,很多公司都会遇到。跟着公司成长起来的员工薪资一定没有外部职业经理人高。因此公司要注意在实施宽带薪酬的时候,这个带宽一定要拉大,尤其是针对高层管理者的宽带薪酬。另外在招聘外部薪酬较高的员工时可以采用签约奖金的方法,与应聘者提前设好目标,在试用期结束后发放签约奖金。经过一年的观察与评估,对应聘者的能力和潜力会有比较清楚的了解,评估情况良好则将签约奖金一并算入第二年的常规收入,若评估情况一般,则取消签约奖金部分的金额。

从职能角度看很有必要的岗位,且在行业内部确实稀缺,则可以与老板沟通实际情况,用高薪聘请也值得。若这个岗位的薪酬高于其直接领导的薪酬,则需要与直接领导沟通,因为直接领导是对整块业务负责的,这个岗位的作用是协助他完成整个模块的工作。

如何让直线经理在管理中发挥 HR 管理的职能?

提出问题

公司中有不少直线经理在人事管理的过程中出现一些管理漏洞,如对下属的带教不力,对下级的培训不支持等,经多方了解与观察,得出原因如下:(1)直线经理大多缺乏相关的人事管理经验。(2)担心将下属员工能力提高了会危及自身的地位。(3)工作日程安排非常紧,以业绩为导向,没时间让下级参与培训。以上的漏洞导致员工流失率居高不下,但是公司却将员工流失的责任扣到了 HR 身上。该如何解决?

分析问题

参与者 A:直线经理人是否拥有对下属员工的考核权?

答:有考核权,但是考核的随意性太大,相关的过程记录又很少,考核效果不好。

参与者 B:直线经理的绩效是否与下属的绩效挂钩?

答:没有直接的影响,仅在安全方面实行了责任连带制度。

参与者 B:那么直线经理的晋升是否与下属的绩效挂钩呢?

答:也没有。

解决问题

1. 建立员工流失问责制度。如:试用期员工离职风险 70% 由 HR 部门背负,30% 由直接上级(或用人部门)背负。转正后员工离职风险 30% 由 HR 部门背负,70% 由直接上级(或用人部门)背负。这样做,仅解决了员工流失时责任分解的问题。

2. 对于以"工作安排紧,没有时间进行培训"为由的情况,可以采取某公司目前正在执行的方案。建立新员工案例分享平台，新员工的部门负责人在场进行评价与反馈，新员工可以将入职以来遇到的困惑也一并提出，这样既解决了新员工入职初期的绩效考核问题，也给新员工一个正式的机会交流他入职以来遇到的问题，增强员工的归属感。这种操作方式让直线经理和 HR 部门在人才"选育用留"的每个阶段都介入了，避免了由于信息不对称引起的人才流失和考核随意性的风险。

3. 对于一线生产类人员，可在他们入职的两周内进行跟踪和观察，并进行技能考试，考试的结果与班组长绩效挂钩，优奖劣罚。

4. 这个问题的解决可以从短期和长期两个角度着手，短期可以从绩效的角度出发，将直线经理的绩效奖金与下属的绩效成绩挂钩；从长期的角度看要将下属的能力提升与直线经理的晋升关联起来，晋升那些有接班人的人。对于中层管理者要有两个方面的考量标准，一是业务能力，二是带领团队的能力，要对这些中层管理者的 KPI 进行权衡。

专家解读

1. 建立岗位胜任力模型，了解一名合格的中层管理者需要具备什么样的素质与标准。可以通过 KPI 的细化和量化来实现考核，如带教的频次、带教的时长等。

2. KPI 的反馈与确认是非常重要的环节，上级给下级的绩效打分后要与下级进行绩效面谈，肯定其优秀成果，同时也要面对他做得不够好的部分，了解绩效没有完成的原因。只有经过双方洽谈和确认过的绩效考核才是有效的绩效考核。

3. 做好新员工入职跟进计划和新经理辅导计划。新经理辅导计划可以教新任经理如何授权以及如何辅导下属，可辅之以 360°评估测试。

4. 树立成功标杆。给予一些成长比较成功的新经理一个分享的平台，让他们分享自己在转型过程中的心得与体会，同样的背景、同样的成长经历会更有参考价值。

如何设计尚未盈利子公司的员工激励方案

提出问题

集团开辟新业务，下设电商子公司，计划 2～3 年后盈利，3 年之期已到，公司盈利状况并未好转，完全没能打开局面。前两年的亏损比较严重，今年的亏损情况尚不明朗。目前遇到的难题就是想留的人留不住,想招的人又无法招聘到。经分析,虽然市场盈利空间很大,行业中也不乏优秀的标杆企业,但是公司内没有对口人才,太贵的人才用不起,渠道打不开。第一年人员编制为50人,第二年40人,今年只剩30人,其中销售人员数量在8人以上,但是总体实力较弱。

群策群力

A:是否可以通过制定好的激励方案,盘活现有人员,并引入需要人员?
B:既然是电商类企业,就可以通过行业活动进行造势宣传。
C:销售人员数量减半,将结余的费用用于招聘所需人才。
D:股权引入,采用合伙人制。
E:根据现有的财力物力,重新制作一份公司层面的经营计划,将钱用在该用的地方。
F:三个要素,第一,开源节流;第二,采用承包制,降低的亏损可应用于整个团队的薪酬提升;第三,总部给予政策的倾斜。

专家解读

给大家分享一个真实案例。某集团下属子公司收购海外某细分产品领域公司后成立集团公司,由此开始出现亏损,主打产品也从A产品转为B产品。由于没有合适的销售团队负责人,于是计划从外部招聘,看中行业内一名顶尖的应聘者,但是其薪资要求较高,为150万元年薪,远超集团预算。据了解,该应聘者业内口碑非常好,在原公司其团队的年度销售额约3亿元。经高层协商考虑,某集团最终以高价聘请了该应聘者,该应聘者入职第一年就以2500万元的年度销售业绩让集团领导刮目相看,确信没有用错人。

集团人力资源部进行分析,发现取得这样成功的因素主要有三个:一是该负责人对产品和客户非常熟悉,能迅速定位市场;二是客户对其信任度非常高,愿意使用其产品,因此成功为新产品打开了市场;三是该负责人的业界地位和个人魅力很高,下属对其非常认可,组建的团队实力和凝聚力更强。

因此我们在日常招聘和用人的过程中,在考虑人用得对不对的同时也要想到现行的制度(比如激励政策)对不对,更要进一步考虑到文化氛围是否合适。

补充分析

1. 对于初创型公司,如何"挖"核心人才?

［点评］加大薪酬的吸引力，对薪酬进行设计，不同产品的盈利分成比例不同，设置封顶上限。要注意盈利分成一般是针对团队的，而不是个人。

2. 领军人才对初创型公司的态度比较"暧昧"，既有关心向往又有担心疑虑，该怎么办？

［点评］解决这个问题要知道两点：第一，行业领军人才非常多，可以通过行业协会或者相关人员推荐，总有青睐初创型公司的应聘者。第二，通常在应聘者入职半年到一年的时间，公司对其工作能力和适配度会有一个综合的判断。公司在做应聘者的薪酬设计时可以将后退风险计入其薪资，若其试用表现不行，可有保障。

3. 如何招聘领军人才？

［点评］行业内部人员推荐，参加行业峰会，搜索相关文章的作者或发明人。

如何在发展空间、机会较少的情况下，激励与培养技术人才？

（相关议题：如何在中层人员高度稳定的情况下，让优秀的基层员工得到发展从而降低流失率？）

提出问题

SM 公司成立至今约 20 年，近 7 年的平均年利润约 2 亿元。公司技术人员占比约为 1/6，按专业背景分入机械、电器等对应的研究所，研究所由各自所长负责团队管理。所长稳定，基本无流动性。一般技术人员入职七八年即可具备相当的技术能力，但由于上级管理层稳定，晋升至跨级管理层的难度也很大（与老板的思路和想法有关，不太愿意让技术类人员走管理路线），不少颇有能力的"老"技术人员相继离职。通过 HR 部门与离职人员的访谈，了解到离职的原因主要有两个：(1)没有晋升发展机会；(2)调薪频率过低。目前 HR 部门已经开始计划着手解决这些问题，认为首要任务是建立任职资格标准，给技术人员定级，这样若发生同类级别人员的较大规模的离职可以用量化的数据引起高层领导的重视。

分析问题

(1)任职资格标准包含哪些？
答：知识、能力、经验、历史业绩。
(2)与同行业的技术人员流失率相比如何？

答:我司更低,但是我司流失的均为骨干(关键岗位)人员。

(3)是否有详细的离职原因分析?(是否有待遇不公、同行薪酬竞争力不强的情况?)

答:其他公司能够提供更大的平台和机会。由于我司的技术在行业中处于领先水平,在我司关键岗位培养的骨干员工出去后有能力独当一面做一名管理者。

(4)上市前与上市后员工的待遇和流失率是否有差别?

答:待遇无太大差别,流失率有所上升,分析原因得知员工对上市的期待过高,而上市后未能给员工提供相应的利益,导致员工心理落差过大。

(5)核心员工定义的标准是什么?

答:通过上级评价和内部业绩考核数据综合评定的。

(6)离职分析有何主要发现?

答:5~8年的员工流失率较高,其中最高的是入职5年左右的员工。

(7)如何让技术人员任职资格标准评价工作更有效率地推进?

答:建议由公司高层管理者、技术中心负责人和HR部门共同合作推进,制定一个客观的评价标准和评价流程,尽量降低评价结果的主观性。

(8)离职对员工和业务是否有影响?

答:公司业务会进一步扩大,对人员的需求量也与日俱增,虽然对当前业务不会有太大的影响,但是对未来业务的人才储备和目前在岗未离职的员工情绪都产生了较大的影响。

(9)在制定计划前是否与员工预先沟通?

答:仅采样沟通了几人,未在内部批量宣传。对离职员工进行了宣传和沟通,但对方流失。目前想通过多样化的激励来实现员工的保留。

群策群力

1. 技术人员工作时间长了,在技术开发方面可能出现职业倦怠,可以通过转换职业通道(如销售、市场)做一个全新的职业规划,让其职业通道更宽。

2. 做人才盘点,根据二八法则,将不合格的技术人员主动淘汰,及时激励(如授权)优秀的技术人才去"爬格子",在工程师级别上做评价,不同级别享受不同待遇,让人员看到有章可循的晋升制度和计划。

3. 做流失人员重要性的分析,看实际情况与原先猜想的情况是否有出入。做好晋升发展的制度;做人才盘点。将这几点结合,综合分析,给管理层提出意见。

4. 可以通过项目制工作给优秀的技术人员预演,扩大他们的工作职能。

5. 使用项目制工作方式,让不同种类的技术人员各自带项目,项目完成也能提升人员的成就感。

6. 通过临时项目组机制,通过内部组织创新和制度创新,让内部员工有机会尝试新的工作内容。(答:一般公司接到的订单都很急,公司不敢冒险让新人尝试。)

行动计划

下一步工作计划:人才盘点,胜任资格评价。盘点后如何有针对性地激励,建立淘汰制度,有限资源激励有需要的人。大环境不好的情况下拿出很多资源激励并不现实,可以通过多元化激励,比如晋升发展通道的多样化。公司高层用人理念是不希望技术人员走管理路线。公司刻意在市场和技术之间设立壁垒。可以尝试临时项目制。

专家解读

凡事要挖根源,从业务和组织架构的角度去看组织目前存在的问题。就这个问题而言,需要执行以下步骤:

1. 核心人才界定要准,制作一套客观准确的评价体系和标准。

2. 分析核心人员流失的原因。通常入职 2 年和入职 5 年的员工离职率偏高,入职 2 年的员工能清晰地认识到自己在内部是否有发展机会。入职 5 年的员工受生活压力所迫,对金钱的需求较大,同时在行业的某个模块也具备相当的能力,外部机会较多。对于这些员工,公司一旦认定其价值,可以通过多元化的激励方式保留(物质性激励:如无息贷款、股权等;非物质性激励:制作员工成长轨迹分析,包括收入、收益、晋升轨迹等)。

3. 打通晋升通道。设置项目经理,不一定有行政权,但收入和待遇可以提升至相应级别的相同水平。或在产品或项目组成熟后分离出去,成立子公司或者上市,给该项目的原有核心员工带来晋升。最重要的是,整个公司内部要构建系统的晋升体系。

4. 善于利用别人的权威做自己的事(获得权威人士的支持)。有了议题后要应用头脑风暴法,让各种想法和意见碰撞,要与业务部门反复评估确认,融合各方的精华力量,最终得到的结果才是最接近公司和业务需求的。

5. 要循序渐进地改变,没有一家公司希望改革的步子迈得太大。

第 12 章
人力资源实战案例

企业绩效管理体系设计

——构建A服饰公司高效、规范,以组织为支持,以激励为核心的企业绩效管理体系

A服饰公司背景介绍

A服饰公司创建于20世纪90年代初，是一家专业生产领带面料和领带服饰的现代化企业。10年后公司已经实现年均产值1亿元左右，是当地的地方名牌，省、国家的多类活动，甚至成为北京奥运会的主要供应商，公司的品牌价值一直在上升，通过赞助地方、省、国家年度所在省中小企业最具成长潜力企业之一。当我们接到这个项目时，正是企业由民营企业的原生态管理向科学、系统的现代企业管理迈进的萌芽期。

注：鉴于保密约定，本案例中对客户名称、人员姓名以及业务相关信息做了必要的处理。

A公司提出的初始咨询需求——做一个绩效项目

- 项目伊始，A公司领导提出了以下几方面的要求：

  - 希望咨询方通过对公司各个部门情况的了解和深入调研，提出几套适合DS公司的绩效考核方案供企业选择；并要求对不同部门提出不同的考核方式。

  - 绩效考核方案不需要漂亮的文字修饰，需要的是实际可操作性东西。

  - 这套解决方案应该将包括评审小组的组成，解决绩效考评系统的"器件问题"（比如一些档案和记录等资料）和"监督部门"的配套选择问题，保证企业绩效考核体系的顺利执行。

  - 要求咨询方在项目正式开始后三个月内，设计好A公司绩效管理框架，并开始在企业中试运行，边执行边修正。咨询公司将以企业顾问的方式，对A公司的绩效管理体系进行辅导，并对实施过程中出现的相应问题，进行督导与改进。

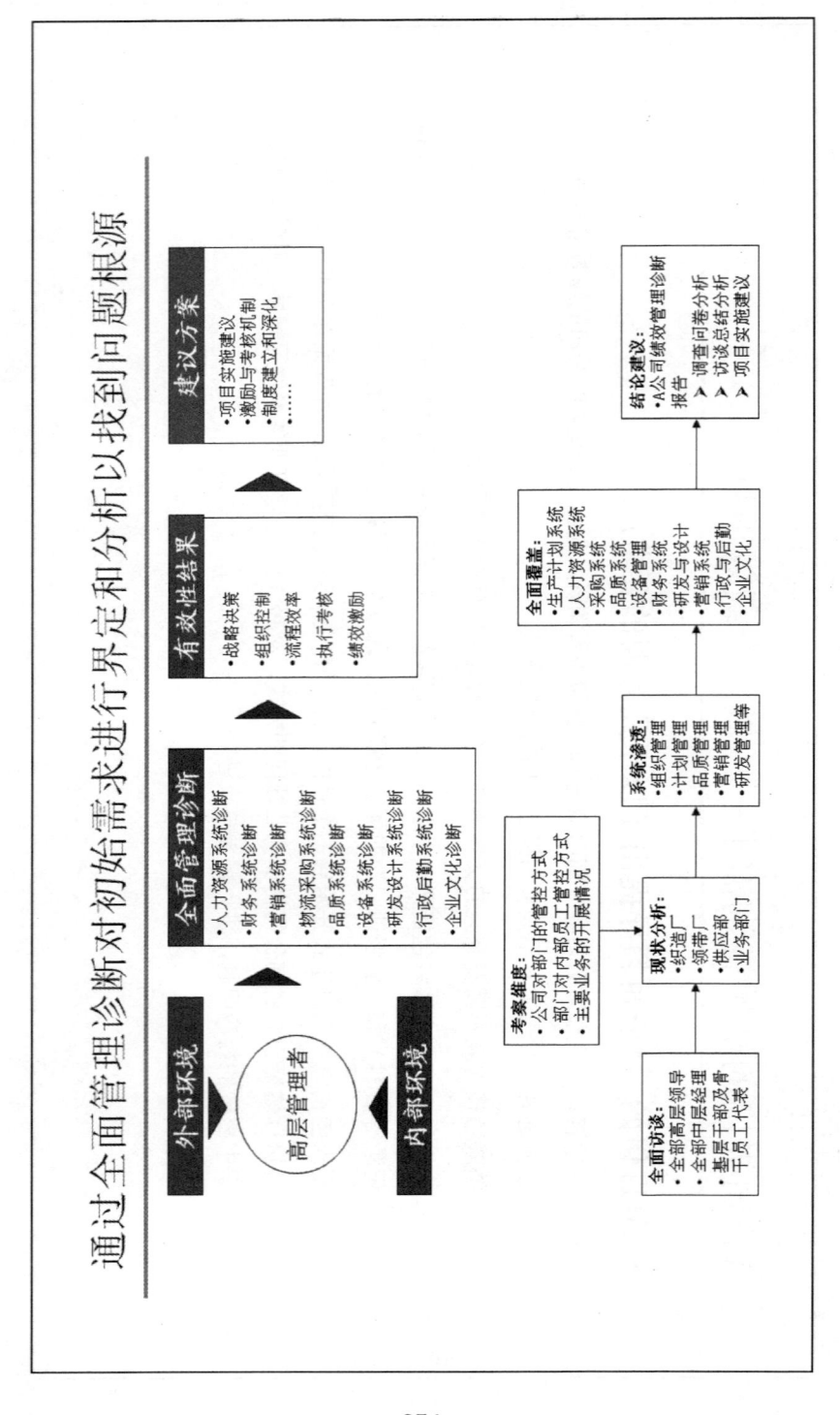

新常态下的人力资源管理
Human Resource Management in the New Norm

通过全面管理诊断对初始需求进行界定和分析以找到问题根源

外部环境 → 高层管理者 ← **内部环境**

全面管理诊断：
- 人力资源系统诊断
- 财务系统诊断
- 营销系统诊断
- 物流采购系统诊断
- 品质系统诊断
- 设备系统诊断
- 研发设计系统诊断
- 行政后勤系统诊断
- 企业文化诊断

有效性结果：
- 战略决策
- 组织控制
- 流程效率
- 执行考核
- 绩效激励

建议方案：
- 项目实施建议
- 激励与考核机制
- 制度建立和深化
- ……

全面访谈：
- 全部高层领导
- 全部中层经理
- 基层干部及骨干员工代表

考察维度：
- 公司对部门的管控方式
- 部门对内部员工管控情况
- 主要业务的开展情况

现状分析：
- 织造厂
- 领带厂
- 供应部
- 业务部门

系统渗透：
- 组织管理
- 计划管理
- 品质管理
- 营销管理
- 研发管理等

全面覆盖：
- 生产计划系统
- 人力资源系统
- 采购系统
- 品质系统
- 设备管理
- 财务系统
- 研发与设计
- 营销系统
- 行政与后勤
- 企业文化

结论建议：
A公司绩效管理诊断报告
- 调查问卷分析
- 访谈总结分析
- 项目实施建议

第12章 人力资源实战案例

全面管理诊断后经讨论确认的咨询需求

总体目标：
- 构建A服饰有限公司明晰的、规范的、以组织结构为保障、以绩效考核为核心、以合适的薪酬激励体系和培训体系作支持的高效企业绩效管理体系

分解目标：
- 组织结构调整
- 管理流程优化
- 绩效管理体系设计
- 薪酬激励体系设计
- 企业培训体系设计

> 在企业中，浮在表面的问题往往需要系统的解决方案，因为企业管理是系统工程

新常态下的人力资源管理
Human Resource Management in the New Norm

操作步骤简介

1　管理现状诊断
- 现有绩效管理理念是什么？管理层对绩效管理的期望是什么？
- 人力资源管理体系特别是绩效管理体系亟须改进的地方在哪里？
- 公司绩效管理体系如何应对市场挑战？如何与公司战略相匹配？

2　组织结构设计
- 管理层次及管理职能能否适应公司的战略需要？
- 根据业务发展需要应该设立什么样的部门及职责？
- 各职位的工作内容是什么？部门及职位编制情况如何？

3　管理流程优化
- 现有管理流程全面审视，管理流程如何发挥流程效率？
- 管理流程全面优化、绩效、培训等管理流程。

4　绩效管理体系
- 怎样的绩效考核体系能帮助我们实现企业目标？
- 如何设计绩效考核指标？
- 绩效考核工具的优化配置。

5　薪酬激励体系
- 目前的薪酬福利水平合理吗？薪酬福利机制如何合理有效？
- 激励机制如何合理有效？

6　培训管理体系
- 员工的真实能力状况如何？哪些地方需要提高？
- 如何将员工发展与绩效管理体系相结合？
- 员工培训体系的宣导与沟通。

注：因篇幅所限，本案例只呈现其中的部分内容。

管理诊断发现的问题

1. 组织链不健全
2. 决策链缺失
3. 人才链单薄
4. 采购管理与控制相对混乱
5. 业务管理与控制相对失调

1. 组织链不健全——机构、部门设置混乱

1.1 部门与岗位设置欠科学，职责不清晰，导致责、权、利不明确

- "不知道属于哪个领导管，管理上不太说得清，感觉就是很乱，高层里面不该管的人话也太多了。"
- "公司各部门比较难以协调，商务部和生产部、生产部和包装车间好像很难行成一块，生产部门好像很难领导包装车间。主要问题是公司领导太多了，如果公司就×总一个人，问题都可以解决了。"

1.2 公司高层与部门管理者分工不明确，经常出现越直管理与越级汇报的状况

- "上层有时不经过你来直接管下面的员工让人很头痛，这样的事发生过，出现的次数不多，但出现几次，你的心情就不好了。"
- "还有×总很多事情也管的，直接管到车间，这样厂长就没有办法了。去说的话，员工说×总都没有意见，你还说什么。"
- "但真正的管理人员是×总在管，厂长是没有权力决定的。"

358

2. 决策链缺失——未能形成科学决策

2.1 决策环节过长,导致决策质量和效率低下

- "现在一个单子下来的话要经过十几个领导的签字,包括业务员、跟单员、配色、设计、厂长、仓库、财务、几位领导等,太麻烦了,副总烦了。"
- "还有多头领导,每个单子都要签字,跟单员都想走了。其他企业一两天都完成的事情,我们要一个星期才能完成,因为要签字的人太多了,一个人不在就会误很长时间,而监督的人又没有。"

2.2 决策环节太多,交期出现问题难以找到相关责任人

- "签字是签了,但是出了问题之后又没有人负责。"
- "环节太多了,签字太多,签了字又没有什么用。"
- "我们公司现在签字太多了,签字又没有什么用,比如我们生产签了是到日交货,但是后来到25日才能交货,签字有什么用啊?"

2.3 决策比较随意,导致决策的权威性受到很大影响

- "因为他太冲动了,今天说这个好就上,明天如果其他好的就换成另一个政策,太乱了。"
- "我认为没有不好的员工,只有不好的领导。X总通常看事情只看表面,不看内在的东西,只看数字。"
- "我认为做企业要求稳定,不能今天一个政策出来,马上明天又出来另一个政策。"
- "工资相差太大,随意性大。X总有一个政策我同意之后,因为他们也没有什么意义。今天签了1 200,1 500就1 500。"
- "订单审我感觉也没有今天签了字之后,明天可能就会忘记了。"

359

3. 人才链单薄——缺乏专业管理人员

3.1 人员配备不合理，导致出现岗位空缺

- "有时候想去招个人，但是又没有去招。现在只能抓大放小，如果又没登记的话我也忙不过来了。现在领导带了一个员工的话，我是不知道的，因为流动太大了，如果每个人都登记的话我也忙不过来。"
- "ERP现在是由网管在兼管。现在人事等事情都是我一个人在做，能做的做，不能做的就放，没办法。"

3.2 受当地人力资源状况所限，从外部人才市场难找到合适的人才

- "市场上都是这种人，就算你给得起高工资也来不了这样的人，因为根本就没有好的。"
- "现在车工很难招，对于车工没有试用期，因为现在人都招不到了，来了就让他上去了。"

3.3 企业缺乏合理的考核和激励机制，导致员工队伍不是很稳定

- "现在×总认为要留人给钱就行了，其他荣誉根本无所谓的。"
- "现在好的员工还在流失，剩下的都不行，次品率也上升了。"
- "目前工作目标没有的，考核也没有的，但是现在我工作很辛苦，工资又不高，我是很想走的。"

3.4 对企业现有的人力资源未能进行合理的开发、培养，没有形成有序的晋升机制，员工缺乏必要培训，特别是对中层干部和基层员工

- "我感觉我们现在其实是很不起眼的，就像角落里的灰尘，没有人理。"
- "感觉看不到个人的发展方向，再不行，我也要离开了。"
- "我现在的人员都是新的，缺乏相关的经验。"

4. 采购管理与控制相对混乱

4.1 没有科学的供应商评估体系

- "采购没有固定的供应商,哪里便宜就去哪里。"
- "在选择供应商时,我们基本上是先谈价格再谈质量,哪里便宜我们就去哪里买。打个比方,原材料,比如现在有五个厂家让你选择,哪里好哪里差其实我们心里都很清楚,但是为什么公司最后还是质量不好的那家去买呢?就是因为那家的东西便宜,还有就是钱可以后,这样的话就是质量就下去了。"

4.2 原材料采购更多的只是关注价格,而忽视质量

- "对业务部门最头痛的是交货期和质量问题。质量主要体现在原料丝和面料方面。比如丝有五级、三级和四级肉眼是看不出来的,价格相差50元,所以老板在采购时就会选择三级的丝来代替四级。但是到生产过程中就出现问题了,产量、质量、手感和光泽度等方面都会受到影响。"

4.3 由于采购的周期和质量问题,已经对生产造成很大的影响

- "现在报给客户生产的其实用于生产的其实两个星期左右,因为这一个月要包括前面的辅料采购、打样等,经常会碰到采购进来的原料色质上有差别,供应上去了我们这个公司就可以了,这就影响了生产。"
- "我认为现在公司真正的焦点在供应这块,供应上去了我们这个公司就可以,所以这次考核要要体现到供应这块。"
- "现在主要是原材料供应和质量方面的问题。"

5. 业务管理与控制相对失调

5.1 缺乏统一的业务管控模式

- "外贸、内贸是一个人管的，后来×总有自己的客户了，我就拉了一支队伍自己做，后来，×总又让××也来管外贸这一块，××他对外贸一点都不懂的，最后外贸还是不管了，只管了生产这一块，但是在他的生产部门又设立了内贸部门，有点乱套了。然后我这里的内贸部又做外贸了。"

5.2 对于订单的生产排单，缺乏一个统一的协调机制与衡量准则

- "我最近在想，我们现在是业务员拿了单子，安排好时间到各个部门签字，不知道是否合理，是否应该有专门的部门做计划，而不是各个部门自己做。"
- "最棘手的问题是，领带生产在上面占用的时间太长，到领带厂时间已经不多，我们要加班加点生产，面料、辅料供应也有问题。"
- "织造和领带厂沟通比较少，两个业务员订单不能同时完成时，领带厂应该与我们沟通一下，我们的原辅料比较多，我们拼命赶出来拿的东西拿过去时领带厂放在那里又没用，说是还在等其他辅料。"
- "跟单员各有各的计划，整体没有计划，同时有跟单员催厂长时，厂长先满足谁和厂长关系好了，优先满足他，和厂长关系不好就没办法了。"

第 12 章 人力资源实战案例

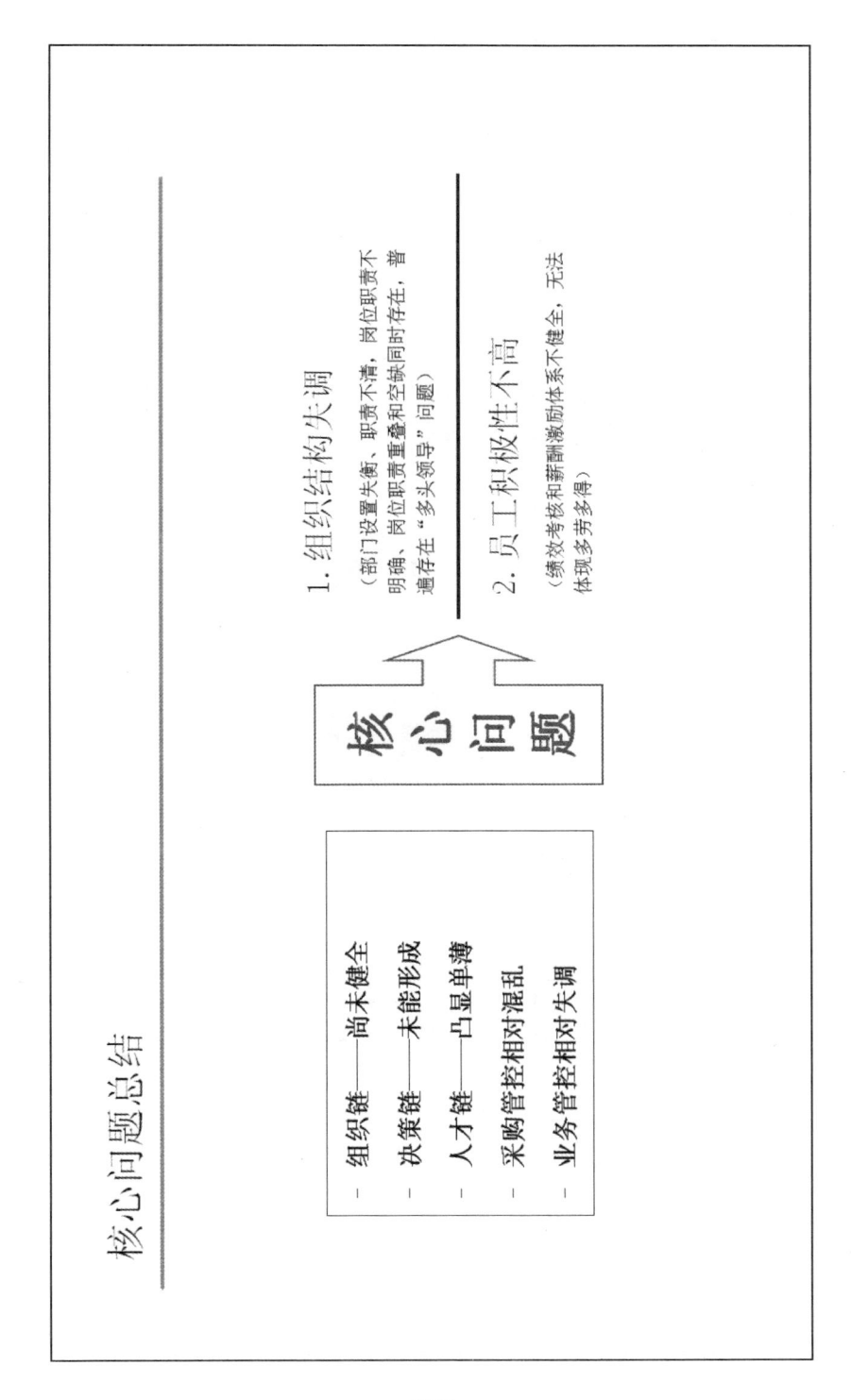

核心问题总结

- 组织链——尚未健全
- 决策链——未能形成
- 人才链——凸显单薄
- 采购管控相对混乱
- 业务管控相对失调

核心问题

1. 组织结构失调
（部门设置失衡、职责不清，岗位职责不明确，岗位职责重叠和空缺同时存在，普遍存在"多头领导"问题）

2. 员工积极性不高
（绩效考核和薪酬激励体系不健全，无法体现多劳多得）

核心问题根源

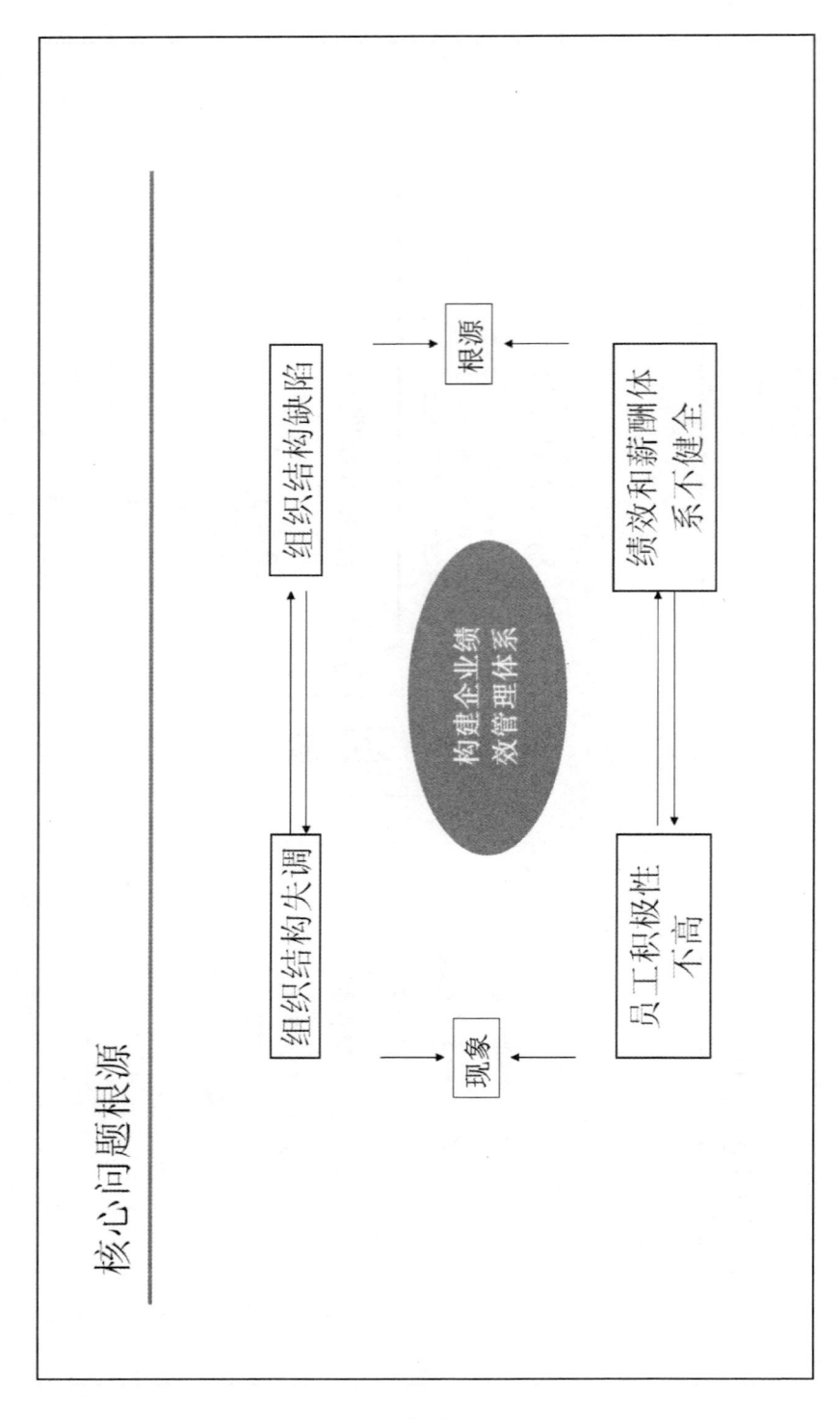

```
组织结构缺陷 ← 根源 → 绩效和薪酬体系不健全
      ↕                              ↕
   [构建企业绩效管理体系]
      ↕                              ↕
组织结构失调 ← 现象 → 员工积极性不高
```

第 12 章
人力资源实战案例

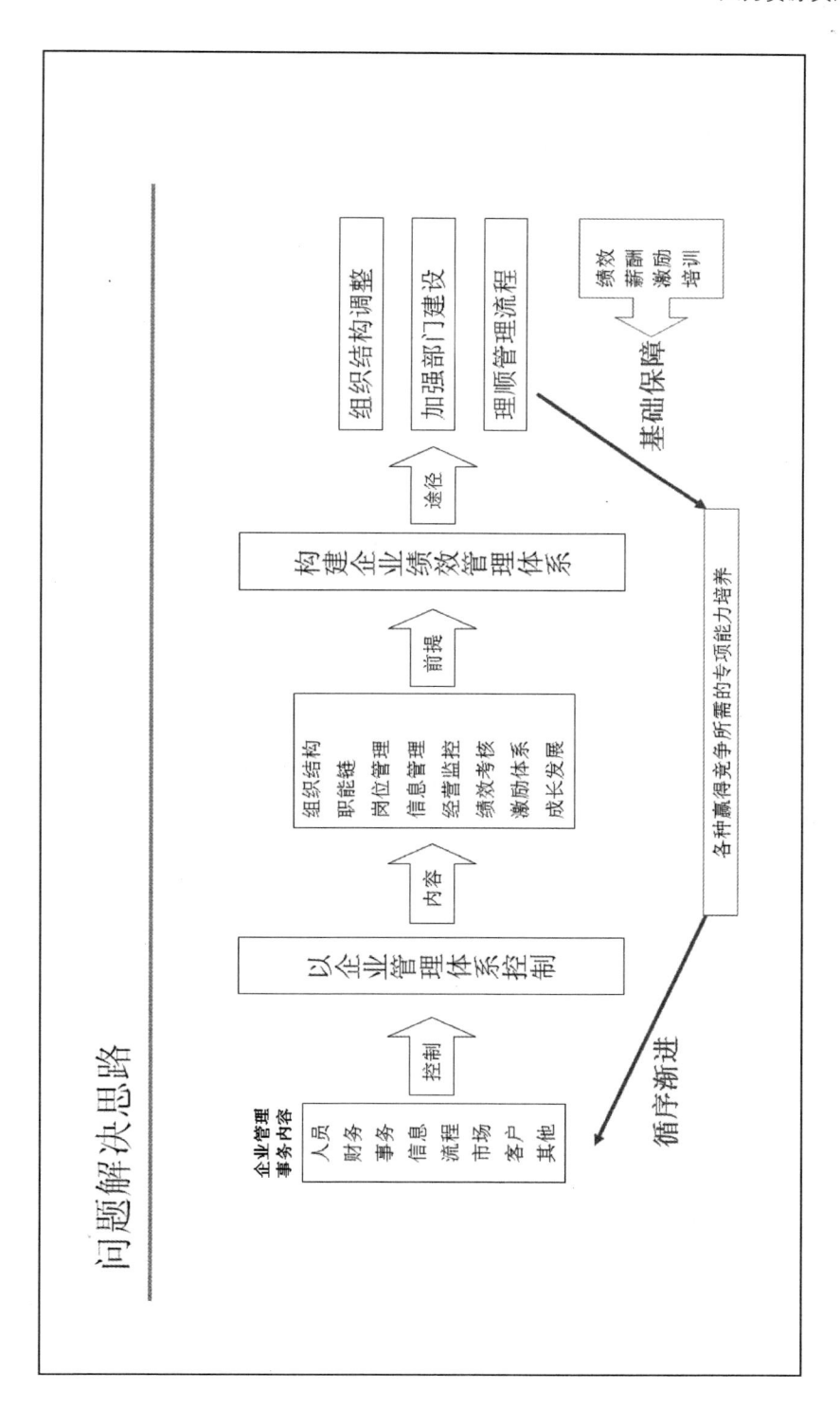

问题解决思路

企业管理事务内容
- 人员
- 财务
- 事务
- 信息
- 流程
- 市场
- 客户
- 其他

控制 → **以企业管理体系控制**

内容 → 组织结构、职能链、岗位管理、信息管控、经营监控、绩效考核、激励体系、成长发展

前提 → **构建企业绩效管理体系**

途径 →
- 组织结构调整
- 加强部门建设
- 理顺管理流程

基础保障 ← 绩效、薪酬激励、培训

循序渐进 → 各种赢得竞争所需的专项能力培养

组织层面的应对思路

核心问题
- 部门职能不清晰
- 岗位职责不清晰

导致组织运行效率降低

应对策略
- 部门职能梳理
- 职位说明书编撰

⇕ 配套方案

经验管理
- 个人经验
- 过去习惯
- 直觉指挥

⟹

科学管理
- 理性管理
- 严格规章制度
- 严格监督
- 奖罚分明

绩效管理体系
通过部门职能的确定,设定部门的考核指标,将组织的运行效率与部门挂钩

职位说明书
岗位职责通过职位说明书充分反映,其考核指标与岗位职责相对应,从而将部门指标落实到个人

第12章 人力资源实战案例

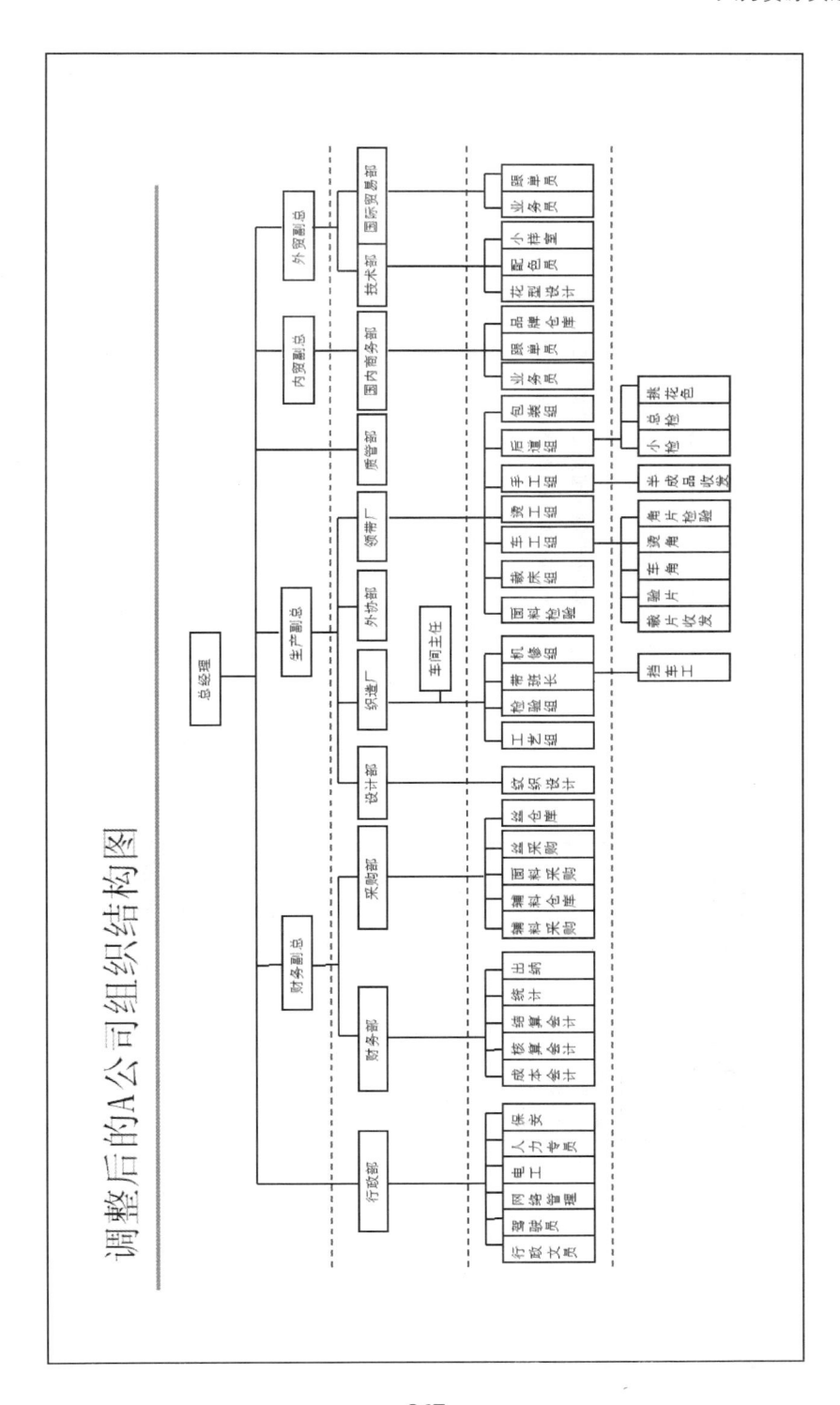

调整后的A公司组织结构图

```
                                    总经理
                                      │
    ┌──────────────┬──────────────┬──┴──────────┬──────────────┐
   财务副总        生产副总                    内贸副总        外贸副总
    │                │                          │              │
  ┌─┴─┐     ┌───┬───┼───┬───┬───┐              │            ┌─┴─┐
 财务部 行政部 采购部 设计部 织造厂 绣带厂 质管部         国内商务部    技术部 国际贸易部
```

车间主任

（各部门下属岗位略）

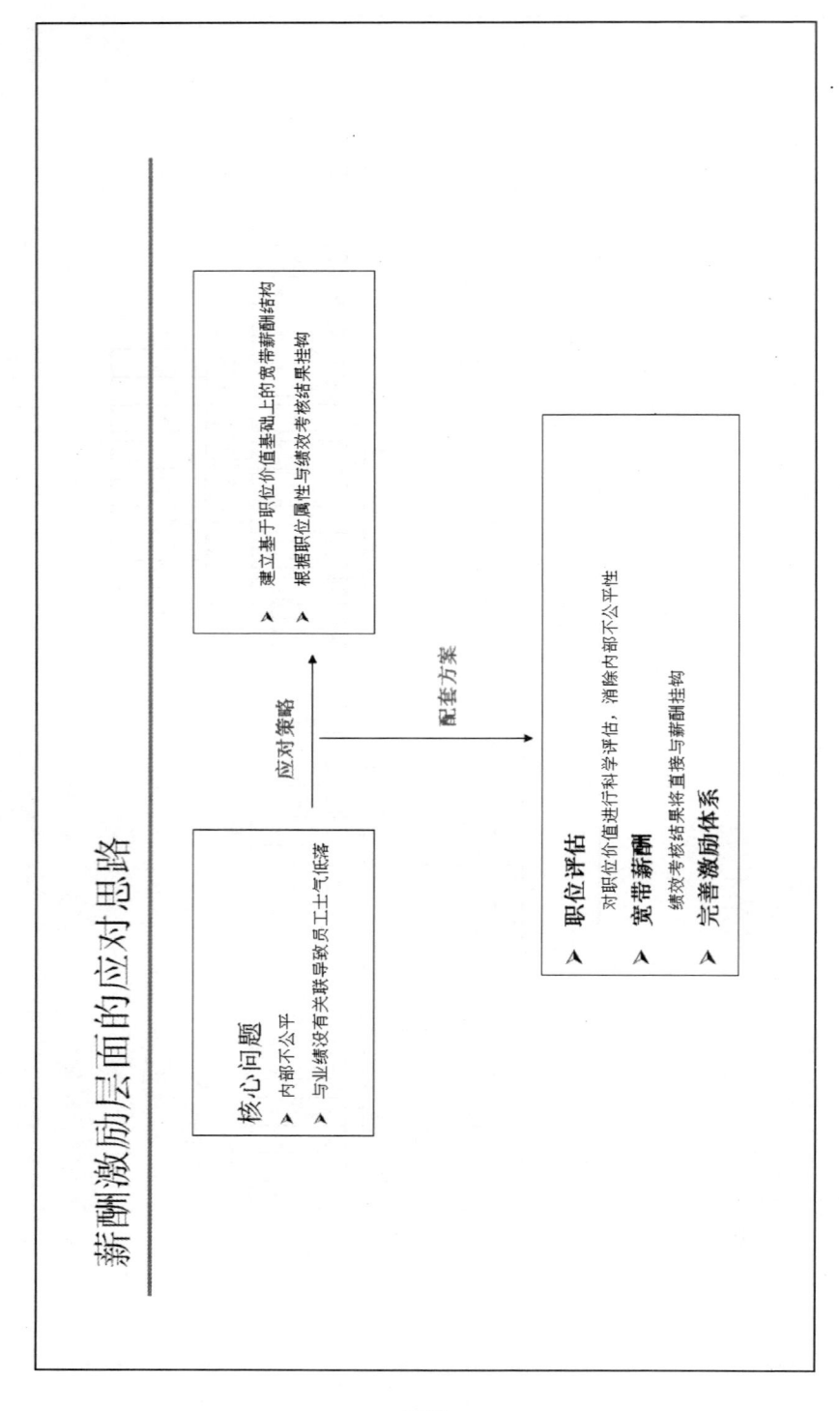

▶ 新常态下的人力资源管理
Human Resource Management in the New Norm

薪酬激励层面的应对思路

核心问题
- 内部不公平
- 与业绩没有关联导致员工士气低落

应对策略 →

建立基于职位价值基础上的宽带薪酬结构
- 根据职位属性与绩效考核结果挂钩

配套方案 →

职位评估
对职位价值进行科学评估，消除内部不公平性

宽带薪酬
绩效考核结果将直接与薪酬挂钩

完善激励体系

应用岗位价值曲线并联系实际进行薪酬等级与档次设计

A公司共有400余人，但层级分明，分工简单。因此根据岗位评估的结果以及实际情况，我们把A公司参与评估的岗位分成九个等级，对于其他未参与评估或者新增设的岗位，可以按照相关类似岗位的对比，进入与之相应的岗位等级。

A公司因为前期"人治"的管理习惯，相同层级岗位（比如冠以各类名称的副总）的薪酬差异极大。为顺利实现新旧管理思维的转变并尊重公司历史，根据A公司的实际情况，在每个等级中划分成九个档次，确保A公司薪酬操作的弹性和灵活性。通过综合考评，确定每个员工所处的档次，一级的低值档为最低岗位薪酬起点。

岗位级别表示例

级别	管理类		
	高层管理	中层管理	基层管理
9	董事、总裁、CEO		
8	COO、CFO、CMO、CTO、CIO、CHO、副总裁、总经理		
7		总监、高级经理、项目经理	
6			车间主任、机修组长
5			经理、高级主管、主管
4			
3			
2			
1			

第 12 章 人力资源实战案例

薪酬级别表示例

年薪：RMB元

	符 合	优 秀	卓 越
高层 {	600 000~700 000	700 000~80 000	不封顶
	380 000~46 000	460 000~540 000	540 000~620 000
中层 {	220 000~280 000	280 000~340 000	340 000~400 000
	115 000~155 000	155 000~195 000	195 000~235 000
基层 {	65 000~85 000	85 000~105 000	105 000~125 000
	30 000~45 000	45 000~60 000	60 000~75 000

备注：基本工资。

管理类与服务类薪酬结构示例

职务分类	基本工资占年薪比	考核周期	绩效工资比例（占年总收入%） 平时	绩效工资比例（占年总收入%） 年终	绩效工资比例（占年总收入%） 总体
高级管理人员（副总及以上）	50%	半年	20%	30%	50%
厂长	40%	季度	10%×3	30%	60%
中层管理人员（除厂长外的其他部门经理）	60%	季度	8%×3	16%	40%
技术人员	70%	季度	5%×3	15%	30%
业务人员	60%	每月	2%×11	18%	40%
基层管理人员（车间主任、班组长）	60%	每月	3%×11	7%	40%
操作层（计件员除外）	70%	每月	2%×11	8%	30%
行政后勤人员	70%	季度	5%×3	15%	30%

➢ 试用期员工不纳入绩效考核范围，除绩效工资不予发放外，其余同正式员工；

➢ 对于实际敬考核时间不足考核周期一半的正式员工，或其他总经理认可不纳入绩效考核的员工，绩效工资按绩效工资总额的50%发放。

绩效层面的应对思路

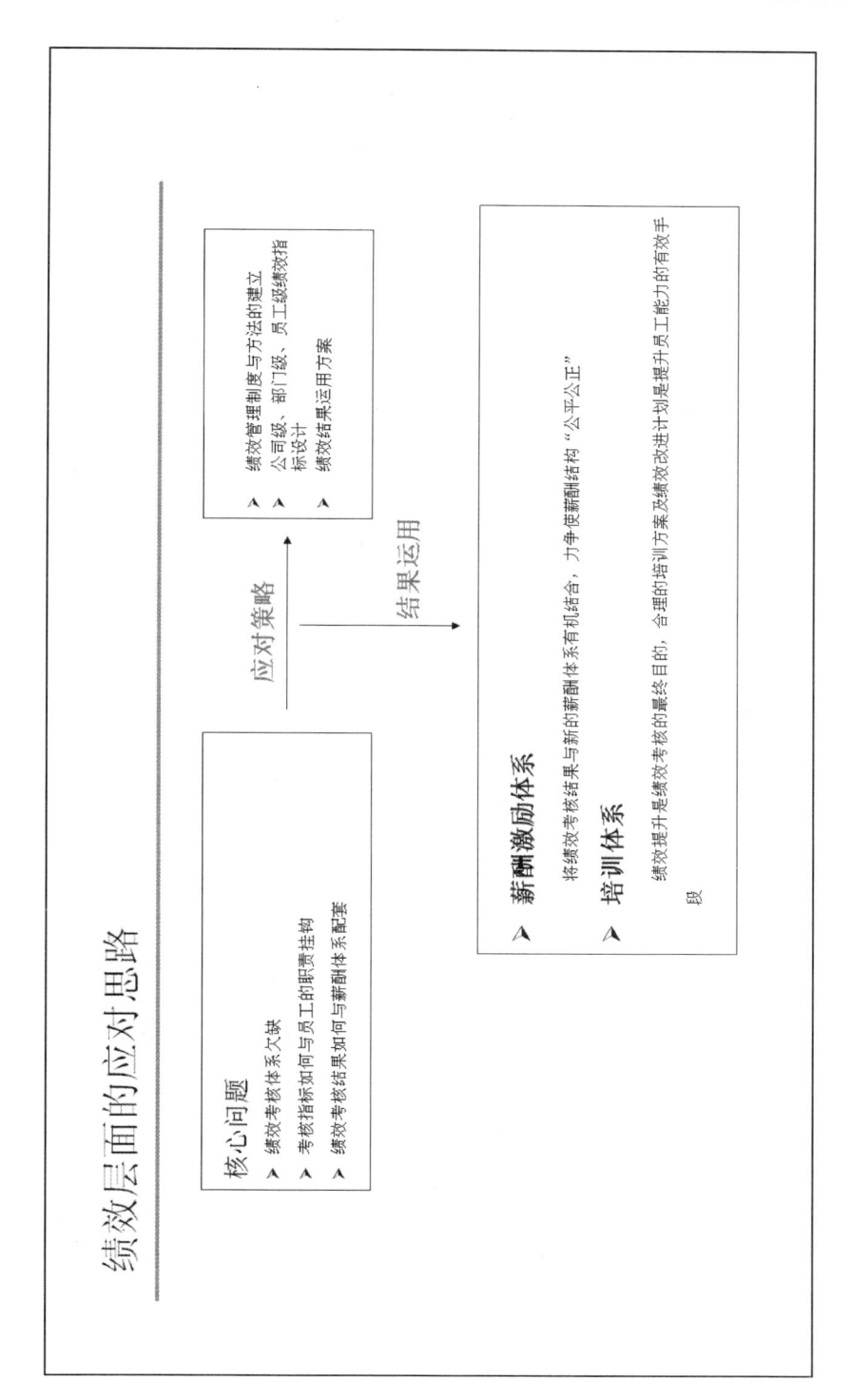

核心问题
- 绩效考核体系欠缺
- 考核指标如何与员工的职责挂钩
- 绩效考核结果如何与薪酬体系配套

应对策略

- 绩效管理制度与方法的建立
- 公司级、部门级、员工级绩效指标设计
- 绩效结果运用方案

结果运用

薪酬激励体系
- 将绩效考核结果与新的薪酬体系有机结合，力争使薪酬结构"公平公正"

培训体系
- 绩效提升是绩效考核的最终目的，合理的培训方案及绩效改进计划是提升员工能力的有效手段

各类人员的考核目的与周期示例

职务分类	考核目的	考核周期			
		月度	季度	半年度	年度
高级管理人员（副总及以上）	明确管理职责、树立全局观和效率意识				√
中层管理人员（部门经理等）	培养管理能力、提高职业素养和流程效率		√		√
技术人员	加强专业技能提升、提高服务能力		√		√
销售人员	培养市场拓展能力、提升客户服务水平	√			√
基层管理人员（班组长）	提升技能、确保工作任务的及时有效完成	√			√
操作层（计件员工除外）	提高技能和职业素养	√		√	√
行政后勤人员	提高服务意识与客户满意度（主要指内部客户）		√		√

考核维度的设计

考评的维度主要有绩效维度——被考评人员通过努力所取得的工作成果;能力维度——被考评人员完成各项专业性活动所具备的特殊能力;态度维度——被考评人员对待事业的态度和工作作风。每一个主要考评维度又是由相应的测评子指标组成,对不同的考评主体采用不同的考评维度。

- 绩效维度包括:
  1. 任务绩效:体现的是本职工作任务完成的结果。
  2. 周边绩效:体现的是对相关部门服务的结果。
  3. 管理绩效:体现的是管理人员对部门工作管理能力的结果。

- 态度维度包括:
  1. 考勤:是否符合公司规章制度。
  2. 工作纪律性:工作过程中是否服从分配,符合公司规章制度。
  3. 服务态度:对相关人员服务过程的态度。
  4. 合作精神:工作过程中与相关人员合作的情况。

- 能力维度包括:
  1. 交际交往能力。
  2. 影响力。
  3. 领导能力。
  4. 沟通能力。
  5. 判断和决策能力。
  6. 计划和执行能力。
  7. 客户服务能力。

考核表范例

第一部分：绩效标准（硬性指标，共90%）

岗位名称：×××带班长

姓名：　　　　　　　　　　　　　　　所属部门：×××

填表时间：　　年　　月　　日

直接上司目标：　　　　　　　　　　　直接上司：×××

考核要素	阶段（年度）目标	绩效标准	权重	计算方法	绩效结果	考评结果
工作绩效目标及发展目标（90%）	产量目标达成率	100% 月班产量完成率 = $\dfrac{当月班产量数 + 小样数 \times 4}{40\,000/30 \times 月实际生产天数}$ $+ \dfrac{1M以下数 \times 2 + 平均纬密损失0.5m/台天数}{40\,000/30 \times 月实际生产天数}$ $+ \dfrac{非正常停台损失1.7m/小时}{40\,000/30 \times 月实际生产天数} \times 100\%$	40%	平均纬密以76梳为基准，降0.5%扣1分，扣完为止		
	质量扣分率	0.25% 工人扣分数/月产量×100%	15%	国产机除外，升0.01%扣1分，扣完为止		
	及时完成生产任务	100% 按厂部指令交期100%完成	15%	每出现1次塞错扣5分（特殊情况及时汇报除外）		

项目质量控制

▶ **固定的联系渠道**

- 客户方项目小组内部指定确定的联系人和联系方式,并对双方的沟通、项目进程和项目成果进行过程记录。

▶ **定期项目组例会**

- 定期(每1~2周)举行项目例会,通过讨论阶段回顾、主要成果、待解决问题和下一步工作安排等问题,控制项目进程,保证项目质量。

▶ **严谨的项目管理结构**

- 项目组专家将从各自角度,严格审核过程和分阶段结果,提出指导性和专业性的意见,参与主体方案设计和成果验收,从而对项目成果进行把关。
- "双项目组长负责制"。项目由首席顾问和客户项目领导共同担任,并对项目计划、项目沟通、主体方案设计、方案提交、方案实施等共同负责,以保证所有方案的产生都是在双方的高度参与和充分沟通的基础上产生的。

▶ **"提交一个、接受一个、成功消化一个、再进入下一步"的工作方式**

- 对每个阶段,我们都遵循"提交一个、接受一个、成功消化一个、再进入下一步"的原则。每一步的关键成果,我们都与客户进行充分的沟通与修订,并在取得客户的认可之后,再进入下一阶段的工作。

项目价值

▶ 建立了一套制度

帮助A公司建立了一套基于科学适用的、具有前瞻性的、外有市场竞争力、内具公平性的绩效管理体系。该体系考虑到企业自身的发展变化，为A公司未来人力资源管理体系的进一步完善预留了接口。

▶ 学习了一种方法

A公司管理团队学习到了系统的岗位评估、数据分析、薪酬福利制度设计、绩效考核制度设计的思路、原则、方法和工具。这套方法将转化为无形资本在A公司未来的企业管理工作中发挥作用。

▶ 培养了一支队伍

通过整个项目过程中咨询方向企业方的知识转移，A公司的人力资源管理能力势必将再上一个台阶。我们在项目的进行过程中充分向A公司项目组成员传授工具、转移知识，帮助A公司培养出高视野、强能力的适用型人力资源管理人才，以使A公司的人力资源管理水平乃至企业管理水平得到提升。

第12章 人力资源实战案例

案例总结

在此案例中，我们可以看到企业最初提出的咨询需求往往是基于其平时的观察和体验，未必是基于逻辑与推理。因此对于整体项目方案，我们必须根据企业发展目标，对客户公司的内外部环境和各种资源进行严密分析、科学论证、充分讨论与交流，并对客户所在行业和同行标杆企业做出大量的分析研究后，才能设计出有针对性和适用性的企业绩效管理体系。

而在此过程中，咨询顾问的职责是：以科学的方式、严谨的工作态度、充分的合作精神、丰富的顾问经验来协助企业最高层领导从目标规划、体系运作、项目操作以及实践可行性等诸多方面，论证确立恰当的咨询目标并提出有效的实施规划和操作方案。

任何事物的变化最终都取决于内因，客户公司的管理提升能否取得成效，也取决于公司管理层的决心和全体员工的支持。一句话，取决于公司上下能否团结一心，达成共识并付诸行动。咨询公司将竭尽全力帮助客户公司的各级干部职工完成对自身历史、现状和未来的系统思考和逐步改善，以寻求企业发展目标的实现。

组织结构设计及绩效、薪酬

——帮助B纺织公司（下标B纺织）构建以上市公司规范化治理为标准的企业人力资源管理体系

B纺织背景介绍

B纺织是一家专业从事服装面料与家纺面料生产与销售的公司，拥有自主研发设计能力，注册资本758万美元，管理、技术、业务等各类型员工共计300余人。B纺织拥有自营进出口权，产品90%以上出口到德、法、新加坡、马来西亚等国家。经过5年多的快速发展，年销售额已经突破了2亿元，但是近两年来的增长速度已经明显下降。

B纺织是一家由技术型老板同业务型伙伴合伙创办的企业，前者拥有100%股权。

- 在企业发展初期，B纺织专注生产与销售，紧跟市场变化，实现极快增长。
- 随着企业规模快速变大和市场竞争加剧，之前粗放、随意的组织结构与管理无法满足B纺织的进一步发展，企业增长速度明显下降。

发展速度 / 存续时间

B纺织当前阶段

新常态下的人力资源管理
Human Resource Management in the New Norm

企业的初始咨询需求——建设规范的管理体系符合上市治理要求

企业领导人提出的困惑

- 生产效率难以提高
- 企业管理难以到位
- 各职能部门间缺乏有效衔接
- 管理人员缺乏明确的考核与激励措施

无法支持 / 形成阻碍 → 上市

- 上市的规范性要求
- 赢得更高PE的故事和业绩
- 上市后的市值管理

对上市的需求引发了B纺织领导人对企业管理现状和未来发展的担忧，也触发产生了本咨询项目。在与B纺织接触伊始，其领导就提出了自己的咨询需求：做一套规范的管理体系。

第 12 章 人力资源实战案例

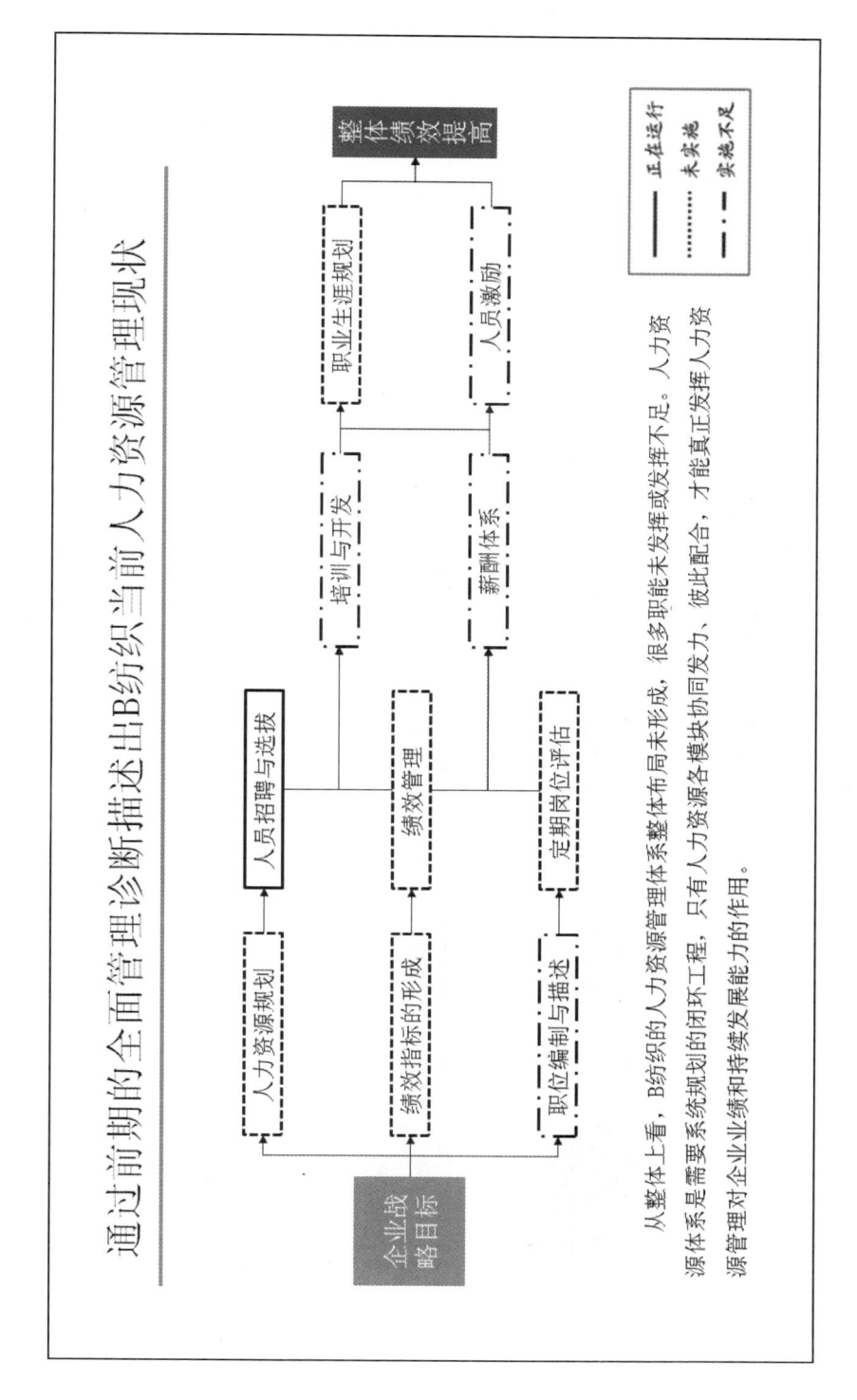

通过前期的全面管理诊断描述出B纺织当前人力资源管理现状

图例：
—— 正在运行
······ 未实施
—·— 实施不足

流程结构：
- 企业战略目标 → 人力资源规划 → 人员招聘与选拔 → 培训与开发 → 职业生涯规划 → 整体绩效提高
- 企业战略目标 → 绩效指标的形成 → 绩效管理
- 企业战略目标 → 职位编制与描述 → 定期岗位评估 → 薪酬体系 → 人员激励 → 整体绩效提高

从整体上看，B纺织的人力资源管理体系整体布局未形成，很多职能未发挥或发挥不足。人力资源体系是需要系统规划的闭环工程，只有人力资源各模块协同发力，彼此配合，才能真正发挥人力资源管理对企业业绩和持续发展能力的作用。

383

B纺织人力资源管理方面存在问题的具体描述（部分）

组织
- 组织机构表面健全，但部门内部的权责利不清晰，久匹配；
- 现有结构尚不能保证部门之间的无缝衔接与相互制约；
- 现有组织结构从管理幅度和跨度来看，存在失衡现象；
- 企业授权管理体系不完善；
- 管理团队与后备人才培养来存在"断层"。

绩效
- 没有科学合理的考核指标和配套的绩效体系，无法准确评估部门与岗位的核心产出；
- 员工业绩评价主要依靠上级主观印象，缺乏企业内绩效衡量的统一标准（尺度）；
- 绩效配套体系尚未建立，无法发挥绩效管理的牵引和推动作用。

激励
- 奖惩机制不完善，奖惩手段单一；
- 缺乏合理的薪酬结构和职等职级区隔；
- 薪酬结构向"绝对平均"。

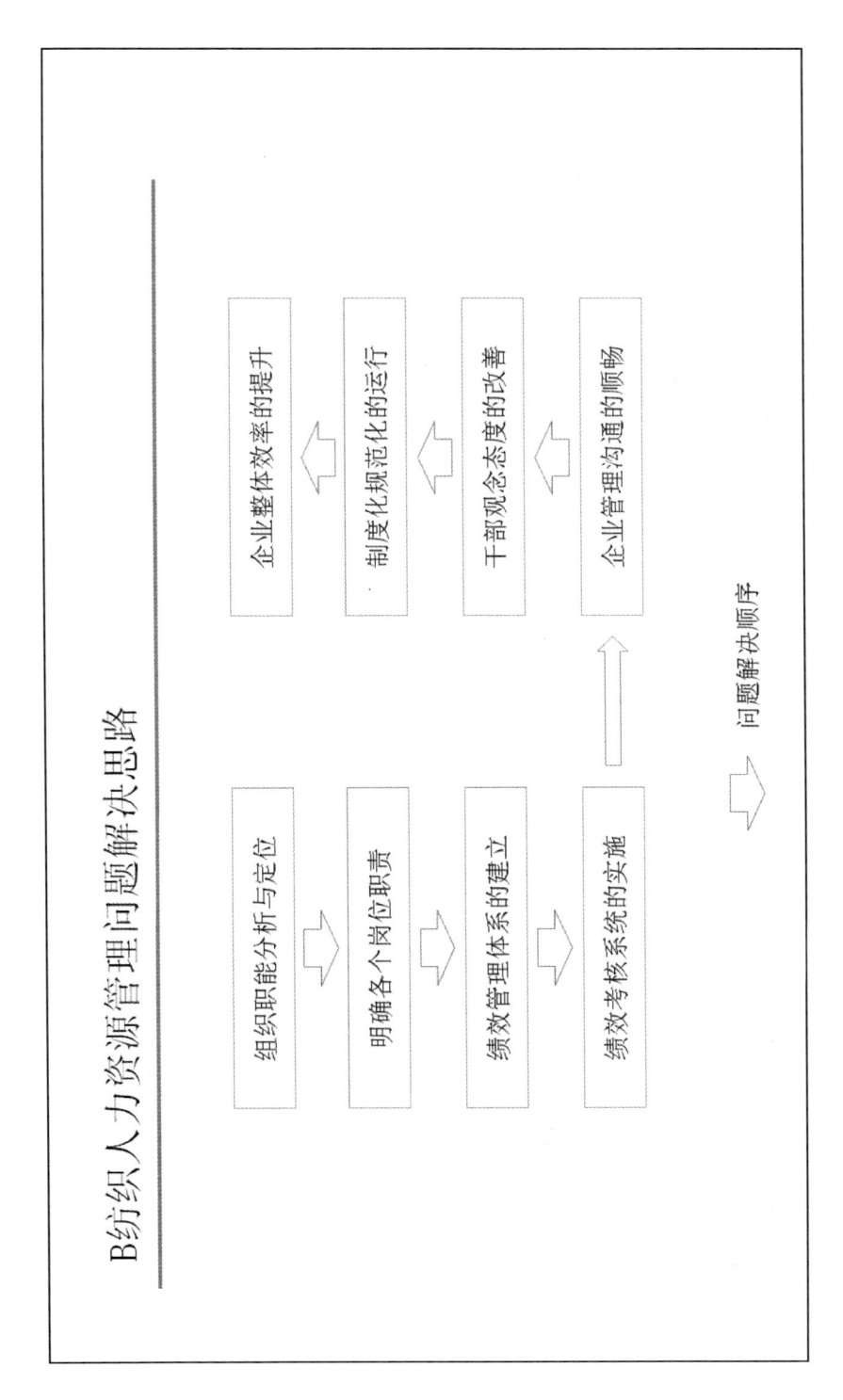

B纺织人力资源管理问题解决思路

组织职能分析与定位 → 明确各个岗位职责 → 绩效管理体系的建立 → 绩效考核系统的实施

企业整体效率的提升 ← 制度化规范化的运行 ← 干部观念态度的改善 ← 企业管理沟通的顺畅

问题解决顺序

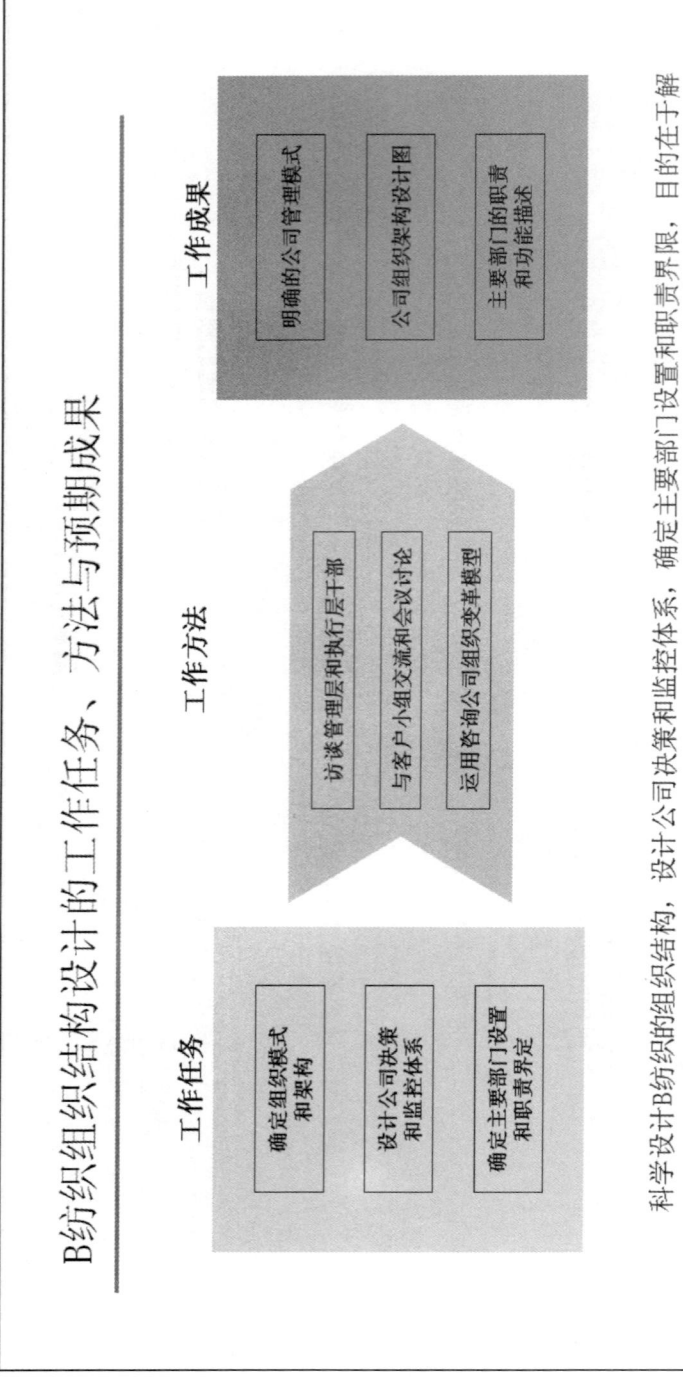

B纺织组织结构设计的工作任务、方法与预期成果

工作任务
- 确定组织模式和架构
- 设计公司决策和监控体系
- 确定主要部门设置和职责界定

工作方法
- 访谈管理层和执行层干部
- 与客户小组交流和会议讨论
- 运用咨询公司组织变革模型

工作成果
- 明确的公司管理模式
- 公司组织架构设计图
- 主要部门的职责和功能描述

科学设计B纺织的组织结构，设计公司决策和监控体系，确定主要部门设置和职责界限，目的在于解决其组织结构不平衡、岗位职责不明确、授权体系不完善、内部沟通不高效等组织设计问题。

第 12 章
人力资源实战案例

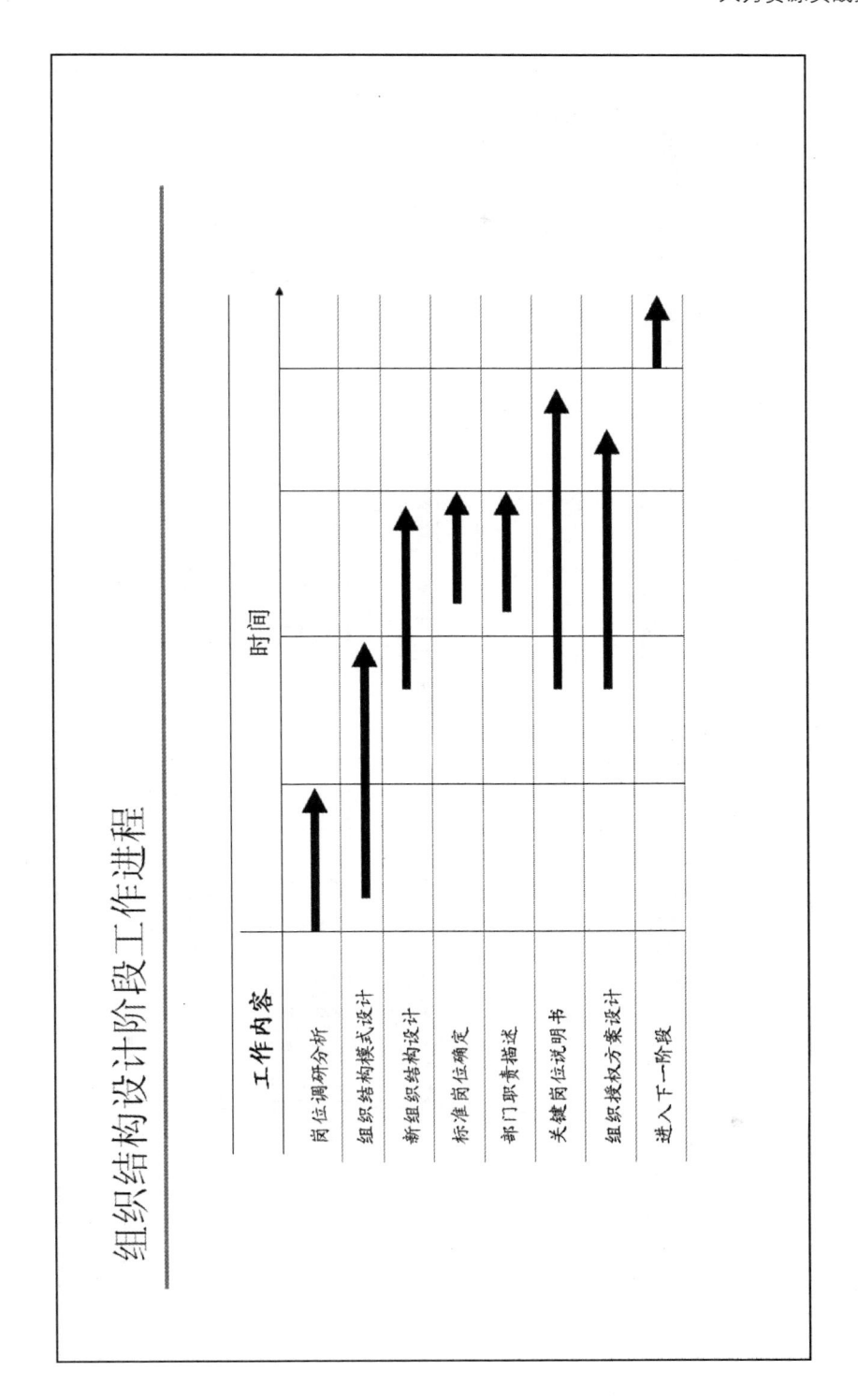

组织结构设计阶段工作进程

工作内容	时间 →
岗位调研分析	
组织结构模式设计	
新组织结构设计	
标准岗位确定	
部门职责描述	
关键岗位说明书	
组织授权方案设计	
进入下一阶段	

387

B纺织原组织结构的呈现及问题

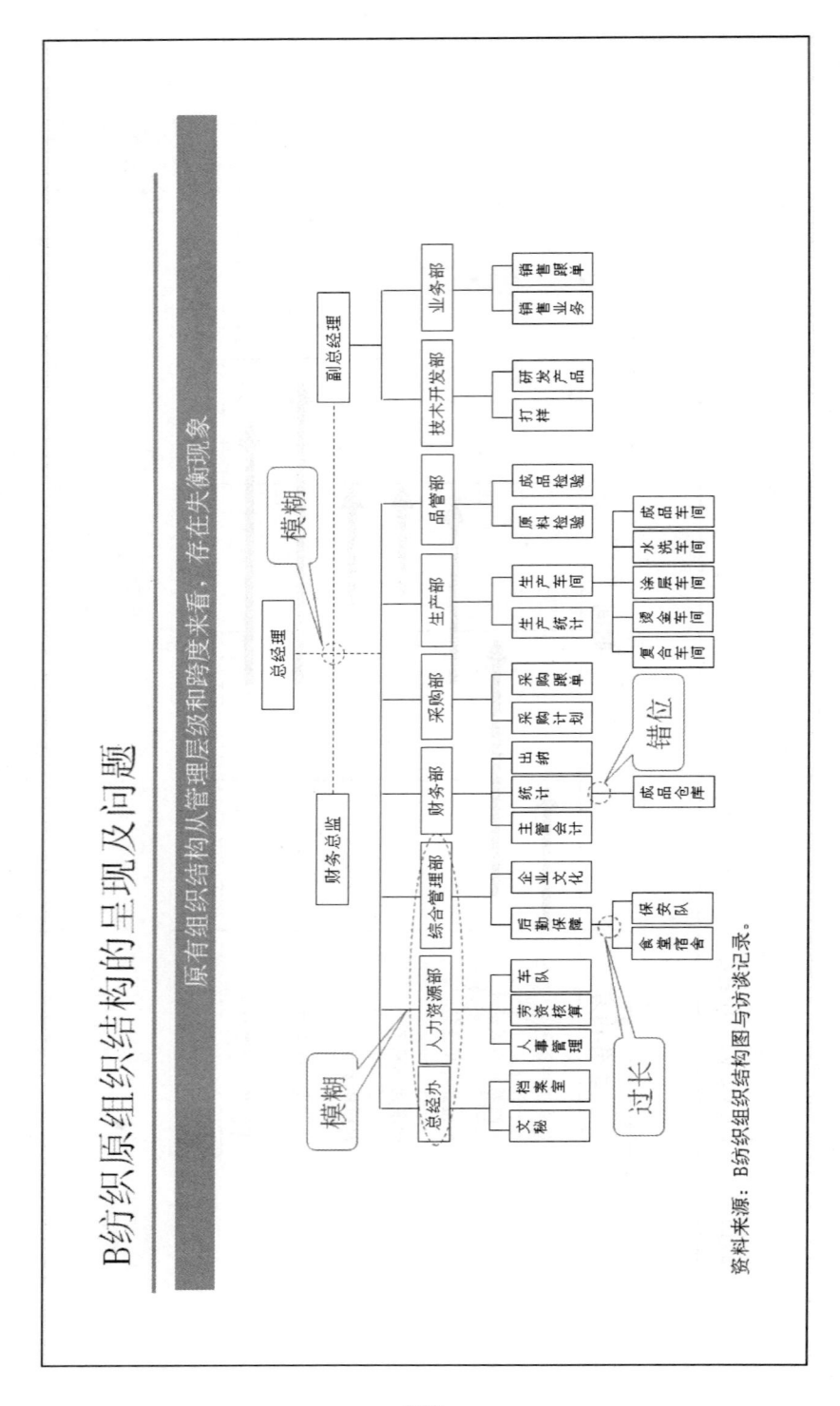

原有组织结构从管理层层级和跨度来看，存在失衡现象

				总经理			副总经理	
总经办（模糊）	人力资源部	综合管理部	财务部	采购部	生产部	品管部	技术开发部	业务部
文秘 / 档案室 （过长）	人事管理 / 劳资核算 / 车队	后勤保障 / 企业文化（保安队 / 食堂宿舍）	主管会计 / 统计 / 出纳（成品仓库 错位）	采购计划 / 采购跟单	生产统计 / 生产车间（复合车间 / 烫金车间 / 涂层车间 / 水洗车间 / 成品车间）	原料检验 / 成品检验	打样 / 研发产品	销售业务 / 销售跟单

财务总监（模糊）

资料来源：B纺织组织结构图与访谈记录。

第 12 章 人力资源实战案例

从价值链角度对 B 纺织组织组织功能进行综合分析

企业管理体系	战略管理	组织结构和管理模式	人力资源管理体系	管理制度
人力资源管理	招聘、任用	培训开发	绩效激励	员工职业发展
研发设计	技术跟踪	技术合作	技术转化	技术应用
采购	采购需求	选择供应商	采购质量控制	采购评估
内部价值链	营销和销售 •市场开发 •销售服务	研发设计 •创意转换 •研发流程出售 •设计实现	生产和制造 •生产流程 •质量控制 •信息系统管理	客户关系 •客户教育 •CRM •增值服务 •客户服务

价值链管理

(1) 是否可以在降低成本的同时维持价值（收入）不变；
(2) 是否可以在提高价值的同时保持成本不变；
(3) 是否可以在降低投入的同时保持效率不变；
(4) 更为重要的是，企业能否可以同时实现 1、2、3 条。

按照B纺织业务单元和各部门之间的依赖程度来实施组织变革

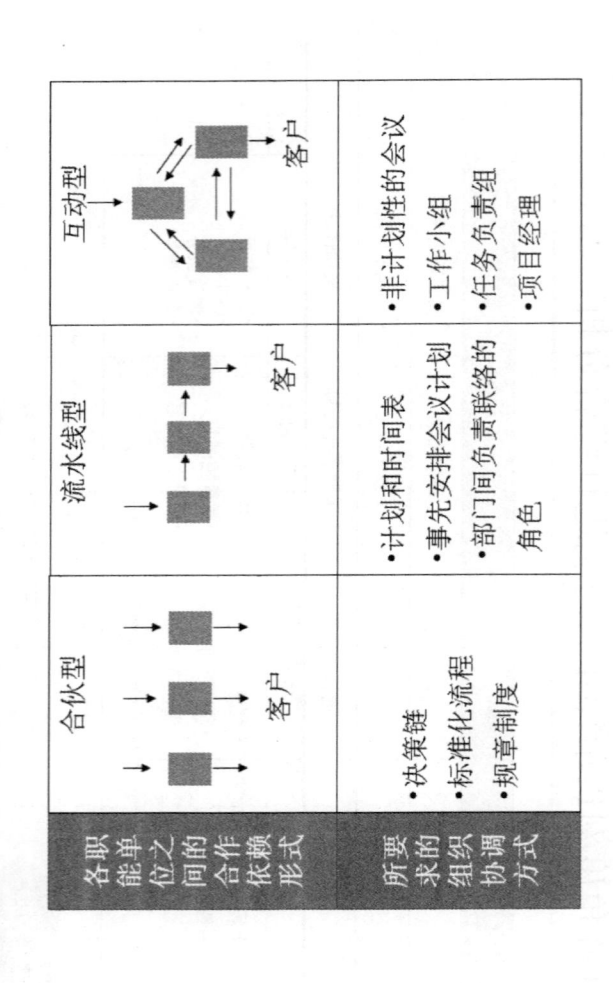

	合伙型	流水线型	互动型
各职能单位之间的合作依赖形式	→■ →■ →客户 →■	■→ ■→ →客户 ■→	■⇄■ 　　↓ 　　■→客户
所要求的组织协调方式	•决策链 •标准化流程 •规章制度	•计划和时间表 •事先安排会议计划 •部门间负责联络的角色	•非计划性的会议 •工作小组 •任务负责组 •项目经理

第 12 章 人力资源实战案例

根据B纺织发展现状，直线职能组织模式仍是比较好的选择

	直线职能式	事业部式	矩阵式	B纺织现状
战略目标	只向有限市场提供有限品种产品或服务	趋于多元化，提供更多种产品或服务	项目导向与职能导向相结合	高端面料供应商
公司规模	规模中小	规模大	规模较小	规模中等
组织目标	强调内部效率	需要分权以快速决策和增加灵活性	内外效率并重	内部效率、技术开发、质量保证
对管理层的素质要求	职能导向各司其职	具有一大批素质全面、能够独当一面的经理人才	管理者具有高超的协调与调度能力	事务与职能型人才居多
与B纺织现状的符合度	基本符合	非常不符合	不太符合	

组织结构框架性备选方案比较

方案选择	说明	优点	缺点	建议
扁平型架构	以组织扁平化(部门精简)、高效为原则,强调组织授权与控制(任务、目标、计划、审计)	强调总经理在董事会授权下的首席运营管理角色,有利于调动高管的工作积极性和提高公司整体效率,扁平化后组织效率将会提升	可能会削弱董事会对公司的直接管控力度,需加强对高管的监控力度,如决策管理与预算、审计控制	优先推荐方案
改良型架构	准矩型:平稳过渡、强化各业务单元的管理职能、明晰责任者职责为目标	组织结构基本维持现状,保持内部结构稳定,不产生重大影响	现存主要管理问题无法在短时间内得到有效改善	可作为过渡方案考虑
未来型架构	纺锤型:着眼未来、强化生产功能、打通供应链、强调对未来利润增长点的强力支撑	强调了沙发等产品作为未来利润增长点的基础积累,打造了企业价值链	生产部门过于庞大,可能会丧失市场竞争优势,同时对制造部门的领导提出了更高的管理要求	以增强B的生产制造水平为目标的方案
创新性架构	说明:各中心的设置,主要是基于"中心"与"部门"最大的不同就是可独立创造价值并明确控制责任	利润中心与成本中心的划分,责利清晰,是制造业转型的最佳实践所证明的最优方式	对已组织内部流程与人力资源的要求极高,客存在这两方面缺陷,则事倍功半,优势难以显现	可在5年之后,待B各方面的资源配置都达到一定水平后考虑实行,在符合长远发展战略的前提下,作为长期发展方向

第 12 章 人力资源实战案例

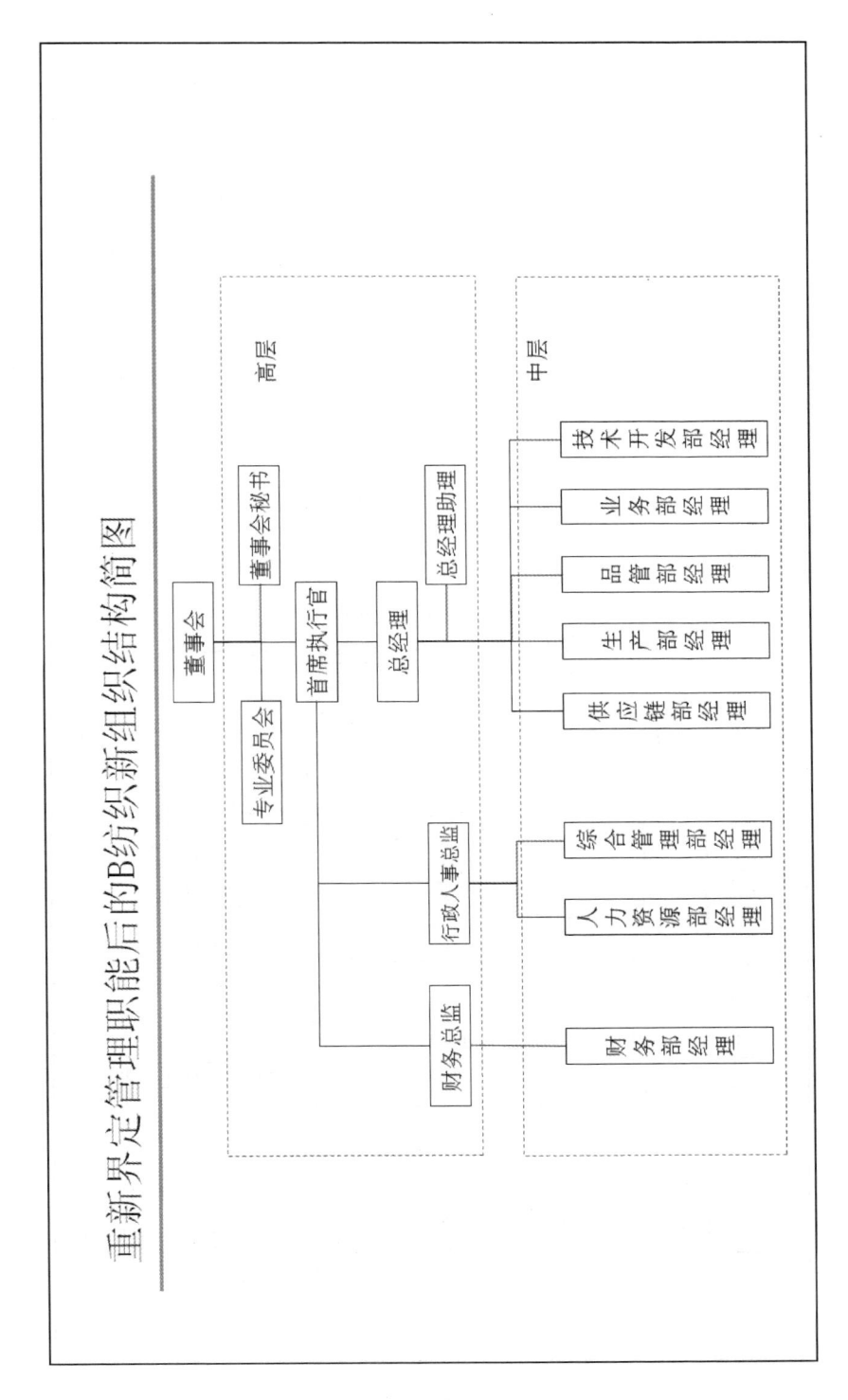

重新界定管理职能后的B纺织新组织结构简图

```
                            董事会
                              │
        ┌─────────────────────┼──────────────┐
     专业委员会           董事会秘书          │
                              │
                         首席执行官
                              │
                          总经理 ─── 总经理助理
                              │
        ┌──────────┬──────────┼──────────┬──────────┐
     财务总监   行政人事总监                          │
        │          │                                │
     财务部经理  ┌──┴──┐                             │
              综合管理  人力资源                      │
              部经理    部经理                        │

     中层：技术开发部经理 业务部经理 品管部经理 生产部经理 供应链部经理
```

高层 / 中层

393

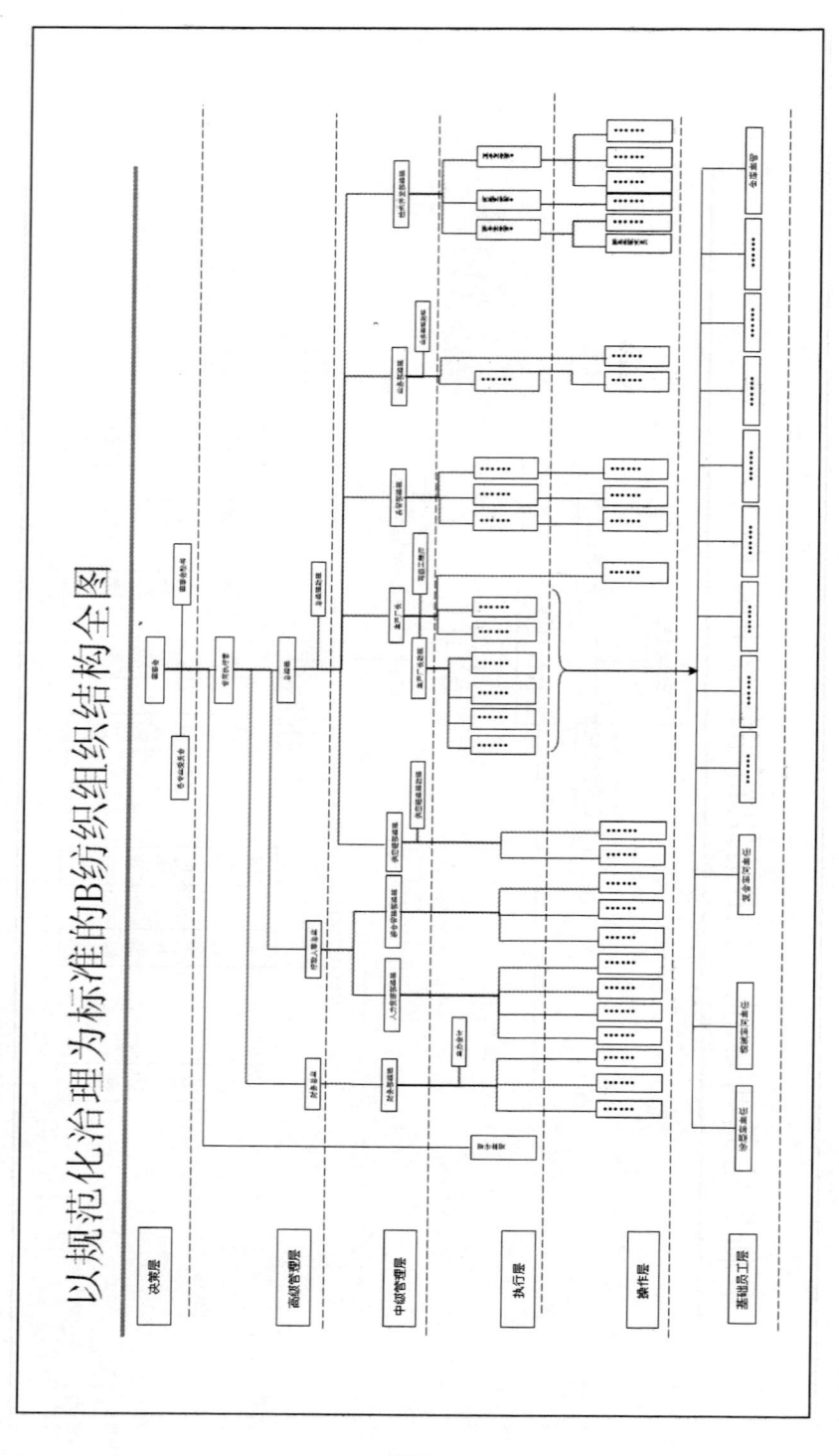

▶ 新常态下的人力资源管理
Human Resource Management in the New Norm

以规范化治理为标准的B纺织组织结构全图

对B纺织高层岗位职责进行清晰描述

岗位名称

总经理

重要职责

- 协助董事会制定总体战略；
- 负责参与制定公司的年度经营计划；
- 负责组织各项政策、计划和措施的落实、实施、监督、检查工作；
- 全面负责公司生产体系的运作管理；
- 负责指导重大国际出口业务的谈判事宜；负责指导重大营销活动计划制定及实施；
- 负责破授权向生产厂下达生产任务；负责和业务经理、生产厂长一起协调销售和生产的矛盾；
- 负责指导供应链的管理和实施；
- 负责指导技术开发工作；
- 负责生产体系经理厂长、助理的推荐工作，参与选拔工作；
- 负责每月生产体系各经理的考核；
- 负责组织实施董事会下达的具体任务；
- ……

……

对B纺织各相关部门的职能进行清晰描述

职能部门		部门职能
财务部	制度管理	• 认真贯彻执行国家有关的财务管理制度和税收政策，不断建立和完善各项财务管理制度，并有效实施。
	计划与预算管理	• 负责根据公司发展战略，拟定公司资金运作规划、财务计划； • 负责根据公司经营目标，组织和指导各部门编制财务计划和预算，并监督管理各项财务计划和预算的执行情况； • 负责制订年度与月度资金计划。
	参与决策	• 参与公司重大经营、投资决策项目评估的风险分析。
	财务核算	• 负责公司的会计核算、会计监督工作； • 负责做好各项财务报表管理以及公司会计档案、有价证券、抵(质)押法律凭证的保管； • 负责编制与上报公司会计报表。 ……

……

第 12 章 人力资源实战案例

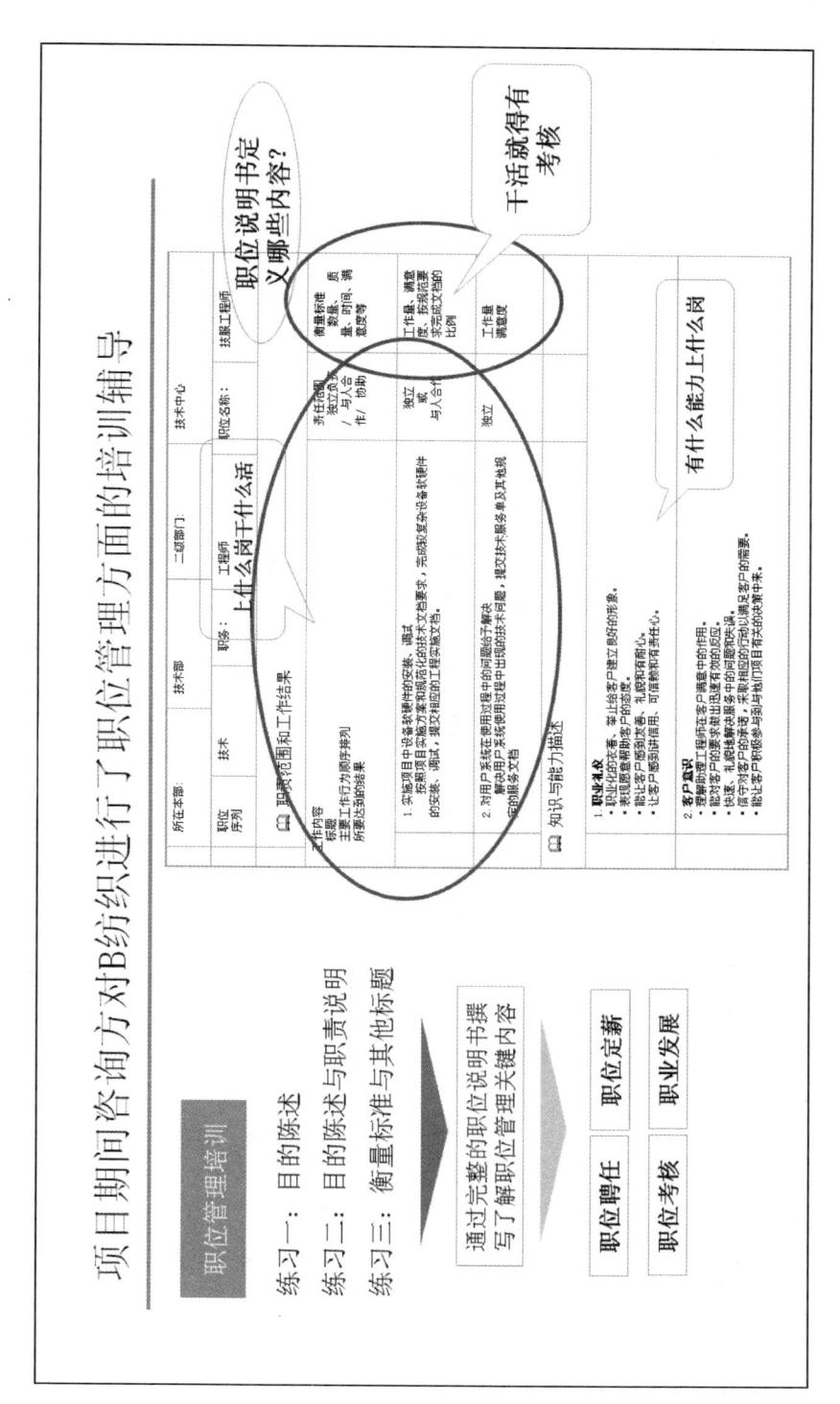

项目期间咨询方对B纺织组织进行了职位管理方面的培训辅导

职位管理培训

- 练习一：目的陈述
- 练习二：目的陈述与职责说明
- 练习三：衡量标准与其他标题

通过完整的职位说明书撰写了解职位管理关键内容

职位聘任	职位定薪
职位考核	职业发展

所在本部：		技术部	二级部门：	技术中心	
职位序列	技术		职称：	工程师	职位名称：技能工程师

工作内容 主要工作行动序列所要表达到的结果	责任范围/独立工作/与人合作/协助	衡量标准数量、质量、时间、满意度等
1. 实施项目中各关键环节的实施、调试，按顾客项目实施方案和商品化的技术文档要求，完成客户余设备软硬件的实施、调试，提交相应的工程实施文档	独立完成或与人合作	工作量、满意度，按规范要求完成文档的比例
2. 对用户系统使用过程中的问题给予解决，用户系统使用过程中出现的技术问题，提交技术服务单及其他相应的服务文档	独立与人合作	工作量满意度

知识与能力简述

1. **职业礼仪**
   - 职业化的改变，举止给客户建立良好的形象。
   - 表现良好的职业化的态度。
   - 能让客户感到善意，礼貌和有耐心。
   - 让客户感到得到信用，可信赖和可依赖的态度。

2. **客户意识**
   - 理解助理工程师在客户满意中的作用。
   - 能对客户的要求做出迅速而有效的反应。
   - 快速、礼貌地解决客户的问题或投诉。
   - 倾听对客户的评语、采取相应的行动以满足客户的需要。
   - 在等客户的投资多疑虑时和他们项目有关的决策中来。

职位说明书定义哪些内容？

干话就得有考核

上什么岗下什么话

有什么能力上什么岗

B纺织绩效管理体系设计思路

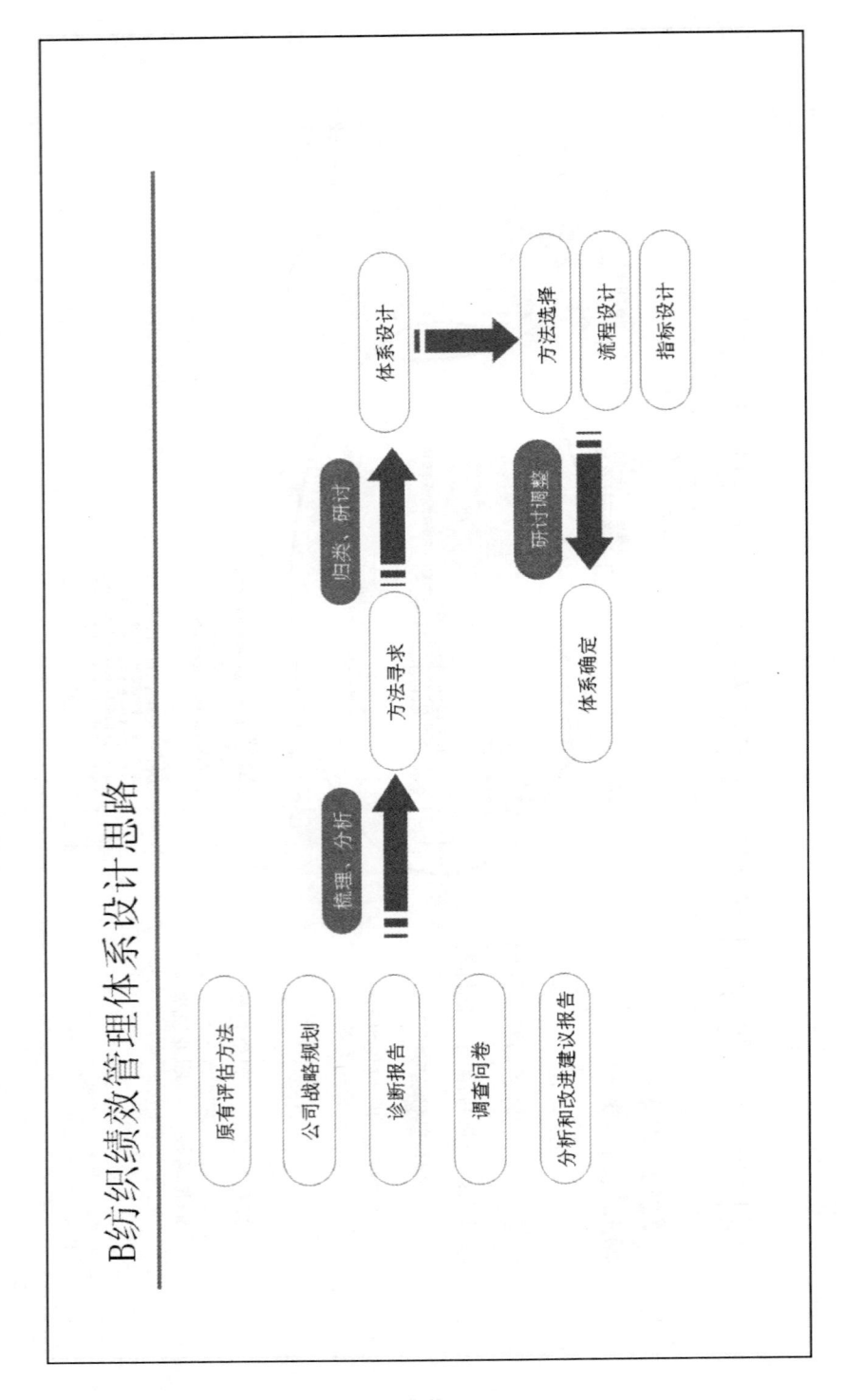

绩效管理方法选择

实施基础或特点

BSC
- 明确的战略目标
- 科学的战略规划
- 清晰的年度经营方向
- 完备的岗位建设管理体系
- 合理的薪酬培训体系
- 有效的激励体系
- 完善的数据统计和分析系统

MBO
- 强调员工参与
- 考核简单方便，成本低，易操作
- 注重系统方法
- 强调团队合作
- 强调最终结果
- 必须与其他管理方法相结合

KPI
- 产生于组织战略目标与竞争需要，在组织内部自上而下对战略目标的层层分解。通过财务关注短期效益，兼顾长期发展的原则。KPI本身不仅体现关注非财务指标相结合，传达了结果，也传递了产生结果的过程，十分有利于企业战略目标的实现

企业现状或需求

BSC
- 没有清晰的战略目标
- 缺乏科学的战略规划
- 仅在销售额方面有确定年度目标
- 岗位职责考核表不明晰
- 仅通过考核表来考核
- 没有合理的培训体系和规划
- 没有一些物质激励手段
- 缺乏数据统计和分析

MBO
- B纺织目前实施的绩效考核方法：通过对部门、个人的目标指标的设定来进行考核评估。已经具有了目标管理法的雏形
- 考虑到目标管理法实施的优点及项目组建议可以运用要求、项目组建议可以运用要求、目标管理法来建立、实施绩效管理体系

KPI
- 作为B纺织企业战略和愿景的基础，B纺织在建立绩效管理体系时，有着通过完善绩效管理体系来促进企业战略目标的实现，进而为实现战略目标服务的需求

399

绩效管理方法确定

- 针对B纺织的现行企业规模、管理能力和发展趋势，如果采用BSC，因企业规模和基础都比较缺乏，并且BSC建立成本和实施成本非常大，对内外资源的管理要求也相当高，所以，咨询方认为B纺织目前不适直采用BSC方法。
- 不采用BSC方法，不等于不能引用其先进的思想。BSC的推出，其一个显著特点就是能够以其思想与其他绩效管理方法的完美融合，以此保证企业量体裁衣地选择绩效管理方法。
- 根据B纺织的历史和现实特点，以及考虑到管理前后一致性的基本要求，我们决定采用"在BSC思想指导下的MBO+KPI"。

```
           KPI
    MBO + BSC
```

关键要点：在设置目标时，以财务目标为主线，同时综合考虑顾客、内部运营和学习与成长方面的目标，成功的关键因素，将这些企业发展目标分解为各项KPI，并逐步使仅之目标相互关联和均衡，以保证B纺织的长期目标得以实现，进而保证其持续发展。

第 12 章 人力资源实战案例

薪酬激励体系设计主要原则

- **与公司战略的匹配性**：薪酬激励体系要有效引导公司员工的绩效行为去实现公司的战略目标，控制总体人事成本，与公司持续降低运营成本的战略相一致

- **合法性**：建立符合法律和国家政策的薪酬激励体系，引进可操作的长期激励办法，薪酬激励体系的运作规范化、制度化，杜绝收入分配中的非透明成分和灰色收入成分

- **公平性**：固定收入的确定依据所担任岗位的重要性、所需技能和专业经验而定，收入的分配以企业经营绩效和个体岗位工作贡献为导向，与员工对企业的贡献挂钩

- **激励性**：加大变动收入的比重，明确业绩目标和奖励办法，强化激励力度，建立长期激励机制，将员工（尤其是高层管理人员）的切身利益和公司的长远发展联系起来

- **竞争性**：参照其他同行业公司对高层管理岗位的总体薪酬激励水平，做到既能有效吸引高素质的经营管理人才，又不至于太过突出

薪酬设计的目标

多贡献多获得，而不是"多劳多得"

- 从公司角度
  - 降低了人员流动率：特别是防止高级人才的流动
  - 吸引高级人才：短期激励和长期激励相结合，更容易吸引高级人才
  - 减少内部矛盾：薪酬涉及每个员工的切身利益，极易引起员工的不满和不公平感

- 从员工角度
  - 短期激励：满足自己生存的需要
  - 长期激励：满足员工的发展需要

B纺织薪酬结构建议

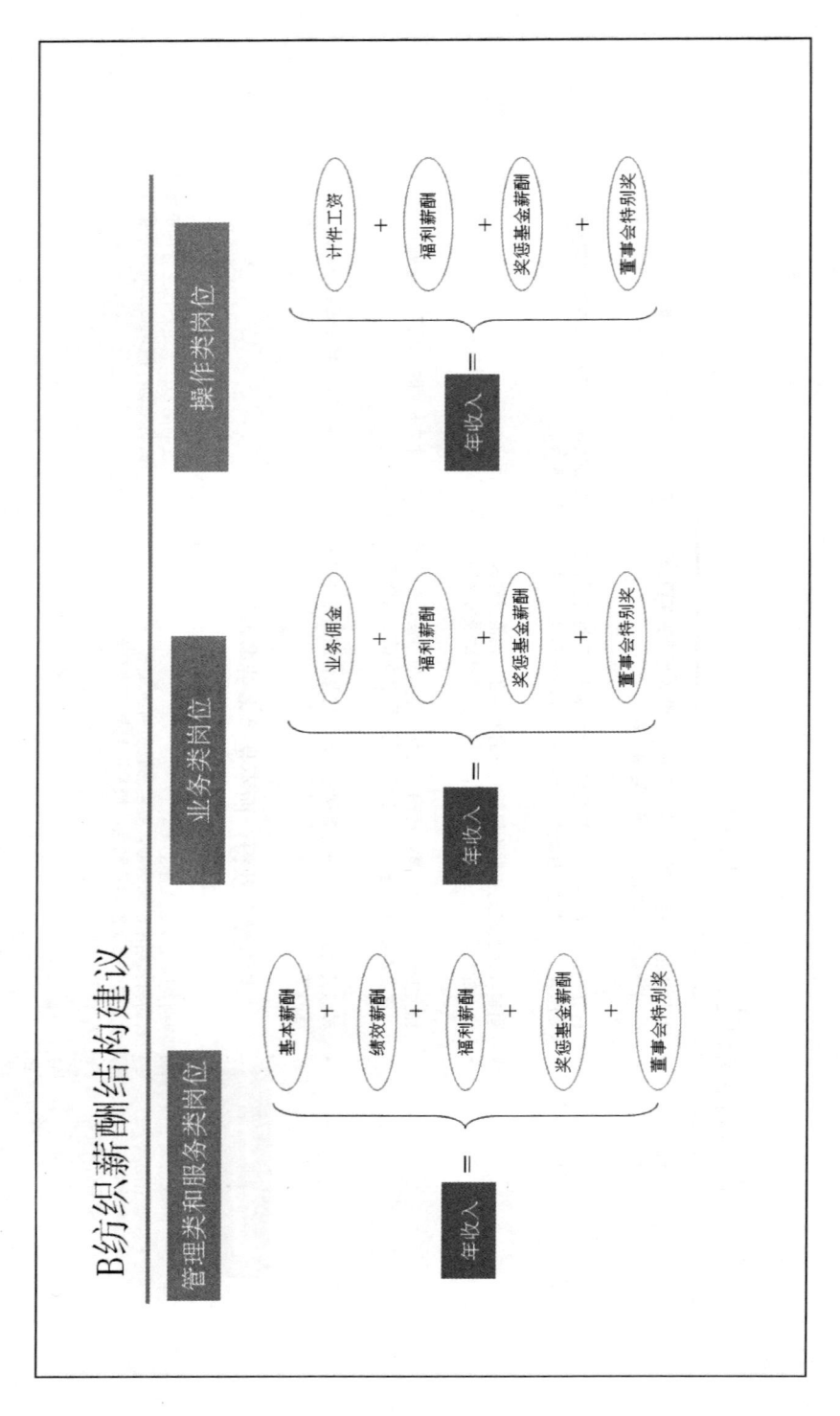

管理类和服务类岗位

年收入 = 基本薪酬 + 绩效薪酬 + 福利薪酬 + 奖惩基金薪酬 + 董事会特别奖

业务类岗位

年收入 = 业务佣金 + 福利薪酬 + 奖惩基金薪酬 + 董事会特别奖

操作类岗位

年收入 = 计件工资 + 福利薪酬 + 奖惩基金薪酬 + 董事会特别奖

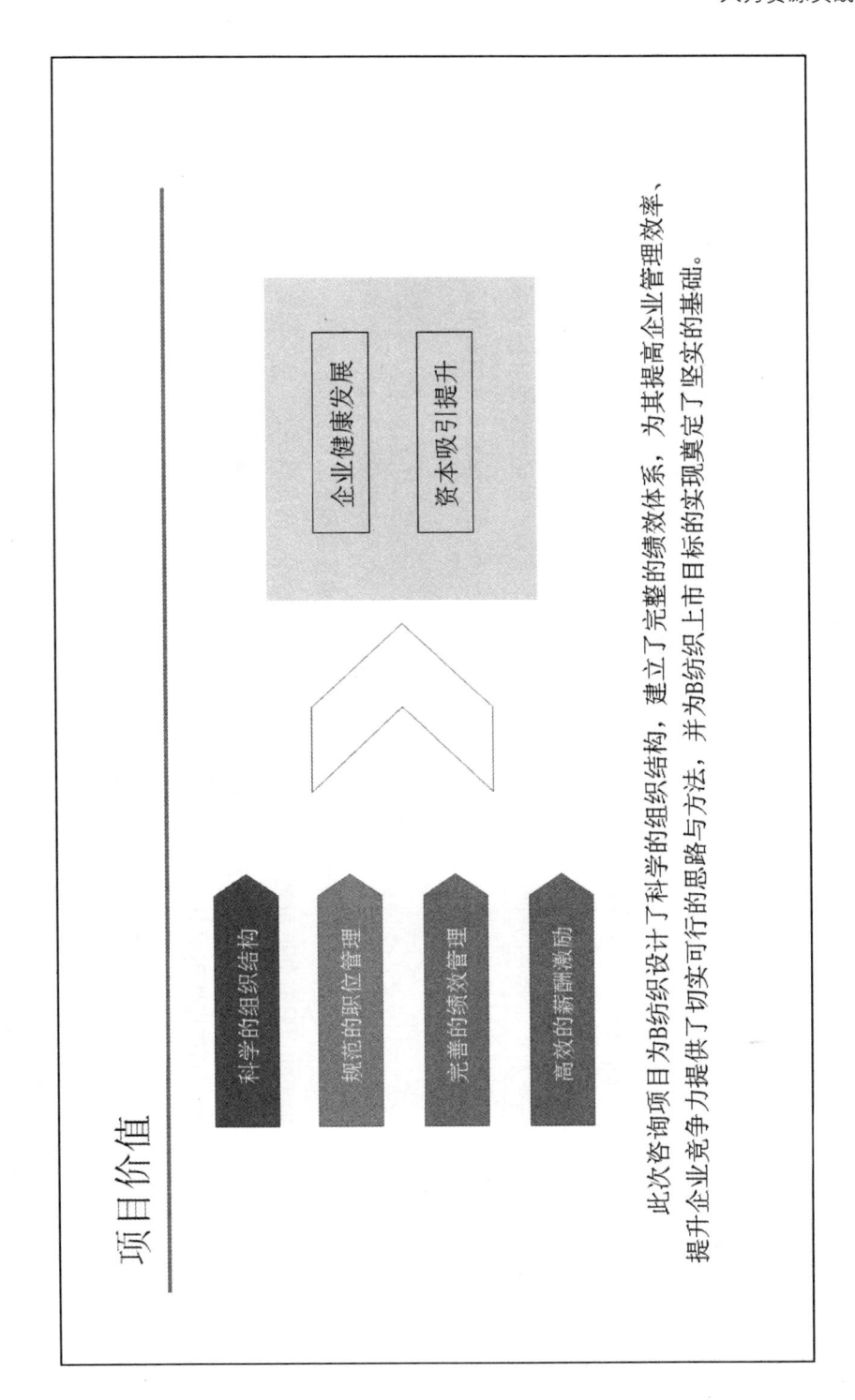

项目价值

- 科学的组织结构
- 规范的职位管理
- 完善的绩效管理
- 高效的薪酬激励

- 企业健康发展
- 资本吸引提升

此次咨询项目为B纺织设计了科学的组织结构，建立了完整的绩效体系，为其提高企业管理效率、提升企业竞争力提供了切实可行的思路与方法，并为B纺织上市目标的实现奠定了坚实的基础。

案例总结

在此案例中，客户是因为其市上市需要的刺激而产生了管理咨询的需求，但是当我们进入企业进行实地观察和调研后，发现客户本身就存在着组织与管理问题。这些问题足以成为妨碍其持续发展的因素。近两年该企业的经营数据也佐证了这种观点。一个企业的发展，同其历史沿革、发展基因、对内外部环境的解读、对未来趋势的判断息息相关。自然而然性的发展模式在企业发展前期并不会显现阻碍，甚至会因灵活的特性而备受肯定，但随着市场的发展，规模的增大而导致的竞争加剧和管理复杂会让企业体会到科学管理的益处：如何才能让自己的企业持续健康发展。

企业的组织结构反映了权力、利益及其他资源的分配与管理方式，适度前瞻的组织结构设计会成为企业腾飞的助力；企业的薪酬与绩效体系反映了企业领导者和员工对价值的看法，每个希望获得高回报的员工如果知道只有创造贡献才能实现目标，就很容易与企业的期望达成一致。当我们把一个系统的人力资源体系循环起来，就可以看到企业的变化：更好地吸引和保留关键人才，人才被合理地利用并实现适当流动，员工的积极性更高且与企业保持步调一致，与企业战略保持一致的企业文化逐渐被建立。

而这一切，需要企业有此意识并踏实地完成规划。

标准化宽带薪酬

——构建W幼教公司基于快速扩张、连锁经营，可复制输出的人力资源管理体系

W幼教公司背景及需求介绍

W幼教公司成立于2010年8月，注册资本4 000万元人民币，中国西南地区幼儿教育服务行业领先企业。经营业务涵盖早教、幼教、绘本馆、艺术中心，相关产业链涉及绘本出版发行、绘本童话剧、婴幼儿母婴用品及相关教玩具产品等，已覆盖到四川、陕西（西安）、广西、上海、江苏等多省市的近500家幼儿园、经销商、教育单位以及社区、银行等渠道。

教师占W幼教公司员工比例高达44%　　　　　XX幼儿园教职员工占W幼教公司员工总数58%

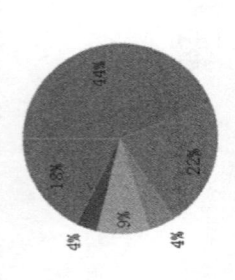

■教师　■管理人员　■课程顾问　■保洁员　■厨工　■其他　　　■幼儿园　■XX幼教其他部门

数据来源：内部调研。

W幼教公司是一家典型的技能型人才为主的企业，专业企业管理人才相对匮乏，在企业的经营管理过程中，苦恼于自身业务重点不聚焦，营利性能力较弱，商业运营能力不足，管理体系不健全等企业管理问题，决心求助于咨询公司明晰自身战略，提升企业管理。

经诊断发现W幼教公司存在如下管理问题（1）

幼儿园板块
1. 目标设置欠合理
2. 师资培养体系不健全
3. 内部管理不顺畅
4. 数据经营意识淡泊
5. 管理风格偏软

绘本板块
1. 经营思路不明晰
2. 课程效果不明显
3. 营销渠道单一
4. 经营成本过高
5. 品牌效应未能转化成商业价值

艺术培训板块
1. 市场研究严重不足
2. 精品课程少
3. 培训课程设置随意
4. 市场知名度不够
5. 营销传播手段缺乏

早教板块
1. 开课率严重不足
2. 生源环境未形成
3. 课程体系需升级

整体问题

- 人：管理经验不足，人才培养机制未形成，中层干部岗位能力适配度较低，管理结构失衡，管理内耗时有发生
- 财：数据分析不够，财务兼职影响效率，审批流程过长，繁琐
- 物：采购与仓储管理混乱，未能形成供应商管理系统，固定资产管理能力弱
- 产品：缺乏前期的科学规划，课程质量参差不齐，消费者体验不佳
- 营销：企划能力不足，传播手段单一，品牌力支撑不够

经诊断发现W幼教公司存在如下管理问题（2）

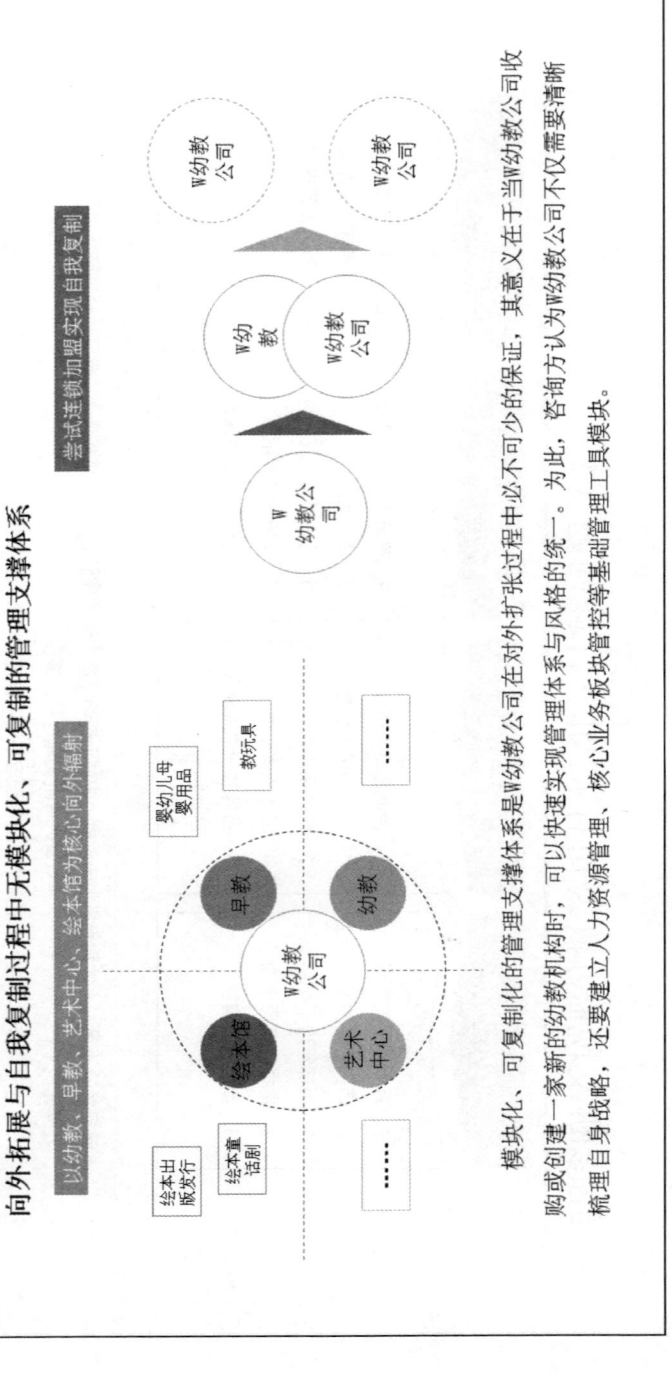

向外拓展与自我复制过程中无模块化、可复制的管理支撑体系

以幼教、早教、艺术中心、绘本馆为核心向外辐射

尝试连锁加盟实现自我复制

模块化、可复制化的管理支撑体系是W幼教公司在对外扩张过程中必不可少的保证，其意义在于当W幼教公司收购或创建一家新的幼教机构时，可以快速实现管理体系与风格的统一。为此，咨询方认为W幼教公司不仅需要清晰梳理自身战略，还要建立人力资源管理、核心业务板块管控等基础管理工具模块。

第12章 人力资源实战案例

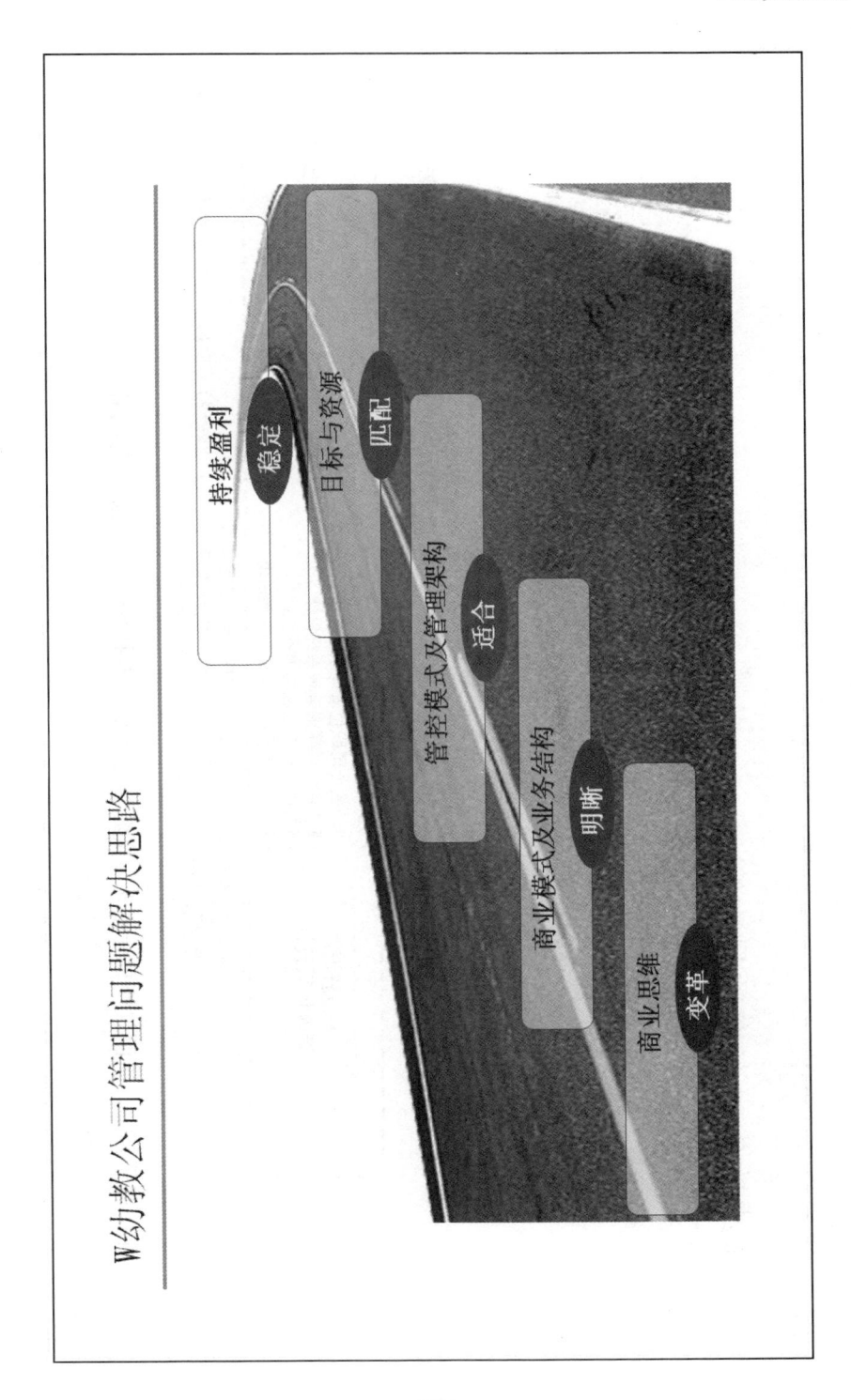

W幼教公司管理问题解决思路

- 持续盈利 — 稳定
- 目标与资源 — 匹配
- 管控模式及管理架构 — 适合
- 商业模式及业务结构 — 明晰
- 商业思维 — 变革

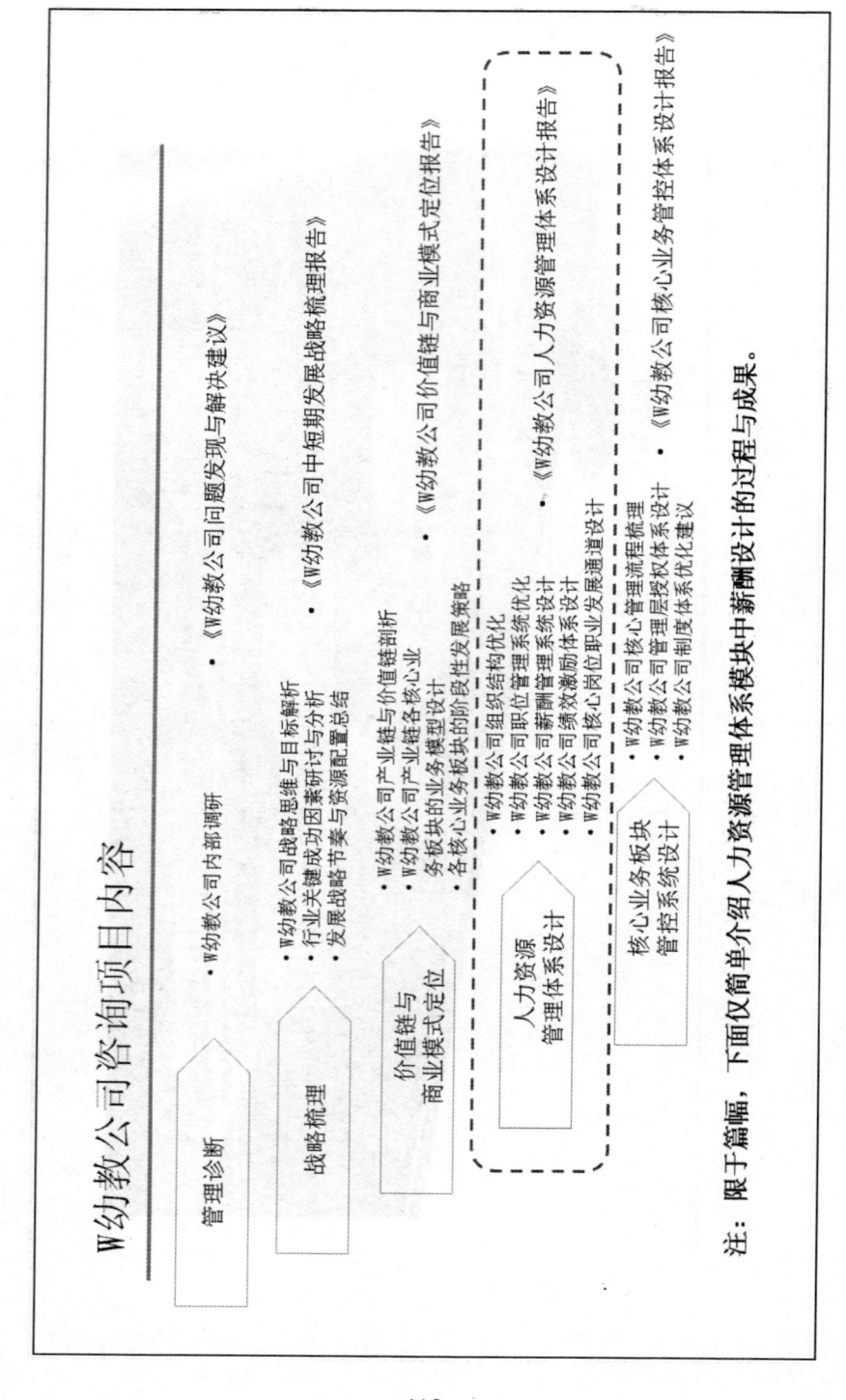

▶ 新常态下的人力资源管理
Human Resource Management in the New Norm

W幼教公司咨询项目内容

管理诊断
- W幼教公司内部调研
- 《W幼教公司问题发现与解决建议》

战略梳理
- W幼教公司战略思维与目标解析
- 行业关键成功因素研讨与分析
- 发展战略环节方案与资源配置总结
- 《W幼教公司中短期发展战略梳理报告》

价值链与商业模式定位
- W幼教公司产业链与价值链剖析
- W幼教公司产业链各核心业务板块的业务板块模型设计
- 各核心业务板块的阶段性发展策略
- 《W幼教公司价值链与商业模式定位报告》

人力资源管理体系设计
- W幼教公司组织结构优化
- W幼教公司职位管理系统优化
- W幼教公司薪酬管理系统设计
- W幼教公司绩效激励体系设计
- W幼教公司核心岗位职业发展通道设计
- 《W幼教公司人力资源管理体系设计报告》

核心业务板块管控体系设计
- W幼教公司核心管理流程梳理
- W幼教公司管理层授权体系设计
- W幼教公司制度体系优化建议
- 《W幼教公司核心业务管控体系设计报告》

注：限于篇幅，下面仅简单介绍人力资源管理体系模块中薪酬设计的过程与成果。

第12章 人力资源实战案例

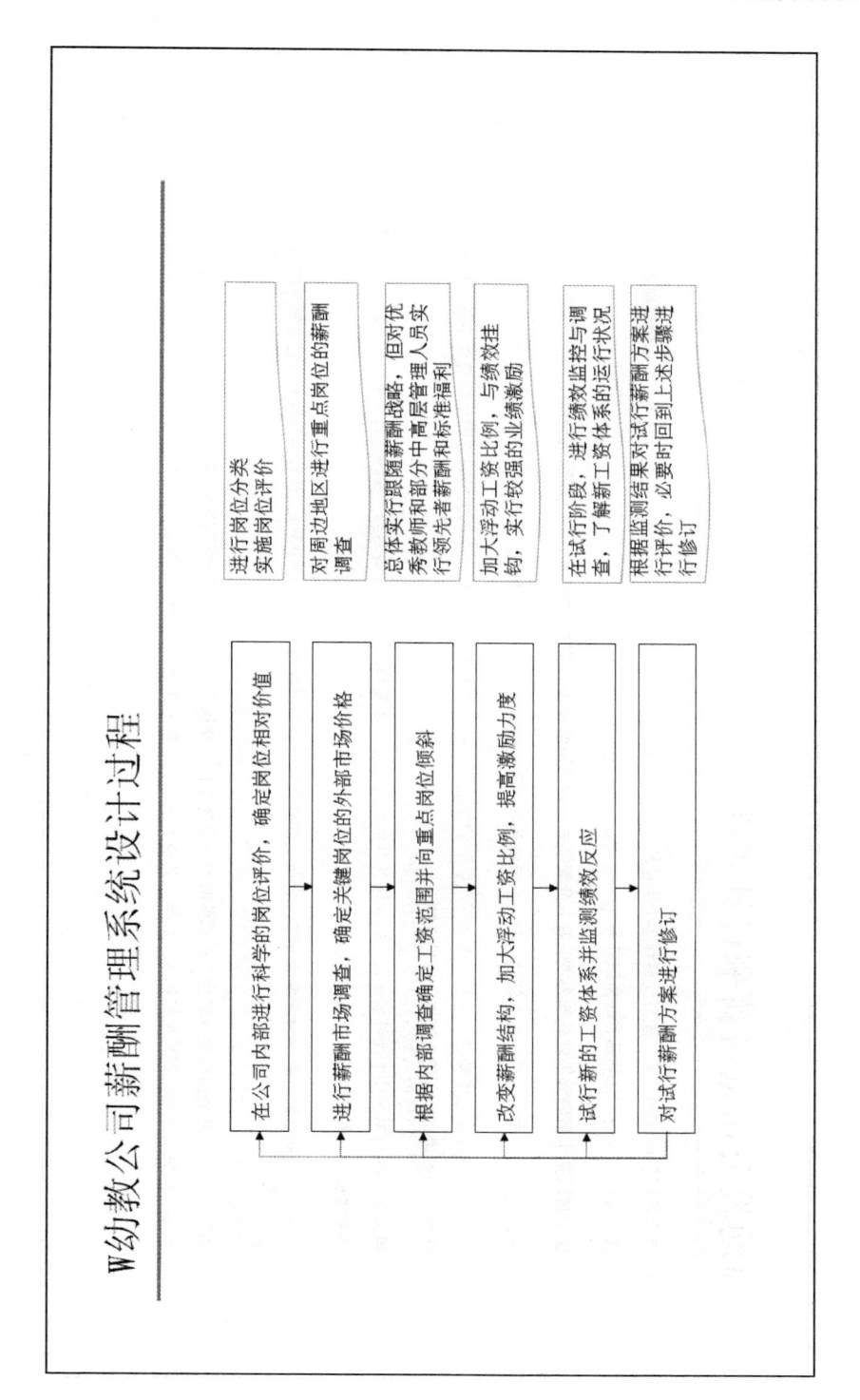

W幼教公司薪酬管理系统设计过程

```
在公司内部进行科学的岗位评价,确定岗位相对价值
   ↓                                    → 进行岗位分类实施岗位评价
进行薪酬市场调查,确定关键岗位的外部市场价格
   ↓                                    → 对周边地区进行重点岗位的薪酬调查
根据内部调查确定工资范围并向重点岗位倾斜
   ↓                                    → 总体实行跟随薪酬战略,但对优秀教师和部分中高层管理人员实行领先者薪酬和标准福利
改变薪酬结构,加大浮动工资比例,提高激励力度
   ↓                                    → 加大浮动工资比例,与绩效挂钩,实行较强的业绩奖励
试行新的工资体系并监测绩效反应
   ↓                                    → 在试行阶段,进行绩效监控与调查,了解工资体系的运行状况
对试行薪酬方案进行修订
                                        → 根据监测结果对试行薪酬方案进行评价,必要时回到上述步骤进行修订
```

411

W幼教公司宽带薪酬设计说明

- 包含薪酬的标准和尺度，能自动解释各个岗位和不同岗位任职者收入水平和结构的目的，基本消除针对个人确定薪酬形成的弊病，建立透明化、浮动化相结合的薪酬体系。
- 建立起以基本薪酬和绩效薪酬为主的收入分配模式，设计科学合理的绩效薪酬比例，优化薪酬结构。
- 把公司的每一个岗位，每一名员工都纳入一个级档系统，通过级档系统确定岗位薪酬。
- 对于特殊岗位如艺术教师，采用入级档不用薪酬的方法。取消级档基础薪酬外，配合不同级档的课时报酬进行激励。但是考虑对于教师群体仍然每进一档级活当增加基础薪酬；
- 根据各个岗位不同的工作性质和待点确定绩效考核的指标和考核周期，把考核结果与绩效薪酬挂起钩来。同时，对于业务类岗位，将其提成收入与绩效考核相挂钩进行系数浮动。
- 形成一个相对连续的薪酬分配梯级分布，给员工以提升的机会，提高员工的工作积极性，达到激励提高专业技能和工作水平的目的。
- 本项目设计的薪酬结构是考虑当前成都薪酬水平下建立的，建议每一年跟踪成都地区薪酬水平变化情况，予以及时更新。比如每三年根据薪酬水平变化每档增加到某一数值，其增加值可以考察每年最低薪酬线及平均薪酬线取得。

第 12 章 人力资源实战案例

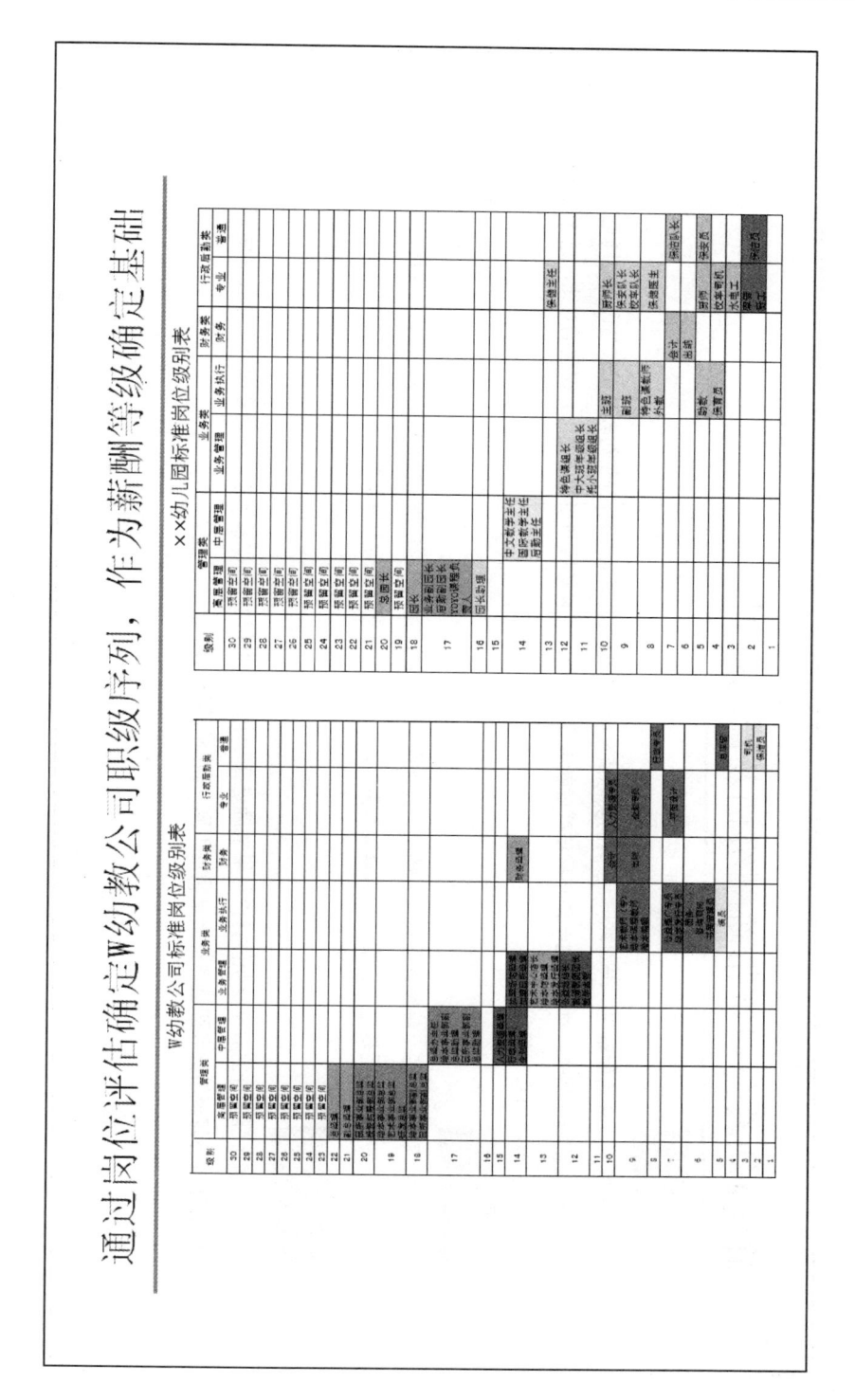

通过岗位评估确定W幼教公司职级序列，作为薪酬等级确定基础

确定W幼教公司宽带薪酬级档及浮动范围

薪酬等级

根据岗位评估的结果，考虑W幼教公司的实际情况及未来的发展情况，我们把W幼教公司参与评估的岗位纳入30个等级的薪酬序列中，对于其他未参与评估或者新增设的岗位，可以按照与相关（类似）岗位的对比，进入与之相应的岗位等级和基础薪酬等级。

薪酬档次

在本项目中，每个等级划分成五个档次，以此保证W幼教公司薪酬操作的弹性和灵活性。在初始定岗时，五档代表不同的含义，但是进入正常晋升与降级节奏后，只需要按部就班进行升降即可。

浮动范围

根据薪酬调查的数据及职位评价结果来确定每一个等级的浮动范围以及档差，同时在每一个等级中每个职能部门根据市场薪酬情况和职位评价结果确定不同的薪酬等级和水平。

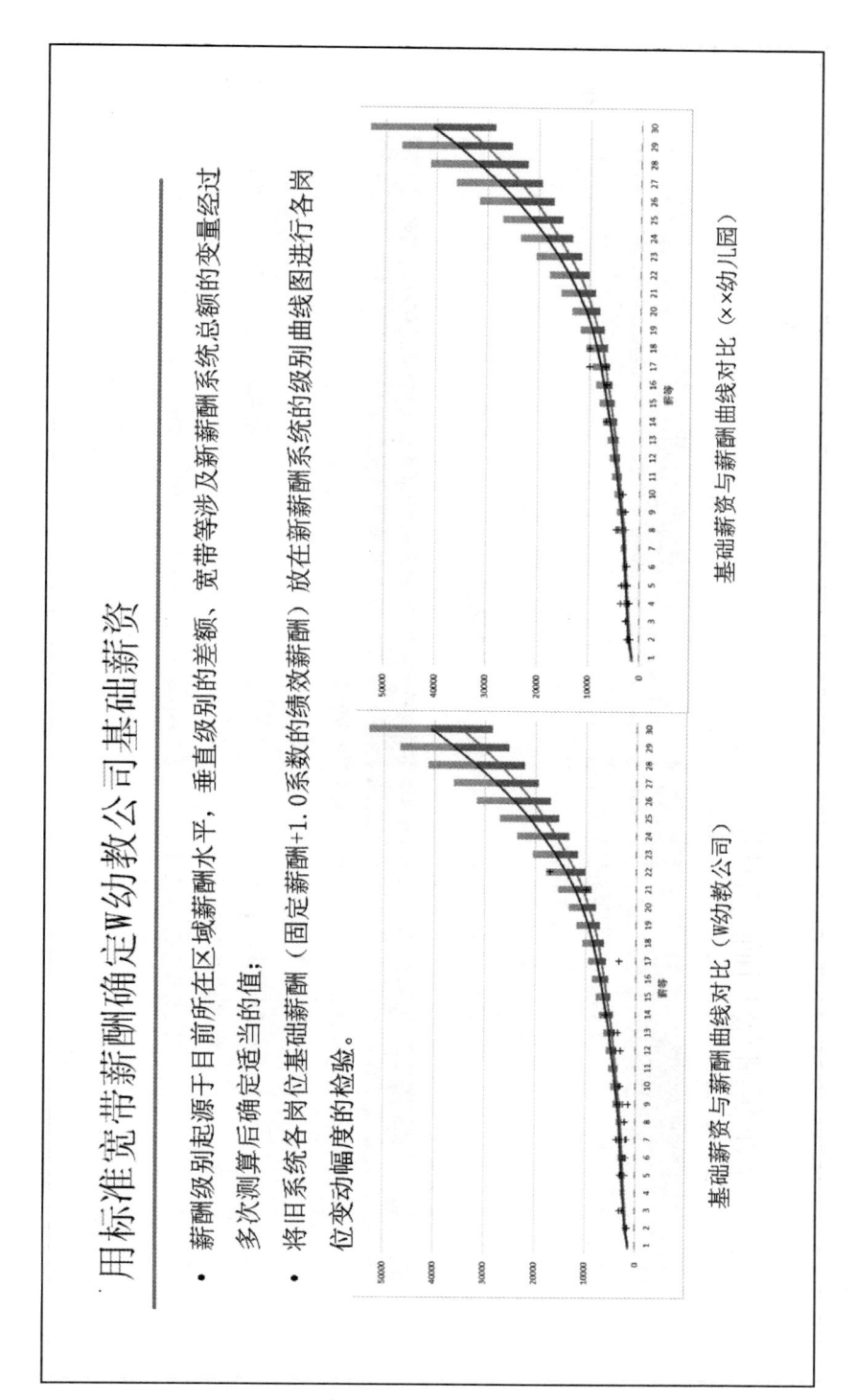

用标准宽带薪酬确定W幼教公司基础薪资

- 薪酬级别起源于目前所在区域薪酬水平，垂直级别的差额，宽带等涉及新薪酬系统总额的变量经过多次测算后确定适当的值；
- 将旧系统各岗位基础薪酬（固定薪酬+1.0系数的绩效薪酬）放在新薪酬系统的级别曲线图进行各岗位变动幅度的检验。

基础薪资与薪酬曲线对比（W幼教公司）

基础薪资与薪酬曲线对比（××幼儿园）

员工所处薪酬级档确定因素（参考）

等级	确定因素
1	现有学历与岗位要求学历
2	本企业及本行业工作经历
3	对本岗位的胜任程度
4	在职期间对公司现有业绩表现和其他企业原有业绩表现

档次	确定因素
一	新员工入职或考察期，技能不熟练或者未完全适应
二	普通入职或有经验可直接产生效益的入此档
三	资深人员建议入此档
四	关键岗位技能熟练者入此档
五	做出特殊贡献、具有特殊价值、需要重点挽留的核心人才建议入此档

确定薪酬结构为基本薪酬＋绩效薪酬＋公司福利

薪级	固定薪酬比例	绩效薪酬比例	绩效评价周期
1～4级	80%	20%	每月
5～10级	70%	30%	每月
11～14级	60%	40%	每月
15～17级	60%	40%	每月
18～20级	60%	40%	每半年
21～25级	60%	40%	每年
26～30级	60%	40%	每年

注：公司福利部分仍按现行公司制度办理。

- 遵循季度、半年度、年度进行绩效考核的岗位，每月薪酬发放可以按照基础薪酬＋绩效薪酬（系数0.5）来实行。到绩效考核成绩统计完成时再进行核算并补发剩余绩效薪酬。
- 考核周期内离职的，绩效薪酬按之前三个考核期平均绩效系数进行核算；若不满三个考核期的，按绩效系数0.8进行核算。

确定绩效考核系数设定办法

绩效考核结果		X>105	100<X≤105	90<X≤100	80≤X≤90	X<80
绩效考核等级		卓越	优秀	良好	合格	不合格
绩效薪酬系数		1.5	1.2	1	0.8	0.5
人数比例	W幼教公司	10%	15%	60%	75%	5%
	××幼儿园	10%	15%	60%	10%	5%

- W幼教公司在考核比例分布上以激励型为主，不控制合格与不合格两类评价的人数比例，但卓越和优秀的比例需严格控制；
- ××幼儿园在考核比例分布上以保健型为主，控制后两者的人数比例以保持人员数量和结构的相对稳定。

薪酬模型举例

1. 以××幼儿园标准岗位"特色教师"为例：8级2档(普通，刚定岗)

标准年薪	标准月薪	固定薪酬比例	绩效薪酬比例	可能月薪（三类系数）			可能年薪（三类系数）		
				0.5	1	1.5	0.5	1	1.5
36 135	3 011	70%	30%	2 560	3 011	3 463	30 715	36 135	41 555

2. 以××幼儿园标准岗位"特色教师"为例：13级5档(精英，最高薪级)

标准年薪	标准月薪	固定薪酬比例	绩效薪酬比例	可能月薪（三类系数）			可能年薪（三类系数）		
				0.5	1	1.5	0.5	1	1.5
76 320	6 360	60%	40%	5 088	6 360	7 632	61 056	76 320	91 584

确定薪酬调整空间

- 每一岗位的基准薪酬等级与岗位职级对应;
- 因岗位不同,每一个岗位均拥有不同的岗位薪酬空间,例如定级为15级的岗位,其标准薪酬空间可以跨越15~18共四个级别;
- 原则上,每一次调整均只能上调或者下调一档,若出现特殊情况,需要公司层面特批;
- 至每一级的第五档薪酬后,再次晋升时,升入高一级某档薪酬,此档薪酬原则上应该比原级原档定薪要高;
- 因薪资宽带设置的关系,某一级的最高档定薪会比高一级的若干档定薪要高,此为鼓励岗位员工努力培养工作技能,提升本岗位的薪酬定额。

根据W幼教公司岗位设置实际情况,咨询方基于对W幼教公司的前期调研,完整设计了W幼教公司及××幼儿园薪酬调整空间。

第 12 章 人力资源实战案例

W 幼教公司标准岗位薪酬空间

××幼教公司标准岗位薪酬空间

级别	薪酬空间				带宽	一档	二档	三档	四档	五档
30				总经理	60%	28 490	34 595	40 700	46 805	52 910
29						25 200	30 600	36 000	41 400	46 800
28						22 190	26 945	31 700	36 455	41 210
27			副总经理			19 460	23 630	27 800	31 970	36 140
26						17 010	20 655	24 300	27 945	31 590
25						15 370	18 285	21 200	24 115	27 030
24		国际事业部总监	绘本事业部总监	总裁办主任 绘本事业部副总监 国际事业部副总监	55%	13 413	15 956	18 500	21 044	23 588
23		培训托幼部总监	艺术事业部总监 研发总监			11 673	13 886	16 100	18 314	20 528
22						10 150	12 075	14 000	15 925	17 850
21						8 845	10 523	12 200	13 878	15 555
20		加盟信贷经理 加盟图书经理 行政经理 企划经理	财务经理	总裁办主任 绘本事业部副总监 国际事业部副总监	50%	8 025	9 363	10 700	12 038	13 375
19						7 125	7 438	8 500	9 563	11 875
18						6 375	7 438	8 500	9 563	10 625
17						5 968	6 834	7 700	8 566	9 433
16	人力资源经理		艺术中心经理 绘本发行经理	公益站站长 童话剧团团长 教学主管	45%	5 503	6 301	7 100	7 899	8 698
15						5 038	5 769	6 500	7 231	7 963
14						4 573	5 236	5 900	6 564	7 228
13						4 240	4 770	5 300	5 830	6 360
12	艺术教师 绘本课程教师	出纳专员 企划专员 绘本编辑	公益推广专员 平面设计	园务 培训顾问 书屋营销员	40%	3 920	4 410	4 900	5 390	5 880
11	会计 人力资源专员					3 600	4 050	4 500	4 950	5 400
10						3 380	3 690	4 100	4 510	4 920
9						2 960	3 330	3 700	4 070	4 440
8						2 723	3 011	3 300	3 589	3 878
7	司机				35%	2 558	2 829	3 100	3 371	3 643
6	消员 总瘾管					2 393	2 646	2 900	3 154	3 408
5						2 228	2 464	2 700	2 936	3 173
4						2 063	2 281	2 500	2 719	2 938
3			保洁员			1 898	2 099	2 300	2 501	2 703
2						1 733	1 916	2 100	2 284	2 468
1						1 238	1 369	1 500	1 631	1 763

确定薪酬调整的类型

- **整体薪酬水平上升**
  - W幼教公司可以根据物价指数、发展阶段、公司战略的改变和薪酬策略的变化等因素提高或者降低公司最低工资标准,以此提高或者降低整体工资水平。同时,通过调整档差和级差,以此来调整不同岗位的最低工资和最高限额。

- **个别员工薪酬水平调整**
  - 岗位变化导致薪酬调整:根据新入职的岗位对应薪酬级别以及拟入岗人员的实际情况确定调整后的薪酬。
  - 因为周期性考核评价而导致同一岗位薪酬调整:根据不同周期考核的特点,遵循不同的调整条件。

制定个别员工薪酬调整的规则

- **对于考核周期为每月的员工**
  - 每一年为一个调薪考核周期,每年的1月实施。在考核周期内,如果绩效考核等级结果为四次以上"卓越"或八次以上"优秀",薪酬档次向上提升一档,到最高档为止;如果绩效考核结果为三次(含)以上"不合格"或六次(含)以上"合格",薪酬档次向下降低一档,到最低档为止;不在以上两种情况之列的员工,薪酬保持不变。

- **对于考核周期为每季的员工**
  - 每一年为一个调薪考核周期,每年的1月实施。在考核周期内,如果绩效考核等级结果为一次(含)以上"卓越"或三次(含)以上"优秀",薪酬档次向上提升一档,到最高档为止,且列入优先岗位晋升对象;如果绩效考核结果为一次(含)以上"不合格"或两次(含)以上"合格",薪酬档次向下降低一档,到最低档为止,且列入淘汰对象;不在以上两种情况之列的员工,薪酬保持不变。

- **对于考核周期为半年的员工**
  - 每两年为一个考核周期,于下一考核周期开始的1月实施。在考核周期内,且列入优先岗位晋升对象;如果绩效考核等级结果为一次(含)以上"卓越"或三次(含)以上"优秀",薪酬档次向上提升一档,到最高档为止,薪酬档次向下降低一档,到最低档为止;如果绩效考核结果为一次(含)以上"不合格"或两次(含)以上"合格",薪酬保持不变。

- **对于考核周期为年的员工**
  - 每两年为一个考核周期,于下一考核周期开始的1月实施。在考核周期内,如果绩效考核等级结果为一次(含)以上"卓越"或两次(含)以上"优秀",薪酬档次向上提升一档,到最高档为止,且列入优先岗位晋升对象;如果绩效考核结果为一次(含)以上"不合格"或两次(含)以上"合格",薪酬档次向下降低一档,到最低档为止,且列入淘汰对象;不在以上两种情况之列的员工,薪酬保持不变。

W幼教公司薪酬管理系统设计成果

- 薪酬空间、级别与五档薪酬测算表
- 新老系统薪酬对比与各岗位薪酬调整表
- W幼教公司薪酬及绩效管理制度

薪酬体系设计作为W幼教公司咨询项目中极其重要的组成部分，其成功对整个项目的顺利完成至关重要。在W幼教公司后续的经营管理过程中，宽带薪酬体系以其重视个人技能和能力的提高、利于职位轮换等特点，有效提高了W幼教公司的企业管理水平，成功支持了W幼教公司的战略发展。

第 12 章 人力资源实战案例

项目价值

- 清晰了发展战略（略）
- 明确了商业模式（略）
- 建立了规范的人力资源管理体系
  (1) 薪酬管理系统
  (2) 绩效激励体系
  (3) 岗位培训体系
  (4) 岗位职业发展体系
  (5) 核心业务管控流程
  (6) 管理层授权体系

> 项目最终为W幼教公司建立了一套科学适用的、具有前瞻性、外在市场竞争力、内部公平性的人力资源管理体系，并因其模块化、可复制的特性，将有效支撑W幼教公司的对外扩张，实现企业战略发展。

案例总结

在此案例中,客户是一家典型的以技能型人才为主的企业,试图通过连锁加盟模式实现快速发展。由于专业管理人才相对匮乏,企业的经营管理过程中存在业务重点不聚焦、营利性较弱、商业运营能力不足、管理体系不健全等问题。

在项目沟通的过程中进一步发现,要实现客户连锁经营的发展模式,必须建立模块化、可复制的管理支撑体系,只有实现各分支机构及业务单元管理制度与风格的统一,才能发挥这一模式的最大价值。为此,本着对客户发展高度负责的顾问态度,凭借丰富的项目经验,与客户共同确定了战略梳理+管理体系构建的咨询项目方案,以达到清晰客户战略发展方向,建立人力资源管理为主的支撑体系的项目需求。

而在此过程中,咨询顾问的价值不仅在于高于客户的战略眼光,更在于专业管理工具的应用能力,可以针对客户具体情况,设计适合客户自身发展的科学管理模块单元,满足客户在对外拓展过程中管理体系统一的需求。然而管理工具要对企业发挥更大价值,真正融入企业的日常管理,并非咨询顾问单方就能实现,还需要企业自身勤加练习,真正熟练掌握,最终形成自身管理风格与管理理念,支撑企业战略目标的实现。

人力资源战略方案设计

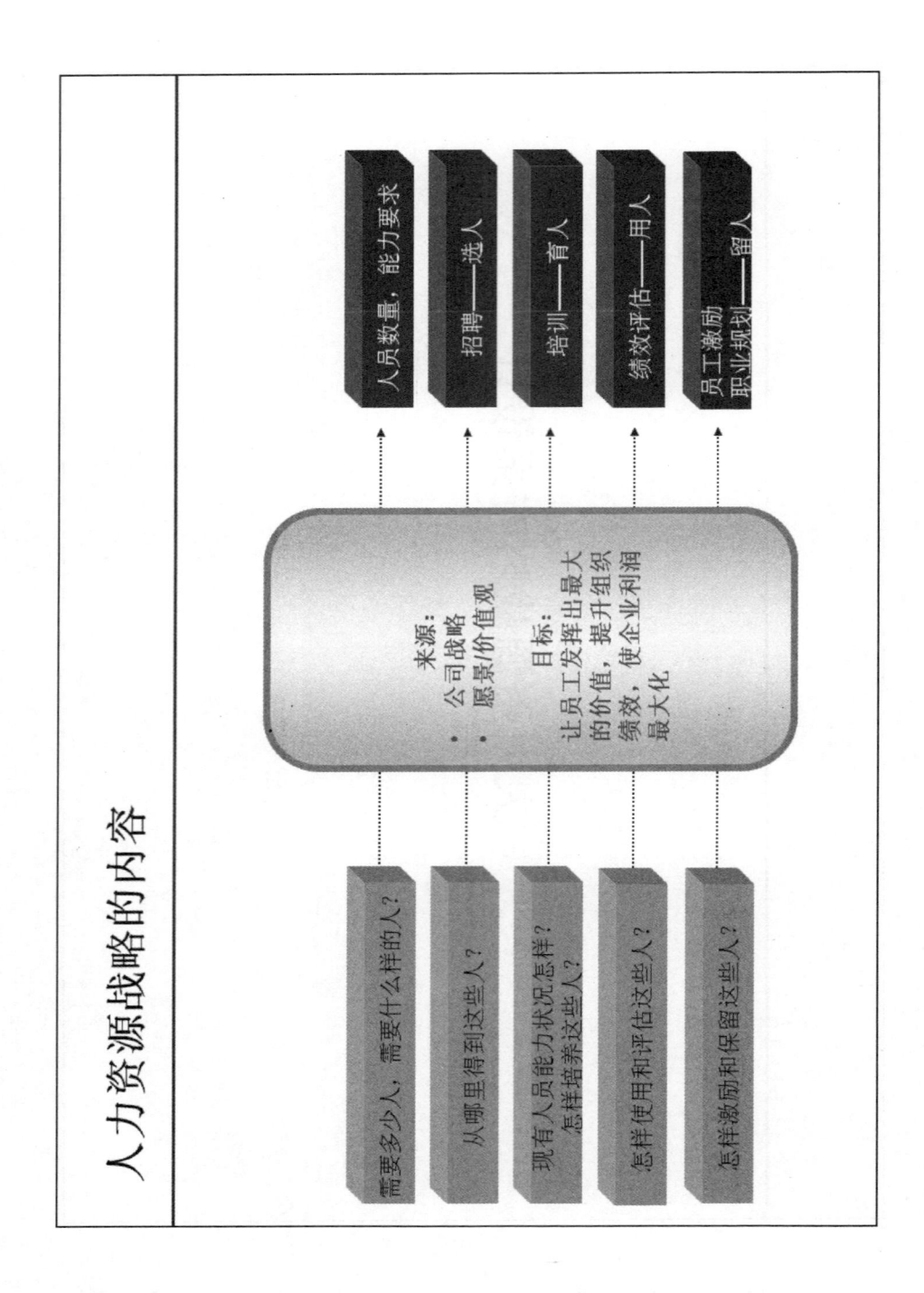

▶ 新常态下的人力资源管理
Human Resource Management in the New Norm

人力资源战略的内容

来源：
- 公司战略
- 愿景价值观

目标： 让员工发挥出最大的价值，提升组织绩效，使企业利润最大化

- 人员数量、能力要求 ← 需要多少人，需要什么样的人？
- 招聘——选人 ← 从哪里得到这些人？
- 培训——育人 ← 现有人员能力状况怎样？怎样培养这些人？
- 绩效评估——用人 ← 怎样使用和评估这些人？
- 员工激励、职业规划——留人 ← 怎样激励和保留这些人？

第12章 人力资源实战案例

惠普案例

与公司战略、企业核心能力、人力资源战略、人力资源管理体系密切相关的战略性人力资源管理

愿景、使命、价值观

与企业愿景、使命和价值观保持一致：
- 愿景
- 使命
- 价值观
- 战略目标

核心能力

通过构建核心能力，企业达到制定的战略目标：
- 战略思维能力和决策判断能力
- 研发和技术转化能力
- 市场推广和渠道建设能力
- 创新整合能力
- 客户服务意识和能力
- 目标管理团队建设能力
- 分析解决问题能力

人力资源战略

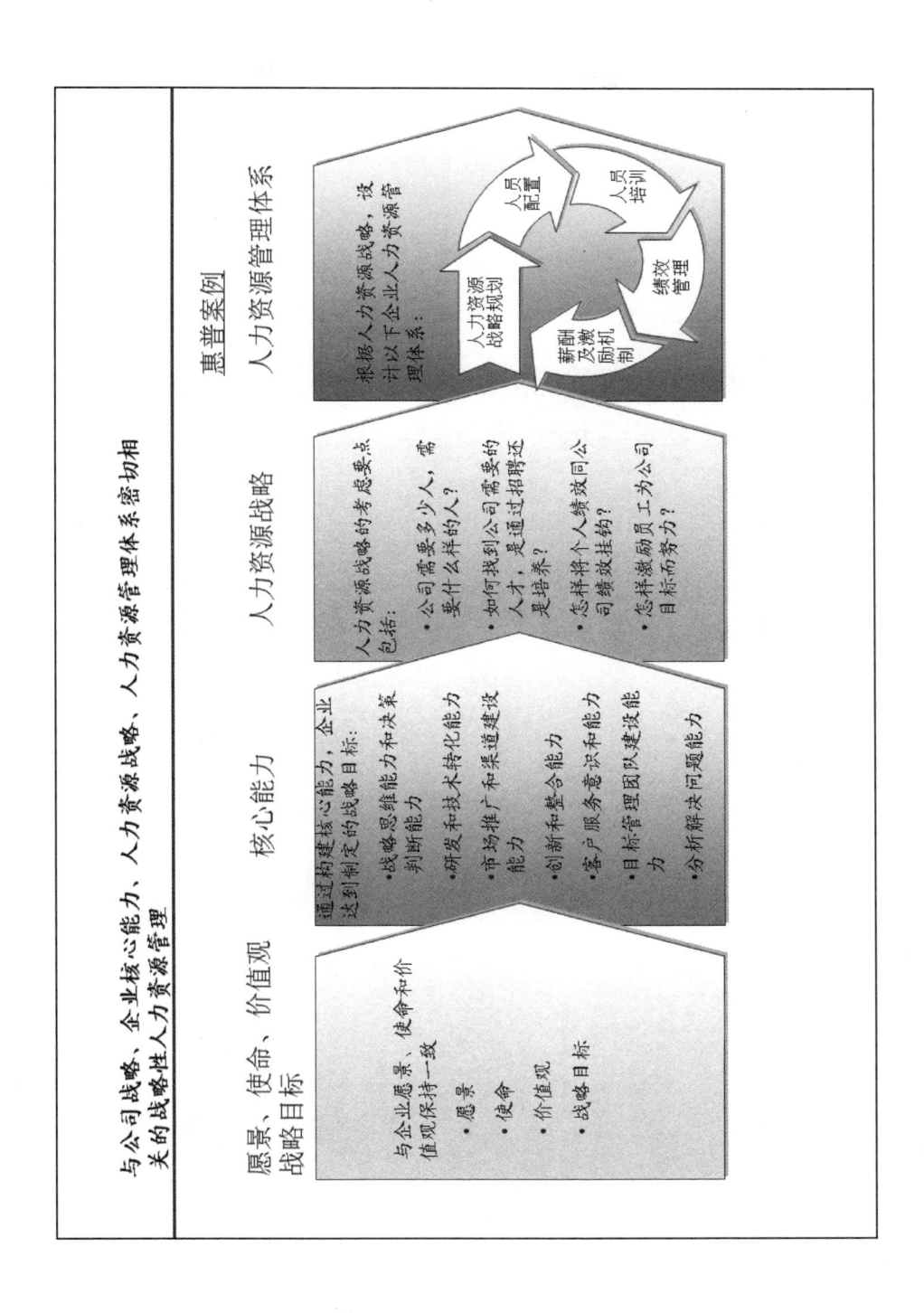

人力资源战略的考虑要点包括：
- 公司需要多少人，需要什么样的人？
- 如何找到公司需要的人才，是通过招聘还是培养？
- 怎样将个人绩效同公司绩效挂钩？
- 怎样激励员工为公司目标而努力？

人力资源管理体系

根据人力资源战略，设计以下企业人力资源管理体系：
- 人力资源战略规划
- 人员配置
- 人员培训
- 绩效管理
- 薪酬及激励机制

429

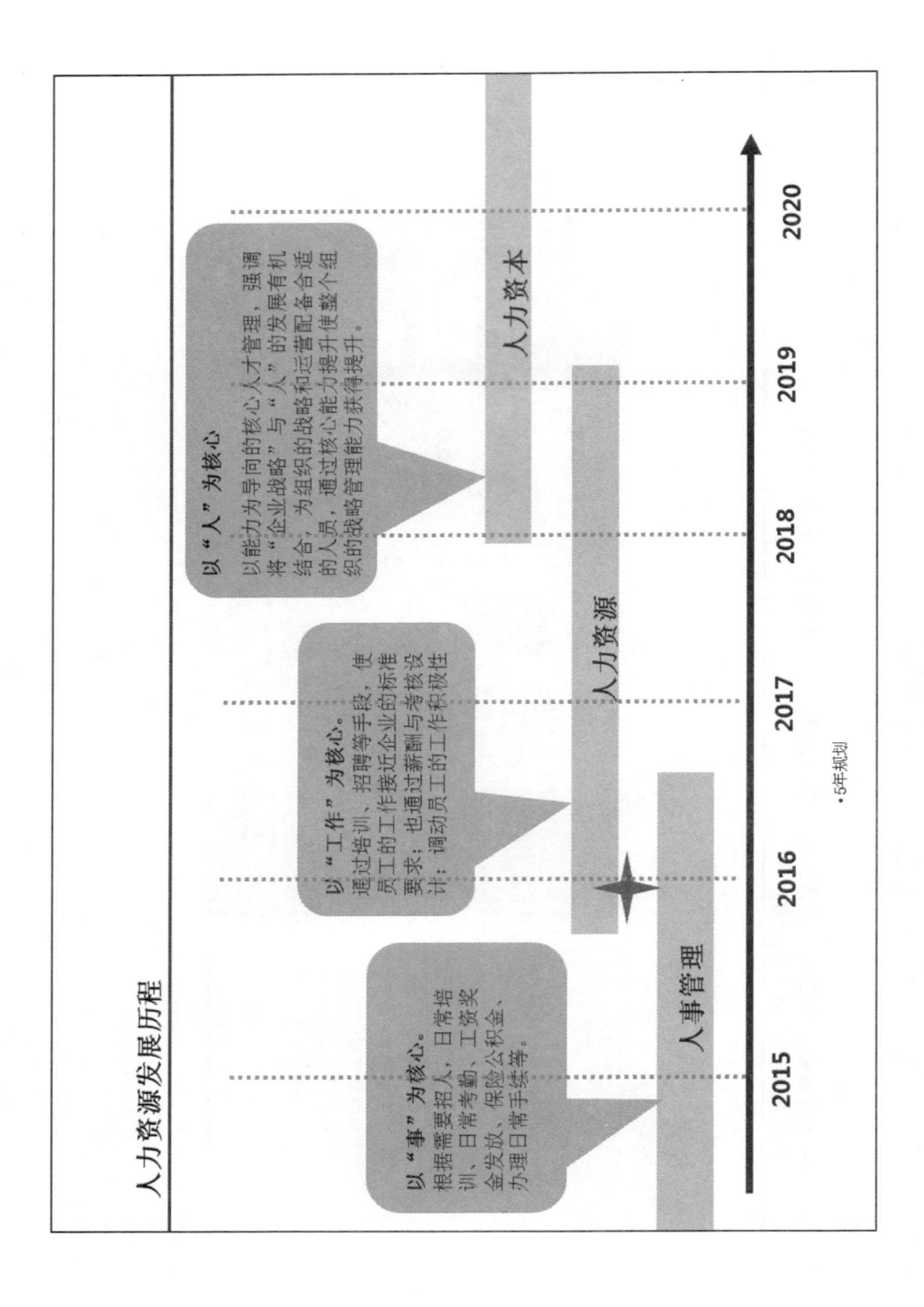

新常态下的人力资源管理
Human Resource Management in the New Norm

人力资源发展历程

以"事"为核心。
根据需要招人、日常培训、日常考勤、保险公积金发放、工资奖金、办理日常手续等。

以"工作"为核心。
通过培训、招聘等手段，使员工的工作接近企业的标准要求；也通过员工的新酬与考核设计，调动员工的工作积极性。

以"人"为核心
以能力为导向的核心人才管理，强调"企业战略"与"人"的发展有机结合，为组织的战略配备合适的人员，通过核心能力提升使整个组织的战略管理能力获得提升。

| 2015 | 2016 | 2017 | 2018 | 2019 | 2020 |

人事管理 → 人力资源 → 人力资本

・5年规划

430

人力资源转型——工作重心

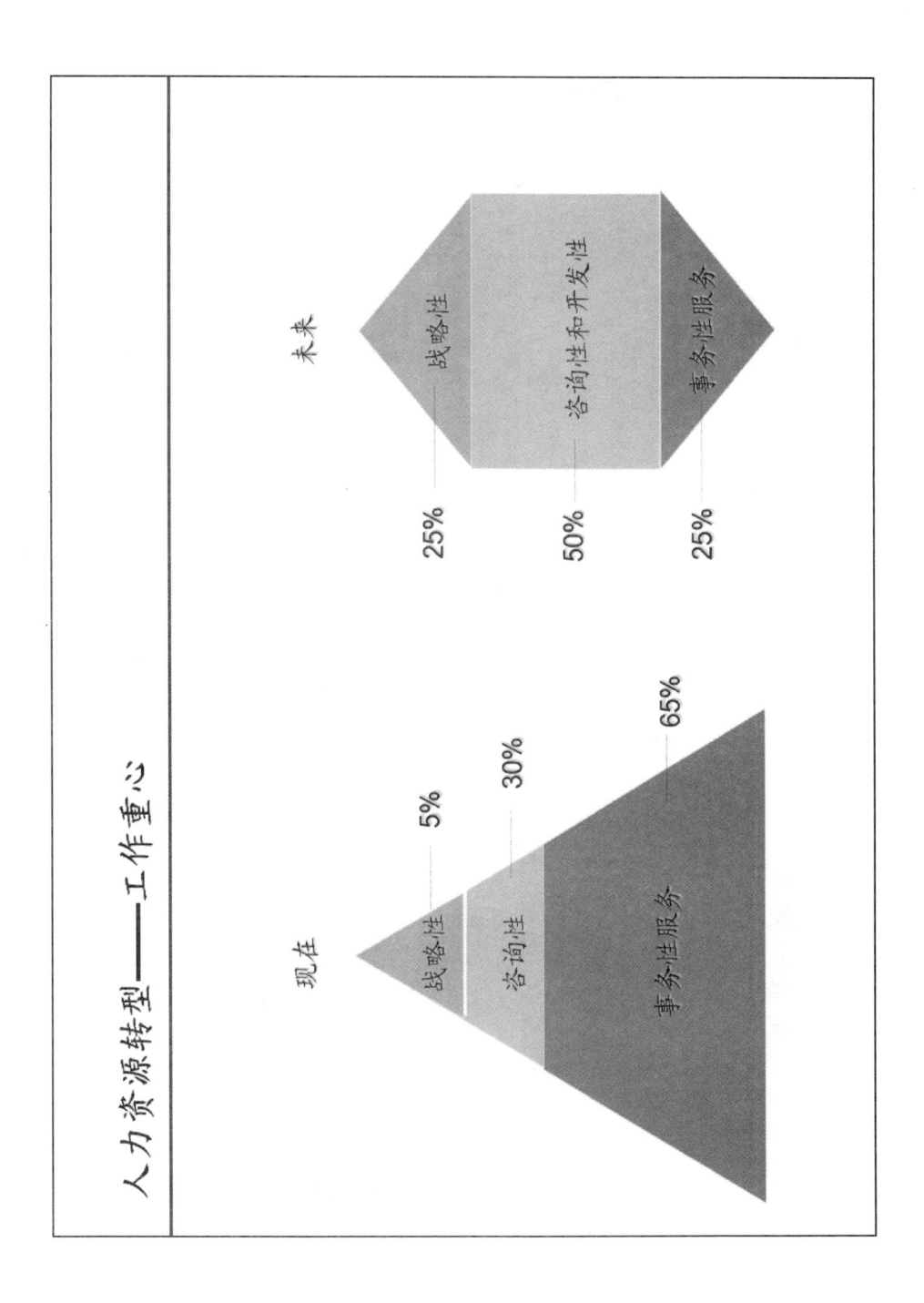

未来

- 战略性 —— 25%
- 咨询性和开发性 —— 50%
- 事务性服务 —— 25%

现在

- 战略性 —— 5%
- 咨询性 —— 30%
- 事务性服务 —— 65%

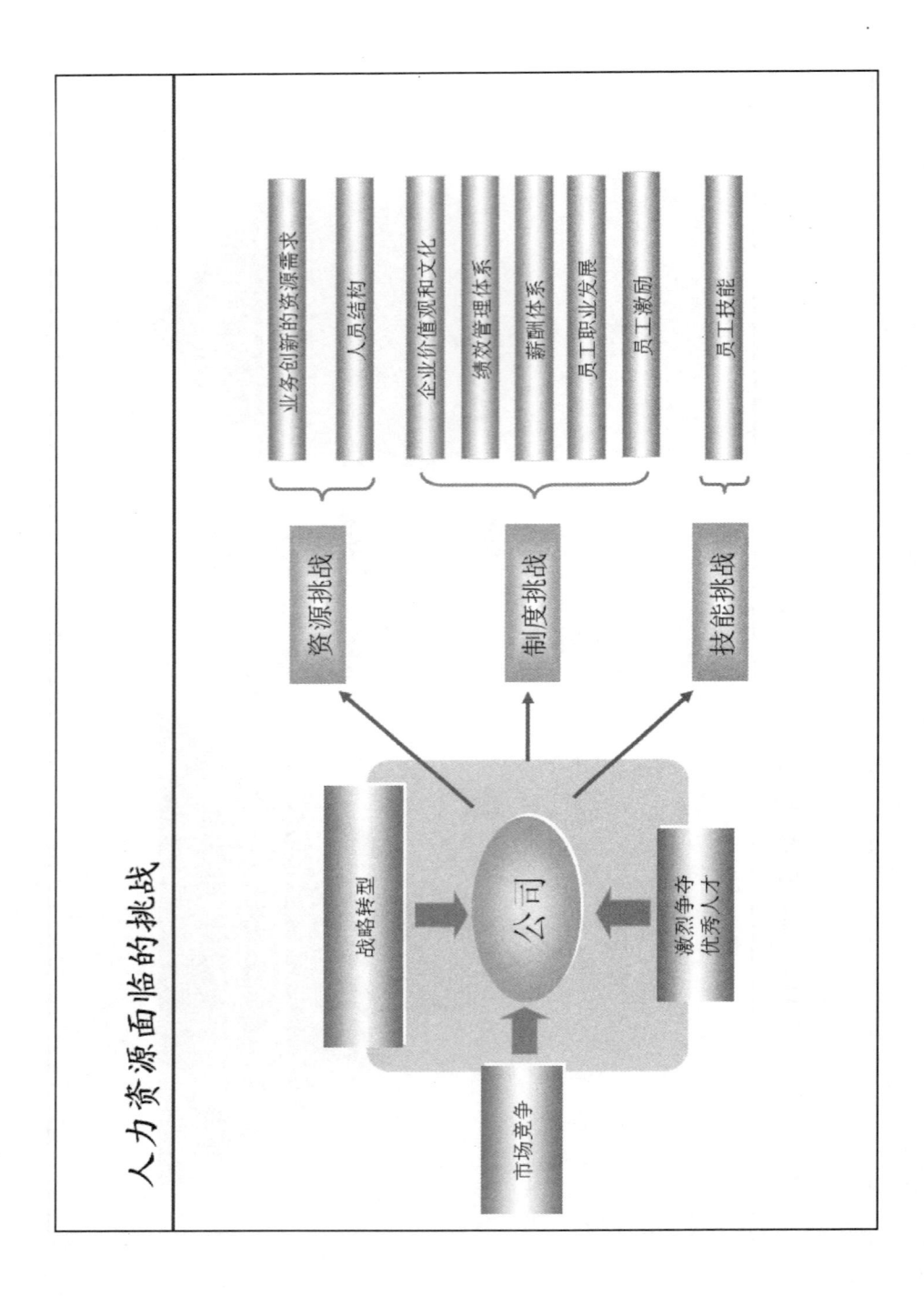

▶ 新常态下的人力资源管理
Human Resource Management in the New Norm

人力资源面临的挑战

资源挑战：业务创新的资源需求、人员结构

制度挑战：企业价值观和文化、绩效管理体系、薪酬体系、员工职业发展、员工激励

技能挑战：员工技能

公司面临：战略转型、市场竞争、激烈争夺优秀人才

432

人力资源现状

- 缺乏适应公司战略发展的高素质和高技能人才
- 员工成长不能满足公司战略发展需求（岗位技能偏弱）
- 人才培养和梯队建设不足
- 缺乏长期有效的激励机制（惩多奖少），员工积极性偏低
- 人才考核和淘汰机制层次不够深入，作用效果较弱
- 企业文化薄弱
- 人力资源政策不够灵活
- 系统性的人力资源管理有待加强

	布局期（短期）	提升期（中期）	拓展期（长期）
人力资源总规划	满足战略发展的人力需求 确定核心岗位能力和素质模型 建立专业的人力资源保障体系（基础流程通畅）	打造专业、高效的人力资源队伍 打造具有战略思维的管理团队	建立高效、协调的运转体系 形成鲜明特色的企业文化 通过构建核心能力，促进组织绩效
人员供给及配置	寻找符合战略发展的人才，（种子业务）研发及技术岗位人才引进 人员储备	多业务团队建立 引进重点岗位人才 新业务拓展（并购）带来的人员配置和磨合	引进重点核心岗位领袖级人才 各级岗位人员的合理、高效配置 组织结构和人力配置优化
员工培养及开发	提升现有操作人员/基层管理人员岗胜任度 公司内部人才库建立 经理级人员领导能力提升（教练式） 建立发展通道（研发&生产）	关键核心人员培养，进行梯队建设 全员岗位能力的形成 员工职业生涯规划，创建人才培养平台	学习型组织搭建 培养核心领袖人才 持续符合战略要求开发进公司绩效
员工评估及激励	实行全员绩效 相对竞争公平的内部竞争新酬规则 建立基础上能下的晋升机制 股权激励计划	股权激励持续 更为有效的绩效新酬管理体系 核心岗位更为有竞争性的新酬体系建立 创造好的硬件性软环境，吸引和保留人才	逐步建立多类型长效的激励机制和体系 建立高效的绩效评估、淘汰机制
人员结构及成本	优化研发人员结构 基层生产操作人员扩大夫大中专院校毕业生比例，人力成本优化，基础岗位人员配置更为合理	稳定核心骨干人员及基础员工队伍 提高人力资本效率	提高人均生产率 人力资本的规划、控制和实施
人力资源政策	基础的操作流程规范 保证人力资源政策符合法律法规要求	各业务模块的系统建设 人力资源政策发展文化	建立高效HR流程运作体系
企业文化	逐步规划建立企业文化理念 价值观的解读及宣导 确立员工行为准则	建立符合价值观的意识和习惯 建立明晰的企业文化	形成鲜明的企业精神 企业文化融入员工行为，做好每一天
核心能力需求	人员选拔和判断能力 规划和组织意识 客户意识	资源整合能力 人员培养能力	前瞻性、创新性 团队整合及融合能力 系统管理能力

第 12 章
人力资源实战案例

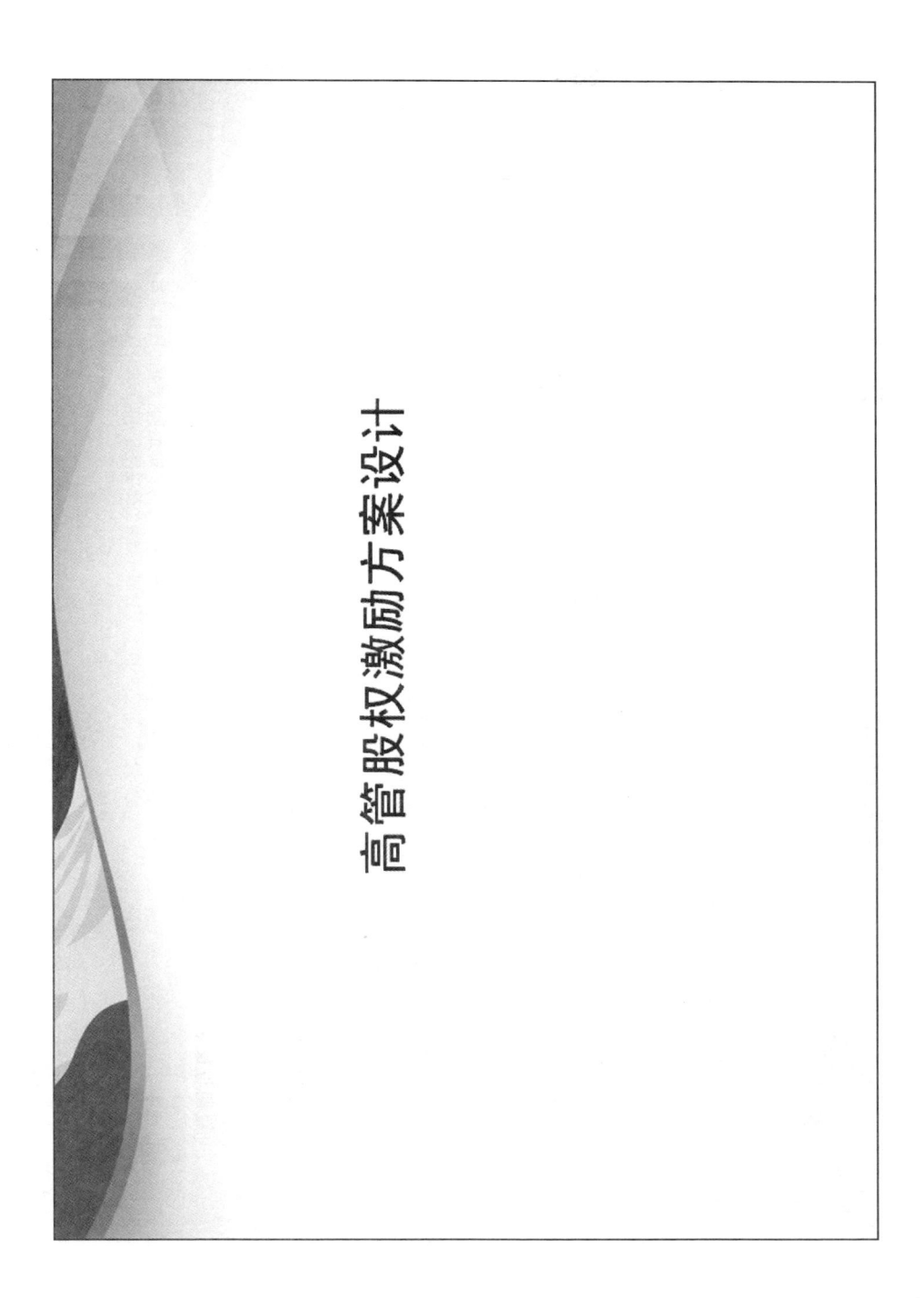

高管股权激励方案设计

设计股权激励方法的重点：平衡四大关系

四大关系	简释	解决方案
绩效与报酬	如何使得报酬能够客观反映绩效的表现，实现持续激励绩效提升目的	• 通过配送股份和职务股份的设置，用高报酬奖励高绩效 • 通过合理设计股价涨跌依据和尺度，保障骨干人员努力得到客观反映
个人与团队	由于个人绩效受团队其他成员绩效影响，如何客观反映个人对团队绩效的贡献	• 团队绩效通过股价反映在骨干人员收益中，即 $S=S_1 \times P$ • 个人贡献通过当期配送股份和职务股份行权比例反映
主观与客观	行业绩效表现受客观影响较大，如何客观反映主观努力和客观影响	• 绩效指标是平衡主观与客观最有效的手段，客观因素影响整个行业，而非×××一家
短期与长期	是不是采用股权激励方法以后，员工所有的贡献都要等到很远的将来才能兑现	• 采用股权激励并不排斥绩效工资，对于短期绩效贡献，可以通过绩效工资反映 • 对于短期绩效对长期绩效的贡献的反映，可以通过部分绩效工资采用股份的方式兑现解决

第 12 章 人力资源实战案例

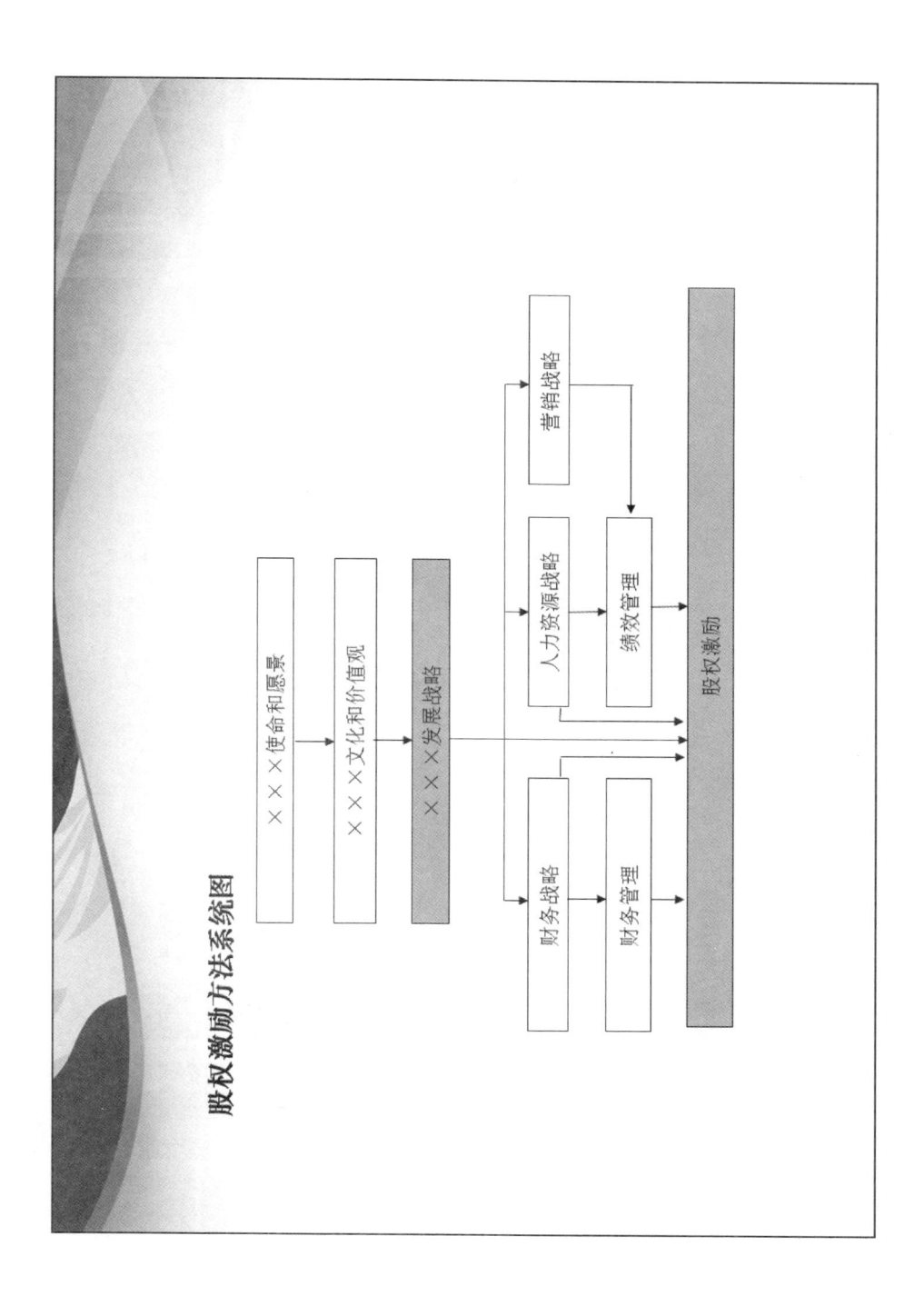

股权激励方法系统图

```
×××使命和愿景 → ×××文化和价值观 → ×××发展战略
                                      ↓
                        ┌─────────────┼─────────────┐
                        ↓             ↓             ↓
                      营销战略    人力资源战略      财务战略
                        ↓             ↓             ↓
                                   绩效管理      财务管理
                        └─────────────┼─────────────┘
                                      ↓
                                   股权激励
```

437

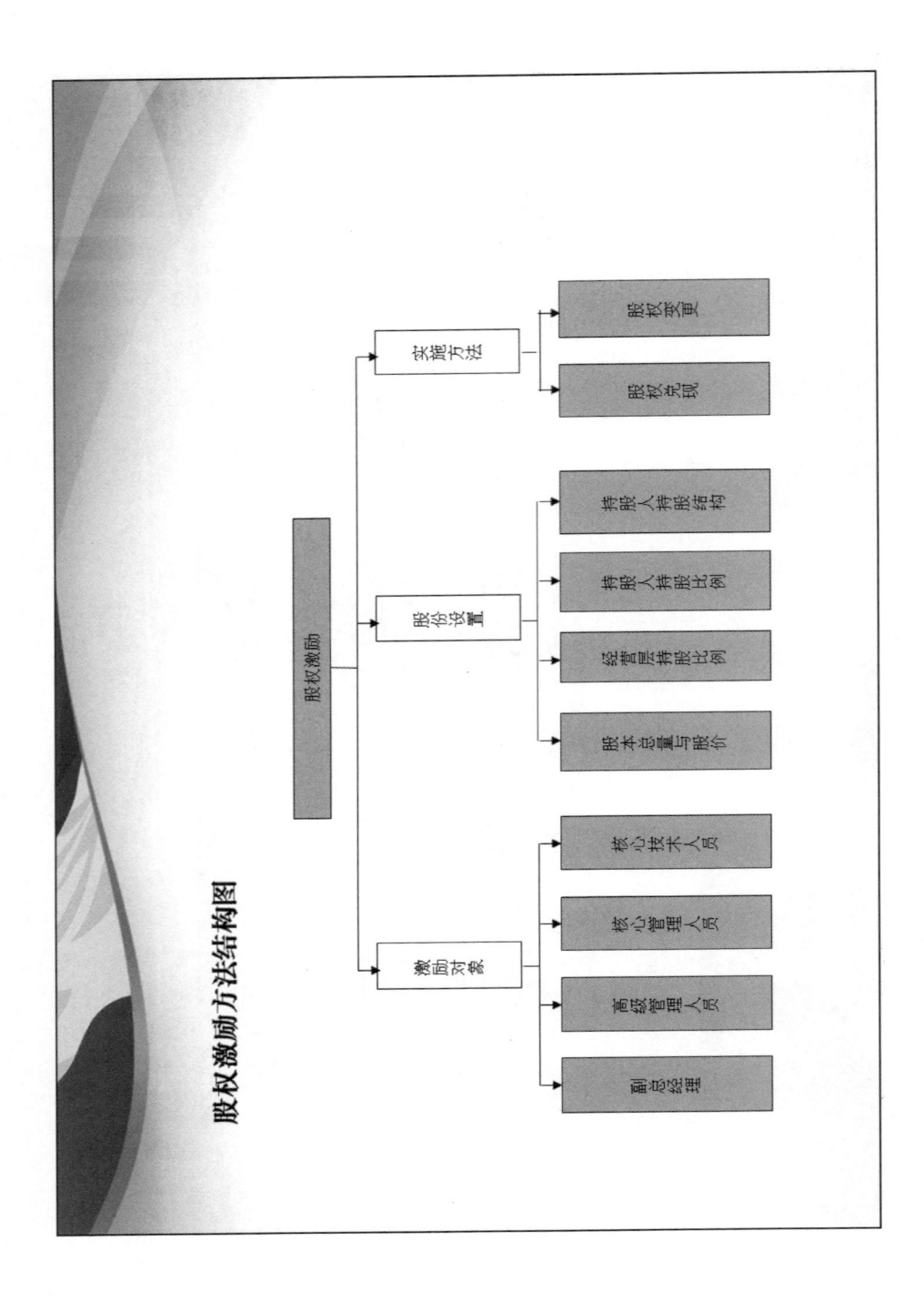

> 新常态下的人力资源管理
> Human Resource Management in the New Norm

股权激励方法结构图

- 股权激励
  - 实施方法
    - 股权变更
    - 股权兑现
  - 股份设置
    - 持股人持股结构
    - 持股人持股比例
    - 经营层持股比例
    - 股本总量与股价
  - 激励对象
    - 核心技术人员
    - 核心管理人员
    - 高级管理人员
    - 副总经理

股权激励方法设计定义

项目	代号	计算方式	备注
×××股本总量	A	• A=A（净资产）+A（品牌）+A（渠道）	
×××股价	S	• 原始股价 S=1.00元/股 • 股价与×××绩效指数P成正比关系	
经营层持股总量	B		
持股人持股总量	C_n		• n用来区分持股人
持股人持股类型总量	$C_{n,m}$		• n用来区分持股人 • m用来区分持股类型
经营层持股比例	K	• K=经营层持股总量/×××股本总量	
持股人持股比例	K_n	• K_n=持股人持股总量/经营层持股总量	• n用来区分持股人
持股人持股类型比例	$K_{n,m}$	• $K_{n,m}$=持股类型总量/经营层持股总量	• n用来区分持股人 • m用来区分持股类型

激励对象

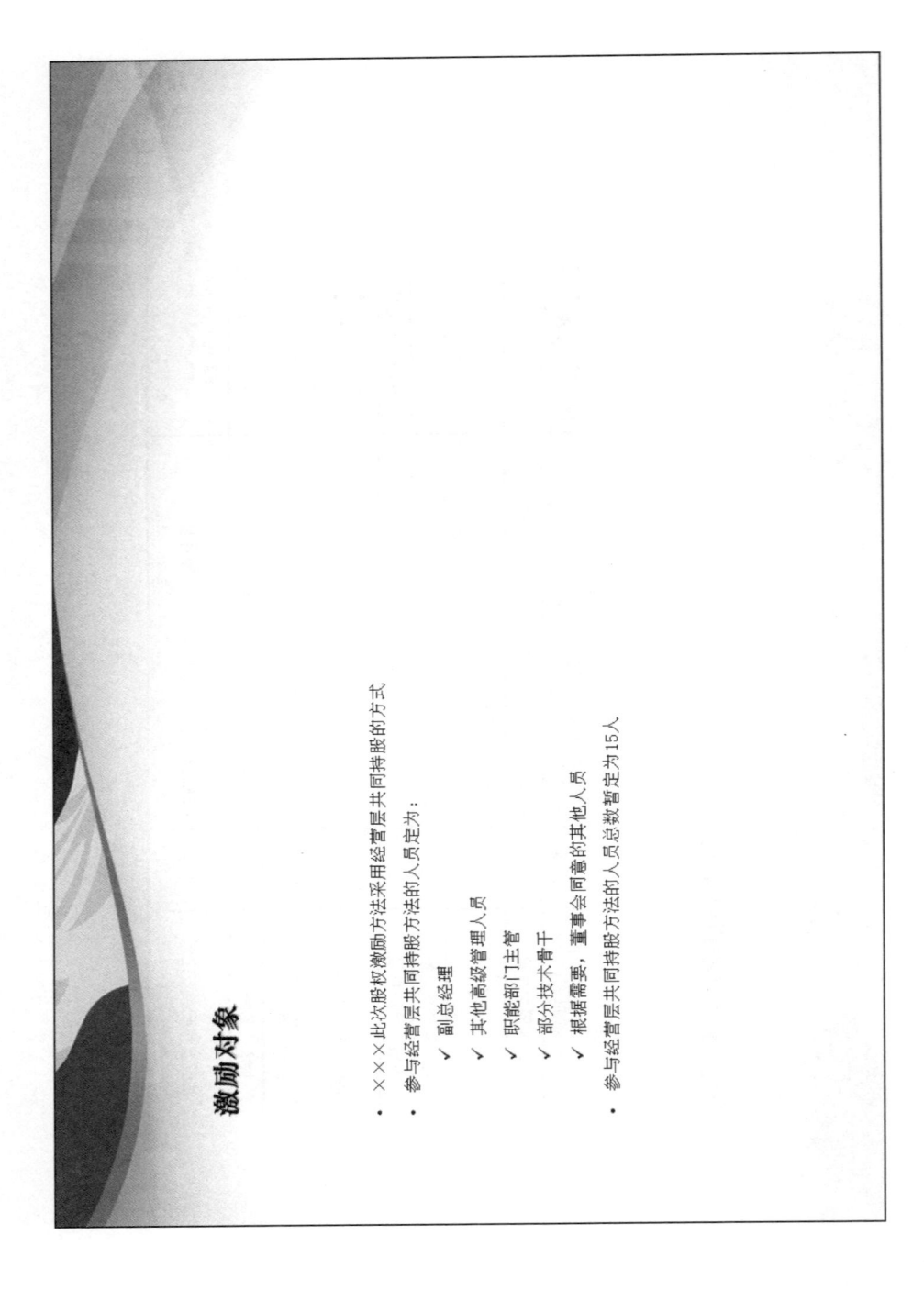

- ×××此次股权激励方法采用经营层共同持股的方式
- 参与经营层共同持股方法的人员定为:
  - ✓ 副总经理
  - ✓ 其他高级管理人员
  - ✓ 职能部门主管
  - ✓ 部分技术骨干
  - ✓ 根据需要,董事会同意的其他人员
- 参与经营层共同持股方法的人员总数暂定为15人

第 12 章 人力资源实战案例

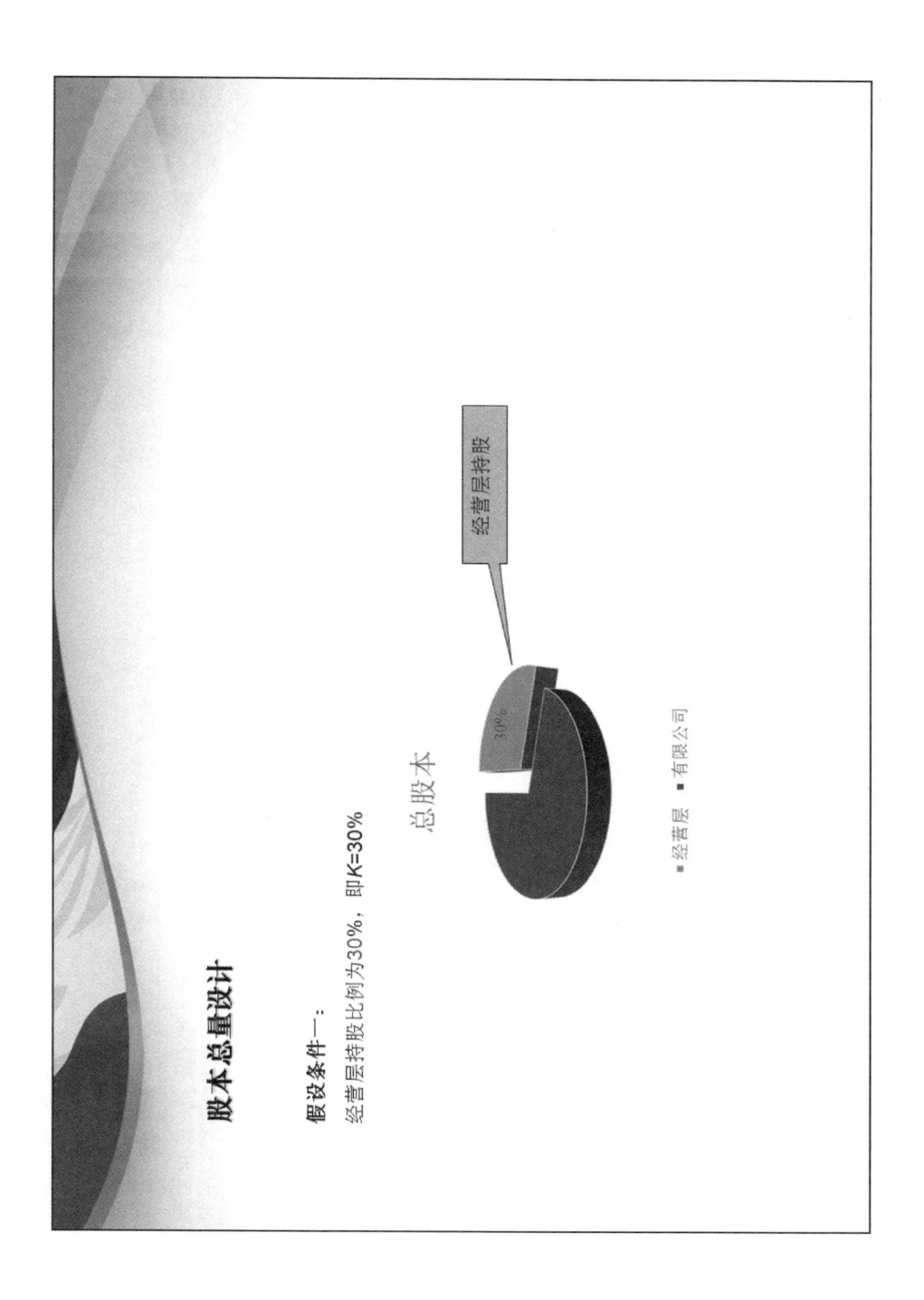

股本总量设计

假设条件一：

经营层持股比例为30%，即K=30%

总股本

经营层持股

30%

■经营层 ■有限公司

股本总量设计（续1）

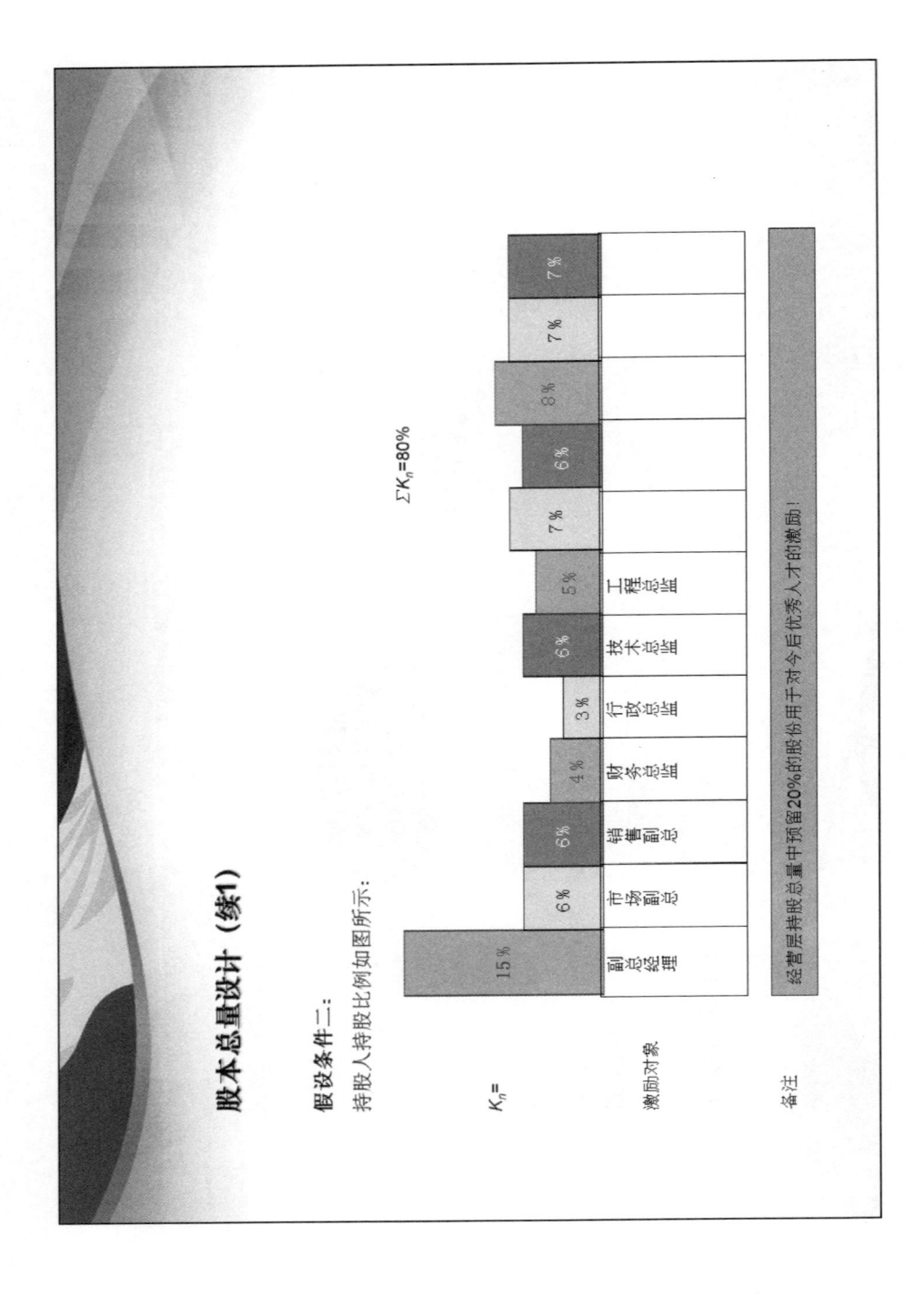

假设条件二：

持股人持股比例如图所示：

$\Sigma K_n = 80\%$

$K_n =$	15%	6%	6%	4%	3%	6%	5%	7%	6%	8%	7%	7%
激励对象	副总经理	市场副总	销售副总	财务总监	行政总监	技术总监	工程总监					

备注：经营层持股总量中预留20%的股份用于对今后优秀人才的激励！

股本总量设计（续2）

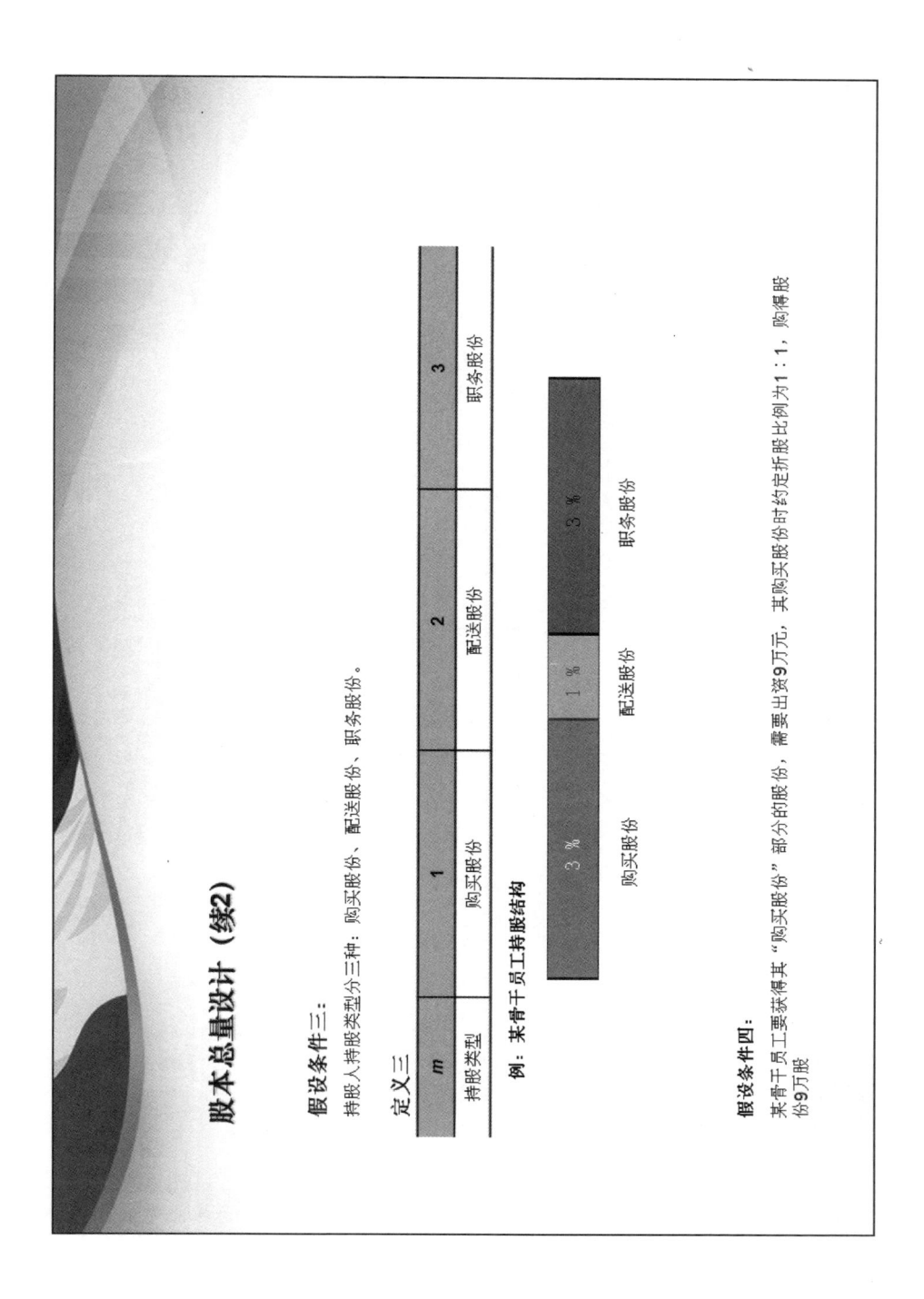

假设条件三：

持股人持股类型分三种：购买股份、配送股份、职务股份。

定义三

持股类型	1	2	3
m	购买股份	配送股份	职务股份

例：某骨干员工持股股结构

3%	1%	3%
购买股份	配送股份	职务股份

假设条件四：

某骨干员工要获得其"购买股份"部分的股份，需要出资9万元，其购买股份时的约定折股比例为1:1，购得股份9万股

443

股本总量设计（续3）

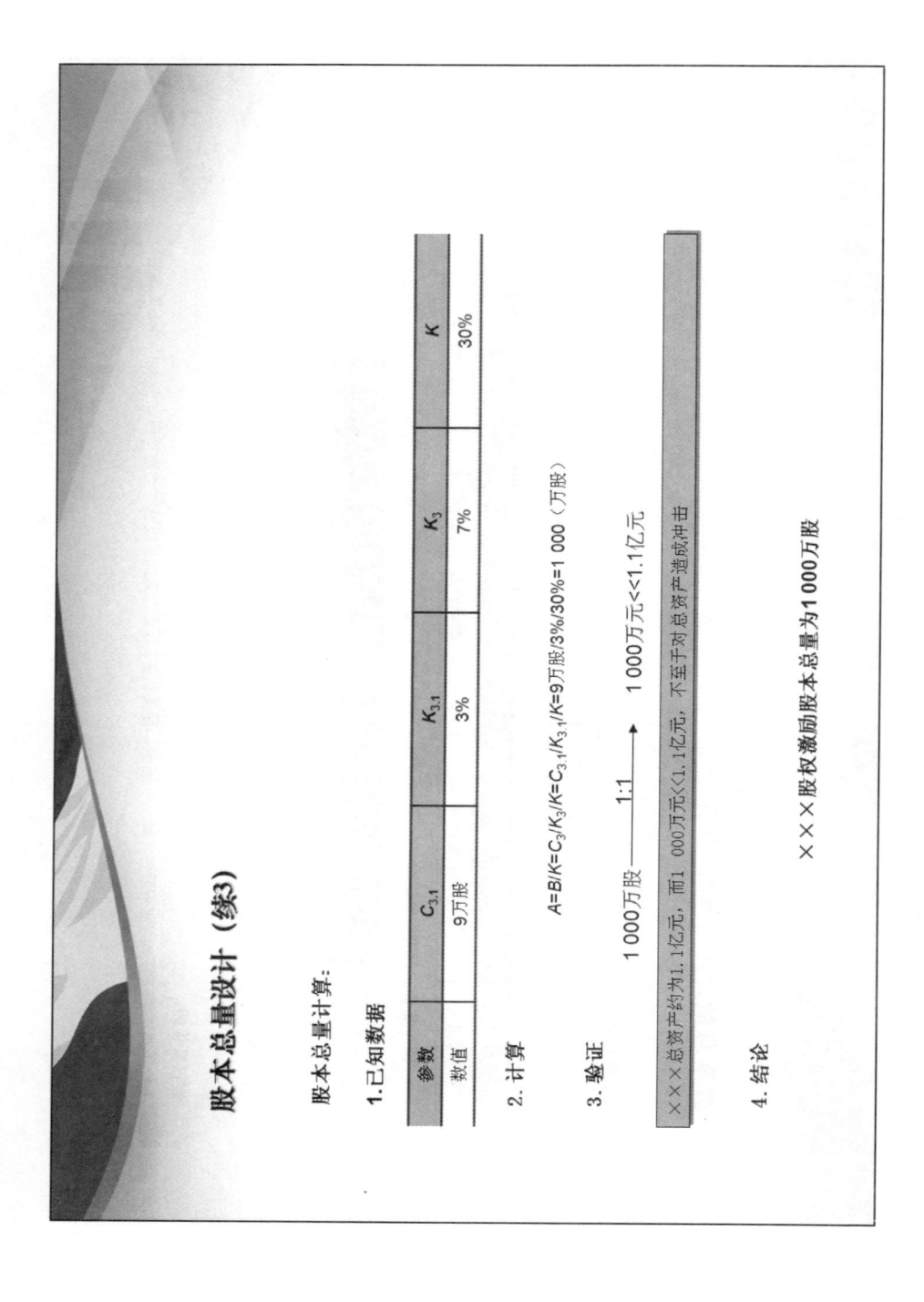

股本总量计算：

1. 已知数据

参数	$C_{3,1}$	$K_{3,1}$	K_3	K
数值	9万股	3%	7%	30%

2. 计算

$$A=B/K=C_3/K_3/K=C_{3,1}/K_{3,1}/K=9万股/3\%/30\%=1\,000（万股）$$

3. 验证

1 000万股 —— 1:1 ——→ 1 000万元 << 1.1亿元

×××总资产约为1.1亿元，而1 000万元<<1.1亿元，不至于对总资产造成冲击

4. 结论

×××股权激励股本总量为1 000万股

第 12 章 人力资源实战案例

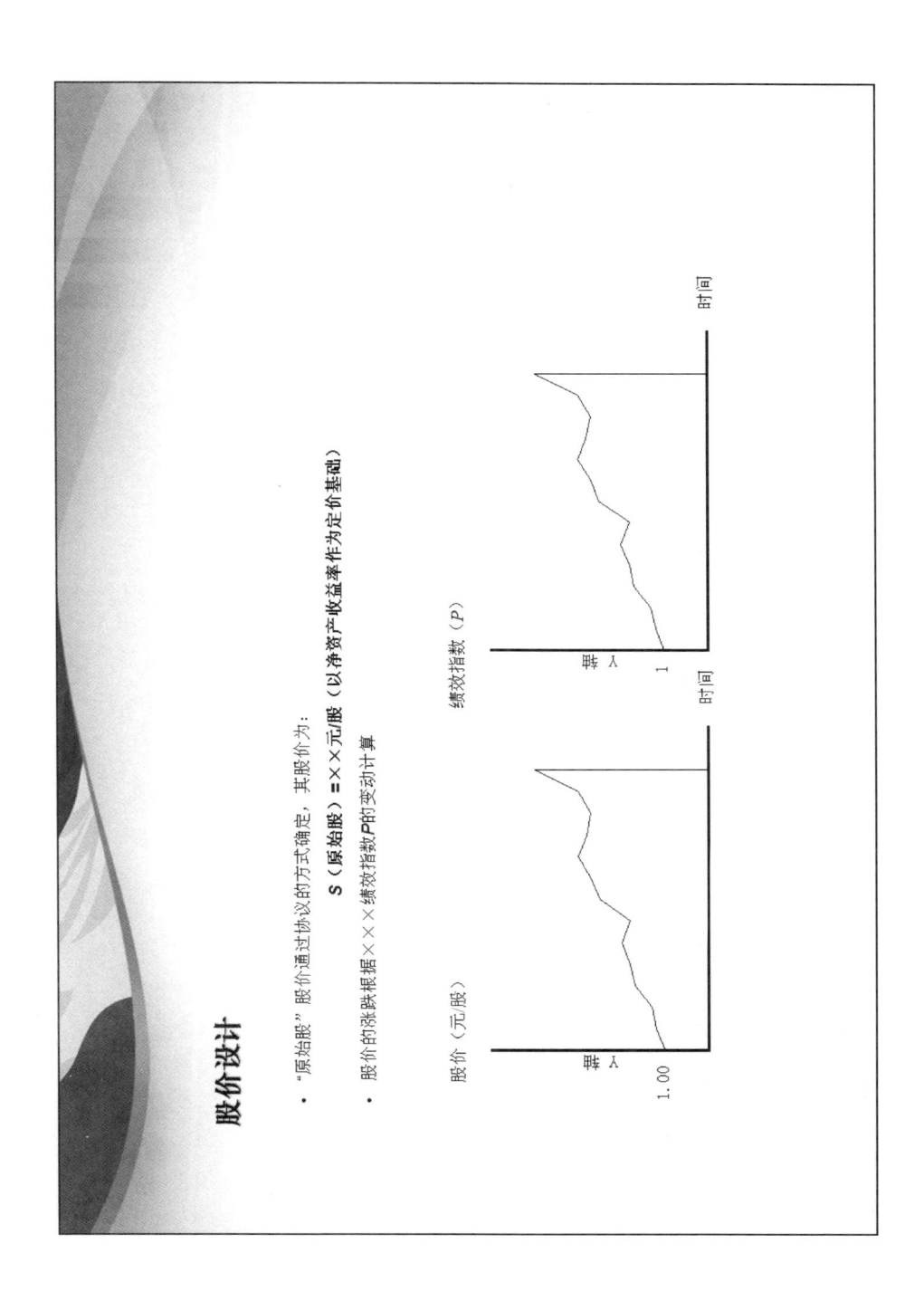

股价设计

- "原始股"股价通过协议的方式确定,其股价为:

$$S（原始股）= \times \times 元/股（以净资产收益率作为定价基础）$$

- 股价的涨跌根据×××绩效指数 P 的变动计算

股价（元/股）

1.00

绩效指数（P）

1

时间

时间

股价设计（续1）

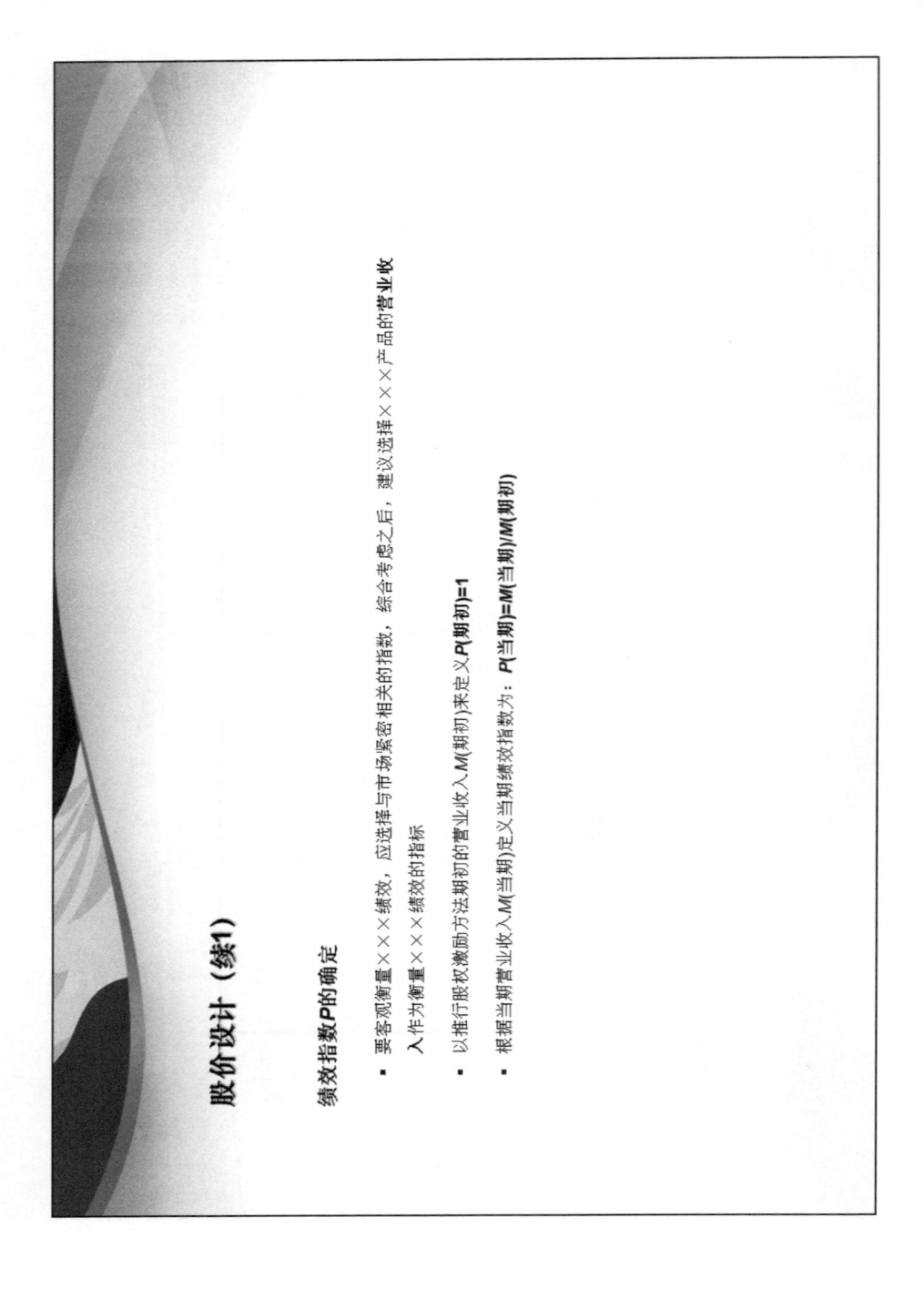

绩效指数P的确定

- 要客观衡量×××绩效，应选择与市场紧密相关的指数，综合考虑之后，建议选择×××产品的营业收入作为衡量×××绩效的指标
- 以推行股权激励方法期初的营业收入M(期初)来定义P(期初)=1
- 根据当期营业收入M(当期)定义当期绩效指数为：P(当期)=M(当期)/M(期初)

股价设计（续2）

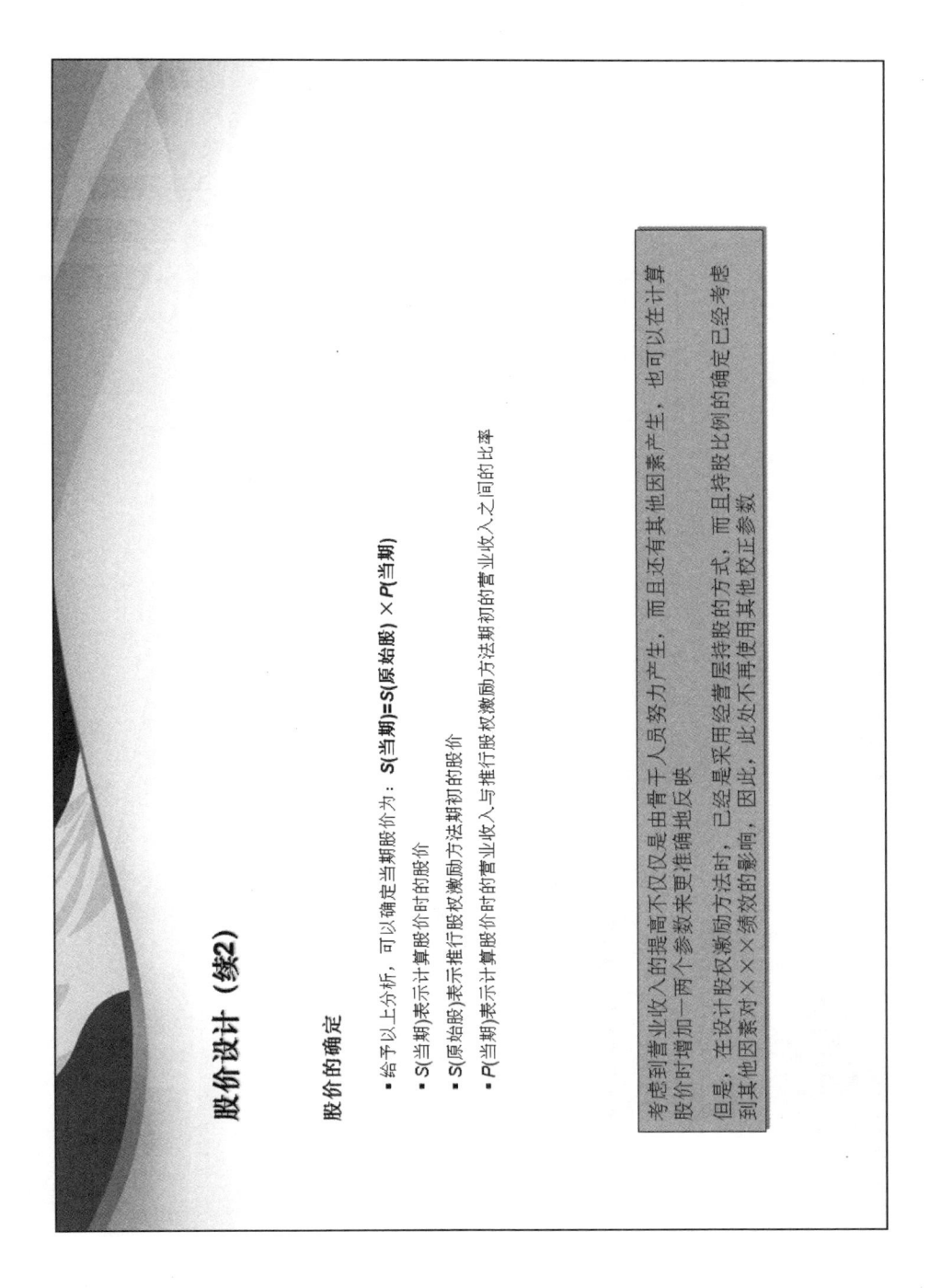

股价的确定

- 给予以上分析，可以确定当期股价为：**S(当期)=S(原始股)×P(当期)**
- S(当期)表示计算股价时的股价
- S(原始股)表示推行股权激励方法期初的股价
- P(当期)表示当期的营业收入与推行股权激励方法期初的营业收入之间的比率

> 考虑到营业收入的提高不仅仅是由骨干人员努力产生，而且还有其他因素产生，也可以在计算股价时增加一两个参数来更准确地反映。
> 但是，在设计股权激励方法时，已经是采用经营层持股的方式，而且持股比例的确定已经考虑到其他因素对×××绩效的影响，因此，此处不再使用其他校正参数

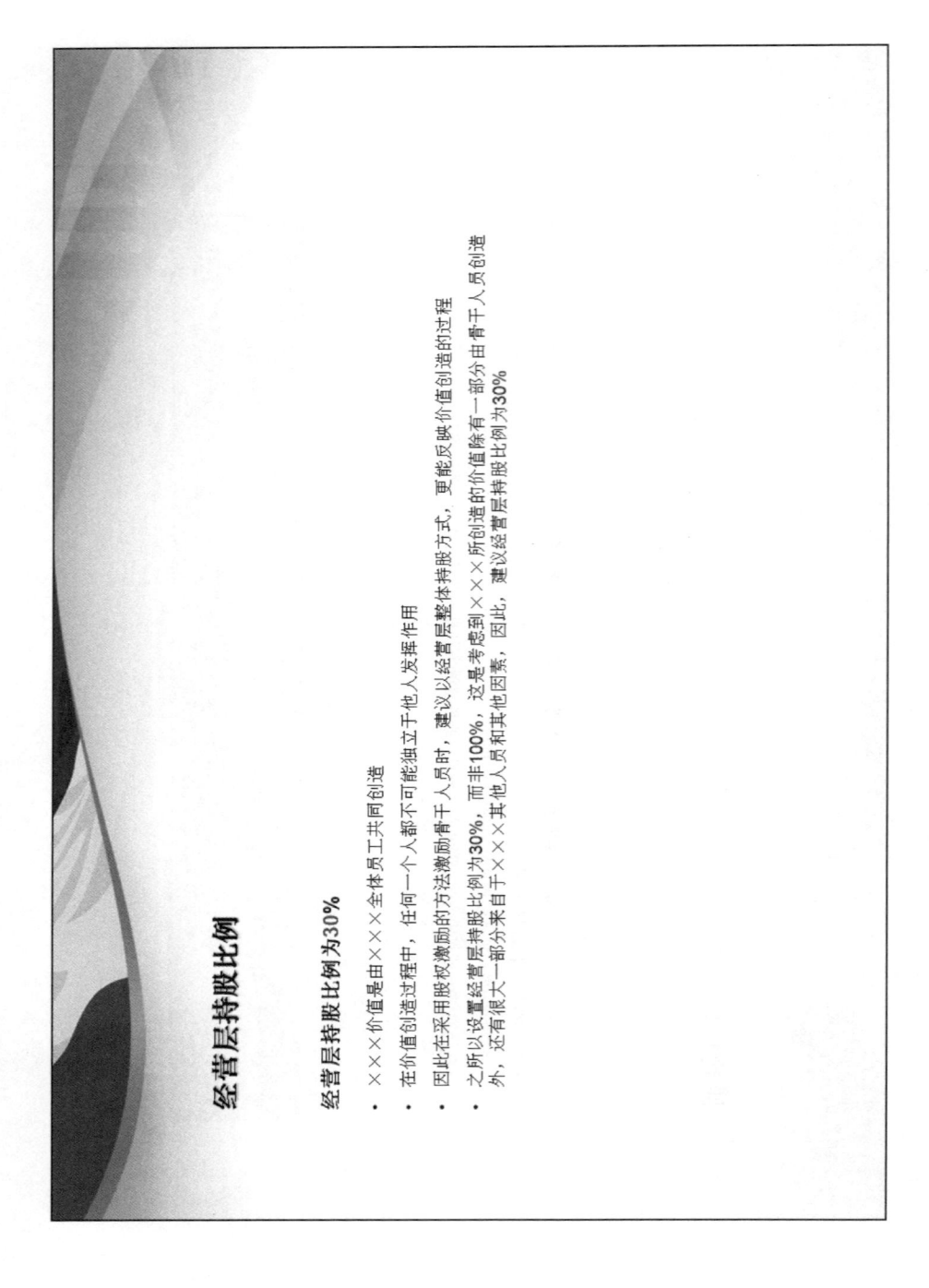

经营层持股比例

经营层持股比例为30%

- ×××价值是由×××全体员工共同创造
- 在价值创造过程中，任何一个人都不可能独立于其他人发挥作用
- 因此在采用股权激励的方法激励骨干人员时，建议以经营层整体持股方式，更能反映价值的创造过程
- 之所以设置经营层持股比例为30%，而非100%，这是考虑到×××所创造的价值除有一部分由骨干人员创造外，还有很大一部分来自于×××其他人员和其他因素，因此，建议经营层持股比例为30%

持股人持股比例

持股人持股比例确定

- ×××采用股权激励的目的是为了持久提高绩效
- 在确定持股人持股比例时,关键是要根据对绩效相关因素的测评确定
- 可以采用对持股人的测评表进行确定

持股人的测评表

姓名		岗位		测评时间	
测评因素	测评结果	测评因素	测评结果
岗位重要性		个人能力	
岗位工作量		个人工作态度	
岗位工作难度		个人潜力	
岗位工作创造性		个人发展意愿	

职责描述:

测评结果:

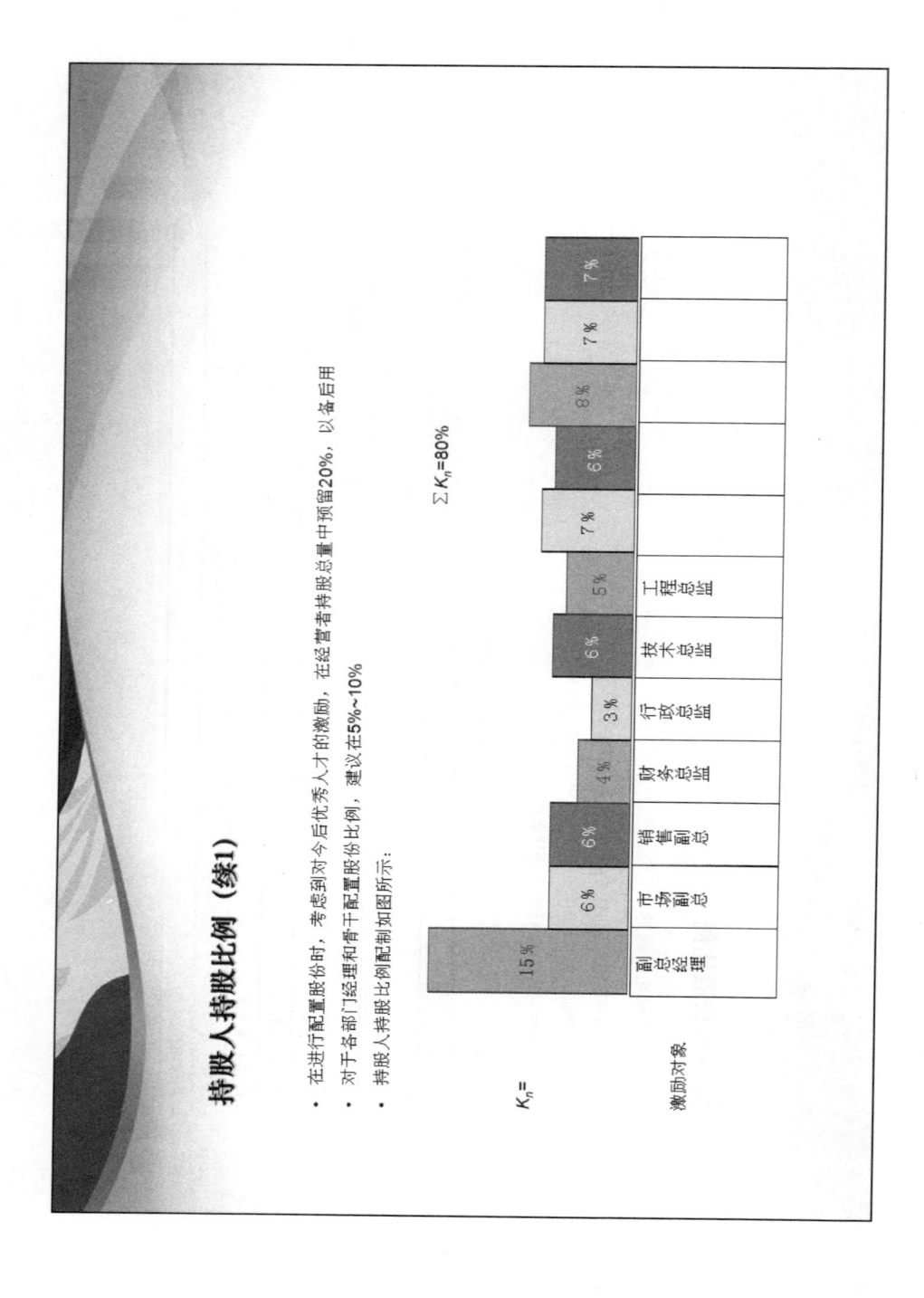

持股人持股比例（续1）

- 在进行配置股份时，考虑到对今后优秀人才的激励，在经营者持股总量中预留20%，以备后用
- 对于各部门经理和骨干配置股份比例，建议在5%~10%
- 持股人持股比例配制如图所示：

$\Sigma K_n = 80\%$

激励对象	K_n
副总经理	15%
市场副总	6%
销售副总	6%
财务总监	4%
行政总监	3%
技术总监	6%
工程总监	5%
	7%
	6%
	8%
	7%
	7%

第 12 章
人力资源实战案例

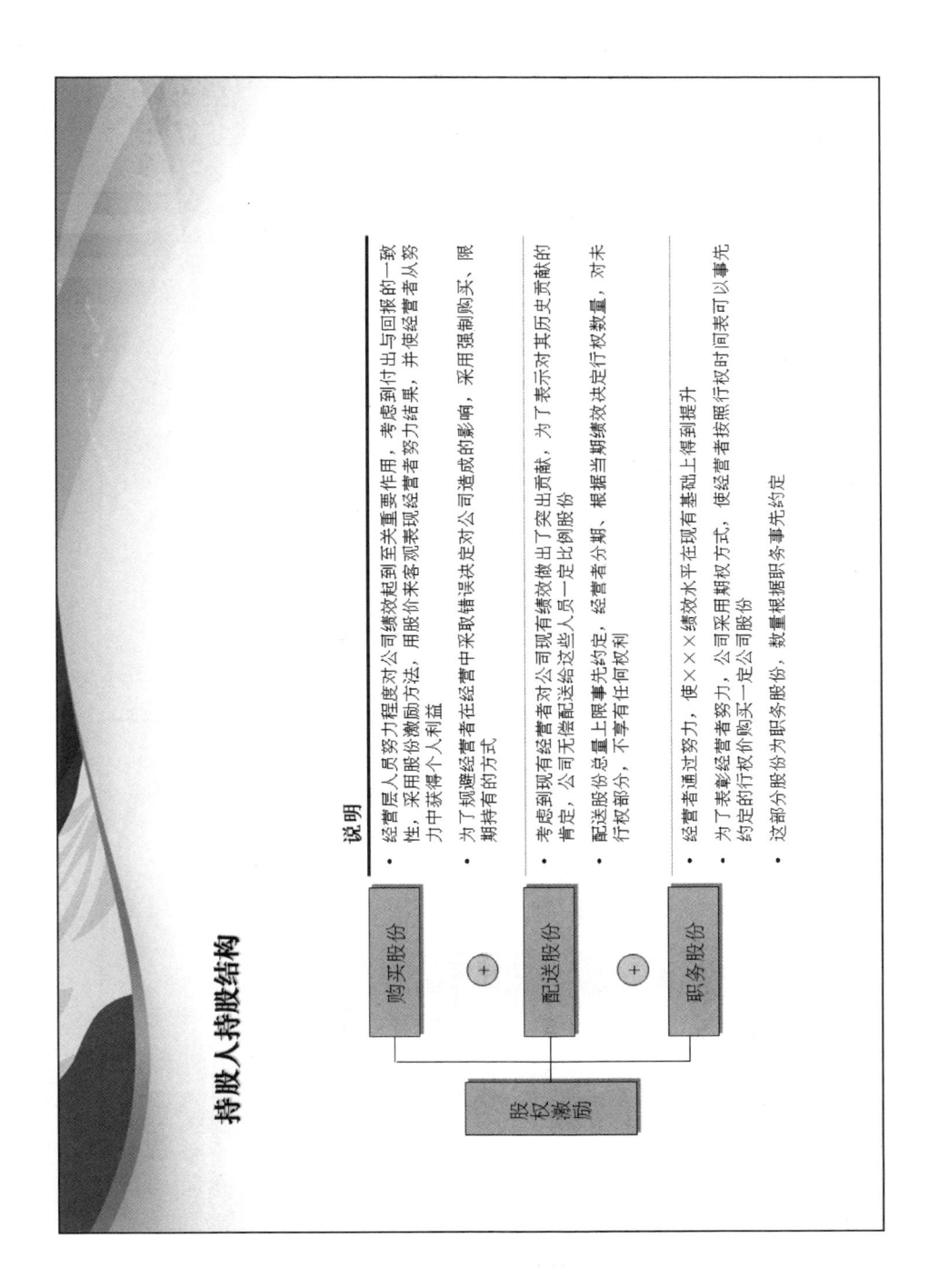

持股人持股结构

```
┌──────────┐
│ 购买股份 │─┐
└──────────┘ │
     +       │    ┌──────────┐
┌──────────┐ ├────│ 股权激励 │
│ 配送股份 │─┤    └──────────┘
└──────────┘ │
     +       │
┌──────────┐ │
│ 职务股份 │─┘
└──────────┘
```

说明

- 经营层人员努力程度对公司绩效起到至关重要作用，考虑到付出与回报的一致性，采用股份作为激励方法，用股价来客观表现经营者努力结果，并使经营者从努力中获得个人利益
- 为了规避经营者在经营中采取错误决策对公司造成的影响，采用强制购买，限期持有的方式
- 考虑到现有经营者对公司现有绩效做出了突出贡献，为了表示对其历史贡献的肯定，公司无偿配送给这些人员一定比例股份
- 配送股份总量上限事先约定，经营者分期、根据当期绩效决定行权数量，对未行权部分，不享有任何权利
- 经营者通过努力，使×××绩效水平在现有基础上得到提升
- 为了表彰经营者努力，公司采用期权方式，约定的行权价购买一定公司股份
- 这部分股份为职务股份，数量根据职务事先约定，经营者按照行权时间表可以事先

451

股权激励方法分析

股权激励可实现的效果

- 股权激励有利于减少代理成本
- 股权激励有利于减少经营者的短期化行为,提高公司长期效益
- 股权激励有利于更好地吸收和留住优秀人才,减少人才损失
- 股权激励因其使经营者成为股东,有利于鼓励经营者承担必要的风险

股权激励的主要不足点

- 由于股权激励在执行时要从股份总量中划出一部分用于激励经营者,这在某种程度上造成公司资产和利润的流失
- 股权激励通常会造成员工的现金流出或短期收益减少,在执行时,有可能受到经营者的抵制,增加实施难度
- 一旦公司经营不佳,经营者持有的股份就会相应贬值,这同样会导致经营者的抵制,增加实施难度